LÁSZLÓ SZABÓ
MEINE BESTEN PARTIEN

László Szabó

Meine besten Partien

1990

Verlag Harri Deutsch · Thun · Frankfurt am Main

CIP-Kurztitelaufnahme der Deutschen Bibliothek

Szabó, László:
Meine besten Partien /László Szabó. [Dt. von Béla Tomor].-
Thun; Frankfurt am Main: Deutsch, 1990
ISBN 3-8171-1126-6

Deutsch von Béla Tomor
Einband: Mariann Gelányi

Gemeinschaftsausgabe des Verlags Harri Deutsch, Thun mit
Corvina Kiadó, Budapest

DER BEGINN

(1932–1940)

Auf die Plätze! Fertig Los! – Als ich an einem regnerischen Novembertage des Jahres 1930 im Budapester Rudas-Bad startete, um in der Meisterschaft der Mittelschüler 40 Meter zu schwimmen, dachte ich noch nicht daran, daß dadurch nicht nur meine Schwimmer-, sondern auch meine Schachkarriere beginnt. Ich wurde Erster unter den Schwimmern und schritt bald danach fröhlich, im Besitz der Medaille, über die Elisabethbrücke. Mein erhitzter Körper hatte sich aber in wenigen Minuten so unterkühlt, daß ich den übernächsten Tag eine Brustfellentzündung mit 40 Grad Fieber bekam. Nach meiner Genesung mußte ich auf das Wettkampfschwimmen lange verzichten. Ich war ein unruhiger, äußerst lebhafter Jüngling. Damals war ich schon so groß wie ein Erwachsene aber fast nur Haut und Knochen. Die Ärzte schrieben mir deshalb mäßige Bewegung vor. So unternahm ich viele Spaziergänge, die mich zufälligerweise an einen in der Nähe meiner Wohnung gelegenen Platz führten, wo auf den Bänken „große Schachkämpfe“ ausgetragen wurden.

Als mein Vater mein Interesse für das Schachspiel bemerkte, führte er mich Ende 1931 in einem Schachklub ein, der sich ausgerechnet in unserem Wohnhaus befand. Schachlich entwickelte ich mich dann sehr schnell und wurde Ende 1932 für die Amateurmeisterschaft der Hauptstadt Budapest nominiert. (Das war ein Turnier ohne Teilnahme von Schachmeistern.)

Einen großen Einfluß auf meine weitere Entwicklung übte der Umstand aus, daß ich in der Mannschaft meines Klubs in der 2. Klasse spielte. Aus taktischen Erwägungen setzte man mich ans erste Brett. Es stellte sich aber bald heraus, daß der eigentlich als „Opferlamm“ auserkorene Spieler mit achtbarer Leistung zum Gesamtergebnis beigetragen hatte.

Nicht weniger eindrucksvoll war eine andere Episode: Im April 1932 gab István Abonyi, geschäftsführender Vorsitzender des Ungarischen Schachverbandes, selbst auch ein ausgezeichneter Schachspieler, Fernschachspieler und „Großmeister des Blitzschachs“, eine Simultanvorstellung mit 120 Teilnehmern. Um 5 Uhr nachmittags setzte ich mich ans Schachbrett, harrte bis zum Morgen ohne Schlaf aus und trug schließlich den Sieg gegen den Meister davon. Dafür wurde ich mit einem Buch des sowjetischen Großmeisters Romanowski: „Die Grundprinzipien der Eröffnungstheorie“ in ungarischer Übersetzung belohnt.

In der Amateurmeisterschaft von Budapest gelang es mir, mich für das Finale zu qualifizieren. Mein die 50-Prozent-Grenze übertreffendes Ergebnis erweckte die Aufmerksamkeit der Kritiker: „... Auch vom Mittelschüler Szabó werden wir in Zukunft noch hören. Er kennt die Theorie und respektiert keine großen Namen."
Kaum war die Amateurmeisterschaft beendet, fand schon wieder die Klubmeisterschaft statt. Diese brachte mir einen großen Erfolg ein: Ich wurde Erster. In der Landesmeisterschaft der Mittelschüler errang ich ebenfalls den ersten Platz. Inzwischen beteiligte ich mich noch am sogenannten olympischen Vorbereitungsturnier. Ich führte lange und stand kurz vor der Erwerbung des Meistertitels. In den letzten Runden fiel ich aber zurück, und so geschah es, daß ich in einer Partie bereits um den 30. Zug herum die Bedenkzeit überschritt.

1. PARTIE

Aljechin-Verteidigung
Szabó–Füstér

Hauptturnier für Meisteranwärter
Budapest 1933

1. e4 Sf6 2. Sc3

Gegen die Aljechin-Verteidigung wird heute meistens 2. e5 gespielt. Diese Spielweise entspricht völlig der einfachen Strategie, daß man einen Raumvorteil anstreben soll. Aljechins Idee wächst aber gerade aus der Erkenntnis heraus, daß auch der Vormarsch der nach Raumgewinn strebenden Bauern seine Haken hat. Ein frühzeitiger Vorstoß kann nämlich diese Bauern verletzbar machen. Der vorgerückte e- bzw. d-Bauer sollte aber vom c- bzw. f-Bauern unterstützt werden. Dadurch wird das Bauerngefüge noch mehr aufgelockert. Dagegen kann Schwarz im Sinne des Aljechin-Systems einen Angriff einleiten.

Den Springerzug führte ich natürlich nicht aus Vorsicht aus, weil ich erst 16 Jahre alt war, denn ich spielte bereits mehrere Partien, in denen ich alle vier Bauern nacheinander im Kampf einsetzte. Zum Zug 2. Sc3 veranlaßte mich eher die Mode. Damals spielte ich nämlich die berühmte Partie Nimzowitsch–Aljechin, Semmering 1926, nach, die auf mich eine große Wirkung ausübte. Jedoch wandelte ich – wie man weiter sehen wird – nicht sehr lange auf den Spuren des großen Schachspielers dänischer Herkunft. Von seinen positionellen Ideen wich ich schon im 5. Zuge ab, da ich mich von der Angriffslust hinreißen ließ.

2. – d5

Damals experimentierte E. Steiner mit Vorliebe mit der Fortsetzung 2. – e5 3. f4 d5 4. d3!?, und ich hoffte, daß auch ich diese Fortsetzung in der Partie erfolgreich anwenden könnte. Es kam aber anders, und ich wurde bald zu selbständigem Denken gezwungen...

3. e5 Sfd7 4. f4 e6 5. Dg4

In der erwähnten Partie Nimzowitsch–Aljechin folgte 5. Sf3 c6 6. g3 und dann Lg2, und Weiß griff erst später – nach der Rochade des Nachziehenden – zu aggressiven Mitteln (g3–g4) am Königsflügel. Die weiße Dame übt vom Feld g4 Druck auf die schwarze Stellung aus. Die Schattenseite dieses Damenausfluges besteht darin, daß der weiße Damenflügel ungedeckt bleibt. Doch diesen Damenzug schlägt – trotz seiner Nachteile – Nimzowitsch selbst im Turnierbuch des Semmering-Turniers vor.

5. – c5 6. Sf3 g6

Mit diesem Zug beabsichtigt Schwarz, zwei Probleme zu lösen: Einerseits möchte er den Druck auf g7 beheben, andererseits einer eventuellen Linien- und Diagonalenöffnung durch f4–f5 vorbeugen. Er läßt aber eine Goldene Regel außer acht, daß man nämlich dem Gegner unnötigerweise keinen Angriffspunkt bieten soll, besonders dort nicht, wo er seine Angriffsabsichten bekundet hat. Ein weiterer Nachteil des Textzuges besteht darin, daß Schwarz nach dem erzwungenen späteren h7–h5 nicht mehr f6 spielen kann.

7. h4 h5 8. Dg3 Sc6 9. Sg5

Diese Fortsetzung und auch die folgenden weißen Züge verraten, daß der Anziehende auf Initiative eingestellt ist. Er konzentriert alle seine Kräfte auf die schwarze Königsstellung und kümmert sich wenig darum, was auf der anderen Seite des Schachbretts geschieht. Dieser etwas übertriebene Optimismus ist in erster Linie für junge Schachspieler kennzeichnend.

9. – Le7

Eine kleine Provokation? Schwarz dürfte sich in der Hoffnung gewogen haben, daß Weiß die Gelegenheit am Schopf ergreift, sich zu 10. S×e6 f×e6 11. D×g6 verleiten zu lassen, bevor die anderen Figuren einsatzbereit sind. Dieser Gedanke ist aber – gelinde gesagt – naiv. Schwarz hätte sich mit 9. – Sd4 10. Ld3 Sf5 eher den Realitäten anpassen müssen.

10. Th3 Sd4 11. Ld3!

Früher wollte Weiß den Bauern g2 mit dem König decken. Jetzt ist das aber nicht mehr notwendig, denn 11. – c4 ist wegen 12. S×f7! K×f7 13. D×g6+ Kf8 14. Tg3 nicht gut.

11. – L×g5?

Öffnet die h-Linie und ermöglicht damit dem Anziehenden, den Königsflügel rasch aufzurollen. Außerdem schwächt es die schwarzen Felder verhängnisvoll.

Dadurch wird jetzt der Zug 10. Th3 für Weiß nutzbringend. 11. – Sf8 hätte den Nachziehenden vorläufig vor Opfern bewahrt. Weiß hätte kaum einen anderen Plan wählen können als b3, Lb2 und 0–0–0.

12. h×g5 c4?

Verzichtet freiwillig auf die einzige Basis, den Punkt d4, und schwächt weiter die schwarzen Felder, Schwarz hätte es vorerst unterbinden müssen, daß der weiße Springer nach d6 gelangt.

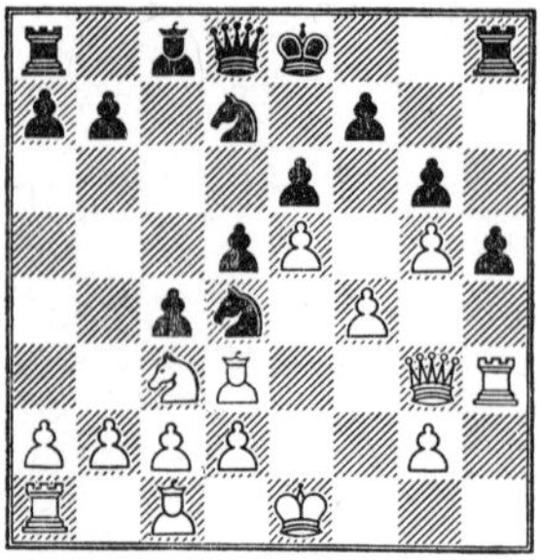

13. Df2! Sc6

13. – c×d3 14. D×d4 d×c2 15. Sb5 oder 13. – Db6 14. Sa4 Da5 15. D×d4 D×a4 16. b3 ist nicht schwer zu beurteilen.

14. Le2 Db6

Es drohte g4 mit Bauerngewinn, deshalb hat Schwarz keine Zeit mehr, a6 zu ziehen. Der Damenabtausch bietet Schwarz aber keine taktischen Gegenchancen. Mit Rücksicht darauf war 14. – Da5 vorzuziehen. Folgt darauf nämlich 15. g4, kann Schwarz mit 15. – h4! 16. T×h4 T×h4 17. D×h4 b5! versuchen, seine Figuren schnell ins Spiel zu bringen.

15. D×b6 S×b6 16. Sb5 0–0

Unter den gegebenen Umständen durfte Schwarz dem Gegner keinesfalls die h-Linie überlassen. Er hätte sich die Möglichkeit offenhalten müssen, ein eventuelles g4 mit h4 beantworten zu können und dann möglicherweise den Punkt h4 zu verstärken. Dies wäre nur mit einer baldigen Verbindung der schwarzen Türme zu verwirklichen, aber unter der Bedingung, daß einer der Türme auf der h-Linie gedeckt bleibt. Unter Berücksichtigung dessen wäre die Verteidigung wahrscheinlich mit 16. – Kf8! nebst Kg7 am wirksamsten zu organisieren.

17. b3 a6 18. Sd6 Sd4 19. Ld1 Sb5 20. S×b5 a×b5 21. Lb2 Ld7?

Denkt nur an die Verbindung zwischen den Türmen und vergißt unterdessen, die Diagonale a3–f8 im Auge zu behalten. Die einzige Verteidigungsmöglichkeit war 21. – Sd7! in Verbindung mit b6 und Lb7. Auf diese Weise kann Schwarz nämlich die Diagonale a3–f8 mit Sc5 abriegeln.

22. Ld4!

Um Schwarz keine Zeit zu Lc6 und Sd7 zu gewähren.

22. – Ta6 23. Kf2

Auf 23. Lc5 würde 23. – Tc8 24. Le7 d4! das Spiel von Schwarz erleichtern. Nicht nur der schwarze Springer könnte die Basis d5 erreichen, sondern Schwarz würde gegebenenfalls mit Lc6 auch das Feld h1 unter Kontrolle nehmen und so die Verdoppelung der weißen Türme auf der h-Linie (nach g4) verhindern.

23. – Tc8 24. g4 h×g4 25. L×g4 Kf8

Fliehen, fliehen..., bevor sich das Mattnetz schließt. Ein verständliches Bestreben in einer verzweifelten Lage. Mit Kaltblütigkeit hätte Schwarz aber die Partie noch ziemlich verlängern können. 25. – b4! 26. Tah1 Kf8 27. Th8+ Ke7 28. T×c8 S×c8 29. Lc5+ Kd8 30. Ta1! Schwarz hätte jetzt zwar einen Bauern weniger, aber der eine angreifende weiße Turm würde vom Brett verschwinden, und die Mattdrohungen würden aufhören.

26. Lc3! Lc6 27. Tah1 Ke7

Nicht 27. – T×a2 wegen 28. L×e6!

28. Lb4+ Kd8 29. Th8+ Le8 30. T1h7 Kc7

Freilich ein Versehen, aber es ist fast schon egal, wie Schwarz zieht. Auf 30. – Kd7 folgt 31. f5! e×f5 32. L×f5+ g×f5 33. g6, und der Bauer wird unaufhaltsam zur Dame geführt.

31. L×e6

Schwarz gab auf (1 : 0).

2. PARTIE

Grünfeld-Verteidigung
Szabó–Csiszár

Hauptturnier für Meisteranwärter
Budapest 1933

1. d4 Sf6 2. Sf3 g6 3. c4

Heute gilt das als selbstverständlich und wird üblicherweise mit keinem Kommentar versehen. Zur damaligen Zeit schrieb Großmeister Maróczy dazu folgenden Kommentar: „... einfacher ist es, den Damenläufer nach f4 zu entwickeln, wodurch auch der weiße Mittelbauer besser gesichert wird, um dann die Entwicklung mit c2–c3 und Sb1–d2 fortsetzen zu können."

3. – Lg7 4. Sc3 d5

Die Grünfeld-Verteidigung – würde heute jeder Turnierspieler dazu sagen. Und nach 5. e3 c6 könnte die Schlechter-Variante entstehen. Die Namensgeber arbeiteten freilich komplette Systeme aus, und Ende des vorigen Jahrhunderts kamen nur ähnliche einzelne Züge und nicht systematisch angewandte Ideen vor. In einigen eröffnungstheoretischen Büchern wurde z. B. die Partie Pillsbury–Gunsberg, Hastings 1895, angeführt. Dort geschah aber 1. d4 d5 2. c4 c6, und erst dann wurde der schwarze Königsläufer fianchettiert. So ist also die Idee, dem Anziehenden eine Zentrumsbildung zu gestatten und die weißen Zentrumsbauern von der Seite her anzugreifen, Grünfeld und den Wiener Analytikern zuzuschreiben.

Weiteres, neueres Material zur Abtauschvariante (z. B. Jussupow–Timman, Matchpartie 1986) stellte aber die Lebensfähigkeit der Idee von Grünfeld wieder sehr in Frage.

5. e3 0–0 6. Db3

In Verbindung mit diesem Zuge sind die damals geschriebenen Kommentare auch heute noch wertvoll. So schreibt z. B. Maróczy: „Der Theorie nach eine richtige Angriffsweise. Wir meinen aber, daß es zweckdienlicher ist, zuerst den Läufer nach d2 und den Turm nach c1 zu entwickeln, bevor die Dame zieht... Die frühzeitige Entwicklung der weißen Dame schenkt dem Gegner Tempi."

6. – d×c4 7. L×c4 Sc6 8. Sg5 e6 9. Dc2

Logischer ist es, 9. Le2 zu ziehen und die Dame nur dann zu bewegen, wenn sie von b3 vertrieben wird. Nach 9. Le2 e5 kann Weiß schon 10. d×e5 antworten, und auf 10. – S×e5 folgt 11. f4.

9. – Sd5

Überflüssig, weil e5 auch sofort spielbar ist, aber nützlich, da es den Anziehenden zum schwächenden f4 verleitet.

10. f4

Auf 10. Sf3 gewährt Sb6 nebst e5 dem Nachziehenden gutes Spiel.

10. – Sb6 11. Le2 e5! 12. d×e5 S×e5 13. 0–0 Sc6

Das war nicht dringend. Schwarz hätte eher das Problem der Entwicklung des Damenläufers mit Lg4 lösen sollen.

14. Ld2 Sb4 15. Dd1 De7 16. a3 S4d5 17. Dc1 S×c3 18. L×c3 L×c3 19. b×c3

Über die Eröffnung, die keine große Ruhmestat von Weiß war, schweigt man lieber. Schwarz steht günstiger und verfügt über verschiedene Möglichkeiten, den Positionsvorteil in materielles Übergewicht zu verwandeln. Die eine damals von Maróczy in seinem Kommentar vorgeschlagene Möglichkeit ist 19. – h6 20. Sf3 Sd5 21. Se5 Dc5 22. Tf3 S×f4!

19. – Sd5? 20. e4! Dc5+ 21. Kh1 S×c3 22. f5

Weiß nutzt die Fesselung und den unentwickelten schwarzen Damenflügel aus und leitet einen Angriff auf die lockere schwarze Königsstellung ein.

22. – b6

Die unerwartete Wende bringt Schwarz in Verlegenheit. Statt 22. – Dd4 zu versuchen, um die Fesselung abzuschütteln, wählt er einen Bauernzug, der in einigen Varianten auch den Turm a8 einem Angriff aussetzt.

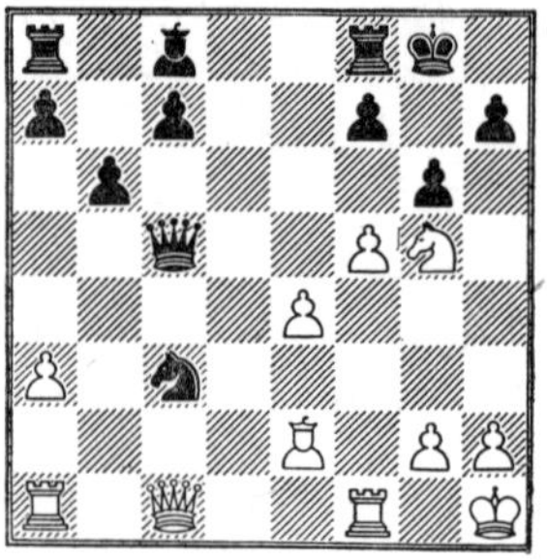

23. S×h7!!? K×h7

Erzwungen, denn nach 23. – S×e2 24. Dh6 z. B. hätte Schwarz schon keine Zeit mehr, die Verteidigung zu organisieren: 24. – f6 25. D×g6+ Kh8 26. S×f8 D×f8 27. Dh5+ gewinnt den Springer; aber auch die Dame kann mit 27. Tf3 Dg7 28. Th3+ Kg8 29. De8+ Df8 30. Th8+ erobert werden.

24. Dg5!

Wenn ich mich recht erinnere, führte ich diesen Damenzug in Eile aus. Doch hätte auch 24. f×g6+ K×g6 25. Ld3 oder 24. Tf3 eine Betrachtung verdient.

24. – Kg8?

24. – S×e2 verliert ebenfalls nach 25. Tf3. Nach 24. – S×e4! besäße Weiß jedoch nur Angriffsaussichten, und kein forcierter weißer Gewinn wäre zu sehen.

25. Dh6 S×e4 26. f×g6 Sg5

Auf 26. – f×g6 folgt 27. T×f8+ nebst Lc4+ mit undeckbarem Matt.

27. g7 Sh7 28. Ld3 f5 29. g×f8D+ S×f8 30. Dg5+ Kh7 31. L×f5+ L×f5 32. T×f5 Dd4 33. Tf7+ Kh8 34. Dh6+ Kg8 35. Taf1

Schwarz gab auf (1:0).

Meiner Meinung nach ist diese

Partie deshalb interessant, weil sie die Fehler und Tugenden eines jungen Schachspielers ganz klar herausstellt. Seine Spielführung enthält gleichermaßen instinktive wie auch bewußte Elemente.

Das große Ereignis des Jahres 1934 war für mich abermals das Hauptturnier für Meisteranwärter. Im Semifinale qualifizierte ich mich ohne Schwierigkeiten. Dort siegte ich überlegen mit 9 Punkten. Die weitere Reihenfolge war: Füstér 7 1/2, Bély und Kluger je 6 1/2, Sóoky und Szedlacsek je 6, Drucker und Frey je 5 1/2, Berkes und Ruwald-Rög je 4, Honfi senior 3, Cigoj 2 1/2 Punkte.

3. PARTIE

Slawische Verteidigung
Füstér–Szabó

Hauptturnier für Meisteranwärter
Budapest 1934

1. d4 d5 2. c4 c6

Diese Partie wurde in der Endrunde des Hauptturniers ausgetragen. Beide Spieler bedurften eines Sieges, um den ersten Platz und den damit verbundenen Meistertitel erringen zu können. Eben deshalb befürchtete ich nicht, daß mein Gegner eventuell auf d5 tauscht und dadurch eine symmetrische Stellung schafft, obwohl mich diese Furcht oft in meiner späteren Laufbahn begleitete. Daß diese Furcht grundlos war, wird in einer Partie von mir gegen H. Grob, Hastings 1947/48 (Französische Verteidigung) dokumentiert. (25. Partie)

3. Sc3 d×c4 4. a4 Sf6

Die eröffnungstheoretischen Kenntnisse der ungarischen Hauptturnierspieler waren damals ziemlich lückenhaft. Das verraten die Züge beider Partner. Sie beachten die richtige Zugfolge überhaupt nicht. Der Springerzug ist zwar in diesem System nicht zu tadeln, denn das Spiel verläuft tatsächlich in normalem Fahrwasser. Dennoch würde ein Schachspieler von mittlerer Spielstärke den Zug 4. a4 heute nicht automatisch mit diesem Springerzug, sondern mit 4. – e5 beantworten. Einige Jahre später überraschte Aljechin seinen Gegner Euwe im Wettkampf um die Weltmeisterschaft mit der geistreichen Idee 4. e4!? e5 5. L×c4 e×d4 6. Sf3?!. Ein verhältnismäßig ungeübter Schachspieler hätte aber an so etwas kaum denken können.

5. Sf3 Lf5 6. e3 e6 7. L×c4 Lb4 8. Db3 De7 9. 0–0 0–0 10. Td1 Td8

Schwarz bereitet c5 vor, obwohl dies bereits ohne den Turmzug möglich ist. 11. d5 braucht nämlich nicht befürchtet werden, weil Schwarz darauf mit 11. – e×d5 12. S×d5 S×d5 13. L×d5 Le4 antwortet, und ein Vorteil für Weiß ist nicht zu sehen.

11. Ld2

Weiß rechnet mit der Entgegnung c5. Deshalb ist es empfehlenswert, die Türme miteinander zu verbinden. Die Stellung des Läufers d2 ist nicht sehr vertrauenerweckend. Trotzdem wäre dies die Lösung des Problems, falls Weiß den Abtausch des schlecht stehenden Läufers anstrebte.

11. – c5 12. d×c5? Sc6 13. Sd4 D×c5 14. S×f5?

Die Zeitnot von Géza Füstér gab mir in späteren Jahren oft Gelegenheit, ihn auch in schlechteren Stellungen zu übertölpeln. In dieser Partie verbrauchte er für die ersten 13 Züge schon mehr als 1 Stunde und 35 Minuten Bedenkzeit. Im Hauptturnier 1934 war die vorgeschriebene Bedenkzeit auf 2 Stunden für 40 Züge festgelegt. So wirft schon jetzt das Gespenst der Zeitnot seinen Schatten voraus. Auch dieser Springerzug dürfte eine Folge der drohenden Zeitnot gewesen sein. Zweifellos besser war 14. S×c6!, obwohl Schwarz nach 14. – b×c6 15. Se4 L×e4 16. L×b4 Dg6 bequemes Spiel hat.

14. – Sa5! 15. Dc2

15. Se4 wäre jetzt nicht gut wegen 15. – S×b3 16. S×c5 S×d2.

15. – D×c4 16. Sd4 e5 17. Sf3?

Ein weiterer Fehler, worauf Weiß völlig eingeengt wird. Nach 17. Sde2! hätte Schwarz seinen winzigen Positionsvorteil nicht so leicht ausnutzen können.

17. – Sb3 18. Tb1 e4 19. Se1 Tac8 20. f3?

Mein Gegner hatte hier nur noch 10 Minuten Bedenkzeit für die restlichen 20 Züge. Es ist also kein Wunder, daß er sich aus dieser Pattstellung gewaltsam zu befreien versucht, anstatt eine abwartende Haltung einzunehmen.

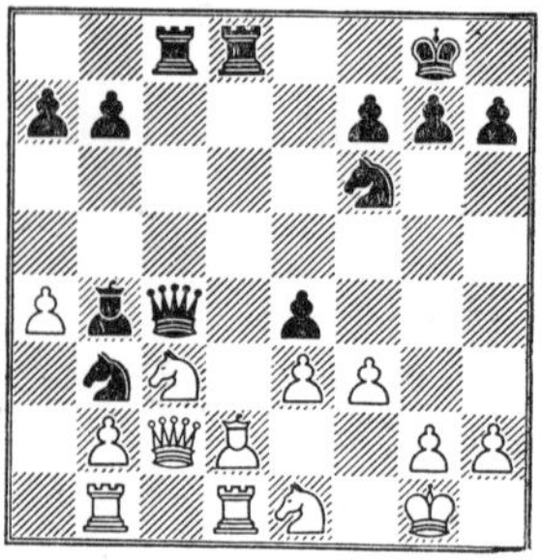

20. – Lc5! 21. Kf2 Td3!?

Jahrelang war ich auf diesen Zug sehr stolz, heute würde ich aber gewiß anders fortsetzen, nämlich mit dem einfachen 21. – e×f3. Darauf ergibt 22. S×f3 S×d2 23. T×d2 L×e3+! 24. K×e3 Sg4 ein mindestens ebenso schönes Matt wie in der Partie. Auch 22. g×f3 Dh4+ 23. Kg2 S×d2 24. T×d2 L×e3 25. T×d8+ T×d8 26. Sd3 T×d3! 27. D×d3 Df2+ 28. Kh1 D×f3 führt zum Matt.

22. f×e4

Weiß durfte dieses Geschenk natürlich nicht annehmen, denn nach dem Schlagen des Turmes geht die Dame verloren.

(siehe folgendes Diagramm)

22. – T×c3! 23. b×c3

Auf 23. L×c3 hätte Schwarz auf eine nicht alltägliche Art gewinnen können: 23. – S×e4+ 24. Kf3 Df1+ 25. K×e4 Te8+ 26. Kd5 Da6! 27. D×b3 Dc6+! 28. Kc4 L×e3+

29. Kd3 De4+ 30. Ke2 Lf4+ 31. Kf1 De2+ 32. Kg1 Le3+ 33. Kh1 Df1 matt!

23. – S×e4+ 24. Kf3

24. D×e4 D×e4 25. T×b3 Td8! wäre für Weiß ebenfalls hoffnungslos.

24. – Df1+ 25. K×e4

Oder 25. Kg4 h5+ 26. K×h5 Df5+ 27. Kh4 Le7 matt.

25. – Te8+ 26. Kd5 Td8+ 27. Ke4 f5+ 28. Ke5 Ld6+ 29. Kd5 Lc7+

Und Weiß hat hier – leider – aufgegeben. Er hat sich das nach 30. Ke6 Da6+ 31. K×f5 Dg6 entstehende hübsche Matt nicht mehr zeigen lassen (siehe untenstehendes Diagramm) (0 : 1).

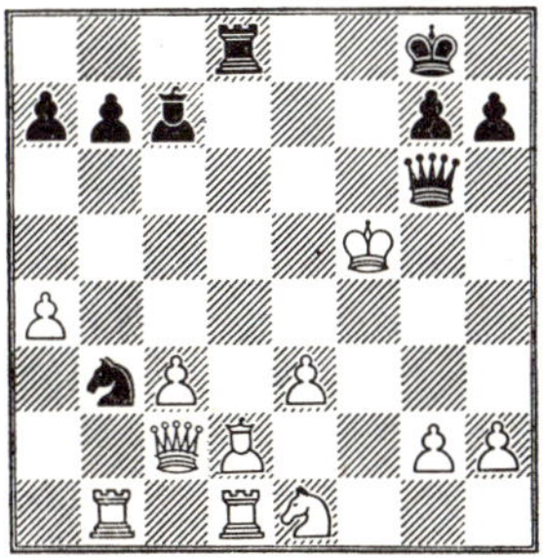

Dem großen Erfolg folgte bald eine große Enttäuschung. Einige Monate nach Ende des Hauptturniers begann ein großes internationales Turnier im damals neu eröffneten Kulturhaus der Glühlampenfabrik „Tungsram" in Újpest (Vorstadt von Budapest). Sechs ungarische Schachspieler maßen sich mit zehn ausländischen Schachgrößen. Viele traten dafür ein, daß unter den sechs Ungarn auch der neugebackene 17 jährige Meister an diesem Turnier teilnehmen sollte. Bedauerlicherweise siegte die Meinung derer, die mir sagten: „Sie sind noch so jung! Sie werden noch genügend Gelegenheit haben, an Turnieren teilzunehmen!"
Nach der Erwerbung des Meistertitels erhielt ich erst ein halbes Jahr später wieder eine Turniergelegenheit und wurde zum Jubiläumsturnier in Sopron eingeladen. Dieser erste internationale Auftritt unter den erfahrenen alten „Füchsen" brachte mir zwar nicht den meinen Ambitionen entsprechenden Erfolg. Es gelang mir aber, meinen ersten internationalen „Skalp" zu erwerben: Ich besiegte Sir George Thomas, den damaligen „Stolz" des englischen Schachs.
1935 war das Jahr der Schacholympiade. Als Schauplatz wurde von der FIDE Warschau auserkoren. Die Auswahl der Spieler wurde schon im Juni vorgenommen. Lilienthal und Lajos Steiner wurden ohne Vorkämpfe in die Mannschaft aufgenommen. Für die weiteren drei Plätze veranstaltete man einen Ausscheidungskampf. In diesem mehrrundigen Wettkampf sicherten sich Havasi und Endre Steiner ihren

Platz in der Olympiamannschaft. Als Reservespieler sollte der Sieger des Zweikampfes zwischen Kóródy und Dr. Vajda nominiert werden. Über diese Ausscheidungsart wurde viel debattiert.
Der Vorstand des Schachverbandes fällte einen zusätzlichen Beschluß. Dementsprechend sollte auch das Ergebnis des im Juli zu veranstaltenden Nationalen Meisterturniers in Tatatóváros berücksichtigt werden, falls jemand dort einen hervorragenden Erfolg erzielen würde. Dieses Turnier erbrachte tatsächlich einen solchen durchschlagenden Erfolg. Unter 18 Spielern nahm ich den ersten Platz ein. Aufgrund dieses Ergebnisses berief man mich als Landesmeister zum Mitglied der Olympiamannschaft, da Dr. Vajda und Kóródy zurücktraten.
Der Endstand lautete:

Nationales Meisterturnier

TATATÓVÁROS 1935

		Punkte
1.	Szabó, L.	13
2.	Becker, A.	12 ½
3.	Gereben, E.	12 ½
4.	Steiner, L.	11
5.	Havasi, K.	10 ½
6.	Sacconi, A.	10 ½
7.	Kluger, Gy.	10
8.	Müller, H.	8 ½
9.	Steiner, E.	7 ½
10.	Kóródy, K.	7
11.	Boros, S.	6 ½
12.	Lovas, Gy.	6 ½
13.	Merényi, L.	6 ½
14.	Znosko-Borowsky, E.	6 ½
15.	Sterk, K.	6 ½
16.	Szigeti, M.	6 ½
17.	Balla, Z.	5 ½
18.	Dr. Balogh, J.	5 ½

4. PARTIE

Slawische Verteidigung
Becker–Szabó

Nationales Meisterturnier
Tatatóváros 1934

1. d4 d5 2. c4 c6 3. Sf3 Sf6 4. Sc3 d×c4 5. a4
In den ersten Jahren meiner Schachlaufbahn wunderte ich mich sehr über diesen Zug. Es leuchtete mir überhaupt nicht ein, warum diese Schwächung zur Rückeroberung des Bauern c4 nötig ist. In den dreißiger Jahren wurde dies und 5. e3 abwechselnd angewendet. In den Theoriebüchern fand sich kein Hinweis auf die Gambitvariante 5. e4!?. In den vergangenen 40 Jahren hat sich die Bewertung dieser Eröffnung grundlegend verändert. In jener Zeit aber, als ich über den Unterschied zwischen 5. a4 und 5. e3 bzw. über den Wert des Zuges 5. a4 meditierte, redete man noch nirgendwo vom dynamischen Schach, zumindest in den westlichen Ländern nicht. In der Sowjetunion begannen sich die Umrisse einer neuen Schule abzuzeichnen, die – unter Pflege der fortschrittlichen Traditionen des Schachs – sich von dogmatischen Anschauungen löste und mit fast wissenschaftlicher Gründlichkeit die

inneren Gesetzmäßigkeiten des Schachspiels zu ergründen versuchte. Leider gelangten diese sowjetischen Analysen damals nicht nach Ungarn. Auch ich selbst konnte – in Ermangelung eröffnungstheoretischer Monographien und hochwertiger Mittelspiellehrbücher – nur einzelne Partien vergleichen.

5. – Lf5

Seltener geschieht 5. – Lg4, da es nicht gegen das Wesentliche, die Zentrumsbildung von Weiß gerichtet ist.

6. e3

6. Se5, eine Hauptvariante des Wettkampfes Aljechin–Euwe 1935, wurde in den Kreisen der Turnierspieler nicht populär.

6. – e6 7. L×c4 Lb4 8. 0–0 0–0 9. De2 c5

Damals war ich auf meine Turniere variantenmäßig nicht vorbereitet und fand erst später einen Hinweis darüber, daß dieser Zug ein Fragezeichen verdient. Statt dessen empfehlen die eröffnungstheoretischen Bücher 9. – Sbd7, 9. – Se4, 9. – Lg6 und 9. – Lg4. Unter denen ist aber 9. – Se4 sehr bedenklich, weil 10. Ld3! dem Anziehenden für den Bauern eine nachhaltige Initiative gewährt. Ein klassisches Beispiel dafür ist die 17. Matchpartie des Wettkampfes Aljehin–Euwe, 1937.

10. Td1 De7 11. h3? Se4

Becker, der ausgezeichnete Theoretiker, dürfte 11. h3 in der Absicht gezogen haben, um Sg4 vorzubeugen. Nach 11. h3 konnte Schwarz mit Se4 den zentrumsbildenden Zug e4 unterbinden, der – statt 11. h3 – am Platz gewesen wäre.

12. Sa2

Weiß trachtet nach Verwicklungen. Stark in Frage kam hier auch 12. Ld3!?, verbunden mit einem Bauernopfer, das in ähnlichen Stellungen üblich ist. Ansonsten hätte Weiß den Verwicklungen mit 12. S×e4 L×e4 13. Ld3 entgehen können. Es ist jedoch verständlich, daß der routinierte und berühmte Wiener Professor gegen seinen fast unbekannten Partner nicht so sehr auf Vereinfachung, sondern eher auf Verwicklung lossteuerte.

12. – La5! 13. d×c5 Sc6 14. Sd4 Tfd8

15. S×c6?

Statt dessen hätte Weiß mit 15. b3 nach Vollendung seiner Entwicklung streben müssen.

15. – T×d1+ 16. D×d1 b×c6 17. b4 Lc7 18. f3

Der Läufer kann sich wegen Td8 und Td2 nicht entwickeln.

18. – Td8 19. Dc2 Dh4! 20. f×e4 L+e4 21. De2 Dg3 22. Ld2 Dh2+ 23. Kf1 Lg3

Weiß gab auf (0 : 1).

5. PARTIE

Damengambit
Szabó–Hans Müller

Nationales Meisterturnier

Tatatóváros 1935

Diese Partie halte ich nicht für eine besondere Leistung von mir. Als ein stark kombinatorisch eingestellter Schachspieler war ich aber immer darauf erpicht, eine positionelle Partie von einheitlicher Wirkung (d. h. eine Partie, die aus einer Serie wechselseitiger logischer Züge besteht) zu gewinnen. Dieser Wunsch ging zuerst in dieser Partie in Erfüllung.

1. d4 Sf6 2. c4 e6 3. Sf3 d5 4. Sc3 c5

Die verbesserte Tarrarsch-Verteidigung. Für die Behandlung der Eröffnung existieren gegenwärtig schon mehrere Tausend Beispiele. Sogar die Eigenarten des sich entwickelnden Mittelspiels bilden das Thema zahlloser Abhandlungen. Meistens wird 5. c×d5 erörtert.

5. Lg5 c×d4 6. S×d4 Le7

Hans Müller, der hervorragende Theoretiker, konnte damals die spätere Neuerung von Judowitsch natürlich noch nicht kennen, mit der dieser den amerikanischen Großmeister Fine im Moskauer Turnier 1937 vernichtend geschlagen hatte. Nach 6. – e5 7. Sdb5? zog Judowitsch nämlich 7. – a6! 8. S×d5 a×b5 9. S×f6 + D×f6!! und Weiß verlor eine Figur. Obwohl auch ich diese Variante nicht kannte, wollte ich 7. – e5 nicht mit 7. Sdb5, sondern mit 7. Sf3 beantworten.

7. c×d5 S×d5 8. L×e7 S×e7?

Schwarz schlägt nicht mit der Dame zurück, weil er die Schwäche des vereinzelten Bauern fürchtet. Jetzt werden aber der weiße Entwicklungsvorsprung und die Schwäche des Punktes d6 dem Nachziehenden Sorgen bereiten.

9. Sdb5! D×d1+ 10. T×d1 Sa6 11. Sd6+ Kf8 12. e4

Damit beginnt die systematische Einsperrung der schwarzen Figuren. Die Voraussetzungen für diese Aktion sind gegeben: Entwicklungsvorsprung, Raumvorteil, unsichere Stellung des gegnerischen Königs.

12. – Sc7 13. Le2 Sc6

Auf 13. – b6 büßt Schwarz sofort einen Bauern ein: 14. Sdb5! Se8 (14. – S×b5? 15. Td8 matt) 15. Td8 Sc6 16. T×e8+ K×e8 17. Sc7+ Kd8 18. S×a8 und dann S×b6.

14. f4 Ke7 15. 0–0 f6

Beabsichtigt e4–e5 zu verhindern, was vorübergehend auch gelingt. Dieser Bauernzug läßt jedoch Weiß dazu Zeit, die Stellung des Springers auf d6 auf andere Weise zu stabilisieren. Mit 15. – Td8 16. e5 f6 hätte Schwarz zwar den Springer d6 verjagen können, aber nur um den Preis einer ernsten strukturellen Schwächung (17. e×f6+ g×f6).

16. Tf3! Thd8 17. Tg3 Kf8

Auf 17. – g6 würde 18. Th3 weitere Schwächen hervorrufen, und auf 17. – T×d6 gewänne Weiß mit 18.

T×g7+ Kf8 19. T×c7 einen Bauern.
18. Lg4 18. – g6 19. Te3! 19. – Tb8 20. e5 f5 21. Lf3 Se8 22. Ted3 Se7 23. Kf2 b6 24. b4! Sg8

Damit Schwarz mit e5 das Feld d4 nicht unter Kontrolle nehmen kann. Schwarz muß leider ziehen, aber ein nützlicher Zug ist nicht zu sehen.

25. S×e8 T×d3 26. T×d3 K×e8 27. Lc6+ Ke7 28. Th3! h5 29. Tg3 Kf7 30. Sb5 a6 31. Sd6+ Kg7 32. Tc3! Se7 33. Lf3 a5 34. b5 Kf8 35. Tc7 f4 36. a4!

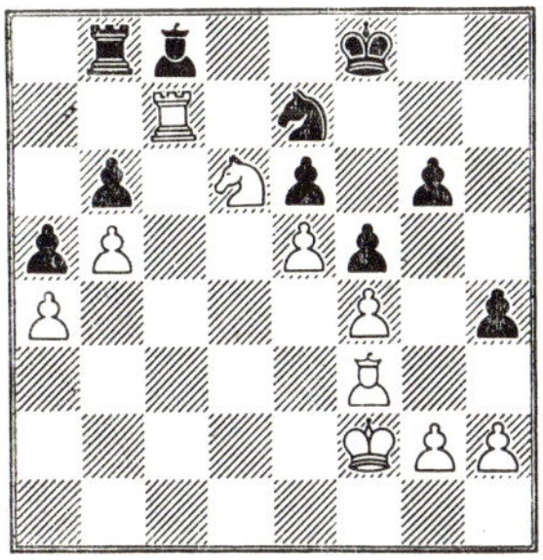

Die Blockade ist vollendet! Dem Nachziehenden verbleiben nur einige Bauernzüge, und danach verliert er eine Figur.
Schwarz gab auf (1 : 0).

6. PARTIE

Damengambit
Szabó–Szigeti

Tatatóváros 1935

1. c4 Sf6 2. Sf3 c6 3. d4 d5 4. e3 e6 5. Ld3 Le7 6. 0–0 0–0 7. Sbd2 Sbd7

Die Eröffnung ähnelt der in meiner Partie gegen Dr. Balogh (siehe 8. Partie), jedoch mit dem Unterschied, daß hier die Entwicklung des Damenspringers nach d2 eine Behandlung nach der Steiner-Variante (d×c4, b5, b4, La6) verhinderte.

8. b3 b6 9. e4 d×e4 10. S×e4 Lb7 11. Lb2 S×e4

Weiß behandelte die Eröffnung ziemlich ungenau. Schwarz hätte hier Gelegenheit gehabt, mit 10. – c5! seinen Damenläufer so zu entwickeln, daß er dabei die Kontrolle über die Zentralfelder nicht aufgibt (im Unterschied zur Partie).

12. L×e4 Sf6

Auf 10. – c5 könnte Schwarz dieses Feld mit seinem Läufer besetzen, um den Punkt e5 zu überwachen, der im späteren Verlauf der Partie ein wichtiges Sprungbrett für den weißen Angriff bildet.

13. Lc2 c5 14. Se5 Dc7 15. Te1 Tad8 16. Dd3

Heute würde mir so etwas kaum noch einfallen. Als ich mir nach vier Jahrzehnten diese Partie zur eingehenderen Prüfung wieder vorgenommen hatte, war ich verblüfft, wie ich mich damals auf ein solch unklares Kombinationsspiel einlassen konnte. Auf 16. – c×d4 hätte ich mit 17. L×d4 die Fesselung auf der d-Linie zulassen müssen.

16. – g6?! 17. d5!? exd5 18. Dg3!?

Vor vierzig Jahren hielt man den Damenzug noch für einen Gewinnzug, denn es droht S×g6, und auf 18. – Sh5 folgt 19. Dg4! S×g3 20. Sh6

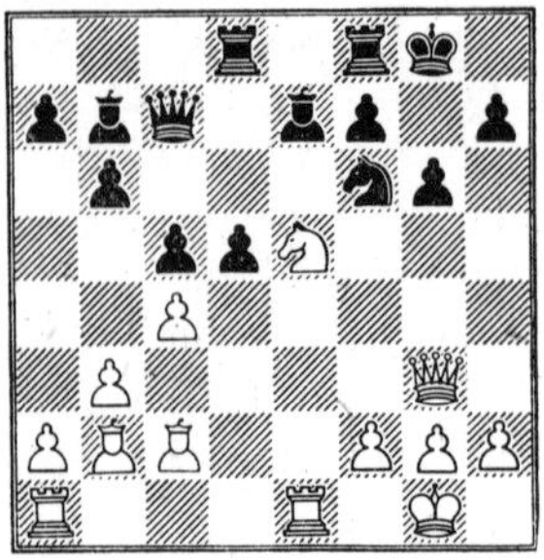

matt. Jetzt aber erscheint diese Aufmarschweise gezwungen. Damals wählte ich in mehreren Partien diese Angriffsmethode, die darin besteht, die Figuren zu konzentrieren, ohne die f-,g-,h-Bauern zu bewegen. Es lohnt sich, dies mit meiner Partie gegen Dr. Balogh zu vergleichen, die in der ungarischen Meisterschaft ein Jahr später ausgetragen wurde.

Meiner Meinung nach braucht man sich um die Drohung S×g6 nicht zu kümmern und sollte 18. – Tfe8 ziehen. Bei 19. S×g6 kann Schwarz mit D×g3 20. S×e7+T×e7 21. h×g3 T×e1+ 22. T×e1 d4 in ein Endspiel übergehen, in dem Weiß noch technische Probleme zu lösen hat. Da aber die schwarze Dame ungedeckt steht, ist die Reaktion von Schwarz verständlich. Deshalb braucht man sich auch darüber nicht zu wundern, daß Schwarz die Möglichkeit 18. – d4! nicht bemerkte.

18. – Ld6 19. Dh4 Sh5 20. c×d5 L×d5

Auf 20. – f6 würde 21. Sg4 folgen, und gegen 22. Te6 bildet 21. – Le7 die einzige Verteidigung, worauf aber Weiß einfach mit 22. Te3 fortsetzt und dann mit der Turmverdoppelung entscheidenden Vorteil gewinnt.

21. Sg4 f6 22. L×f6! L×h2+ 23. Kh1! S×f6 24. S×f6+T×f6

Sonst wird der Widerstand des Nachziehenden mit S×d5 und Te7+ (im Falle von Kg7) oder mit L×g6 (nach Kh8) gebrochen.

25. D×f6 Tf8 26. Dg5 Lc6 27. L×g6! h×g6 28. D×g6+Dg7 29. D×c6

Und Schwarz überschritt hier die Bedenkzeit (1 : 0).

Auf der Warschauer Schacholympiade war mein größtes Erlebnis, daß ich dem Weltmeister Aljechin begegnete. Freilich nicht am Schachbrett, denn er war der Spitzenspieler von Frankreich, während ich in der ungarischen Mannschaft nur am 4. Brett spielte. Aljechins Benehmen während der Partie erweckte mein Interesse. Warum steht er nach fast jedem Zug auf und stellt sich hinter seinen Gegner, von wo aus er mit verschränkten Armen auf das Schachbrett sieht? Diese Pose von Aljechin habe ich seitdem oft auch auf Fotos gesehen und viel darüber nachgedacht, ob er der psychologischen Wirkung wegen oder einfach nur deshalb hinter seinem Gegner gestanden hatte, um die Ereignisse auf dem Schachbrett auch aus einem anderen Blickwinkel beobachten zu können.

Mein Debüt in Warschau war zwar kein hervorragender Erfolg, aber auch kein Mißerfolg. Ich erreichte

64,3% der möglichen Punkte. In einer Hinsicht errang ich jedoch die Palme: Nach Meinung vieler spielte ich gegen den Amerikaner Dake die wildeste Partie der gesamten Olympiade.

7. PARTIE

Sizilianische Verteidigung

Szabó–Dake

VI. Schacholympiade

Warschau 1935

1. e4 c5 2. Sf3 e6 3. d4 c×d4 4. S×d4 Sf6 5. Sc3 Lb4

Es ist interessant, daß die Analytiker im Jahre 1935 diesen Zug als „ziemlich altmodisch" bezeichneten und das „modernere" 5. – d6 vorschlugen. 5. – Lb4 ist tatsächlich ein seltener Gast auf den Meisterturnieren. Statt dessen werden eher d6, andere Möglichkeiten mit Zurückhaltung des Königsspringers und das von Lasker empfohlene e7-e5-System bevorzugt.

6. Sb5

Nach dieser Partie äußerte kein geringerer Fachmann als Botwinnik, der spätere Weltmeister, die Auffassung, daß dieser Springerzug am stärksten sei. Jahre später ist man aber von dieser Bewertung wieder abgekommen. Nach dem heutigen Standpunkt der Theorie ist hier 6. e5! die stärkste Fortsetzung. In meiner Partie gegen Mikenas im Turnier Kemeri–Riga, 1939 wandte ich bereits diesen Bauernzug an. (Siehe 15. Partie.)

6. – d5 7. e×d5

Ein erneuter Beweis dafür, wie ich die Eröffnungsvarianten „ad hoc" spielte. Leider wurde ich damals von niemandem kritisiert. Mein fehlerhafter Zug wurde höchstens als „wenig erwogen" angesehen.

7. – a6

Hätte Schwarz den Verwicklungen entgehen wollen, so müßte er einfach 7. – S×d5 ziehen. Wer will aber gegen einen unbekannten jungen „Titanen" vereinfachen? Mit dem Bauernzug zwingt Schwarz dagegen seinen Gegner dazu, den „Seiltanz" zu beginnen.

8. Dd4!? Le7

Dem Nachziehenden gefiel es offenbar nicht, den Läufer in die Ausgangsstellung nach f8 zurückzuziehen, mit besonderer Rücksicht darauf, daß nach 8. – Lf8 9. d×e6 a×b5 10. e×f7+ oder 10. L×b5+ Sc6 11. e×f7+ viel Bauern für die Figur verbleiben. Dennoch teile ich die Ansicht jener, die für Lf8 eine Lanze gebrochen haben. Eine andere Möglichkeit ist 8. – La5!?, die die Verfasser des Turnierbuches empfehlen. In der Partie L. Steiner –H. Grob, Wettkampf 1936, gestaltete sich der Kampf zugunsten des Nachziehenden: 9. Sd6+ D×d6 10. Da4+ Sc6 11. d×c6 De5+ 12. Kd1 0–0 13. Lf4 Td8+ 14. Ld3 Dh5.

9. d6

Erzwungen, denn nach 9. Sa3 Sc6 nebst e×d5 entstünde eine Stellung, die an die Französische Verteidigung erinnert, aber in einer für Schwarz günstigeren Ausführung. Die gewählte, mit einem Figurenopfer verbundene Erwiderung führt aber zu solchen taktischen Verwicklungen, in denen Weiß die schädlichen Folgen der ungenauen Eröffnungsbehandlung eventuell gutzumachen vermag.

9. – a×b5 10. S×b5 Sc6 11. Dd1 Lf8

Eine Stellung, die ihresgleichen sucht, aber auch die Fortsetzung ist eigenartig. Da der Qualitätsgewinn die Befreiung des Läufers f8 und die Wiederbelebung der schwarzen Leichtfiguren zuließe, muß Weiß einen anderen Weg wählen.

12. Le3 Sd5

12. – Se4 würde interessante Verwicklungen herbeiführen: Z. B. 13. Sc7+ Kd7 14. Lb6 Tb8 (14. – Df6 15. Ld3!) 15. c4! Df6 16. Ld3 D×b2 17. Sb5! Sd×6 18. c5! S×b5 19. L×b5+, und der schwarze König muß sich auf eine unangenehme Wanderschaft begeben. Das ist aber freilich nur eine Möglichkeit von vielen.

13. Lc5 b6 14. c4 b×c5 15. c×d5 Da5+ 16. Dd2 Sd4?

Kompliziert die Lage überaus. Bei 16. – e×d5 17. Sc7+ Kd7 18. S×a8 D×a8 19. D×d5 Da5+ 20. Kd1 Da4+ wäre der Vorteil von Schwarz eindeutig.

17. b4! Da4

Nach 17. – D×b4 wären die Chancen ausgeglichen.

18. Sc7+ Kd8 19. Tc1 Tb8?

Der Turm stand bereits zu lange ein – dürfte Schwarz gedacht haben – und jetzt gebe ich die Qualität nicht mehr her. Eben hier bot sich aber eine bessere Fortsetzung, um die Lage klären zu können: 19. – L×d6! 20. S×a8 D×a8 21. b×c5 Le5! 22. d6 Lb7, und Weiß kann seine rückständigen Figuren kaum schnell entwickeln.

20. b×c5 e×d5 21. S×d5 Lf5 22. Ld3 L×d3 23. D×d3 Da5+!

Die einzige Chance von Schwarz besteht in einem Endspiel ohne Damen. Kommt Weiß nämlich zur Rochade, kann die weiße Dame gegen den schwarzen König Aktionen einleiten.

24. Dd2 Ta8 25. Sb4! Tb8 26. Sd3 D×d2+ 27. K×d2 g6 28. Se5!? Lh6+ 29. Kd3 L×c1 30. T×c1 Sf5

Auf 30. – Se6 gewinnt Weiß forciert mit 31. c6! Ke8 32. c7 S×c7 33. d×c7 Tc8 34. Tc5! f6 35. Sc4 Kd7 36. Sb6+ Kd6 37. S×c8+ K×c5 38. Se7.

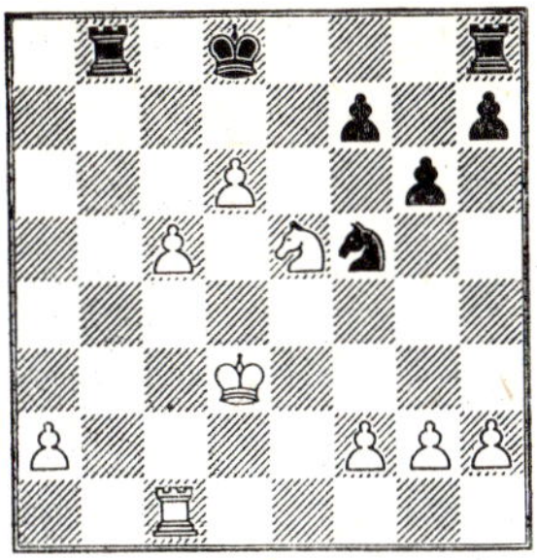

31. S×f7+?

„Der Kampf der beiden jungen Titanen ähnelte eher den halsbrecherischen Darbietungen der Luftakrobaten als einer reifen Turnierpartie" bemerkte Dr. Vécsei zu dieser Partie, in der wir beide nur noch einige Sekunden Bedenkzeit zur Verfügung hatten. Mit reiferem Verstand und etwas mehr Bedenkzeit (in den Mannschaftsweltmeisterschaften waren damals 40 Züge in 2 Stunden verbindlich) hätte ich gewiß 31. g4! gezogen, um den Springer zu verjagen und den Bauern vorrücken zu können, was einen Sieg ohne Komplikationen gesichert hätte. Aber auch 31. c6! S×d6 32. c7+ führte zum Gewinn.

31. – Kd7 32. S×h8 T×h8 33. g4 Sh6?

Auf 33. – Sg7! ermöglicht das folgende Manöver den Vorstoß des c- und d-Bauern 34. Tb1 Se6 35. Kc4 Tf8 (35. – Te8 36. Tb7+ Kc6 37. Te7! und gewinnt) 36. Tb7+ Kc6 37. Tb6+ Kd7 38. Kd5 Sf4+ 39. Ke5! Sd3+ 40. Kd4.

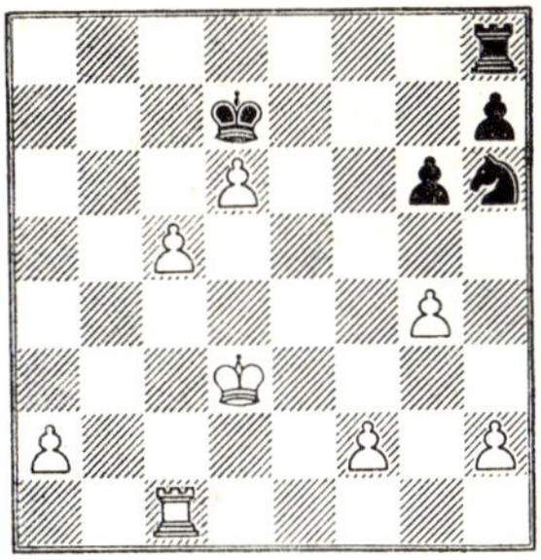

34. Te1?

Wieder stand ich am Scheideweg und wählte die schlechtere Fortsetzung. 31. Tb1! hätte den stillen Zug Kc6 nicht zugelassen, denn darauf gewinnt Weiß mit 35. Kd4 nebst Tb6+ Tempi für den weiteren Vormarsch des c- und d-Bauern.

34. – Kc6! 35. Kd4 Ta8!

Das Geheimnis der erfolgreichen Verteidigung ist die Aktivierung des Turmes.

36. Te7 Ta4+ 37. Kc3 K×c5 38. d7 Tc4+ 39. Kb3 Td4 40. h3 Sg8! 41. Te8 T×d7 42. T×g8 Td3+ 43. Kb2 T×h3

43. – Td2+ ist noch einfacher.

44. Tf8 Th4 45. f3 Th1 46. Kc3 h5 47. Tf6 h×g4 48. f×g4 Th3+ 49. Kb2 g5 50. Tf5+ Kb4 51. Kc2 Kc4 52. Kd2 Kd4 53. Ke2 Ta3 54. T×g5 Ke4!

Der Kampf der „Luftakrobaten" ist zu Ende (½:½). Der Favorit des Nationalen Meisterturniers 1936 war der junge Najdorf, die größte Hoffnung des polnischen Schachs, der als neuer Stern während der Warschauer Schacholympiade aufgegangen war. Mit diesem feurigen jungen Meister, der besonders für das

Kombinieren eine große Begabung besaß, vermochte in Budapest nur der sich in ausgezeichneter Form befindende Lajos Steiner Schritt zu halten. Mir verdarb der Umstand die Lust, daß der Italiener Graf Sacconi nach sieben Partien aus Budapest spurlos verschwunden war. So wurde mein Sieg gegen ihn in der Turniertabelle gestrichen.
Das Endergebnis des Nationalen Meisterturniers 1936 lautete: Najdorf (Polen) und Lajos Steiner je 12, Endre Steiner 9, Gereben 8 ½, Barcza, Havasi und Szabó je 8, Glass (Österreich), Kluger und Dr. Négyesy je 7, Dr. Balogh, Boros, May (Tschechoslowakei) und G. Réthy je 6, Szigeti 5 ½, Lovas 4 Punkte.

8. PARTIE

Slawische Verteidigung
Szabó – Dr. Balogh

Nationales Meisterturnier
Budapest 1936

1. c4 Sf6 2. Sf3 c6 3. d4 d5 4. Sc3 e6 5. e3 Le7 6. Ld3 0–0 7. 0–0 Sbd7
Die qualifizierten Jugendlichen von heute finden den schwarzen Spielaufbau vielleicht seltsam, was die Verbindung der Züge Sbd6 und Le7 betrifft.
8. e4 d×e4 9. S×e4 Dc7
Schwarz plant c5. Dazu ist aber Dc7 vorläufig überflüssig, ja sogar schlecht, weil der Läufer e7 ungedeckt bleibt.
10. Lg5 Te8
10. – h6 würde den Läufer nur auf ein besseres Feld treiben (Lh4–g3).
11. Te1 h6 12. Ld2!
Da der Läufer e7 gedeckt ist, wäre jetzt auf 12. Lh4 die Antwort S×e4 möglich. Die Schwächung h6 veranlaßt aber den Anziehenden, seine Läufer auf den Diagonalen a1–h8 und b1–h7 geltend zu machen.
12. – c5 13. Lc3 S×e4 14. T×e4 Sf6
Bei 14. – c×d4 15. S×d4 Sc5 kontrolliert Schwarz den Punkt g4 vorübergehend nicht, und so könnte 16. Tg4! den Punkt g7 unter Feuer nehmen.
15. Te1 Ld7
Nach 15. – b6 und Lb7 gelangt der Läufer ebenfalls auf die Diagonale a8–h1, und dieser Bauernzug verstärkt auch die Punkte c5 und f6.
16. Se5 Tad8 17. d×c5
Ein seltener Fall, wenn man die Linie öffnen muß, auf der die eigene Dame einem feindlichen Turm gegenübersteht.
17. – L×c5 18. b4! Le7
18. – Lf8 würde zwar den Bauern g7 decken, aber der Springer f6 geriete in eine heikle Lage, was Lc6 unterbinden würde, z. B.: 18. – Lf8 19. Te3 Lc6? 20. S×c6 D×c6 21. L×f6 g×f6 22. Tg3+ nebst Dg4 mit sofortigem Gewinn.
19. Te3 Lc6
19. – b5 scheint stark zu sein, aber 20. c5 Sd5 21. Dh5! Tf8 22. Sg4 Lg5 23. Le5 Db7 24. S×h6+! g×h6 25. D×h6! L×h6 26. Tg3+ Lg7 27. T×g7+ Kh8 28. Th7++ Kg8 29. Th8 könnte ein Matt ergeben, nach dem sich jeder Schachspieler sehnt.

20. De2 b6 21. Tg3 Ld6

Auf 21. – Lb7 folgt ebenfalls ein nicht häßliches Matt: 22. Sg4 Kf8 23. S×h6! g×h6 24. De3 Sg8 25. Lg7+.

22. Te1 Lb7 23. De3 Kf8

Bei 23. – Sh5 entscheidet 24. D×h6 S×g3 25. Dh7+ Kf8 26. Sg6+! f×g6 27. Dh8+ Ke7 28. D×g7 matt.

24. T×g7! K×g7 25. Sg4! Lf4 26. S×f6! Kf8

Zu erwägen war es, die Dame doch zu schlagen. Schwarz hätte mit 26. L×e3 27. S×e8++ Kg8! 28. S×c7 Lf4 das Matt pariert. Er hätte sogar auch nach 29. Le4! L×e4 30. T×e4 L×c7 nur einen Bauern weniger besessen.

27. Dh3 T×d3

Erzwungen, denn auf 27. – Te7 gewinnt 28. Le5! T×d3 (falls 28. – L×e5, so 29. D×h6 matt) 29. Dg4! die schwarze Dame.

28. D×d3 Td8 29. Dh7 D×c4

Auch bei reduziertem Material bleibt die Lage sehr kompliziert, obwohl man die nach 29. – L×h2+ 30. Kh1 Lf4 31. Sd5! L×d5 32. Lf6! Ke8 33. Dg8+ Kd7 34. D×f7+ Kc8 35. D×c7+ K×c7 36. L×d8+ K×d8 37. c×d5 usw. entstehende Stellung als einfach ansehen könnte. Jetzt ist auch 29. – Le5 nicht durchführbar wegen 30. L×e5 D×e5 31. Dh8+ Ke7 32. Sg8+ mit Damengewinn (oder 32. D×d8+ K×d8 33. T×e5).

30. Se4 e5 31. Dh8+ Ke7 32. Df6+ Ke8

Falls 32. – Kd7, so gewinnt 33. L×e5 L×e5 34. Td1+ Ld5 35. D×e5 Kc6 36. b5+ K×b5 37. Sd6+ die Qualität. Bei 33. – L×e4 34. L×f4 wird Schwarz aber mit einer Flut von Drohungen überschüttet.

33. L×e5 D×e4 34. Dh8+ Kd7 35. T×e4 T×h8 36. Td4+ Ke6 37. L×h8 Lg5 38. f4 Le7 39. f5+

Schwarz gab auf (1:0), weil eine weitere Figur auf der 7. Reihe verlorengeht.

Am 27. Juni wurde das Nationale Meisterturnier beendet. Einen Monat später spielten unsere Schachspieler schon auf einer außerordentlichen Schacholympiade in München, die als Nachspiel zur Berliner Olympiade veranstaltet wurde. An den offiziellen FIDE-Olympiaden – um den Hamilton-Russell-Pokal – nahmen Mannschaften mit je vier Spielern und einem Ersatzmann teil. In München bestanden die Mannschaften aus acht Mitgliedern mit zwei Ersatzspielern. Ein großer Vorteil für unsere Auswahl war es, daß Maróczy die Funktion des Mannschaftskapitäns übernahm. Ehrenhalber ließ man ihn am 1. Brett spielen. Unter Rücksicht auf sein hohes Alter brauchte er von den 20 Partien nur 11 auszutragen. Die Hauptlast fiel natürlich auf die Jüngeren. Die ungarische Mannschaft – mit Maróczy, Lajos Steiner, Endre Steiner, Havasi, Szabó, Barcza, Dr. Vajda, Gereben, Dr. Balogh, Kóródy – erkämpfte sicher, wenn auch in zähem Ringen, mit 110 ½ Punkten den ersten Platz. Hinter ihr landeten die polnische und die deutsche Mannschaft mit 108 bzw. 106 ½ Punkten. Am 4.–5. (manchmal am 3.) Brett spielend, erreichte ich insgesamt 16 ½ Punkte aus 19 Partien. Mit dieser 86,8%igen Ausbeute wurde ich bester Spieler dieser Olympiade. Nachfolgende Partie wurde im Wettkampf Ungarn – Finnland ausgetragen:

9. PARTIE

Aljechin-Verteidigung
Szabó–Salo

Schacholympiade
München 1936

1. e4 Sf6 2. e5 Sd5 3. d4 d6 4. Sf3 Lg4 5. Le2 Sc6 6. c4 Sb6 7. e×d6 c×d6 8. 0–0 g6 9. b3 Lg7 10. Le3 0–0 11. Sbd2 e5 12. d5 Se7 13. h3 L×f3 14. S×f3 Sf5 15. Lg5 f6 16. Lc1 Sh6 17. b4 Sf7 18. Tb1 Tc8 19. Db3 Te8 20. a4 Sd7 21. a5 b6 22. a×b6 a×b6 23. Ta1 Ta8 24. Lb2 Dc7 25. Ta4 Db7 26. Tfa1 T×a4 27. D×a4 f5 28. Dc6 Tb8 29. Sd2 Sd8 30. Db5 Dc7 31. Ta6 Tb7 32. Ld1 Ta7 33. La4 T×a6 34. D×a6 Sf6 35. Da8 Kf7 36. Sb1 Lf8 37. Sa3 Le7 38. Lc6

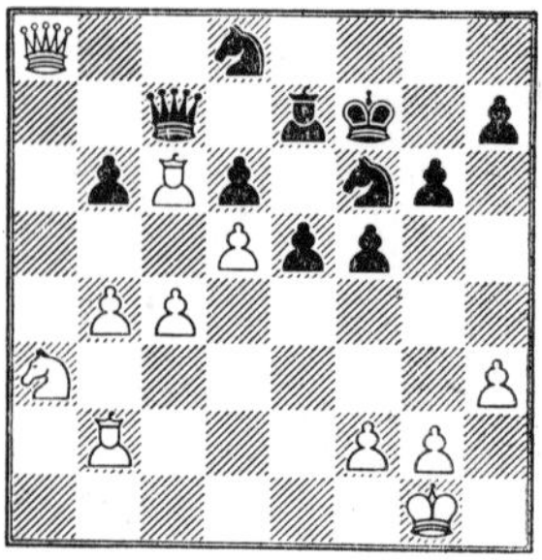

38. – S×c6 39. d×c6 Dd8 40. Db7 Se8 41. Sb5 d5 42. c7 S×c7 43. S×c7 d×c4 44. L×e5.
Schwarz gab auf (1 : 0).

Mein persönlicher Erfolg auf der Münchener Olympiade ist u. a. zwei Tatsachen zu verdanken. Erstens: Meine Schulprüfungen hatte ich bereits abgelegt. Zweitens: In der ersten Runde auf der Olympiade übersah mein Gegner, der sonst hochbegabte estnische Spieler Türn, – offenbar in großer Erregung – einen wichtigen Umstand, nämlich daß ich noch nicht rochiert hatte, deshalb verlor er eine Figur und mußte schon nach einer halben Stunde im 13. Zug kapitulieren. Das war die erste beendete Partie der Olympiade!
Szabó – Türn: **1. d4 d5 2. Sf3 Sf6 3. c4 e6 4. Sc3 c5 5. c×d5 S×d5 6. e4 S×c3 7. b×c3 c×d4 8. c×d4 Sc6, 9. Le2 Lb4+ 10. Ld2 L×d2+ 11. D×d2 e5?** (11. – 0–0 12. 0–0 wäre die eigentlich geplante, richtige Vorbereitung der Variante.) **12. d5**

Lg4?? 13. d×c6. Schwarz gab auf (1 : 0).

Nach der Münchener Olympiade arbeitete ich als Bankbeamter und nahm bis zur Nationalen Meisterschaft 1937 nur an einem Turnier teil. Außer dem Mannschaftskampf hatte ich noch eine Spielgelegenheit: den Wettkampf mit Gyula Kluger, den ich mit 4 ½ : 1 ½ Punkten gewann.

Leider habe ich sonst während meiner gesamten Laufbahn nur wenige Zweikämpfe ausgetragen, obwohl dies die beste Vorbereitung auf den Gegner ist.

10. PARTIE

Caro-Kann-Verteidigung
Szabó–Kluger

3. Matchpartie
Budapest 1937

1. e4 c6 2. c4 d5 3. e×d5 c×d5 4. d4

4. c×d5 war eine Idee der Gebrüder Steiner in den dreißiger Jahren. Sie hatte nicht viele Anhänger, tauchte aber manchmal auch in den siebziger Jahren wieder auf. Auch Tal wandte diesen Zug hin und wieder an.

4. – Sc6 5. Sc3 Sf6 6. Lg5 d×c4

Kluger begeht dieselbe Ungenauigkeit wie Flohr drei Jahre früher in der ersten Partie seines Wettkampfes gegen Botwinnik. Statt den c-Bauern zu schlagen, wäre 6. – e6 besser gewesen. Aus neuerer Zeit verdient die Partie Miles–Jussupow, Tunis 1985, Beachtung, wo 6. – Le6 gespielt wurde. Nach 7. L×f6 g×f6! 8. Dd2 Da5 9. c5 0–0–0 war die schwarze Stellung vorzuziehen.

7. d5 Se5 8. Dd4 Sd3+ 9. L×d3 c×d3 10. Sf3!

Eine Analyse der Stellung ergibt: Weiß muß den Entwicklungsvorteil ausnutzen. Hier schlug Botwinnik auf f6, und nach 10. – e×f6 befand er sich in einer ungünstigeren Lage.

10. – e6

In der 9. Partie setzte Flohr mit 10. – g6 fort. Obwohl ein ähnliches Bauerngefüge wie in der ersten Partie entstand, brachte das günstigere Zusammenspiel der weißen Figuren dem Anziehenden eine gewaltige Überlegenheit. Ein Versuch, den d-Bauern zu behaupten – mit 10. – Lf5 – hatte sich in der Partie Bobozow – O'Kelly, Zevenaar 1961, nicht bewährt: 11. 0–0 h6 12. L×f6 g×f6 13. Df4. Im Hinblick auf die Drohung Sb5 wird der Läufer kaum auf der Diagonale b1–h7 bleiben können.

11. L×f6!

Dies hatte auch Botwinnik in der 9. Partie in petto! Jetzt hätte die schwarze Stellung nach 11. – g×f6 ernste strukturelle Schwächen aufzuweisen; auch mit der gewählten Fortsetzung kann Schwarz aber seinen enormen Entwicklungsrückstand nicht aufholen. Später empfahl Botwinnik – schon als Exweltmeister – 11. 0–0–0.

11. – D×f6 12. D×d3 Ld7 13. 0–0

Le7 14. d×e6 L×e6 15. Se4 D×b2
Auch bei anderen Damenzügen hätte Schwarz mit Problemen zu kämpfen; auf 15. – Df5 käme 16. Sd6+, auf andere Züge Db5+.
16. Tfb1! Da3 17. Db5+ Kf8
Auch nach 17. – Ld7 kann Schwarz nicht von der Rochade träumen, denn nach 18. D×b7 Td8 19. Se5 bleibt der Läufer d7 bis auf weiteres ungedeckt.
18. Sfg5!
Der Bauer b7 läuft nicht weg. Falls Schwarz ihn deckt, muß er einen anderen Nachteil in Kauf nehmen. Der Entwicklungsvorsprung von Weiß wird sich früher oder später in ein Mattnetz umwandeln lassen.
18. – L×g5
Auf 18. – Da6 würde 19. D×b7 D×b7 20. S×e6+ f×e6 21. T×b7 Kf7 22. Sg5+ und S×e6 einen Bauern erobern.
19. S×g5 b6
Schwarz möchte zumindest den Bauern retten. Im Falle von 19. – De7 20. D×b7 D×b7 21. S×e6 f×e6 22. T×b7 wird die Beherrschung der 7. Reihe das Schicksal des Nachziehenden besiegeln.
20. S×e6+ f×e6

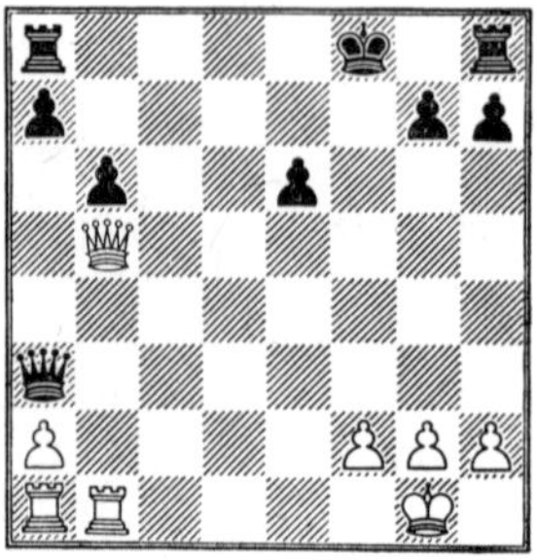

21. Tb4!
Schließt für einen Moment die schwarze Dame von der Verteidigung aus. Dieser Moment reicht aus, um den Aufmarsch der Schwerfiguren durchzuführen, während Schwarz seinen Turm h8 nicht nutzen kann.
21. – Tc8 22. Td1 h6
Falls 22. – Tc1, so 23. Tf4+ Ke7 24. Dg5+ und Matt im folgenden Zug.
23. Dd7! Tc1 24. Tf4+ Kg8 25. D×e6+ Kh7 26. Df5+ Kg8 27. Td4 T×d1+ 28. T×d1 De7 29. Tc1
Schwarz gab auf (1:0).
Im selben Jahr spielte ich die unten angeführte interessante Partie in der ungarischen Mannschaftsmeisterschaft.

11. PARTIE

Nimzowitsch-Indische Verteidigung
Dr. Lindner–Szabó

Mannschaftsmeisterschaft
Budapest 1937

1. d4 Sf6 2. c4 e6 3. Sc3 Lb4 4. e3 b6 5. Ld3
Einst schwörte ich auf 5. Se2. Damit war es mir in der Europamannschaftsmeisterschaft, Oberhausen 1961, gelungen, gegen Botwinnik eine Gewinnstellung zu erreichen. Auf 5. Se2 zog mein Gegner 5. – Se4 6. Ld2 S×d2 7. D×d2 Lb7 8. a3 Le7, ließ d4–d5 zu und geriet in bedeutenden Raumnachteil.

5. – Lb7 6. Se2

Ein kühnes zeitweiliges Opfer, besonders gegen einen Partner mit einem solchen Stil wie der Führer der schwarzen Steine. Lindner hatte aber Verwicklungen gern, was man von einem phantasiebegabten internationalen Meister der Schachkomposition auch erwarten kann.

6. – L×g2 7. Tg1 Lf3

1946 wies Flórián darauf hin, daß 7. – Le4! die bessere Fortsetzung ist. In seiner Partie gegen Szilágyi widerlegte er nach 8. L×e4 S×e4 9. T×g7 mit S×f2! die Idee von Weiß. Es ist sonderbar, daß auch die Enzyklopädie nur einen einzigen Fall (Mititelu – Lengyel, Warschau 1961) erwähnt.

8. T×g7 Lg4 9. e4? Lf8 10. T×g4 S×g4 11. Sg3

11. h3 scheint besser zu sein, weil Weiß sich nach 11. – Sf6 12. e5 einen riesigen Entwicklungsvorsprung verschafft. Der Rückzug ist indes nur scheinbar erzwungen. 11. – Sh2! könnte einen unangenehmen Keil in die weiße Stellung treiben, was die Entwicklung der anderen schwarzen Figuren fördern würde.

11. – Dh4 12. Sb5 Sc6!

Meiner Meinung nach müßte der konzentrierte Angriff der schwarzen Dame mit dem Springer g4 und den anderen schwarzen Figuren unbedingt einen Erfolg erzielen.

13. S×c7+ Kd8 14. S×a8 S×d4 15. Le2 Lb4+ 16. Ld2

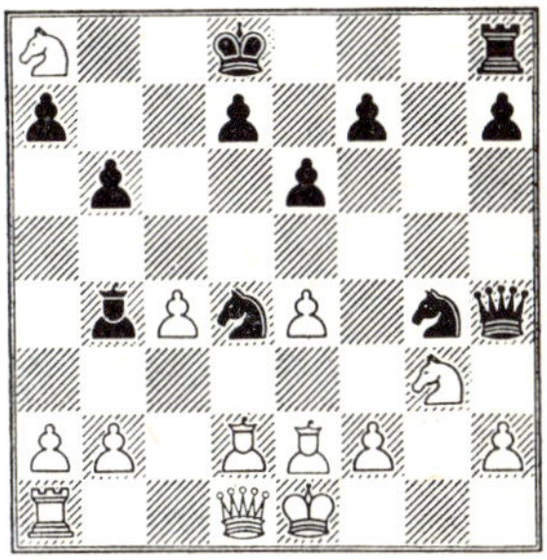

16. – S×f2! 17. K×f2

Die Annahme des Opfers ist erzwungen. Nach 17. Da4 D×h2 18. Sf1! scheint die Lage zwar noch komplizierter zu sein als im weiteren Verlauf der Partie. Jetzt kann aber 18. – L×d2+!! den gordischen Knoten lösen: a) 19. K×d2 S×e4+ 20. Kd3 D×e2+ 21. K×d4 e5+ führt zum Matt; b) 19. S×d2 S×e4! bedeutet für den Anziehenden das Ende.

17. – D×h2+ 18. Kf1 Lc5! 19. Le3

Auf 19. Le1 folgt das schöne Matt: 19. – S×e2 20. S×e2 Dh3.

19. – D×g3! 20. L×d4 Tg8!

Der Mohr hat seine Pflicht getan. Er ist vom Brett verschwunden. Der Eintritt der letzten Figur – des Turmes – führt bereits die Entscheidung herbei. Es droht jetzt Dg1+ nebst T×g1 matt.

21. L×c5 b×c5 22. Lf3 Dh2! 23. Lg4

Anders kann Weiß das Matt nicht parieren.

23. – Dh1+ 24. Kf2 Dh4+ 25. Ke3 T×g4 26. Dh1 Dg5+

Weiß gab auf (0: 1).

Die einzige Quelle meiner eröffnungstheoretischen Kenntnisse war damals die von László Tóth redigierte Schachzeitschrift „Magyar Sakkvilág“ (Ungarische Schachwelt). So war mein theoretisches Wissen ziemlich oberflächlich. Da ich es auch in der Praxis nicht ergänzen konnte, kann ich mich darüber nur wundern, wie ich das Nationale Meisterturnier 1937 zu gewinnen vermochte.

Die Teilnahme dreier ausländischer Spieler verlieh dem Turnier eine internationale Note. Der Endstand war folgender: Szabó 9 ½, Gereben und Havasi je 8 ½, Kluger 8, Balla und Hönlinger (Österreich) je 7 ½, G. Réthy und Szigeti je 7, Barcza, Füstér und Schreiber (Jugoslawien) je 6 ½, Dr. Balogh und Boros je 6, Sterk und Halic (Rumänien) je 5 Punkte.

Auf der Olympiade in Stockholm 1937 wurde die ungarische Mannschaft Zweiter hinter den USA. Seit der Hamburger Olympiade 1930 war das das beste Ergebnis, das den Titel „inoffizieller Europameister“ bedeutete. Wäre die Stockholmer Olympiade nur an drei Brettern ausgetragen worden, hätten wir sogar den Sieg davongetragen, weil Lilienthal 70,58%, Szabó 69,44%, Endre Steiner 80,55% der möglichen Punkte erzielten. Das Ergebnis von Havasi war aber nur 56,66%, und Dr. Vajda steuerte aus vier Partien nur zwei Unentschieden bei.

12. PARTIE

Grünfeld-Verteidigung

Jörgensen–Szabó

VII. Schacholympiade

Stockholm 1937

1. d4 Sf6 2. Sf3 g6 3. c4 Lg7 4. Sc3 d5 5. c×d5 S×d5 6. e4

„Weiß vermischt zwei Systeme. Im Falle von Sf3 ist die zentrumsbildende Variante nicht zu empfehlen, bei der sich der weiße Königsspringer eher nach e2 entwickelt. Dort kann er mit Lg4 nicht gefesselt werden. Das schwächt die Deckung des Bauern d4 bzw. leistet einem Angriff auf diesen Bauern – entsprechend der Grundidee der Grünfeld-Verteidigung–Vorschub“, schrieb man vor etwa drei Jahrzehnten. In neuerer Zeit wurde aber das früher oft getadelte System schon mit Erfolg angewendet.

6. – S×c3 7. b×c3 0–0

Auf 7. – c5 statt der Rochade experimentierte Spasski im Tilburger Großmeisterturnier 1979 gegen Sax mit 8. Lb5+. Diese Partie endete im 18. Zug unentschieden. Deshalb kann man nicht wissen, ob Spasski eine echte Neuerung vorhatte oder nur einen Verlegenheitszug ausführen wollte. Ohne Schachgebot ist es gleichgültig, ob Schwarz im 7. Zuge rochiert oder c5 zieht.

8. Le3 c5 9. Dd2 Da5 10. Le2 Td8 11. Tc1 c×d4

Nachdem der Bauer c3 gedeckt ist und auch der weiße Damenturm nicht mehr einsteht, droht d4–d5 und dann die Verstärkung dieses Bauern mit c4.

12. c×d4 D×d2+ 13. S×d2

Es gibt nichts Besseres, denn nach 13. K×d2 Sc6 14. d5 e6 würde Weiß seinen wichtigsten Bauern einbüßen.

13. – Sc5 14. d5 Sd4 15. Lc4 Ld7 16. Sb3 S×b3 17. L×b3 a5!

Ein seltener Ausnahmefall, wo man nicht den potentiellen Freibauern zu bewegen hat. Der rasche Vormarsch des a-Bauern wird dadurch ermöglicht, daß die Blockade des b-Bauern – wie man sehen wird – von selbst aufbricht.

18. Lb6 a4! 19. Lc4 Tdc8 20. 0–0

Der König darf nicht in der Brettmitte verbleiben, weil er dort dem Kreuzfeuer des schwarzen Läuferpaares zum Opfer fallen kann. Auf 20. Ke2 z. B. würde dies durch T×c4! und Lb5 mit Fesselung sofort bestätigt. Durch die Rochade wird aber der König vom Hauptkampfplatz entfernt.

20. – Lb2 21. Tc2 a3 22. Lb3

Es drohte bereits 22. – La4.

22. – T×c2 23. L×c2 Lb5 24. Te1 Lc4 25. Lb1 Tc8 26. f3 f6!

Die schwarzen Figuren beherrschen zwar das Brett, Schwarz kann aber nur durch eine Umgruppierung seiner Kräfte weiter vorwärtskommen. Verließe der Läufer die Diagonale a2–g8, so könnte der weiße e-Bauer losmarschieren. Das verhindert der Nachziehende mit f6. Daraus ergibt sich jedoch, daß Weiß – statt des bescheidenen f3 – den Zug f4 hätte ausführen müssen, was auch später um den Preis eines Tempos geschieht.

27. Kf2 Lb5! 28. f4 Lc3 29. Td1

Der Turm muß entweder die erste Reihe oder die e-Linie verlassen. Dementsprechend wird entweder der Einbruch des schwarzen Turmes zugelassen oder das Gegenspiel mit e4–e5 erschwert.

29. – La4 30. Td3

Hier kann der Turm leichter aktiviert werden als auf g1 oder h1. Jetzt kann aber Schwarz die erste oder zweite Reihe besetzen. Auch ein Gegenspiel hilft nicht, weil der a-Bauer so weit vorgedrungen ist, daß dieser Umstand unmittelbare Drohungen nach sich zieht.

30. – Lb2

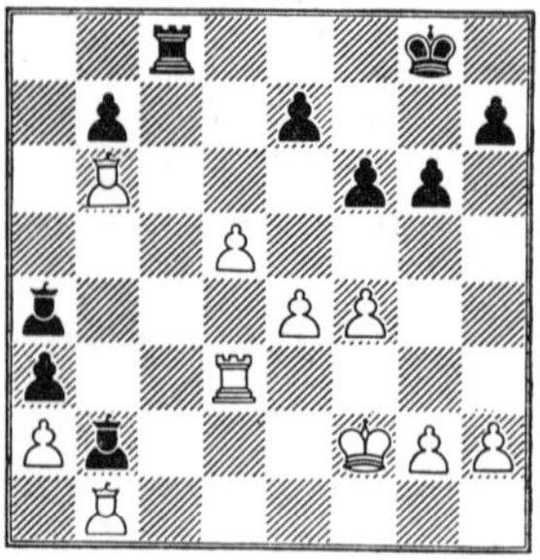

31. Le3
Weiß ist gezwungen, die Blockade des Bauern b6 aufzuheben. Er kann Tc1 nicht anders verhindern. So waren 14 Züge vergebens, und der Weg des Bauern b7 ist frei.
31. – b5 32. e5!
Die einzige Chance! Jetzt kann Weiß bereuen, daß er mit dem Ziehen des f-Bauern ein Tempo verloren hat.
32. – f×e5 33. f×e5 b4 34. d6
Oder 34. Lf4 Tf8 35. Kg3 (35. Tf3 Ld1) g5! 36. L×g5 L×e5+ und Tf1.
34. – L×e5 35. d×e7 Lf6 36. Td8+ T×d8 37. e×d8D+ L×d8 38. Lc5 La5
Um den Preis eines Bauernopfers gelang es dem Anziehenden zu verhüten, daß der schwarze Turm auf der ersten oder zweiten Reihe eindringt. Der Textzug verurteilt den schwarzen Läufer zwar zur Passivität, dies alles kann das Ende aber nur hinausschieben.
39. Ke3 Ld7 40. Kd4 Le6 41. Ke5 Kf7 42. g3 Lf5
Der Gnadenstoß!
43. L×f5 g×f5 44. K×f5 b3 45. a×b3 a2 46. Ld4 Lb4 47. Ke4 Lf8 48. b4 Lg7
Weiß gab auf (0 : 1).
Nach der Stockholmer Olympiade – im Besitze von zwei Meisterschaftstiteln und zwei guten Olympiadeerfolgen – hoffte ich mit Recht darauf, daß nun Einladungen zu starken ausländischen Turnieren folgen würden. Aber sie kamen nicht.
Damals begann der Plan in mir zu reifen, die Britisch-Ungarische Bank – die seit 1935 meine Arbeitsstelle war – um unbezahlten Urlaub zu ersuchen und mich längere Zeit ausschließlich mit dem Schachspiel zu beschäftigen. Diese Absicht verstärkte sich noch, als ich Mitte 1938 im Turnier zu Ljubljana einen schönen Erfolg errang. Dieses Turnier halte ich für meine erste tatsächliche internationale Kraftprobe. Auf den Olympiaden, am vierten Brett, traf ich nur manchmal auf Großmeister. Hier hatte ich aber Gelegenheit, gegen solche Größen wie Dr. Vidmar, Dr. Tartakower, Kostić, Pirc, ferner gegen meine Landsleute, die ebenfalls Großmeisterstärke hatten, wie Lajos Steiner und Dr. Asztalos, mein Können zu beweisen. Punktemäßig ist dieser Nachweis sehr gut gelungen, in diesem starken Teilnehmerfeld erwarb ich den zweiten Rang, mit meinem Spiel war ich jedoch nicht zufrieden.
Der Endstand des Turniers lautete:

LJUBLJANA 1938

Teilnehmer	Punkte
1. Kostić, B.	10 ½
2. Szabó, L.	10
3. Steiner, L.	9 ½
4. Dr. Tartakower, S. G.	9 ½
5. Dr. Asztalos, L.	8 ½
6. Dr. Trifunović, P.	8 ½
7. Dr. Vidmar, M.	8 ½
8. Pirc, V.	8
9. Bröder, M.	7 ½
10. Vidmar jun., M.	7 ½
11. Foltys, J.	7
12. Nedeljković, O.	6
13. Tóth, B.	5 ½
14. Furlani, L.	5 ½
15. Preinfalk, A.	5
16. Sorli, J.	3

Der verpaßte 1. Preis, weswegen man mich später „László II.“ nannte (nach dem Namen eines ungarischen Königs aus dem XII. Jahrhundert), bestärkte mich in der Auffassung, daß meine Turniertaktik nicht richtig gewesen war. Oder reichte meine Begabung einfach dazu nicht aus?

13. PARTIE

Damenindische Verteidigung

Pirc–Szabó

Ljubljana 1938

1. d4 Sf6 2. Sf3 b6 3. c4 e6 4. g3 Lb4+ 5. Ld2 L×d2+ 6. D×d2 La6 7. Dc2 c5 8. Lg2 Sc6 9. d×c5 b×c5. 10. 0–0 0–0 11. b3 De7 12. Sc3 d5 13. c×d5 e×d5 14. Tfe1 Sb4 15. Dd2 d4! 16. Sd1 Lb7 17. Tf1 a5 18. a3 Sbd5 19. Dc2 a4 20. b×a4 Tfd8 21. Tc1 Tac8 22. Te1 La6 23. Lf1 Sb6 24. Sb2 c4 25. a5 Sa8 26. Da4 c3 27. Sd3 Se4 28. Sb4 Sc5 29. Dc2 Lb7! 30. Lg2 Le4 31. Sd3 Da7 32. Sfe5 L×g2 33. K×g2 D×a5 34. Da2 Dc7 35. Tb1 S×d3 36. e×d3 Te8 37. f4 Kf8 38. Dd5 Tcd8 39. Dd5 Te6 40. Db4+ Kg8 41. Sf3

41. – Te3! 42. T×e3 d×e3 43. d4 h6 44. Tc1 Tc8 45. d5 Sb6 46. De4 Dc5 47. d6 D×d6 48. D×e3 D×a3 49. Tc2 Sd5 50. De5 Sb4 51. Df5 Da6 52. Tc1 Dc6! 53. Kf2 g6 54. Db1 Dc5+.

Weiß gab auf (0 : 1).

Bei der Verwirklichung meiner Pläne kam mir eine Einladung für das Hauptturnier in Hastings zustatten, die offensichtlich auf einer Referenz von Maróczy beruhte.

Der Schachwelt bereitete ich in Hastings abermals eine große Überraschung und überflügelte Exweltmeister Dr. Euwe!

Hier ist die Tabelle:

HASTINGS 1938/39	Punkte
1. Szabó, L.	7 ½
2. Dr. Euwe, M.	6 ½
3. Landau, S.	6
4. Pirc, V.	6
5. Klein, E.	4 ½
6. Milner-Barry, P. S.	4 ½
7. Golombek, H.	4
8. Thomas, Sir George	2 ½
9. Taylor, T. H.	2
10. Sergeant, E. G.	1 ½

Meine aufregendste Partie war die gegen Pirc.

14. PARTIE

Englische Eröffnung
Szabó–Pirc

Hastings 1938/39

1. c4 Sf6 2. Sc3 e5 3. g3 d5 4. c×d5 S×d5 5. Lg2 Sb6 6. Sf3 Sc6 7. 0–0 Le7 8. d3 0–0 9. Le3 Lg4
Die Empfehlung von Flohr. Ihre Schattenseite besteht darin, daß der Bauer b7 ungedeckt bleibt. Gegen die Drachenvariante der Sizilianischen Verteidigung wird in ähnlichen Stellungen meistens der Vorstoß des f-Bauern angewandt.
10. a4
Die natürliche Reaktion auf Lg4. Weiß versucht, mit a4–a5–a6 die Diagonale a8–h1 zu schwächen. Damals glaubte ich fest an diese Methode. Heute würde ich schon ernsthaft erwägen, ob – im Falle von a7–a5 – der schwarze Damenflügel tatsächlich schwächer würde als der weiße. Unter strategischem Aspekt gäbe ich heute dem Zug 10. a3 – sogar ohne Le3 – den Vorzug.
10. – a5 11. Tc1 Tc8
Der Bauer c7 bedarf einer Deckung, deshalb hat Schwarz zu Dd7 und Lh3 nicht genügend Zeit.
12. Sb5 Sd5 13. Lc5 L×c5 14. T×c5 L×f3 15. L×f3 S5b4 16. Dc1 De7 17. De3 Tfe8 18. Tfc1 f6

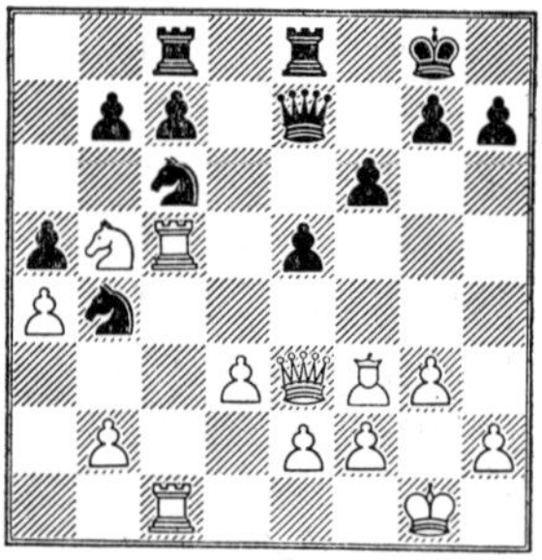

19. T5c4!
Weist auf die Verwundbarkeit der schwarzen Stellung hin. Wird der Springer c6 geschlagen (Weiß droht Sa7), würde die am Damenflügel aufgebaute Verteidigung des Nachziehenden wie ein Kartenhaus zusammenstürzen.
19. – Ta8 20. De4 g6
Eine Schwächung des anderen Flügels, die als neues Angriffsobjekt dienen kann. Weiß würde aber seinen h-Bauern sowieso vorrücken, um Schwächen zu provozieren. Ein Versuch von Schwarz, einen der beiden weißen Türme von der c-Linie zu vertreiben, würde aber folgendermaßen scheitern: 20. – Sa2?

21. T×c6! b×c6 22. T×c6 Sb4 23. Dc4+ und dann T×c7 und L×a8 mit zwei Mehrbauern für Weiß.

21. h4! f5 22. De3 Kg7 23. Dg5

Meine Auffassung, daß ich durch Damentausch meine Türme auf der sich öffnenden h-Linie schnell einsetzen könnte, dürfte etwas zu optimistisch erscheinen. Der Damenzug war jedoch nützlich, weil er eine neue Schwäche provozierte.

23. – h6 24. Dd2

Ohne Öffnung der h-Linie tauscht Weiß vorläufig nicht!

24. – Tad8 25. De3! Ta8

Seit dem 19. Zug von Schwarz hat sich die Stellung kaum verändert. Ein Unterschied ist aber einschneidend: Der Lebensraum des weißen Läufers wird mit dem Vorlocken der schwarzen Bauern wachsen.

26. h5 g5 27. g4 e4

Die Stellung nach 27. – f4 28. De4 bedarf keiner Erklärung. Deshalb opfert Schwarz nun einen Bauern.

28. d×e4 f4 29. Dc3+ Kg8 30. Tc5 Tad8 31. e5! Df7

32. e6!

Das richtige Verfahren! Der e-Bauer ist beim Aufmarsch der weißen Figuren gegen den feindlichen König nur hinderlich.

32. – T×e6 33. Tf5 De7 34. Dc4 Td7 35. Sc3!

Die Stunde ist gekommen, um die schwarzen Spinger aus ihren Verteidigungsbasen zu verdrängen und die wichtigen Einbruchspunkte zu erobern. Mein Gegner sah – offenbar mit Rücksicht auf seine offene Königsstellung – die beste Verteidigung darin, die weißen Figuren um den Preis eines Bauernopfers abzutauschen und Chancen in einem Damenendspiel zu suchen.

35. – Kg7 36. Sd5 S×d5 37. L×d5 Tf6 38. T×f6 D×f6 39. L×c6 b×c6 40. D×c6 Td1+! 41. Kg2 T×c1

Das Turmendspiel wäre für Schwarz hoffnungslos.

42. D×c1 Db6 43. Dc3+ Kf7 44. Dc4+ Kf6 45. Db5?

Weiß glaubt, daß das Bauernendspiel glatt gewonnen sei, und erschwert sich unnütz die Aufgabe. Er vergißt, daß der Vorstoß des h-Bauern einen wichtigen Punkt unter Kontrolle nahm. 45. De4! D×b2 (45. – Kg7 46. De5+ Kf7 47. Df5+ Kg7 48. Db5! wäre ein Tausch in besserer Ausführung.) 46. Dg6+ Ke7 47. D×h6 D×e2 48. D×g5+ würde die Gefahr, die Partie zu vergeben, verringern.

45. – D×b5 46. a×b5 Ke5

Erst jetzt hatte ich erkannt, daß das Bauernendspiel gar nicht so einfach ist, wie ich es beim Damentausch dachte. Letztlich gibt es nur einen

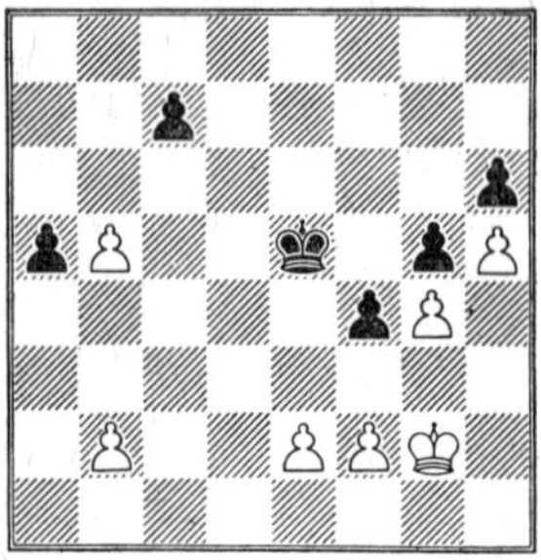

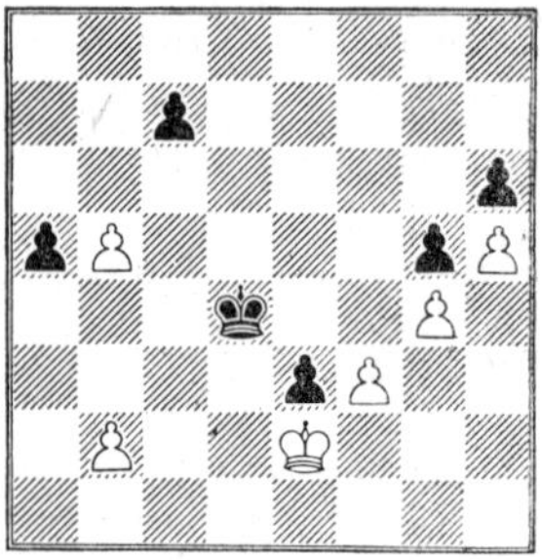

Weg, der zum Sieg führt, während 47. Kf3 sogar noch verliert wegen 47. – Kd4 48. e3+ f×e3 49. f×e3+ Kd5!. Aber 49. – Kd3 – obwohl es noch besser erscheint – scheitert an 50. e4 Kc4 51. e5! Kd5 52. e6! Beantwortet Schwarz 51. e5! mit K×b5, so folgt 52. Ke4 Kc6 53. Kf5 Kd7 54. Kg6! mit der Drohung Kf7, und der weiße Bauer gelangt viel früher auf die 8. Reihe als irgendein schwarzer Bauer am Damenflügel.

47. f3!! Kd5!

Auf 47. Kd4 entscheidet 48. Kf2 a4 49. e3+! f×e3+ 50. Ke2 Kc4 51. K×e3 Kb3 52. f4! g×f4+ 53. Kf3!!

48. Kf2 Kd4

Der schwarze König darf sich noch nicht dem Damenflügel nähern, denn nach 48. – Kc5 49. e3 f×e3 + 50. K×e3 K×b5 51. f4 g×f4+ 52. K×f4 stellt sich heraus, daß er vom Königsflügel zu weit entfernt ist.

49. Ke1 Kc4 50. e3?

Bei der richtigen Fortsetzung 50. Kd2! Kd4 51. b3 könnte sich nur Weiß eine weitere Dame verschaffen.

50. – f×e3 51. Ke2 Kd4!

52. b3

Traurig, daß der b-Bauer ziehen muß und deshalb der a-Bauer schneller vorrücken kann.

52. – Kc3 53. f4 g×f4 54. g5 Kd4!

Nach dieser Wende kommt nicht der a-Bauer, sondern der e-Bauer zur Umwandlung. Diesen Umstand hatte Weiß außer acht gelassen.

55. g×h6 f3+ 56. K×f3 Kd3 57. h7 e2 58. h8D e1D 59. Dd8+ Kc3 60. D×c7+ K×b3 61. b6 Dd1+ 62. Kg3 D×h5?

Sieben Stunden lang hat sich Schwarz verteidigt, und jetzt versagt er. Er hätte unbedingt mit Schachgebot fortsetzen müssen.

63. b7

Schwarz gab auf (1 : 0). Der König kann nun ungehindert nach a8 gelangen.

Anfang März besuchte ich Lettland. Der kleine baltische Staat, der sowohl im Turnierschach als auch auf dem Gebiet der Endspiel- und Aufgabenkomposition gute Traditionen aufzuweisen hatte, – es genügt, die Namen von Nimzowitsch, Matissons, Apsenieks, Petrows, Behtins, Feigins zu erwähnen – veranstaltete innerhalb von zwei

Jahren schon zum zweiten Male ein internationales Turnier. Der Schauplatz war Kemeri, ein Kurort, einige Kilometer von Riga entfernt.

Das Turnier mit sechs ausländischen und zehn einheimischen Teilnehmern erwies sich als sehr stark. Der Favorit für den 1. Platz war natürlich der Tschechoslowake Salo Flohr, der im AVRO-Turnier 1938 zwar eine schwächere Form zeigte, im Januar 1939 aber überlegener Sieger des großen Turniers von Moskau und Leningrad wurde. (Dort belegte Keres nur den 12. Platz!) Zu den Favoriten rechnete man auch Bogoljubow und den Schweden Stahlberg. Ich begann das Turnier mit gewaltigem Aufschwung – ohne Achtung vor den Autoritäten – und gewann die ersten vier Partien. Darunter waren zwei besonders wertvolle Skalpe die von Mikenas und von Koblenz. (Letzterer war später Lehrmeister und Trainer von Tal.)

In der fünften Runde traf ich – infolge der Auslosung – auf Stahlberg: 1. d4 Sf6 2. c4 g6 3. g3 Lg7 4. Lg2 d5 5. c×d5 S×d5 6. e4? Sb4 7. d5 c6! 8. a3 Da5 9. Sc3 c×d5 10. Le3 d4! 11. a×b4 Dd8 12. Sa4! d×e3 13. D×d8+ K×d8. Hier zog Stahlberg 14. f×e3 und bot gleichzeitig Remis an. Da diese Partie schon die fünfte ohne Ruhetag war, hätte ich das Remisangebot aus turniertaktischen Gründen annehmen müssen. Ich wies aber das Remisangebot zurück, weil mein Positionsvorteil das Weiterspielen motivierte. Nach einigen Zügen lief ich jedoch in eine Falle. In den weiteren Runden kämpfte ich mich wieder an die Turnierspitze. Wegen meiner Kampfweise verlor ich aber in der Mitte des Turniers wiederum zwei Partien. Insgesamt gewann ich elf Partien, verlor vier und hatte damit gegenüber dem gleichmäßig und sicher spielenden Flohr keine Chancen mehr.

Abschließend ein Blick auf die Tabelle:

KEMERI 1939		Punkte
1.	Flohr, S.	12
2.	Stahlberg, G.	11
3.	Szabó, L.	11
4.	Mikenas, V.	10 ½
5.	Böök, E.	10
6.	Feigins, M.	9
7.	Bogoljubow, E. D.	8 ½
8.	Petrows, W.	8
9.	Dreibergs, L.	6 ½
10.	Hasenfuss, R.	6
11.	Melngailis, T.	5 ½
12.	Apsenieks, F.	5 ½
13.	Koblenz, A.	5
14.	Solmanis, Z.	5
15.	Bezrucko, G.	4
16.	Ozols, K.	2 ½

15. PARTIE

Sizilianische Verteidigung
Szabó–Mikenas

Kemeri 1939

1. e4 c5 2. Sf3 e6 3. d4 c×d4 4. S×d4 Sf6 5. Sc3 Lb4 6. e5!?

Vier Jahre waren seit der Partie Szabó–Dake, Warschau 1935, vergangen. Inzwischen hatte sich die Bewertung mehrerer Eröffnungsvarianten verändert. Damals erschien in der sowjetischen Fachpresse ein umfassender Artikel von Sak über die Variante 5. – Lb4 der Sizilianischen Verteidigung. Mikenas, ein die russische Sprache vollkommen beherrschender Litauer, hatte sich mit dem Inhalt dieses Artikels offenbar vertraut gemacht. Damit ist es auch zu erklären, daß er selbst als Weißer in der vorangegangenen (2.) Runde gegen Dreibergs dieser Variante nicht auswich. Gegen Dreibergs setzte er sonst mit 6. Sdb5 fort.

6. – Se4

6. – Sd5 7. Dg4 g5!? 8. a3 L×c3 9. b×c3 Dc7 10. Dg3 D×c3+11. D×c3 S×c3 12. L×g5 (Tscherepkow–Inkiow, Primorsko 1973).

7. Dg4 S×c3

Was 7. – Da5 betrifft, wurden die nach 8. D×g7 entstehenden Verwicklungen bereits eingehend analysiert. Man meinte, daß die Variante 8. – L×c3+ 9. b×c3 D×c3+ 10. Ke2 b6 11. D×h8+ Ke7 12. Lg5+ S×g5 13. Df6+ zum Remis führt. Dann änderte sich die Meinung derart, daß Weiß mit 13. La3+ selbst auf Gewinn spielen könne. Nach 13. La3+ d6 (13. – D×a3 14. D×c8) 14. Sb5 D×c2+ 15. Ke3 Dd2+ 16. Kf3 Lb7 17. S×d6 kann Schwarz jedoch mit 17. – Dc3+! das Unentschieden halten.

Im Falle von 7. – Da5 8. D×g7 sind freilich noch zahllose andere Abspiele möglich. Eben deshalb bevorzugen viele die andere Möglichkeit 8. D×e4, die von Dr. Euwe empfohlen wurde, und zwar in Verbindung mit der Variante 8. – L×c3+ 9. b×c3 D×c3+ 10. Kd1 D×a1 11. Sb5 0–0. Es ist sehr fraglich, ob Schwarz den Angriff mit 12. Ld3 g6 13. h4 überstehen wird. Anstelle der Rochade kann sich Schwarz kaum auf die Variante 11. – d5 12. Db4 Sa6 13. Sd6+ Kd7 14. L×a6 b×a6 15. S×f7 Tg8 16. Kd2! einlassen.

8. D×g7! Tf8 9. a3! Sb5+

Schwarz stand am Scheideweg: Entweder bleibt der Läufer auf der Diagonale a3–f8 mit einem Minusbauern und einer schlechten Stellung oder Schwarz zieht La5, worauf 10. Lh6 De7 11. Sb3 die Qualität gewinnt. Eine dritte interessante Möglichkeit wäre 9. – Da5 10. Sb3 Dd5 11. Ld3! usw.

10. a×b4 S×d4 11. Lg5!?

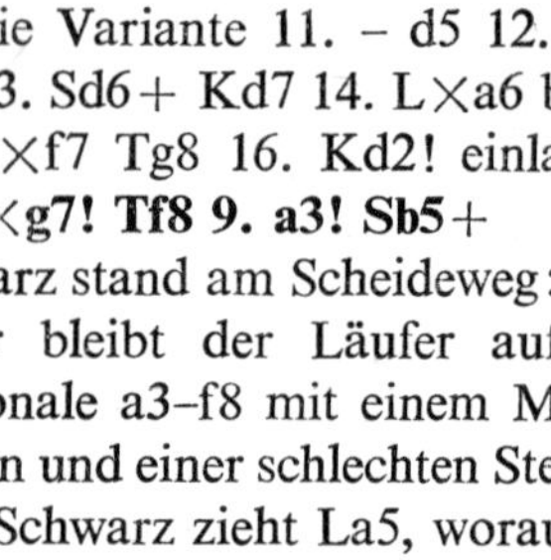

Vierzig Jahre lang teilten die mir bekannten Theoriebücher meine Ansicht, daß 11. – f6 12. L×f6 T×f6 13. e×f6 zum Gewinn für Weiß führt, denn Schwarz hat gegen Dg8 matt bzw. f7+ und f8D keine Parade mehr. Auch die jugoslawische

Enzyklopädie gibt diese Variante so an. Jetzt aber tauchen in mir Bedenken auf, ob man nach 12. – Tf7! überhaupt von einem eindeutigen Gewinn für Weiß reden kann. Bei der Analyse der Partie bemerkte Mikenas, daß ihm die Stellung nach dem 10. Zug vor Augen schwebte, als er die Eröffnung auswählte. Damit gestand er ein, daß er sich zu Hause vorbereitet hatte. Der Läuferzug überraschte ihn dennoch, obwohl er für die häusliche Vorbereitung unbeschränkte Zeit zur Verfügung hatte.

11. – Db6? 12. Lh6 D×b4+ 13. c3 Sf5 14. c×b4 S×g7 15. L×g7 Tg8 16. Lf6 Sc6 17. Ld3! h6! 18. h3(?)

Weiß gewinnt zwar die Qualität, muß aber dafür zwei Bauern hergeben. Nach 18. g3! S×b4 19. Lh7 Tg4 20. f4 Sd5 21. Kf2 würde der Turm ebenso in die Schlinge geraten, aber Weiß brauchte dafür einen Bauern weniger herzugeben.

18. – S×b4 19. Lh7 T×g2 20. Kf1 Tg6 21. L×g6 f×g6

In der Partie beginnt eine neue Phase. Da Schwarz für die Qualität zwei Bauern besitzt, kann Weiß den Erfolg nur unter Ausnutzung des Zeitfaktors sichern. Er muß also schnell die Linien am Königsflügel öffnen, bevor sich schwarzer Turm und Läufer in den Kampf einschalten.

22. Tg1 Kf7 23. Ta4! Sd5

Auf 23. – a5 folgt 24. Ld8 Sc6 25. Tf4+, und der schwarze König kann gegen drei feindliche Figuren nicht standhalten.

24. Tag4 g5

Auf 24. – S×f6 würde 25. Tf4! freilich den Nachziehenden aus seinen Illusionen reißen, wenn er solche überhaupt noch hätte.

25. L×g5!

Es ist zwingend, sich einen Freibauern auf der h-Linie zu verschaffen, und das ist nur durch ein Läuferopfer möglich.

25. – h×g5 26. T×g5 Se7

Schwarz hatte sich gegen Tg7+, Tg8+ und T1g7 matt zu verteidigen.

27. Tg7+ Kf8

Nach 27. – Ke8 28. Th7 b6 29. T1g7 La6+ 30. Kg1 entscheidet die Mattdrohung sofort.

28. Th7 b6 29. Ke1!

Damit La6 nicht mit Tempo geschehen kann.

29. – a5

29. – Lb7 30. T1g7.

30. h4! a4 31. h5 a3

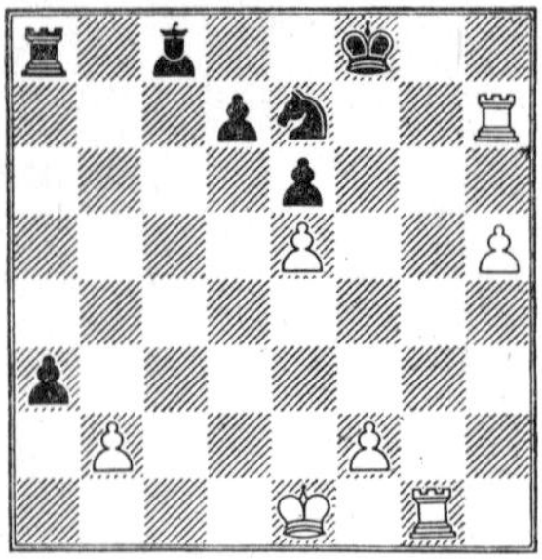

32. h6! Sf5 33. Th8+ Kf7 34. h7! a×b2 35. Tf8+ Ke7 36. Kd2 Ta2 37. Kc2 Lb7 38. h8D

Schwarz gab auf (1 : 0).

Ende März war ich wieder nach Amsterdam zurückgekehrt und setzte meine theoretischen Studien fort. Ich wartete auf Nachricht aus meiner Heimat, denn ich plante, zu der im August beginnenden Schacholympiade in Buenos Aires von Holland aus zu fahren und mich entweder in Genua oder in Antwerpen der ungarischen Mannschaft anzuschließen. Die empfangenen Nachrichten waren aber unklar. So erfuhr ich, daß grundlegende Veränderungen in der Leitung des Ungarischen Schachverbandes (infolge des Rechtsrucks in der Politik) eingetreten waren. Dann erhielt ich eine Nachricht von meinem kranken Vater: Ich könne ruhig nach Hause fahren. Der neue geschäftsführende Vorsitzende versprach ihm, daß ich als Mitglied der siegreichen Mannschaft der Münchener Olympiade 1936 die gleiche Immunität erhalten werde wie die anderen Olympiasieger auch. In solchen Angelegenheiten war ich damals unerfahren (heute könnte man sagen: naiv). Mit Rücksicht auch auf meinen kranken Vater entschloß ich mich, vor Ablauf meines Urlaubs nach Budapest zurückzufahren. Man kann doch auch von Budapest aus nach Argentinien reisen!

Damals wußte ich noch nicht, daß das Olympiakomitee des Ungarischen Schachverbandes aus materiellen Gründen die Teilnahme an der Olympiade abgesagt hatte.

Meine ersten Eindrücke vom Schach daheim waren gut. So wurde ich im Juni zum Turnier des Aljechin-Schachklubs nach Kaschau eingeladen, wo ich den geteilten 1. bis 2. Rang erreichte.

Dann erhielt ich eine weitere Einladung zum Makovetz-Gedenkturnier, das im August in Budapest veranstaltet wurde. (Makovetz gründete die erste ungarische Schachzeitung im Jahre 1889.)

Seit meiner Heimkehr war dies mein erstes starkes Turnier. Deshalb bereitete ich mich darauf sorgfältig vor. Damals verfügte ich schon über einige im Ausland angeschaffte Schachliteratur. Mit meinem Trainingspartner József Szily studierte ich fast täglich die in der englischen Zeitschrift „Chess" publizierten theoretischen Artikel. Das Ergebnis des Turniers war auch für mich überraschend: Ich wurde überlegener Sieger mit 100%igem Resultat und dreieinhalb Punkten Vorsprung!

So lautete das Endergebnis:

Makovetz-Gedenkturnier, Budapest 1939

Szabó 11, Barcza 7 ½, G. Réthy 7, Szily 6 ½, Soóky 6, Füstér 6, Sebestyén 5 ½, Kovách 5, Sz. Tóth 4, Dr. László 3 ½, Dr. Balogh 2, Krumpholcz 2.

16. PARTIE

Grünfeld-Verteidigung

Szabó – Barcza

Makovetz-Gedenkturnier

Budapest 1939

1. d4 Sf6 2. c4 g6 3. Sc3 d5 4. Sf3 Lg7 5. Db3

Es gibt Varianten, die man mit keiner Farbe gern spielt. Im Kemeri-Turnier erlitt ich als Schwarzer gegen Feigins in der Variante 4. Db3 eine schwere Niederlage. Trotzdem dachte ich – als Weißer – gar nicht daran, den Damenzug ohne Sf3 auszuführen. 5. Db3 bevorzugte ich sehr und wandte dies auch nach dem Krieg des öfteren an.

5. – d×c4 6. D×c4 0–0 7. e4 b6? 8. e5! Le6

In Moskau 1947 setzte hier Bogatirjow gegen Bronstein mit 8. – Sd7 fort und Weiß kam nach 9. Dd5 c6 10. De4 Lb7 11. h4! f5 12. Lc4+ zu einem entscheidenden, starken Angriff.

9. e×f6! L×c4 10. f×g7 K×g7 11. L×c4

Die nach dem Krieg herausgegebenen Theoriewerke erwähnen diese Stellung bereits als bekannt. Diese Stellung kam auch später, in der Partie Kmoch – Prins, Holland 1940, wieder.

11. – c6

Prins versuchte, mit 11. – Sc6 den Widerstand zu organisieren, aber Kmoch machte mit ihm kurzen Prozeß: 12. Le3 Sb4 13. 0–0 Sc2 14. Tad1 S×e3 15. f×e3 c5? 16. Sg5 a6 17. T×f7+, und Schwarz gab auf. Mit der Fortsetzung 11. – Sd7 12. Le3 a6 13. h4 h6 14. 0–0–0 b5 15. Lb3 c6 16. h5 g5 17. Se5 Dc7 leistete Schwarz in der Partie Gorenstein – Roissenson, Meisterschaft der Ukraine 1947, zäheren Widerstand.

12. 0–0 a5 13. Te1 h6 14. Lf4 b5 15. Lf1 Sd7 16. d5

Schwarz hätte dies nur mit e6 verhindern können, dann würde aber der Punkt f6 geschwächt.

16. – b4 17. d×c6 b×c3 18. c×d7 c×b2 19. Le5+ Kh7 20. L×b2 D×d7 21. a4!

Fixiert den a-Bauern und baut eine Basis für die weißen Figuren auf.

21. – Tfb8 22. Lb5 T×b5

In dieser Stellung ist der Turm weniger wert als der Läufer und der ihn deckende Bauer. So kann der Freibauer auf der a-Linie vielleicht etwas helfen.

23. a×b5 D×b5 24. La3 e6 25. Tab1 Dd3 26. Lc5 Dd5

Es drohte Tb7 nebst T×f7 in Verbindung mit Se5+.

27. Ld4 a4 28. La1 h5

Es drohte Sf3-e5-g4.

29. Se5 Ta7 30. Ted1 De4

30. – Tb7 wird mit 31. S×f7 beantwortet, und falls 31. – Dd3! gespielt wird, so kann Weiß nach 32. Sg5+ Kh6 33. Lg7+! K×g5 34. h4+ die Dame schlagen.

31. Sf3 Df5 32. Tb8 f6 33. h4 e5

Sonst wäre Sg5+ sehr unangenehm.

34. L×e5!

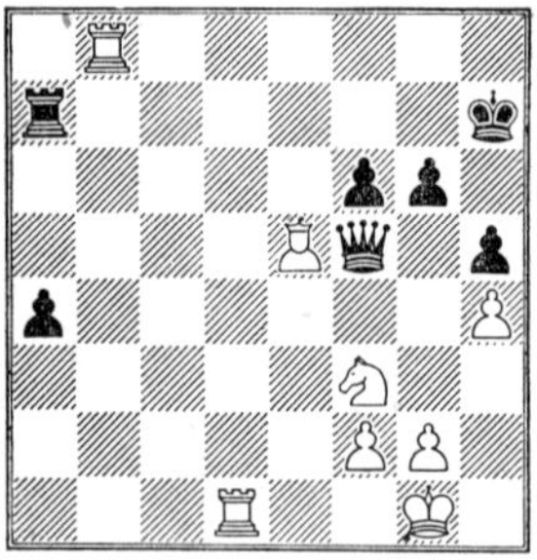

34. – f×e5 35. Sg5+ Kg7 36. Tdd8 Tf7

Jetzt offenbart sich, daß die Dame keinen guten Platz zur Verfügung hat. Z. B. 36. – Dc2, worauf Weiß mit 37. Tg8+ Kf6 38. Tbf8+ Ke7 39. Tf7+ Kd6 40. Td8+ nebst Tc8 die Dame erobert.

37. Tg8+ Kf6 38. Tb6+ Ke7 39. Tb7+ Kd6 40. T×f7 Db1+ 41. Kh2 a3 42. Ta7 Db4 43. T×g6+ Kd5 44. Sh3!,

und Weiß gewann nach einigen Zügen (1 : 0).

17. PARTIE

Spanische Partie

Dr. Balogh – Szabó

Makovetz-Gedenkturnier

Budapest 1939

1. e4 e5 2. Sf3 Sc6 3. Lb5 a6 4. La4 Sf6 5. 0–0 Le7 6. Te1 b5 7. Lb3 d6 8. c3 0–0 9. h3

Für die Veränderung der Schachanschauung im letzten halben Jahrhundert ist es kennzeichnend, daß dieser sichernde Bauernzug heute nicht mehr als notwendig angesehen wird. Man experimentiert kühn auch mit 9. d4, das früher wegen 9. – Lg4 nicht als ratsam galt.

9. – Sa5 10. Lc2 c5 11. d4 Dc7 12. Sbd2 c×d4 13. c×d4 Sc6 14. d5

Dieser Bauernvorstoß war damals natürlich und auch vorauszusehen. Für 14. Sf1 war ein Beispiel von Lasker aus jedem Lehrbuch bekannt. Die andere brauchbare Möglichkeit 14. Sb3 wurde erst später allgemeingültig.

14. – Sb4 15. Lb1 a5

Räumt dem Springer den Platz zum Rückzug und dient zugleich dem Ausbau der Basis c5.

16. Sf1 Ld7 17. Ld2 Tfc8

18. Se3 Sa6 19. g4!?

Auf ähnliche Weise wollte Rabinowitsch gegen Flohr im Turnier Leningrad/Moskau einen Angriff einleiten. In der Schachzeitschrift „Magyar Sakkvilág" wurde diese Partie veröffentlicht, die Schwarz auf mustergültige, positionelle Weise gewonnen hatte. So richtete sich mein erster Gedanke auf das in dieser Partie angewandte h5. Bald besann ich mich aber darauf, daß Dr. Balogh das weiße Spiel verbessert hatte. Rabinowitsch zog nämlich erst nach 16. Sf1 Sa6 das aggressive 17. g4?, worauf 17. – h5! 18. S3h2 (erzwungen) h×g4 19. h×g4 Sh7 den schwarzen Positionsvorteil klarstellte. Der Unterschied zwischen den beiden Stellungen besteht darin, daß Dr. Balogh 19. – h5 jetzt mit 20. Sf5! hätte beantworten können und die Einschnürung des Königsflügels mit g4–g5 nicht zwingend gewesen wäre.

19. – g6 20. Sh2 Sc5 21. Df3 Se8!

Es drohte g5 und dann Shg4.

22. b3 b4 23. Lc2 Lg5 24. Tac1 Dd8!

Deckt den Läufer und verstärkt so den Druck auf die schwarzen Felder. Ferner räumt es dem Springer den Platz, damit er über c7 und c5 in eine aktivere Position gelangen kann.

25. Shf1 Sc7 26. Sg2 Sb5 27. L×g5 D×g5 28. De3 D×e3 29. Sf×e3 Sd4 30. Kh1 a4! 31. b×a4 S×c2 32. T×c2 S×e4 33. T×c8+ T×c8 34. Kg1 Sc3 35. Ta1 L×a4 36. Se1 e4 37. f3 e×f3 38. S×f3 Ta8 39. Sd2 Lb5 40. Sdc4 L×c4 41. S×c4 b3 42. a4 T×a4 43. T×a4 S×a4 44. Sd2 b2 45. Sb1 Sb6,

und Schwarz gewann nach einigen Zügen (0 : 1).

Das Makovetz-Gedenkturnier war am 22. August beendet.

Am 1. September brach der zweite Weltkrieg aus.

Ich nahm wieder meine Arbeit in der Bank auf, aber ich fühlte mich wie ein Löwe im Zwinger. Meine Schachstudien brach ich ab und schlenderte allabendlich nervös durch die Stadt. Ungarn war zu dieser Zeit noch kein kriegführender Staat, auch das Schachleben pulsierte weiter. Ende Oktober veranstaltete der Budapester Schachklub anläßlich seines hundertjährigen Bestehens zum Gedenken an seinen verstorbenen Vorsitzenden ein Meisterturnier. Dort teilte ich zwar den 1. bis 2. Rang mit Zoltán Balla, mein Spiel war aber sehr unausgeglichen. Die folgenden Monate verbrachte ich mit harter Arbeit in der Bank. Als selbständiger Handelskorrespondent für Deutsch und Englisch beschäftigte ich mich in erster Linie mit südamerikanischen Akkreditierungen. (Welch Ironie des Schicksals!)

Diese Arbeit durfte ich auch dann nicht abbrechen, als ich an einem Turnier teilnahm, das anläßlich des 70. Geburtstages von Géza Maróczy veranstaltet wurde. Es kamen auch Dr. Max Euwe und der Zeitgenosse von Maróczy, der immer gutmütige Universitätsprofessor Dr. Milan Vidmar aus Ljubljana.

Einem Turnier mit nur sechs Teilnehmern sollte man keine größere Bedeutung beimessen, es war für mich dennoch bedeutend. Das war mein letzter Auftritt, bevor ich zu einer fünfjährigen Ruhepause gezwungen wurde. Mein Ergebnis war enttäuschend. Von meiner Arbeitsstelle bekam ich – wie erwähnt – keinen Urlaub. Ich arbeitete täglich bis dreiviertel vier Uhr, eilte danach zum Turnier, um pünktlich zur um vier Uhr beginnenden Runde zu erscheinen. In der vierten Stunde der Partie beging ich in der Regel einen Fehler. In diesem Turnier sammelte ich insgesamt nur drei halbe Punkte. Der Endstand des Turniers lautete: Dr. Euwe 4 ½, Dr. Vidmar 3 ½, Barcza 3, Balla und ich je 1 ½ Punkte, G. Réthy 1 Punkt. Was nach dem Turnier folgte, daran sollte man lieber nicht mehr denken, die traurigen Ereignisse bleiben jedoch leider in der Erinnerung haften...

Im September erhielt ich einen Einberufungsbefehl zum waffenlosen Arbeitsdienst. Obwohl mir die einem Olympiasieger gebührende Immunität versprochen wurde, blieb das ein leeres Versprechen. Mich ereilte fast dasselbe Schicksal wie den Champion der Säbelfechter und Olympiasieger Attila Petschauer, der im Arbeitsdienstlager verstarb.

VOM NEUBEGINN BIS ZUR WELTMEISTERSCHAFTSKANDIDATUR

(1945–1950)

Der 17. Oktober 1945 war ein denkwürdiger Tag in meinem Leben. Nach dreijähriger Gefangenschaft traf ich wieder in Debrecen ein. Inzwischen hatte ich meine geographische Kenntnisse tüchtig „erweitert“. 1942 wurde ich an die Ostfront abkommandiert, um dort waffenlosenen Arbeitsdienst zu leisten. Die war aber eher ein „fahrendes Konzentrationslager“. Wir arbeiteten in der Nähe der Frontlinie am Don und gerieten während der sowjetischen Gegenoffensive im Januar 1943 in Gefangenschaft. Eine Präzisionswaage stand mir natürlich nicht zur Verfügung, meiner Schätzung nach dürfte ich nur noch 40–45 kg gewogen haben.
1945 war ich also wieder zu Hause im Kreise meiner Familie. Auf meine Bankkarriere konnte ich endgültig verzichten. Das Gebäude der Britisch-Ungarischen Bank AG. war in den letzten Kriegstagen von Minen getroffen und fast völlig zerstört worden. Es wurde später abgerissen. Heute befindet sich ein Platz an seiner Stelle. Da entschloß ich mich, von nun an das Schachspielen als Hauptberuf auszuüben.
Bald begannen neue Kraftproben. Der von mir sehr verehrte László Tóth, Redakteur und Verleger der Zeitschrift „Magyar Sakkvilág“, organisierte im November in Kecskemét ein Zweirundenturnier. In diesem Turnier konnte ich aber nur einen mäßigen Erfolg verbuchen. Das Endergebnis lautete: Barcza 8 ½, Szabó 7 ½, Feldmann und Szabadi je 4, Füstér 3 ½, Sz. Tóth 2 ½ Punkte.
Einige Tage nach meiner Rückkehr nach Budapest ging ich zum Schachverband, wo gerade die Preisverteilung der Landesmeisterschaft vorgenommen wurde (1. Tibor Flórián 2.–3. Géza Füstér und Béla Sebestény 4. Elemér Szabadi). Ich rechnete mir die Äußerung von Großmeister Maróczy als große Ehre an. Dr. János Balogh schrieb darüber in der Zeitschrift „Magyar Sakkvilág“ folgendes: „Großmeister Géza Maróczy kündigte an, daß er sich von Turnierschach zurückzieht und den Stab an László Szabó, unseren besten Meister, übergibt.“
Der „Great Old Man“ des ungarischen Schachs äußerte dann auch mehrmals später seine gute Meinung über mich, aber – ich glaube, ich bin nicht pietätlos, wenn ich die Wahrheit schreibe: Es wäre für mich viel nützlicher gewe-

sen, wenn er mir auch seine großen Turniererfahrungen, sein strategisches und Endspielwissen übergeben hätte. Es wäre aber ungerecht von mir, wenn ich die wertvolle Hilfe des Großmeisters verschwiege. Er hatte mich 1939 Dr. Euwe empfohlen, und so wurde ich zum Hastingser Turnier eingeladen. Ohne die damals in Holland durchgemachte „Milch-Käse-Schokolade-Kur" wäre ich sicherlich nicht mehr unter den Lebenden.

Der Landesgewerkschaftsbund der Handelsangestellten veranstaltete bereits im Januar 1946 ein Turnier. Dessen Schlußergebnis lautete: Szabó 8 ½, Barcza und Benkő je 8, Sebestyén 6 ½, Flórián und Gereben je 6, Füstér und Dr. Négyesy je 5, Szedlacsek 4 ½, Gy. Szilágyi 4, Sz. Tóth 2 ½, Szabadi 2 Punkte.

Unter den damaligen politischen und wirtschaftlichen Verhältnissen in Ungarn erschien es unmöglich, ein internationales Turnier zu veranstalten. Noch weniger konnte ich auf eine Einladung aus dem Ausland hoffen. Ich riskierte einen Brief an Dr. Euwe, der vielleicht trotz der Unsicherheitsfaktoren bei der Post den Empfänger erreichte.

Nach einiger Zeit kam ein Fernschreiben aus Holland: Ich wurde zum Turnier in Zaandam eingeladen, Beginn 3. Juni. Den Reisepaß erhielt ich durch Vermittlung des Schachverbandes in kurzer Zeit. Auch die Alliierte Kontrollkommission genehmigte mir die Durchreise durch Europa. Das größere Problem bestand darin, daß ich eine Einreisebewilligung nach Holland – wie mir der Holländische Schachbund mitteilte – bei der Holländischen Militärmission in Wien beantragen mußte.

Vor dem Zaandamer Turnier bot sich eine gute Trainingsmöglicheit, nämlich das vom Budapester Schachklub organisierte Havasi-Gedenkturnier vom 8. April bis 6. Mai. Der immer fröhliche Kornél Havasi war – wie auch andere führende Schachmeister – der Schreckensherrschaft des Faschismus zum Opfer gefallen. Mein Ergebnis war verheißungsvoll: Szabó 11 ½, Bakonyi 11, Sz. Tóth 10, Flórián 9 ½, Szilágyi 9, Füstér und Sebestyén je 8, Dr. Balogh und Dr. Gecsey je 7 ½, Eigler, Dr. Négyesy und Örvényi je 7, Szigeti 6 ½, Honfi senior 4 ½, Benedek 3 ½, Krénosz 2 ½ Punkte.

Plangemäß reiste ich am 23. Mai nach Wien, um dort das holländische Visum abzuholen. Die Holländische Militärmission teilte mir jedoch mit, daß sie von nichts wisse. Eine Woche lang fragte ich jeden Tag dort nach. Von Tag zu Tag schwanden meine Hoffnungen. Schließlich entschloß ich mich, nach Hause zurückzufahren, falls ich bei meinem letzten Besuch, am Samstag, den 1. Juni die Bewilligung nicht erhielt. Die Bewilligung war aber fünf Minuten vor meiner Ankunft aus Den Haag per Draht eingegangen. Es stellte sich heraus, daß ich frühestens gegen Ende der ersten Runde im Turniersaal eintreffen kann, allerdings unter der Bedingung, daß ich für den Flug Prag-Amsterdam einen Platz bekomme. Ein Platz war gerade noch frei!

Am 3. Juni, gegen sechs Uhr nachmittags, traf ich am Schauplatz des Turniers in Zaandam ein, als die erste Runde schon im Gange war. Meine Partie gegen List wurde auf den 9. Juni verschoben. So begann ich am 4. Juni mit der zweiten Runde. Mein Gegner war zufällig Dr. Euwe.

18. PARTIE

Slawische Verteidigung
Szabó–Dr. Euwe

Zaandam 1946

1. Sf3 d5 2. d4 Sf6 3. c4 c6 4. Sc3 d×c4 5. a4 Lf5 6. Se5 e6 7. f3 Lb4 8. Lg5 h6 9. L×f6 D×f6 10. e4 Lh7 11. L×c4 0–0 12. Db3 c5 13. Sg4! De7 14. d5 e×d5 15. L×d5 Sc6 16. 0–0 Sd4 17. Dc4 Kh8 18. Tae1 a6

19. f4 b5 20. Dd3 c4 21. Dh3 Tae8 22. a×b5 a×b5 23. Se5 Td8 24. Dh5 Kg8 25. Kh1 Td6 26. Te3 Tf6 27. Sg4 Ta6 28. Tg3 Kh8 29. Se5 Tf6 30. Sg4 Ta6 31. Se5 Tf6 32. L×f7 T6×f7? 33. Sd5 T×f4 34. T×f4 T×f4 35. S×f4 Kg8 36. Sd5 Df8 37. Sf3 Le1?

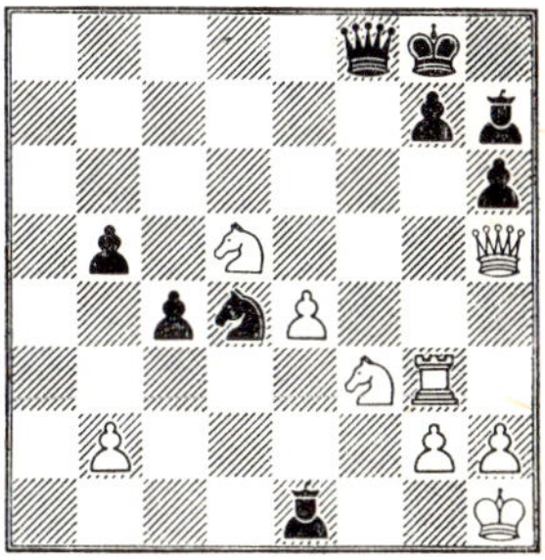

38. Sf6+! D×f6 39. De8+ Df8 40. D×f8+ K×f8 41. S×e1 b4 42. Te3 g5 43. Sf3 Sb5 44. Kg1 c3 45. b×c3 b×c3 46. Se1 Sd4 47. Kf2 c2 48. Tc3 L×e4 49. Tc4 Lg6 50. Ke3 Sf5+ 51. Kd2 Sd6 52. Tc7 Se8 53. Ta7 Sf6 54. S×c2 Sg4 55. Se3 S×h2 56. Ke1. Schwarz gab auf (1:0).
Trotz des anfänglichen Erfolges vermochte ich das Turnier nicht zu gewinnen. Euwe wurde mit 9 1/2 Punkten sicherer Erster. Hinter ihm folgten: Ekström und Szabó je 8 1/2, Stoltz 8, List 5 ½, Christoffel, Kramer und Mühring je 4 ½, Soultanbéieff 4, G. Wood 3 ½, Sir G. Thomas und Snosko-Borowsky je 2 ½ Punkte.

19. PARTIE

Zweispringerspiel
Szabó–Mühring

Zaandam 1946

1. e4 e5 2. Sf3 Sc6 3. d4 e×d4 4. Lc4 Sf6 5. 0–0

Im Turnier zu Ljubljana 1938 zog ich gegen Kostić noch voller Zuversicht 5. Sg5. Diese Partie hatte mich aber davon überzeugt, daß 5. – d5 6. e×d5 De7+ die früheren theoretischen Empfehlungen widerlegt.

5. – S×e4 6. Te1 d5 7. L×d5 D×d5 8. Sc3 Dh5

8. – Da5 gilt als am stärksten, aber auch 8. – Dd8 wird gespielt (Bronstein gegen Rossolimo, München 1958).

9. S×e4 Le6 10. Lg5! h6?

Möglicherweise kam dieser Fehler auch schon früher vor. Weder mein Gegner noch ich hatten davon Kenntnis. Es erscheint logisch, den Läufer zu befragen. Im Falle seines Rückzuges würde Schwarz lang rochieren und so seinen Mehrbauern behaupten. Deshalb ist der folgende Zug eigentlich erzwungen. So habe ich nur den 12. Zug von Weiß mit einem Ausrufezeichen versehen.

Statt des Bauernzuges könnte Schwarz mit 10. – Lb4 den Abtausch erzwingen. Nach 11. S×d4 D×d1 12. Te×d1 S×d4 13. T×d4 Le7 14. L×e7 K×e7 15. Sc5 hätte Weiß nur minimalen Vorteil.

11. Lf6 Dd5

Auf 11. – Lb4 wäre 12. c3! sehr stark, denn nach 12. – d×c3 13. L×g7 drohen gleichzeitig Damen- und Turmverlust sowie Matt. 11. – Da5 wird aber mit 12. S×d4! g×f6 13. S×f6+ Ke7 14. b4! beantwortet. Weiß erreicht einen entscheidenden, starken Angriff in Verbindung mit S×e6.

12. c3! d3

Auf 12. – d×c3 würde 13. Dc2! die Ereignisse beschleunigen. Nach 13. – Da5 14. L×c3 könnte die schwarze Dame im weiteren Spiel keinen guten Platz finden.

13. Sd4 S×d4 14. c×d4 Da5 15. D×d3 Lb4?

Schwarz darf den Läufer noch immer nicht schlagen: 15. – g×f6? 16. S×f6+ Ke7 17. d5 Td8 (17. – K×f6 18. Dd4+ Kg6 19. D×h8, und Te1–e3–g3 gewinnt oder 17. – Lg7 18. Df5 und droht sowohl T×e6+ als auch d6+ Damengewinn) 18. Df5 Td6 19. b4! Kd8 20. b×a5 L×f5 21. Te8 matt.

Der Läuferzug löst das Problem der Rochade nicht, da darauf Dg3 verhängnisvoll wäre. Der einzig gangbare Weg scheint 15. – c6! zu sein, aber die damaligen Analysen erwähnen dies überhaupt nicht.

16. d5! D×d5
Schlägt Schwarz den Turm, so klärt 17. d×e6 f×e6 (17. – 0–0 würde auch jetzt mit 18. Dg3 beantwortet werden) 18. L×g7 die Lage.
17. Dg3! L×e1 18. T×e1 Da5
Die Position bleibt also unverändert. Die schwarze Dame ist gezwungen, ihren „Pendelverkehr" fortzusetzen, und die schwarzen Türme faulenzen auch weiter in ihrer Ausgangsstellung herum. Es ist dagegen wesentlich, daß nach dem Gewinn der Qualität der Punkt g7 weiter geschwächt worden ist.
19. Lc3 Dd5
Auf 19. – Db6 brauchte Weiß den Bauern g7 nicht sofort zu schlagen, sondern könnte mit 20. Dh4! den Angriff verstärken.
20. D×c7 Td8
20. – 0–0 wäre noch immer nicht spielbar, denn 21. Dg3 f6 22. S×f6+ T×f6 23. L×f6 g5 (23. – Dd7 24. L×g7) 24. h4 ergäbe ein für Schwarz hoffnungsloses Endspiel.
21. Lb4
Dieser Zug erschwert aber die Aufgabe des Anziehenden in großem Maße. Dagegen hätte Weiß mit 21. L×g7 D×e4 22. D×d8+ K×d8 23. T×e4 sich zwei Mehrbauern verschaffen können, denn 23. – Th7 verbietet sich wegen 24. Lf6+ und g4. (Der Turm würde also eingesperrt bleiben.)
21. – Td7 22. Dg3
Die Angriffsführung von Weiß läßt nach. Jetzt wäre z. B. 22. Db8+ Td8 23. Dg3 wesentlich stärker gewesen.
22. – f6 23. Db8+
Damit wird die im 21. Zug begonnene Nachlässigkeit fortgesetzt. Einfach und klar war 23. Sc5.
23. – Kf7?
Schwarz versucht spitzfindig zu handeln, die weiße Dame verfängt sich aber nicht in der gestellten Falle.
23. – Td8 24. Dc7 Td7 25. Dc8+ Td8 26. S×f6+ g×f6 27. T×e6+ Kf7 28. Te7+ Kg6 29. Dg4+ Dg5 30. De4+! führte zwar gleichfalls zum Gewinn für Weiß (30. – Df5 31. D×b7 usw.), Schwarz könnte aber noch hartnäckigen Widerstand leisten.
24. D×h8 Td8 25. Dh7 Lf5 26. Sg5+!
Schwarz gab auf (1:0). Die Dame in der Falle wird mit Hilfe des Turmes auf g7 mattsetzen.
Nach Beendigung des Hauptturniers wurde in Zaandam ein Sechskampf organisiert, den ich gewinnen konnte: Szabó 4 ½, Kottnauer und Cortlever je 3 ½, Stoltz 2 ½, van der Tol 1, Sandifort 0 Punkte.
Da ich auch zum Weltturnier in Groningen, das im August 1946 begann, eine Einladung erhalten hatte, entschloß ich mich, die noch verbleibende Zeit in Holland zu verbringen.
Mit dem Groningener Turnier wollte die Staunton-Schachgesellschaft den 75. Jahrestag ihrer Gründung feiern. Es gelang ihr, ein großartiges Team von Spielern zusammenzuführen, was so kurz nach Kriegsende kaum zu erwarten war. In der Geschichte der Schachturniere beteiligten sich

zum erstenmal fünf sowjetische Schachspieler an einem internationalen Turnier außerhalb der Sowjetunion!
Für mich bedeutete das Groninger Turnier das erste richtige internationale Einzelturnier seit Kriegsende, sogar seit dem Anfang meiner gesamten Schachlaufbahn. Die Auslosung war für mich nicht günstig. In der ersten Runde mußte ich als Schwarzer gegen den chancenreichsten Weltmeisterkandidaten, Botwinnik, antreten. Obwohl ich bereits eine annehmbare Stellung erreicht hatte, legte ich im 30. Zuge voreilig eine Falle, in die ich selbst hineintappte. In der zweiten Runde verdarb ich eine vielversprechende Stellung gegen den USA-Meister Denker. Mein glücklicher Triumph über Boleslawski in der dritten Runde, ferner mein Blitzsieg gegen O'Kelly am darauffolgenden Tag hoben meine Stimmung wieder. Stoltz erwies sich auch diesmal wieder als ein guter „Geschäftspartner"; in Zaandam besiegte ich ihn zweimal. Trotzdem hatte ich bis zur 9. Runde nur eine 50prozentige Punktausbeute. Dann war eine Mattkombination von mir gegen Kotow erfolgreich (20. Partie). Mit einer Fünferserie rückte ich in der Tabelle so weit nach vorn, daß mir ein hoher Rang schon sicher schien. In den letzten fünf Runden war mir schon der Atem ausgegangen. Es gelang mir aus fünf Partien nur noch zwei Punkte herauszuholen. Da erlitt ich meine schmerzlichste Niederlage gegen Lundin. Die psychologische Nachwirkung dieses Fiaskos spürte ich noch jahrelang. Auch sonst bezwang Lundin mich in mehreren wichtigen Turnieren.

GRONINGEN, 1946		Punkte
1.	Botwinnik, M	14 ½
2.	Dr. Euwe, M.	14
3.	Smyslow, W.	12 ½
4.	Najdorf, M.	11 ½
5.	Szabó, L.	11 ½
6.	Boleslawski, I.	11
7.	Flohr, S.	11
8.	Lundin, E.	10 ½
9.	Stoltz, G.	10 ½
10.	Denker, A.	9 ½
11.	Kotow, A.	9 ½
12.	Dr. Tartakower, S. G.	9 ½
13.	Kottnauer, C.	9
14.	Yanofsky, D. A.	8 ½
15.	Dr. Bernstein, O.	7
16.	Guimard, C.	7
17.	Dr. Vidmar, M.	6 ½
18.	Steiner, H.	6
19.	O'Kelly, A.	5 ½
20.	Christoffel, M.	5

20. PARTIE

Damengambit

Szabó–Kotow

Groningen 1946

1. d4 Sf6 2. c4 e6 3. Sf3 d5 4. Sc3 c5 5. e3 Sc6 6. a3 Le7
Da Weiß offensichtlich d×c5 plant, konnte Schwarz mit 6. – a6 den Tempoverlust vermeiden, das gleich-

falls nach d×c4 zusammen mit b5 drohte.

7. d×c5

Betrachtet man die Züge insgesamt, so zeigt sich, daß Weiß ein angenommenes Damengambit spielt (mit vertauschten Farben und mit zwei Mehrtempi).

7. – L×c5 8. b4 Lb6

Da Schwarz nicht vorteilhaft d5–d4 spielen kann, steht hier der Läufer weniger wirksam als auf d6. Im Falle von Ld6 könnte Weiß aber mit c×d5 und Sb5 einen Angriff auf den isolierten d-Bauern vorbereiten.

9. Lb2 0–0 10. Le2

Wegen des Zuges Lb6 kann Schwarz zwar noch nicht a6 und b5 ziehen, aber auch so bedeutet dieser Läuferzug einen Tempoverlust. Statt dessen hätte 10. Dc2 dem Anziehenden mehr Chancen eingeräumt.

10. – d×c4 11. L×c4 De7

Im Falle eines Damentausches würden die Entwicklung des Damenflügels und die Verteidigung des Punktes d6 dem Nachziehenden ernste Sorgen bereiten.

12. 0–0

Auch hier war eher 12. Dc2 am Platze, wobei eine mögliche Aktion von Schwarz auch mit h2–h4–h5 beantwortet werden kann.

12. – a6

Offenbar auch mit der Absicht, im Falle von Sa4 den Läufer nach a7 zurückzuziehen, wodurch der Punkt c5 ebenfalls gedeckt wird.

13. Dc2 Lc7 14. Sg5

Mir ist es bis heute nicht klar geworden, ob mein Gegner mich zu diesem Zug absichtlich verleitete als er nach a6 den Zug Lc7 ausführte oder ob er erst in diesem Moment entdeckte, daß er einen Bauern gewinnen kann, was den Zug 14. Sg5 als einen Fehler kennzeichnen würde. Ich selber opferte den Bauern h2 bewußt, um dadurch das Läuferpaar zu erhalten und zum Angriff zu kommen. Daran hätte ich aber überhaupt nicht gedacht, daß ich, statt ein schwieriges Angriffsmanöver ausführen zu müssen, aus einer handgreiflichen Drohung Nutzen ziehen würde.

14. – L×h2+?

Den Verwicklungen hätte Schwarz mit 14. – Se5 entgehen können. Nach 15. Le2 h6 16. Sge4 stünde Weiß auch in diesem Falle vorteilhafter, fände aber keine Gelegenheit, zu einer ähnlichen Kombination zu greifen wie in der Partie.

15. Kh1!

15. – h6?

Man fragt sich, wie ein Großmeister ein solches kombinatorisches Motiv übersehen kann, das auf diesen

Fehlzug folgt. Darauf könnte der Führer der schwarzen Steine vielleicht eine Antwort geben. Ein ähnlicher Fall kam auch in der Partie Balaschow – Romanischin, Meisterschaft der Sowjetunion (1976) vor.

Freilich hätte 15. – Le5! 16. f4 L×c3 17. L×c3 g6 die unmittelbare Gefahr abwenden können. Es unterliegt aber keinem Zweifel, daß die Chancen von Weiß wegen der geschwächten Diagonale a1–h8 günstiger sind.

16. Sd5! e×d5 17. L×f6 Lf5 18. D×f5 g6 19. D×g6+

Einfacher ist 19. L×e7 g×f5 20. L×f8.

19. – f×g6 20. L×d5+ Tf7 21. L×e7 h×g5 22. K×h2 S×e7 23. L×f7+ K×f7 24. Tac1 Sc6 25. Tfd1 Ke6 26. Tc5 Th8+ 27. Kg3 Th5 28. Tdd5 Se7 29. T×g5 Th1 30. Tge5+

Schwarz gab auf (1 : 0).

Bald nach meiner Heimkehr nahm ich im Oktober 1946 an der ungarischen Landesmeisterschaft teil. Ich erwartete erbitterte Kämpfe, weil ich wußte, daß jeder gegen mich siegen wollte. Zu meinem Erstaunen wurde ich mit 15 Punkten aus 17 Partien, also mit einem ungewöhnlich hohem Prozentsatz, Erster. Unter Berücksichtigung der unterschiedlichen Spielstärke meiner Gegner kann ich kaum entscheiden, welche Partie ich für meine beste Leistung halten soll. Vielleicht diejenige gegen Bakonyi (21. Partie), mit dem geteilten ersten Schönheitspreis ausgezeichnet wurde.

2. Ungarische Meisterschaft

BUDAPEST 1946	Punkte
1. Szabó, L.	15
2. Bakonyi, E.	12
3. Gereben, E.	12
4. Barcza, G.	11 ½
5. Benkő, P.	10 ½
6. Flórián, T.	10 ½
7. Dr. Asztalos, L.	9 ½
8. Sz. Tóth, V.	9
9. Tipary, L.	8 ½
10. Dr. Balogh, J.	8
11. Füstér, G.	8
12. Eigler, F.	7 ½
13. Dr. Négyesy, Gy.	7 ½
14. Dr. Sóóky, L.	6
15. Kluger, Gy.	5 ½
16. Egri, L.	4 ½
17. Szilágyi, Gy.	4
18. Macelle, F.	3 ½

21. PARTIE

Damenindische Verteidigung

Szabó–Bakonyi

Ungarische Meisterschaft

Budapest 1946

1.–2. Schönheitspreis

1. d4 Sf6 2. c4 b6!?

Eine Idee von Meister Bakonyi. Das frühzeitige b6 wurde zwar in den letzten Jahren gespielt, aber nur in Verbindung mit e6 und in erster Linie erst dann, wenn der weiße Königsspringer nach f3 entwickelt wurde. Der Springer f3 nimmt nämlich am Kampf um die Beherrschung der Zentralfelder e4 und d5 gegenwärtig nicht teil.

3. Sc3 Lb7 4. d5!

Vor vierunddreißig Jahren schrieb ich über diesen Zug, daß er das von Schwarz gewählte System widerlegt. Heute würde ich mich schon vorsichtiger äußern. Soviel ist aber sicher, daß dieser Zug dem Anziehenden freieres Spiel eröffnet.

4. – e5

4. – e6 erscheint logischer, aber darauf kann Weiß mit 5. a3 den Vorposten d5 ausreichend verstärken. Dann wird Schwarz früher oder später doch zu e5 gezwungen. Den Zug a3 machte Petrosjan in den siebziger Jahren populär.

5. g3 Le7 6. Lg2 d6 7. e4 Sbd7 8. Sge2 h5

Im Falle der Rochade könnte Weiß gegen den schwarzen König ungehindert einen Angriff inszenieren. Dieser Möglichkeit will Schwarz mit einem taktischen Manöver vorbeugen.

9. h4

Bei 9. h3 h4 10. g4 Sh7 nebst Lg5 könnte sich der Nachziehende für den erlittenen Raumverlust dadurch entschädigen, daß er die Kontrolle über die schwarzen Felder erhalten hat.

9. – Sf8

Richtig wäre 9. – g6 nebst Ke8–f8–g7 mit passiver, aber – unter dem Gesichtspunkt der Verteidigung – elastischer Stellung gewesen.

10. Da4+ Dd7 11. Sb5 Kd8

Schwarz verteidigt sich so gegen S×c7+ oder Lh3, weil er mit c6 – das sonst hier der einzig befriedigende Zug wäre – seine Bauernstellung nicht schwächen will. Durch den Königszug entsteht eine eigenartige Stellung. Der Damenflügel übernimmt die Funktion des Königsflügels! Die rechte Seite des Brettes wird mit der linken vertauscht.

12. Lh3 De8 13. Dc2 a6 14. S5c3 Lc8 15. Lg2 Sg4 16. b4! a5

Schwarz wird ein Opfer der Schablone. Er möchte die Kontrolle über das Feld c5 sichern. Unterdessen vergißt er, daß jede Linienöffnung am Königsflügel die angreifende Seite begünstigt.

17. b×a5 T×a5 18. Sb5 Sd7 19. Ld2 Ta8 20. a4 Sc5 21. a5! Ld7

Auf 21. – Sb7 wäre eine unangenehme Überraschung gefolgt: 22. S×c7 K×c7 23. a×b6+ Kb8 24. T×a8+ und Matt in einigen Zügen.

22. Sec3! b×a5 23. 0–0 f5 24. e×f5 Tf8 25. Se4! Sb7

Auf 25. – L×f5 wäre 26. L×a5 Tc8 27. S×c5! L×c2 28. L×c7+! T×c7 29. Ta8+ Tc8 30. Se6+ Kd7 31. Ta7+ Tc7 32. T×c7 Matt gleichfalls ein schöner Schluß.

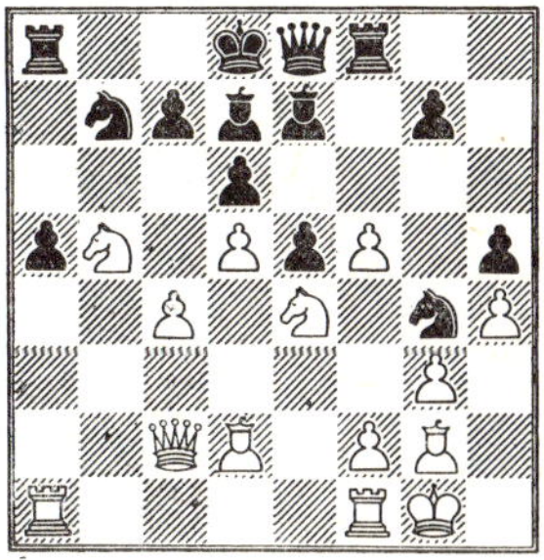

26. S×c7!
Ein obligatorisches Opfer im Interesse der Öffnung der Linien und Diagonalen in einem Moment, in dem vier schwarze Figuren (De8, Tf8, Le7, Sg4) von dem Frontabschnitt entfernt stehen, wo sich der Kampf im wesentlichen entfaltet.
26. – K×c7 27. c5 d×c5 28. d6+ L×d6 29. S×d6 K×d6
Oder 29. – S×d6 30. D×c5+ Lc6 31. L×a5+ T×a5 32. D×a5+ Kd7 33. L×c6+ und Tc1+ und Matt.
30. L×b7 Ta7 31. Tfc1! Kc7 32. D×c5+ K×b7 33. Tab1+ Ka8 34. Dd5+ Lc6 35. T×c6 Df7 36. Tc8 matt (1 : 0).
Die Meisterschaft endete am 5. November, und ich erwog den Plan, mein erstes Schachbuch zu schreiben, das eben von dieser Landesmeisterschaft handeln sollte. Tag und Nacht arbeitete ich an den Analysen. Die Auswirkungen zeigten sich im Turnier des Schachklubs der Privatangestellten. Das Endergebnis war: Barcza 13 1/2, Szabó 11 1/2, Füstér 10 1/2, Gereben 10, Sebestyén 9 1/2, Eigler und Dr. Vajda je 8, Egri 6 1/2, Bakonyi, Flórián und Nacsa je 6, Szedlacsek 5 1/2, Bérczy und Tipary je 5, Rózsa und Sándor je 4 1/2 Punkte. Im April beteiligte ich mich zunächst am Mannschaftskampf Ungarn–Österreich und dann am Schlechter-Gedenkturnier, das dem vorigen unmittelbar folgte. Dreimal traf ich auf Großmeister Ernst Grünfeld und erreichte 2 1/2 Punkte.

Schlechter-Gedenkturnier

WIEN 1947	Punkte
1. Szabó, L.	11 ½
2. Kottnauer, C.	10 ½
3. Lokvenc, J.	10 ½
4. Opocensky, K.	10
5. Gereben, E.	9 ½
6. Müller, H.	9
7. Grünfeld, E.	8 ½
8. Kovách, E.	8
9. Galia, K.	7 ½
10. Watzl, L.	7
11. Stöckl, E.	6 ½
12. Grob, H.	5 ½
13. Keller, H.	5 ½
14. Dr. Kellner, F.	4 ½
15. Palda, K.	4
16. Turiansky, Z.	2

22. PARTIE

Damengambit
(Slawische Verteidigung)

Szabó–E. Grünfeld
Schlechter-Gedenkturnier

Wien 1947

1. c4 Sf6 2. Sc3 e6 3. d4 d5 4. Sf3 d×c4 5. e4!? Lb4 6. e5 Sd5 7. Ld2 L×c3 8. b×c3 b5 9. a4 c6 10. Sg5!
Mit großer Befriedigung führte ich diesen Zug aus. Allerdings hatte ich keine Ahnung davon, daß Tartakower bereits im Jahre 1929 bei der Analyse der ersten Partie des Wettkampfes Aljechin–Bogoljubow denselben Springerzug mit der Bemerkung „echt Aljechin“ und mit zwei Ausrufezeichen versehen hatte.

10. – f6 11. Se4!?

Aljechin schlug auf f6 und erreichte nach 11. – S×f6 12. Le2 a6 13. Lf3 h6? 14. Lh5+ entscheidenden Vorteil. Meiner Meinung nach wäre es aber schade, den Punkt d6 Schwarz zu überlassen, weil sich dort eventuell ein „bärenstarker" Springer festsetzen könnte.

11. – 0–0 12. g3

Einerseits soll der Läufer auf die für ihn günstigste Diagonale a8–h1 überführt werden, und andererseits wird dem schwarzen Springer das Feld f4 weggenommen. Ferner bereitet dies die Verstärkung des Bauern e5 vor.

12. – f×e5 13. d×e5 Sd7 14. f4 S7b6 15. a×b5 c×b5 16. Db1 Ld7 17. Sg5

Bei 16. Db1 schwebte es mir vor, daß ich im Falle von 17. – g6 mit 18. h4! gegen die schwarze Königsstellung anstürme.

17. – Tf5!? 18. Lh3 T×g5 19. f×g5 Dc7?

Schwarz begnügt sich mit der Eroberung dieses Bauern. So besitzt er zwei Bauern für die Qualität. Weiß kann aber bereits seinen König in Sicherheit bringen, und auch die weißen Türme werden nach dem Verschwinden des Bauern e5 viel beweglicher werden. Im Falle von 19. – Sa4 nebst Sc5 und Sd3 hätte Weiß dagegen nachdenken müssen, ob die Eroberung der Qualität rentabel gewesen war.

20. 0–0 D×e5 21. Dc2 Dd6 22. Lg2 Dc5+ 23. Kh1 Lc6 24. De4! De7 25. g6!

Jetzt rächt sich der Zeitverlust, der zum Bauerngewinn notwendig war. Mit der Drohung Tf7 leitet Weiß eine gefährliche Aktion am Königsflügel ein.

25. – h×g6 26. D×g6 Le8

Es drohte 27. Le4.

27. Dg4 Lc6

27. – Sf6 wäre natürlich nicht gut zu spielen wegen 28. T×f6 nebst Tf1, was in Verbindung mit späterem Lg5 dem Anziehenden ebensolche Möglichkeiten einräumen würde wie die Partiefortsetzung.

28. Lg5 Dd7 29. Kg1!

Vielleicht der schwierigste Zug der gesamten Partie. Es ist eben sehr wichtig, daß ein eventueller Tausch auf c6 nicht mit Schachgebot erfolgt.

29. – Sa4 30. Le4 Sd×c3

Bei 30. – Sa×c3 würden 31. Lg6 und Dh5 rasch entscheiden.

31. L×c6!

Weiß tappt nicht in die Falle. Auf 31. Lg6? würde Dd4+ 32. D×d4 Se2+ folgen.

31. – D×c6 32. Lf6 Dd7

33. L×g7!

So fällt auch der letzte schützende Bauer. Die schwarze Dame kann ihren König gegen den Angriff der drei weißen Schwerfiguren nicht verteidigen.

33. – D×g7 34. D×e6+ Kh8 35. Tf6! Dg5 36. Taf1 Dc5+ 37. T1f2
Schwarz gab auf (1 : 0).

Die Fortsetzung meiner schachlichen Laufbahn gestaltete sich im Jahre 1947 nicht mehr so gut wie früher. Im Mai mußte ich mich einer schweren Nasenoperation unterziehen. Hinterher hätte ich mich ausruhen müssen, statt dessen unternahm ich eine anstrengende Simultanrundreise durch Jugoslawien. Gegen meine Gegner erzielte ich ein ehrenhaftes Ergebnis: +174, –37, = 53. Das war vielleicht ein Hauptgrund dafür, daß darauf eine Turnierserie mit sehr schlechten Ergebnissen folgte.

Im Hilversumer Zonenturnier erreichte ich ein ziemlich mäßiges Ergebnis (O'Kelly 10 1/2, Pachman und Trifunović je 9 1/2, van Scheltinga 9, Alexander und Szabó je 7 1/2, Blau und Rossolimo je 6 1/2, Castaldi 6, Zwetkow 5 1/2, Foerder 5, Plater 4 1/2 Doerner 3 Punkte, O'Sullivan 1/2 Punkt). Mich tröstete auch das nicht, daß meine Partie gegen van Scheltinga (23. Partie) mit dem zweiten und die Partie gegen van Seters (24. Partie) im darauffolgenden kleinen Hoffnungsturnier mit dem ersten Schönheitspreis ausgezeichnet wurden. Das Schlußergebnis des letzteren Achterturniers lautete: Szabó 6 1/2, Spanjaard 6, Castaldi 5, van Seters 4, Fontein 3, de Lange 2 1/2, Hofwege 1, Pastijn 0 Punkte.

23. PARTIE

Italienische Partie
Szabó–van Scheltinga

Hilversum 1947
Zweiter Schönheitspreis

1. e4 e5 2. Sf3 Sc6 3. Lc4 Lc5 4. c3 De7 5. 0–0 d6 6. d4 Lb6 7. h3 Sf6 8. Te1 0–0 9. b4 a6 10. Sa3 Kh8 11. Sc2 Sd8 12. Le3 S×e4 13. d×e5 d5 14. D×d5 S×c3 15. Dd3 L×e3 16. S×e3 D×b4 17. Tac1 Sb5 18. Sg5 g6 19. Sd5 Da3 20. L×b5 a×b5 21. Tc3 Da5 22. e6!

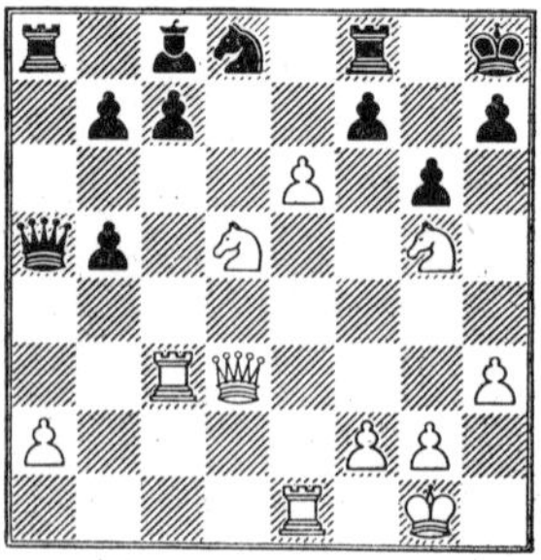

22. – S×e6 23. T×e6! L×e6 24. Dd4+ f6 25. S×f6 Db6 26. De5 Dd6 27. T×c7.
Schwarz gab auf (1 : 0).

24. PARTIE

Nimzowitsch-Indische Verteidigung
Szabó–van Seters

Hilversum 1947
Achterturnier

Erster Schönheitspreis

1. d4 Sf6 2. c4 e6 3. Sc3 Lb4 4. e3 c5 5. Ld3 d5 6. Sf3 0–0 7. Sc6 8. a3 c×d4 9. e×d4 d×c4 10. L×c4 Le7 11. Te1 b6 12. Dd3

In der Partie Portisch–Karpow, Mailand 1975, hatte der Anziehende dieselbe vielversprechende Idee, jedoch in etwas veränderter Form. Portisch zog den Läufer über d3 nach c2 und besetzte erst dann mit der Dame die Diagonale b1–h7. Die dort unvollendet gebliebene Kombination führte der Kubaner Silvano Garcia gegen Pomar im Turnier zu San Feliu de Guixols 1975 zum Erfolg.

12. – Lb7 13. Lg5 Tc8 14. Tad1 Dc7 15. La2 Tfd8 16. h3

Eine überflüssige Vorsichtsmaßnahme. Der Durchbruch 16. d5! war hier bereits möglich: 16. – e×d5 17. Lb1 g6 18. T×e7 D×e7 19. Te1 Db6 20. Sb5 oder 16. – Sa5 17. De2! und schließlich 16. – h6 17. L×f6 L×f6 18. Lb1 g6 19. De3, in allen drei Varianten mit klarer Überlegenheit von Weiß.

16. – Td7

Wer wird recht behalten? Weiß, der um des freieren Siels und der Angriffsaussichten willen den isolierten Bauern auf sich nahm, oder Schwarz, der den Bauern d4 als schwach ansieht und dessen Blokkade vorbereitet? Der belgische Meister zog offensichtlich deshalb bis zum 14. Zug nicht Sd5. Dieser Springerzug wäre zweifellos jetzt schon ungünstig: Z. B. 16. – Sd5 17. S×d5 e×d5 18. Lb1 g6 19. L×e7 S×e7 20. De3 und dann Dh6. Die Textfortsetzung schützt den Nachziehenden auch nicht vor dem schon im vorigen Zug möglichen Durchbruch. Schwarz hätte vielleicht mit 16. – Sa5 etwas dagegen tun können.

17. d5!

Begründet in erster Linie damit, daß Weiß auf 17. – e×d5 18. Lb1 g6 19. T×e7! antworten kann.

17. – S×d5

Auf 17. – Sa5 wäre 18. Sb5 nebst Se5 und S×f7! entscheidend stark. Auf 17. – Sd8 wird die weiße Aktion auch mit 18. Lb1 verstärkt.

18. L×d5 Dd8

Auf 18. – e×d5 verliert Schwarz natürlich die Qualität, und auf 18. – Tcd8 setzt Weiß die Kombination mit 19. T×e6! fort.

19. De4!
Auf 19. – L×g5 beabsichtigt Weiß, mit 20. L×e6! dem Nachziehenden die letzte – eventuell noch gehegte – Hoffnung zu rauben.
19. – e×d5 20. S×d5 L×g5 21. S×g5 g6 22. Dh4 h5 23. Sf6+ D×f6 24. T×d7 Sd8 25. Te8+ Kg7 26. T×f7+!
Schwarz gab auf (1 : 0).
Im Finale der ungarischen Meisterschaft, das vom 11. September bis zum 5. Oktober dauerte, war mein Spiel auch weiterhin ungleichmäßig. Die Frage nach dem Grund kann ich nicht beantworten. Vielleicht steckt ein Fünkchen Wahrheit darin, was van Seters unmittelbar nach dem Turnier zu Hilversum in der belgischen Zeitung „Le Soir Bruxelles" schrieb: „Das Charakteristische des Stils von Szabó ist seine kombinatorische Veranlagung. Wegen seines etwas unsteten Grundcharakters ist er gar nicht der Mann, der Pläne auf lange Sicht schmiedet wie z. B. Botwinnik. Er ist weniger Wissenschaftler als letzterer, kennt auch die Eröffnungen nicht so gut wie die Mehrheit der heutigen Großmeister und trachtet nach solchen Stellungen, die reich an taktischen Möglichkeiten sind. Demzufolge nimmt er des öfteren zuviel Risiko auf sich, und daraus erwachsen seine zeitweiligen Rückschläge."
Die Sache ist freilich nicht so einfach. Auch das Schachkönnen setzt sich nicht nur aus Begabung und Fleiß zusammen. Vielleicht kommt Tartakower der Wahrheit eher näher, als er 1947 die Favoriten für die Kämpfe um die Weltmeisterschaft anführte und über mich u. a. folgendes schrieb: „Szabó ist ein Spieler mit Nerven... Sein nervöser Stil löst sich oft in Eleganz auf, im Turnier der Stärksten ist aber Charakterfestigkeit ebenfalls notwendig, die man im heutigen chaotischen Zeitalter schwer entwickeln und pflegen kann." Über die unerwarteten Rückschläge und unverständlichen Fehler kann man dennoch vielleicht eine einfachere Erklärung abgeben. Ich spiele einen anderen Stil als jene Schachspieler, die zu lavieren und abzuwarten pflegen. Ich spiele immer um etwas Konkretes. Und diese Kampfweise ist viel ermüdender, als sich auf die Verteidigung einzurichten und die Stellung mit rein positionellen Mitteln aufzubauen oder auf den Fehler des Gegners zu warten. Es wäre aber trotzdem viel besser gewesen, die Worte Tartakowers besser zu beherzigen und meinen Stil gegebenenfalls gewaltsam zu verändern.

In der ungarischen Meisterschaft 1947 wurde Barcza mit 11 1/2 Punkten sicherer Sieger. Mit je 10 1/2 Punkten landeten Benkő und Dr. Szily auf Platz 2 bis 3. Gemeinsam mit Dr. László Csaba nahm ich mit je 9 Zählern nur den geteilten vierten bis fünften Platz ein.

Ende November wurde in Sofia ein Mannschaftskampf mit Jugoslawien, Bulgarien und Rumänien um den Balkan-Pokal ausgetragen. Die Mannschaften bestanden aus acht Spielern. Meine drei Partien gewann ich alle (gegen Gligorić, Nejkirch und Dr. Troianescu). Jugoslawien wurde mit 5 : 3 geschlagen, die anderen Länder mit je 6 1/2 : 1 1/2 Punkten von der ungarischen Mannschaft besiegt. Gegen Ende dieses bewegten Jahres bekam ich wieder eine Einladung zum Turnier in Hastings, dem Schauplatz meines ersten internationalen Triumphes (abgesehen von Tatatóváros 1935). Ich begann mit vier Gewinnpartien hintereinander. Die vierte Partie gewann ich bereits im neuen Jahr gegen Grob (25. Partie).

HASTINGS 1947/48	Punkte
1. Szabó, L.	7 ½
2. Grob, H.	5 ½
3. Mühring, W.	5 ½
4. Thomas, Sir George	5 ½
5. Fairhurst, W. A.	5
6. Abrahams, G.	4 ½
7. Golombek, H.	4
8. Alexander, C. H. O'D.	3 ½
9. Raizman, M.	3
10. Spanjaard, E.	1

25. PARTIE

Französische Verteidigung

Grob–Szabó

Hastings 1947/48

1. e4 e6 2. d4 d5 3. e×d5 e×d5 4. Ld3 Ld6 5. Sc3 c6 6. h3 Se7 7. Dh5 Db6 8. Sge2 Le6 9. f4? Sd7! 10. Df3 Lf5 11. Ld2? h5! 12. g3 Sf6 13. 0–0 0–0–0 14. Kb1 Tde8 15. Sa4 Dc7 16. Sc5 b6 17. La6+ Kb8 18. Db3 Lc8 19. L×c8 K×c8 20. Sd3 Sf5 21. Se5 Se4 22. Le1 f6 23. Sf3

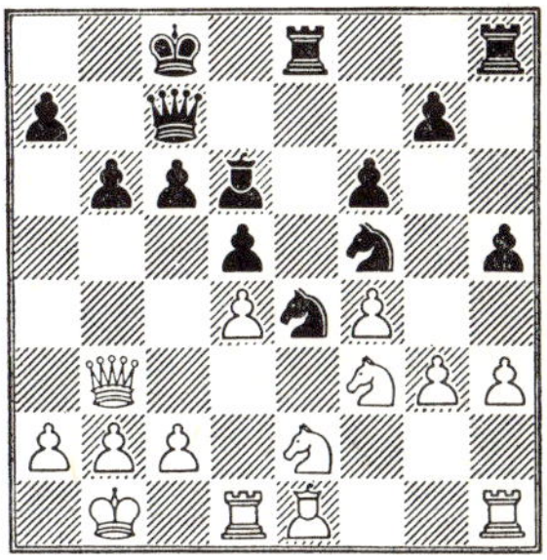

23. – g5! 24. f×g5 f×g5 25. Tf1 g4! 26. h×g4 h×g4 27. Se5 S×d4! 28. S×d4 L×e5 29. c4 Th2 30. c×d5 Dh7! 31. Ka1 c5 32. Da4 Sd6 33. Tc1 Dd7! 34. Dd1 Kb7 35. Sc2 Db5 36. Lc3 L×c3 37. b×c3 T8e2 38. Tf4 Sc4 39. Tb1 Da4 40. Tf7+ Ka6 41. Tb2 S×b2 42. Df1 D×c2 43. d6 Dd1+ 44. D×d1 S×d1.
Weiß gab auf (0 : 1).

Es ist eine Ironie des Schicksals, daß ich 1939 an der Olympiade in Argentinien nicht teilnehmen konnte und erst 1948 in Mar del Plata jene europäischen Schachspieler traf, die nach dem Ausbruch des Krieges in Südamerika geblieben waren. Wegen des ungewöhnlichen Klimas und der schlechten Unterkunft erreichte ich in den ersten vier Runden nur ein Unentschieden. Gegen Najdorf, Medina und den Brasilianer Freitas mußte ich eine Niederlage hinnehmen. Nach diesem schlechten Start kann man mein Ergebnis in Mar del Plata doch noch als erfolgreich ansehen: Eliskases 13, Stahlberg 11 1/2, Medina 11, Najdorf und Rossetto je 10, O'Kelly und Szabó je 9 1/2, Maderna 9, Pilnik 8 1/2, Jacobo Bolbochan, Luckis und Michel je 8, Guimard 7, Castillo und Freitas je 6 1/2, Denker und Sanguineti je 6, Olivera 5 Punkte.

Am 27. April kehrte ich aus einem traurigen Anlaß heim. Meine Mutter war wenige Stunden zuvor verstorben.

Die erste Runde des Hundertjahrturniers zur Erinnerung an die ungarische Revolution und den Freiheitskampf 1848/49 fand am 2. Mai statt. Da der Tschechoslowake Foltys noch nicht eingetroffen war und ich am selben Tage meine Mutter beerdigt hatte, verschob das Organisationskomitee die erste und die zweite Runde (für die zweite Runde war ich mit Foltys gepaart). Die verschobene Partie wurde am ersten Ruhetag ausgetragen.

Mein heimischer Auftritt war gut gelungen. Bis zur achten Runde vermochte es nur Gligorić, mit mir Schritt zu halten. Nach der zwölften Runde hatte ich vor dem inzwischen herangekommenen Tartakower anderthalb, vor Gligorić aber schon zwei Punkte Vorsprung. In den letzten drei Runden waren auch Unentschieden zur Erringung des ersten Preises ausreichend.

Anschließend ein Blick auf die nachfolgende Tabelle:

Hundertjahrturnier

BUDAPEST 1948	Punkte
1. Szabó, L.	12
2. Gligorić, S.	10 ½
3. Foltys, J.	10
4. Pachman, L.	9 ½
5. Dr. Tartakower, S. G.	9 ½
6. Barcza, G.	9
7. Dr. Szily, J.	9
8. Dr. Trifunović, P.	9
9. Benkő, P.	8 ½
10. Gereben, E.	7 ½
11. Steiner, L.	6
12. Bakonyi, E	5 ½
13. Radulescu, M.	4 ½
14. Füstér, G.	4
15. Tomović, V.	3
16. Wood, B. H.	2 ½

Es folgt eine Partie von theoretischem Wert, von diesem Turnier.

26. PARTIE

Meraner Verteidigung

Szabó–Foltys

Hundertjahrturnier

Budapest 1948

1. d4 d5 2. c4 c6 3. Sf3 Sf6 4. Sc3 e6 5. e3 Sbd7 6. Ld3 d×c4 7. L×c4 b5 8. Ld3 a6 9. e4 c5 10. e5 c×d4 11. S×b5 a×b5 12. e×f6 Db6 13. f×g7 L×g7 14. 0–0 Sc5 15. Te1 Lb7 16. Lf4 S×d3 17. D×d3 L×f3 18. D×f3 0–0 19. Tac1 Tac8 20. Dg3 Kh8

21. h4! Tfe8 22. h5 h6? 23. Le5 f6 24. Lf4 e5 25. Dg6! Db7 26. L×h6 De7 27. Ld2! Lf8 28. h6 Tc4 29. b3 T×c1 30. T×c1 e4 31. Tc6 e3 32. f×e3 d×e3 33. Lc3.
Schwarz gab auf (1 : 0).
Vom 15. Juli bis zum 15. August 1948 fand das Interzonenturnier in Saltsjöbaden (etwa 22 km von Stockholm entfernt) statt. Hier erntete ich einen großen Erfolg in meiner Schachlaufbahn. In einem Teilnehmerfeld, in dem höchstens zwei oder drei der Weltbesten fernblieben, wurde ich Zweiter. Als ich zwei Runden vor Beendigung des Turniers noch allein führte, war ich voller Zuversicht, den Turniersieg erkämpfen zu können. Um so mehr, weil ich in der vorletzten Runde gegen Stoltz spielte, den ich vorher in Holland bereits dreimal geschlagen hatte. In der letzten Runde traf ich auf Lundin, der sich in Saltsjöbaden in einer sehr schlechten Form befand. Der sonst sehr starke Spieler vermochte bis zur letzten Runde keine einzige Partie zu gewinnen und belegte den letzten Platz. In meinem großen Optimismus ließ ich es leider außer acht, daß ich in Groningen durch den schwedischen Großmeister schon einmal eine Niederlage erlitten hatte. Trotz meiner Mehrbauern verpaßte ich gegen Stoltz den Gewinn. Und da Bronstein gewann, besaßen wir beide vor der letzten Runde die gleiche Punkteanzahl. Sein Gegner war Tartakower. Das Ergebnis ist wohlbekannt: Ich verlor, Bronstein siegte und wurde so Turniersieger.
Die Berichterstattung über das Turnier beschränkte sich aber nur auf die Beschreibung der Partien. Es wurde überhaupt nichts darüber geschrieben, was in der letzten Runde eigentlich geschehen war. Mit einer ausgezeichneten Eröffnungsbehandlung kam Bronstein gegen Tartakower rasch in Vorteil. Lundin wandte gegen mich – im Seelenzustand des Chancenlosen – das Wolga-Gambit an. Wir hatten beide den weiteren Partieabschnitt nach den eröffnenden Zügen ungenau behandelt. Damals standen nur wenige Partien für dieses Gambit zur Verfügung. Nach dem 25. Zug hatte ich schon gute Aussichten, die Partie zu gewinnen.

Eben überlegte ich meinen 26. Zug, als im Turniersaal ein großes Durcheinander entstand. Ein Zuschauer stürzte an das Schachbrett, auf dem die Partie Bronsteins verlief und warf brüllend die Steine um. Die Organisatoren griffen natürlich sofort ein und versuchten den Ordnungsstörer aus dem Turniersaal zu entfernen. In diesem Gewirr beging ich einen der größten turniertaktischen Fehler in meinem Leben, der auch psychologische Folgen mit sich brachte: Ich führte sofort den Zug 26. Dc7 aus.

Kaum hatte ich gezogen, ließ der Turnierleiter alle Uhren abstellen und ordnete eine Pause bis zur Wiederherstellung der Ruhe an. So hatte Lundin eine halbe Stunde zusätzliche Bedenkzeit. Die Erwiderung des schwedischen Großmeisters war natürlich 26. – D×b2!, worauf ich die Partie einstellte. Statt dessen hätte ich mit 26. Dc8+ Kg7 27. Dc3! den Ereignissen eine für mich günstige Wendung geben können. Ist das nur meine Meinung? Darauf antworte ich mit einem Zitat aus dem Buch von Gligorić und Matanović über das Interzonenturnier zu Portorož 1958: „1948 triumphierte Szabó im großen Budapester internationalen Turnier und spielte im selben Jahr das 'große Turnier seines Lebens'. Das erste Interzonenturnier war Saltsjöbaden. Die letzte Runde erhellte die tragische Seite der Schachpersönlichkeit von Szabó, die sich seitdem in allen weiteren Turnieren geltend machte."

Wenn ich mit den zitierten Zeilen auch nicht völlig übereinstimmen kann, unterliegt es keinem Zweifel, daß die Ereignisse auf mich erdrükkend wirkten. Jahrelang war ich der Meinung, in Saltsjöbaden wäre Lundin mein Verhängnis gewesen. Und sechs Jahre später war es abermals Lundin, der mich um den ersten Preis des Zonenturniers in Marianske Lasné brachte!

Heute habe ich schon das Gefühl, daß, – wenn auch die oben geäußerte Meinung teilweise richtig ist – eine eingehende Analyse nicht nur diese einzige Partie verantwortlich gemacht hätte.

Meine Niederlage in der letzten Runde war bereits eine Folge des Fehlers, weshalb ich gegen Bronstein unterlag. In der vierten Runde gewann ich als Schwarzer mit der Variante 1. e4 e6 2. d4 d5 3. Sd2 Sc6 4. Sgf3 Sf6 5. e5 Sd7 6. Lb5 a6 7. L×c6 b×c6 8. c4 d×c4 9. S×c4 Sb6 10. S×b6 gegen Gligorić. Ich hätte daran denken müssen, daß die sowjetische Delegation mit etwa einem halben Dutzend Sekundanten diese Partie beobachten würde. Es war mein übertriebener Optimismus, mich wiederum in dieselbe Eröffnungsvariante einzulassen. Es war ebenfalls verfehlt, ohne Überprüfung als richtig anzunehmen, was Taimanow im Bulletin der XV. Meisterschaft der UdSSR 1947 geschrieben hatte, nämlich daß Schwarz nach 6. Sb3 f6 7. Lb5 a6 8. L×c6 b×c6 9. 0–0 c5 10. e×f6 D×f6 besser stünde. Das hätte sich tatsächlich als richtig erweisen können. Zu meinem Unglück kannte ich jedoch jene Partie nicht, die Bronstein gegen Barschauskas im Turnier zu Vilnius gespielt hatte. So fiel ich auf seine dortige Neuerung 10. c4! arglos herein. Obwohl ich besser fortsetzte als der Litauer, vermochte ich der Niederlage nicht zu entgehen. Dieser Verlustpunkt zählte dann in der Schlußabrechnung zu viel!

Unter meinen Gewinnpartien im Interzonenturnier wurde die Partie gegen Najdorf (27. Partie) am meisten publiziert, aber auch meine Partie gegen Böök (28. Partie) erschien in mehreren Zeitungen. Die Partie gegen Lilienthal (29. Partie) halte ich ebenfalls für eine gute Leistung.

SALTSJÖBADEN 1948	Punkte
1. Bronstein, D.	13 ½
2. Szabó, L.	12 ½
3. Boleslawski, I.	12
4. Kotow, A.	11 ½
5. Lilienthal, A.	11
6. Bondarewski, I.	10 ½
7. Flohr, S.	10 ½
8. Najdorf, M.	10 ½
9. Stahlberg, G.	10 ½
10. Trifunović, P.	10
11. Böök, E.	9 ½
12. Gligorić, S.	9 ½
13. Pirc, V.	9 ½
14. Ragosin, V.	8 ½
15. Yanofsky, D. A.	8 ½
16. Dr. Tartakower, S. G.	8
17. Pachman, L.	7 ½
18. Stoltz, G.	6 ½
19. Steiner, L.	5 ½
20. Lundin, S.	4 ½

27. PARTIE

Damenindische Verteidigung
Najdorf–Szabó

Saltsjöbaden 1948

1. d4 Sf6 2. c4 e6 3. Sf3 b6 4. g3 Lb7 5. Lg2 Le7 6. 0–0 0–0 7. Dc2 c5

Ergreift die Gelegenheit, diesen zentrumsprengenden Zug in dem Moment auszuführen, in dem die weiße Dame den Bauern d4 gerade nicht deckt. Die berühmte Partie Aljechin – Capablanca (New York 1927) zeigte nämlich, daß Weiß den Gegenstoß c5 – falls die Dame noch auf d1 steht – mit dem starken d5! beantworten kann.

8. d×c5 b×c5

In der Partie Vidmar–Kmoch, San Remo 1930, erwies sich 8. – L×c5 als weniger günstig: 9. Sc3 Le7 10. e4 d6 11. b3 a6 12. Lb2 Dc7 13. Tac1 Sbd7 14. Tfe1 Tac8 15. De2 Tfd8 usw.

9. Sc3 Sc6 10. Td1 d6 11. b3 a6!

Ein Verbesserungsversuch im Vergleich zur Partie Stahlberg–Szabó, Mar del Plata 1948, in der ich nach 9. b3 Sc6 10. Lb2 Sb4 11. Dc1 Se4 12. Sc3 f5 13. Td1 mit Dc8 fortfuhr.

12. Lb2 Sb4 13. Db1 Dc7 14. a3 Sc6 15. Dc2

Die Stellung ist im wesentlichen dieselbe wie nach dem 12. Zug von Weiß. Der einzige Unterschied besteht darin, daß der a-Bauer nicht auf a2, sondern auf a3 steht! Das ist aber ein wesentlicher Unterschied, denn der b-Bauer wird dadurch angreifbar, und so kann Schwarz den weißen Druck auf der d-Linie ausgleichen.

15. – Tab8 16. Tab1? La8?

Beide Seiten spielen ungenau. Statt des Turmzuges hätte Weiß 16. e3 ziehen müssen, denn jetzt hätte Schwarz Gelegenheit gehabt, mit 16. – Sd4 17. S×d4 c×d4 18. T×d4 L×g2 19. K×g2 Db7+ und D×b3 das weiße Bauerngefüge zu schwächen.

17. La1 h6

Kein sinnloser Abwartezug. Er beugt von vornherein einer Kombinationsmöglichkeit vor, auf die Kotow gegen mich zwei Jahre früher im Turnier zu Groningen hereinfiel. (22. Partie.)

18. e3 Sa5 19. e4?! Sc6 20. De2 Sd7! 21. Sa2 Sde5 22. b4 Lf6 23. L×e5?

Der Anfang einer fehlerhaften Kombination, wodurch Weiß zwar die Kontrolle über den Punkt d4 wiedererlangt, aber gezwungen wird, dafür einen Bauern herzugeben. Im Falle von 23. Se1! bliebe der Ausgang des Kampfes noch offen.

23. – L×e5! 24. b5 Sd4 25. S×d4 L×d4

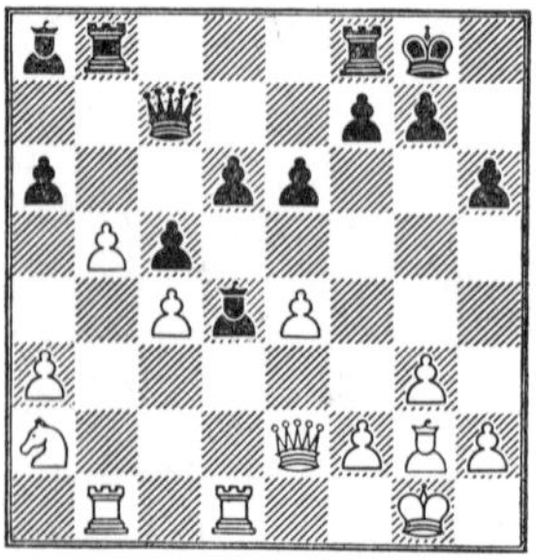

26. Sb4?

In dieser Absicht zog Najdorf 23. L×e5. Er dürfte die Kombination jedoch nicht bis zu Ende durchgerechnet haben, sondern brach die Berechnung hier ab.

26. – c×b4! 27. T×d4 b×a3 28. Dd3

Sieht gut aus, denn Weiß greift den a- und den d-Bauern gleichzeitig an, läßt aber dem Nachziehenden eine Möglichkeit zur Umgruppierung und rechnet nicht mit der Schwäche der Grundreihe. Obwohl jede Materialreduzierung in der gegebenen Position im Interesse des Anziehenden liegt, hätte er auch daran denken müssen, daß er den b-Bauern nicht verlieren darf. Deshalb kam Lf1 in Frage.

28. – a2 29. Ta1 Tfd8! 30. De2

Zurück! Es drohte e6–e5.

30. – Dc5 31. Tdd1 a×b5 32. c×b5 T×b5 33. T×a2 Tb4 34. Tb2 Tdb8 35. T×b4 T×b4 36. Da6?

Weiß schließt einen schlechten Tausch ab: Er gibt den Bauern e4 gegen den rückständigen Bauern d6 her, aber so, daß die Läufer auf dem Brett verbleiben und erst dann abgetauscht werden, wenn das Turmendspiel für Weiß schon hoffnungslos wird. Weiß hätte mit 36. h4 dem König ein Luftloch schaffen müssen. Das wäre auch deshalb nützlich, weil ein danach entstehendes Turmendspiel mit vier Bauern gegen drei theoretisch unentschieden wäre.

36. – Lb7 37. D×d6 D×d6 38. T×d6 Tb1+! 39. Lf1 L×e4 40. f4

Ohne dies wäre 40. – Lf3 verhängnisvoll.

40. – Kf8

Eine Ungenauigkeit. Sofort g5 war angebracht, denn jetzt oder im nächsten Zug könnte Weiß 41. h4! spielen.

41. Td2? Ke7 42. Kf2 g5!

Endlich auf der rechten Bahn! Obwohl nach dem Tausch drei Bauern gegen zwei übrigbleiben, vermag Weiß wegen der Schwächen seiner Bauernstruktur nicht mehr remis zu halten.

43. Lg2 L×g2 44. K×g2 g×f4 45. g×f4 Kf6 46. Td7 Tb3! 47. Ta7 Td3! 48. Tb7 Kg7!

48. – Kg6 49. f5+!.

49. Ta7 h5 50. Ta5 Td5

Deshalb war das Turmmanöver Tb1–b3–d3 notwendig.

51. Ta3

Auf 51. Ta7 folgt 51. – Kg6 52. Kf3 Tb5, und der weiße König darf nicht nach e4 ziehen, weil der h-Bauer verlorengeht.

51. – Kg6 52. Kf3 Kf5 53. h3

53. Kg3 h4+! 54. K×h4 Td4! – +.

53. – h4 54. Tb3 f6 55. Ta3 Tb5 56. Tc3 Tb2!

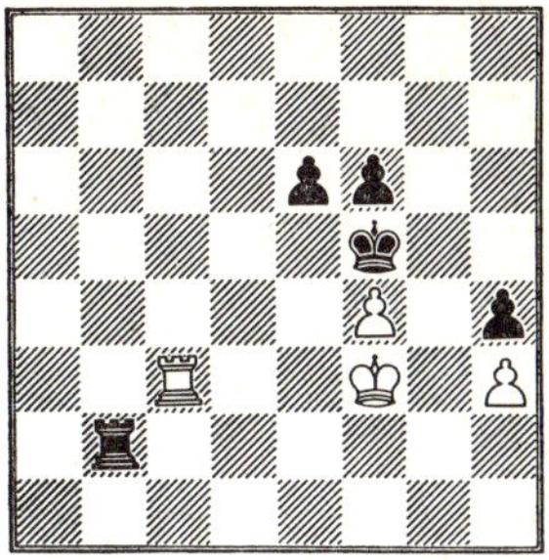

Nimmt scheinbar den Bauern h3 aufs Korn, beabsichtigt tatsächlich aber den weißen König abzuschnüren.

57. Tc5+ e5 58. f×e5 f×e5 59. Tc4 Tb3+ 60. Kg2 Tg3+ 61. Kh2

Der König ist in der Ecke eingesperrt. Weiß kann ihn nur dann befreien, wenn er den Bauern h4 erobert. Das erfolgt aber zu spät, und Weiß vermag danach den e-Bauern nicht mehr aufzuhalten.

61. – e4 62. Tc8 e3 63. Th8 Tg6 64. Th5+ Tg5 65. Th8 Kf4 66. T×h4+ Kf3 67. Th8 e2 68. Te8 Tg2+ 69. Kh1 Tf2 70. Tf8+ Kg3

Weiß gab auf (0:1).

28. PARTIE

Katalanische Eröffnung
Szabó–Böök

Saltsjöbaden 1948

1. Sf3 d5 2. g3 Sf6 3. Lg2 e6 4. 0–0 Le7 5. c4 0–0 6. d4 c6 7. Sc3 b6?

Eine Ungenauigkeit. Zuerst hätte Schwarz mit Sbd7 das Feld e5 unter Kontrolle nehmen müssen.

8. Se5 La6

Schwarz besteht auf seinem ursprünglichen Plan, denn nach 8. – Lb7 9. e4! besäße Weiß klaren Stellungsvorteil.

9. c×d5 c×d5 10. Lf4 Sfd7?

Schwarz hätte hier einsehen müssen, daß sein Damenläufer auf a6 nicht gut plaziert ist, weil er die Entwicklung des Damenspringers erschwert. Besser war deshalb 10. – Lb7.

11. Tc1!?

Hier erwog ich sehr gründlich die Möglichkeit 11. S×d5!?. Doch dann entschloß ich mich zu einer ruhigeren Fortsetzung, weil ich spürte, daß sich mein Stellungsvorteil auch in ruhigem Fahrwasser realisieren wird. Das Springeropfer ist dagegen sehr kompliziert, seine Folgen sind bei beschränkter Bedenkzeit kaum vorauszusehen. Für die Bewertung der Varianten 11. S×d5!? e×d5 12. S×f7 T×f7 13. L×d5 Sc6 14. L×c6 Sf6 15. L×a8 D×a8 oder 14. – T×f4 hätte ich einen großen Teil meiner Bedenkzeit verwenden müssen.

11. – S×e5 12. L×e5 b5?

Es war immer noch besser, den Läufer nach b7 zurückzuziehen. Diese Aggressivität kann höchstens damit gerechtfertigt werden, daß auf 12. – Sd7 die Entgegnung 13. Da4 sehr stark wäre, was in Verbindung mit e4 zu einem dauernden Positionsvorteil führt. Deshalb will Schwarz dem Anziehenden das Feld a4 nehmen.

13. e4! b4 14. Se2 Da5 15. e×d5 e×d5

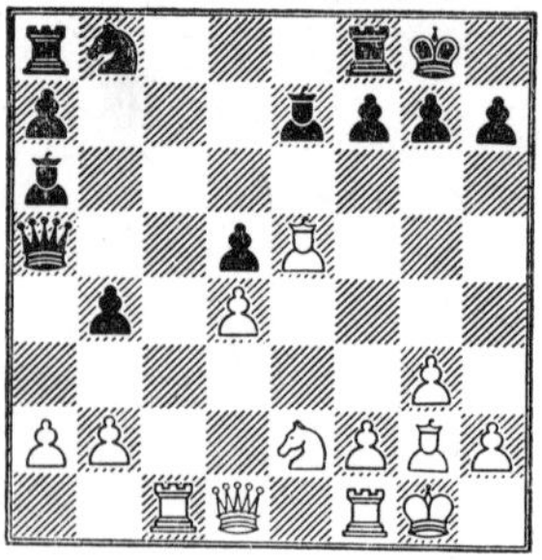

16. Sf4!

Diese Kombination zeigt, daß Schwarz vorher einen Fehler begangen hatte. Er hatte sich auf die Fesselung verlassen und übersah, daß die gefesselte Figur aus der Fesselung wegziehen kann.

16. – L×f1 17. Dg4!

Der Schlüsselzug! Da 17. – f6 wegen 18. L×d5+ Kh8 19. Sg6+ h×g6 20. Dh4 matt nicht ausreicht, ist eine ernste Schwächung der Bauernstellung am Königsflügel unvermeidlich.

17. – g6 18. L×d5 Ld3!

Verhältnismäßig am besten, aber auch so verbleibt Schwarz mit einem Minusbauern und schlechterer Stellung.

19. L×a8 Lf5 20. De2 Lg5

Der ungedeckte Läufer muß ziehen, denn auf 20. – Sd7 gewinnt 21. Lc7 D×a2 22. Ld5 bzw. 21. – Da4 22. Lc6 eine Figur.

21. h4 L×f4 22. L×f4 Sd7

Die Rückeroberung des Bauern würde zu Qualitätsverlust führen, denn auf 22. – D×a2 23. Lh6 Td8 würde 24. De5 folgen.

23. Lf3 Le6 24. Ld6

Schwarz gab auf (1 : 0).

29. PARTIE

Grünfeld-Verteidigung
Lilienthal–Szabó

Saltsjöbaden 1948

1. d4 Sf6 2. c4 g6 3. Sf3 Lg7 4. g3 0–0 5. Lg2 d5 6. c×d5 S×d5 7. 0–0 c5 8. d×c5 Sa6 9. Sbd2 S×c5 10. Sb3 Sa4 11. e4? Sb4 12. Sfd4 e5 13. a3 Sa6 14. Se2 Le6 15. Sd2 Da5 16. b3 Sc3 17. S×c3 D×c3 18. Tb1 Tfd8 19. De2 Sc5 20. b4 Sa4 21. Db5 Sb6 22. Dc5 Sa4 23. Db5 Dc2! 24. D×b7 Sc3 25. Tb2 Se2+ 26. Kh1

26. – Dc8! 27. D×c8 Ta×c8 28. Sb3 L×b3 29. T×e2 Lc4 30. Tee1 L×f1 31. L×f1 Tc3 32. Le3 T×a3 33. Tc1 Lf8 34. Tc7 Ld6 35. Tb7 Tc8 36. L×a7 L×b4 37. Lb8 Lc3 38. Lh3 Td8 39. Ld7 Ld4 40. f4 Ta1+ 41. Kg2 Ta2+ 42. Kh3 Tb2! 43. Lb5 e×f4 44. g×f4 Lg1 45. f5 g×f5 46. Le5 Ld4 47. Lc7 Tc8 48. Lg3 f×e4 49. Td7 T×b5 50. T×d4 Te8 51. Kg4 f5+ 52. Kf4 e3 53. Kf3 Tb1 54 Ke2 Tb2+ 55. Kf3 e2 56. Le1 Tb1 57. Kf2 Te4 58. T×e4 f×e4 59. K×e2

59. – T×e1+! 60. K×e1 Kf7 61. Kf2 Kf6 62. Ke3 Ke5 63. Kf2 Kf4 64. Ke2 h5 65. Kf2 h4 66. Ke2 e3 67. Kf1 Kf3 68. h3 Kg3 69. Ke2 K×h3 70. K×e3 Kg2.
Weiß gab auf (0: 1).

Ende des Jahres war ich im Begriff, wieder nach Hastings zu fahren. Reisepaß, Visum und Eisenbahnfahrkarte waren schon beschafft, als ich einen Tag vor Weihnachten hohes Fieber bekam. Die Ärzte stellten eine Leberentzündung fest. So hatten sich meine Hoffnungen, in Hastings auch ein drittes Mal zu triumphieren, zerschlagen.

Kaum hatte ich meine Krankheit überwunden, mußte ich mich einer neuen Kraftprobe unterziehen. Im März 1949 kam die Moskauer Schachauswahl nach Budapest, um sich mit der Mannschaft von Budapest zu messen. Später fuhr auch die ungarische Mannschaft nach Moskau. Der Mannschaftskampf wurde an acht Brettern im Scheweninger System ausgetragen. Nach dem Krieg

war das der erste Wettbewerb zwischen den Sportlern der beiden Länder.
Der Zuschauerraum war mit Interessenten voll gefüllt. In den ersten Runden war es uns gelungen, unsere favorisierten Gegner zu überraschen. Ich gewann gegen Ragosin, und in der 3. Runde erreichte ich gegen den zweitbesten sowjetischen Spieler, Smyslow, mit einem Figurenopfer ein undeckbares Matt (30. Partie). Ein erfolgreicher Kampf erfordert aber auch Ruhe und Sachlichkeit, die meine Mitspieler und ich nach der dritten Runde verloren, als das begeisterte Publikum unsere Erfolge gegen die besten sowjetischen Spieler mit ununterbrochener Ovation feierte.
So erhielt die Sowjetmannschaft allmählich die Oberhand und übernahm bereits nach den Budapester acht Runden die Führung. In Budapest erzielte ich 50% der möglichen Punkte. Aber das „dicke Ende" folgte noch. In Moskau hätte unsere Mannschaft vielleicht ein besseres Ergebnis erreichen können, wenn die übermäßige Bewirtung uns nicht den Magen überladen hätte. Wer kann aber der Verlockung widerstehen, wenn man die feinsten Delikatessen wie Kaviar, Lachs, Obstbrei und ähnliches in Hülle und Fülle aufträgt? Fast jeder Mitglied der ungarischen Mannschaft nahm während des Aufenthaltes in Moskau etwa 4 bis 5 kg an Gewicht zu. Unsere Konzentrationsfähigkeit aber nahm verständlicherweise ab.

30. PARTIE

Sizilianische Verteidigung

Smyslow–Szabó

Budapest 1949

1. e4 c5 2. Sc3 Sc6 3. g3 g6 4. Lg2 Lg7 5. Sge2
Smyslow versteifte sich über Jahrzehnte hin auf die geschlossene Behandlung der Sizilianischen Verteidigung. Bei seinem Stil ist das vollkommen verständlich, denn er sucht in bezug auf strategisches Wissen seinesgleichen. Eben mit Rücksicht auf seine große Praxis halte ich es heute schon für etwas Besonderes, daß er hier diesen Springerzug ausführte und nicht mit 5. d3 fortsetzte, was die Möglichkeit 5. – e6 6. Le3 Sd4 7. Sce2! bieten würde.
5. – d6
Meine Eröffnungsbehandlung kann ich meinerseits nicht als ideal bezeichnen. Wollte ich – wie in der Partie – mit Sge7 fortfahren, so war d6 vorläufig noch nicht notwendig.
6. d3 e6 7. 0–0 Sge7 8. Ld2
Dieser Läuferzug scheint zu bescheiden zu sein; die gesamte Eröffnungsbehandlung von Smyslow ist zweifelsohne anspruchslos. Oder rechnete Smyslow vielleicht darauf, daß er mit einer zurückhaltenden Kampfweise meine Geduld eher

auf die Probe stellen kann, als wenn er schon in einem frühen Eröffnungsstadium Tuchfühlung mit den feindlichen Streitkräften sucht?

8. – 0–0 9. h3 h6 10. Kh2 Tb8 11. Dc1

Nachdem der h-Bauer auch mit dem König gedeckt werden kann, ist dieser Damenzug wirkungslos. Mehr noch, die Verbindung zwischen dem Damenflügel und dem Königsflügel von Weiß wird mit der Fortsetzung des Planes von Weiß (Sd1) unterbrochen.

11. – Kh7 12. f4 b5 13. g4

Ließe Schwarz den Anziehenden am Königsflügel ungestört aufmarschieren, so würde sich dieser Zug dem Angriffsplan von Weiß vollkommen anpassen. Die Erwiderung von Schwarz darauf macht aber den Anziehenden auf den schwarzen Gegenangriff aufmerksam, den die exponierte Stellung des weißen Königs ermöglicht. An Stelle des „aggressiven", schwächenden Zuges scheint 13. Sd1 nebst Sf2, eventuell Se2–g1–f3, natürlich zu sein. Beide Züge bringen aber den Nachteil mit sich, daß Schwarz im Zentrum ein Übergewicht erlangt.

13. – f5 14. Sg3 Sd4 15. Sd1?

15. Sce2 war notwendig, damit – im Falle der in der Partie geschehenen Fortsetzung – der Springer d4 abgetauscht werden kann und die Dame für keinen Augenblick vom Königsflügel ausgesperrt wird.

15. – f×g4 16. h×g4 e5! 17. f5 g×f5 18. g×f5

18. – Se×f5 19. e×f5

Falls 19. S×f5 gespielt wird, folgt 19. – T×f5! 20. e×f5 Dh4+ 21. Lh3 L×f5 22. T×f5 S×f5, und gegen Dg3+ sowie D×h3 gibt es keine Verteidigung mehr. Auf 22. Sf2 führt Se2 eine ähnliche Entscheidung herbei.

19. – Dh4+ 20. Lh3 S×f5 21. S×f5 T×f5!

Dieses Opfer legt den weißen Königsflügel bloß. Es ist leicht zu sehen, daß eigentlich fünf schwarze Figuren dem weißen König und den ihn verteidigenden beiden Figuren gegenüberstehen. Die Aussichten des Nachziehenden sind also sehr verheißungsvoll!

22. Le1

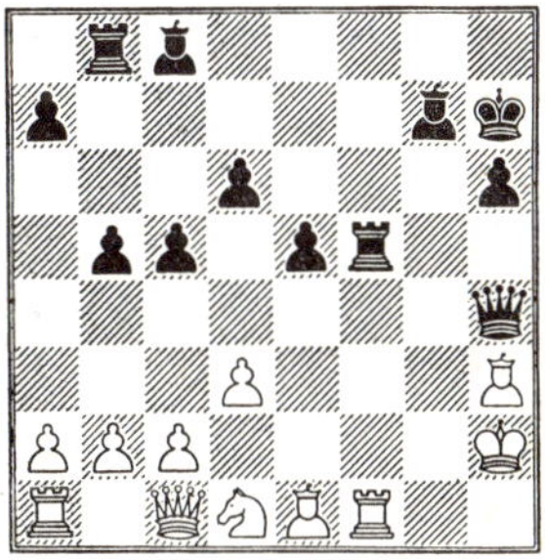

22. – Dh5?

Schade, daß Schwarz jetzt stolpert.

22. – D×h3+! 23. K×h3 T×f1+ 24. Kg2 T×e1 (in Verbindung mit Lb7+) hätte das Übergewicht der schwarzen Figuren am Königsflügel noch besser hervorgehoben.

23. T×f5 L×f5 24. De3?

Schwarz würde jetzt für seinen im 22. Zuge begangenen Fehler büßen, wenn Weiß die Verteidigung nicht mit diesem Damenzug, sondern mit 24. Sf2! organisiert hätte. Dann könnte nämlich 24. – e4 mit 25. Lc3! beantwortet werden, und der Läufer g7 könnte nicht in den Kampf um den König eingreifen.

24. – e4 25. Kg2

Auf 25. Sf2 würde 25. – Ld4 bereits allen Widerstand brechen. Der Königszug hebt nur die Fesselung auf, löst aber die auf der g-Linie auftauchenden schwierigen Probleme nicht.

25. – Tg8 26. L×f5+ D×f5 27. Lg3

Auf 27. D×e4 gewinnt Schwarz mit 27. – D×e4 28. d×e4 L×b2+ einen Turm.

27. – Le5 28. D×e4 T×g3+ 29. Kh1 D×e4+

Den Mattangriff hat Weiß zwar überstanden, jedoch das schlechtere Endspiel erhalten. Die ungünstige Plazierung der weißen Figuren zieht aber weiteren Materialverlust nach sich.

30. d×e4 Tg4 31. Sf2 Tf4 32. Kg2 Ld4 33. Sd3 T×e4 34. c3 Te2+

Weiß gab auf (0 : 1).

Eine neue Aufgabe erhielt ich in diesem Jahr erst Ende August. Im Badeort Trenčianske Teplice wurde ein Turnier zum Gedenken an Richárd Réti veranstaltet. Das Feld bestand aus sieben tschechoslowakischen und dreizehn ausländischen Teilnehmern. Ich begann mit großem Schwung und führte nach der zehnten Runde mit acht Punkten. Zur Überraschung spielte ich eine Reihe von Partien im positionellen Stil wie z. B. in der 13. Runde gegen Ojanen (31. Partie).

Die abergläubischen Menschen haben die Ziffer 13 nicht gern.

Mir machte die 13 nicht viel zu schaffen, dagegen vermochte ich mit der 14 keine Freundschaft zu schließen. In der 14. Runde erlitt ich meine erste Niederlage. Obendrein von meinem Landsmann Dr. Szily, der damals schon chancenlos war. Und noch dazu in meiner beliebten Variante, mit der ich in der Landesmeisterschaft 1947 gegen Gereben und im Hundertjahrturnier gegen Foltys (26. Partie) so erfolgreich war.

Unabhängig davon hätte ich das Turnier noch gewinnen können. So wie in Saltjöbaden löste auch hier das angestrengte Tempo in der Mitte des Turniers eine Kettenreaktion aus. Abermals verlor ich als Weißer in der vorletzten Runde. Dasselbe Geschick wurde auch Pachman zuteil, und schließlich erkämpfte Stahlberg den ersten Rang.

Der Endstand des Turniers zu Trenčianske Teplice war folgender: Stahlberg 14, Pachman und Szabó je 13 1/2, Julio Bolbochan und Rossolimo je 12, Foltys 11 1/2, O'Kelly und Prins je 11, E. Richter 10 1/2, Kottnauer 10, Dr. Szily 9 1/2,

Golombek und Šefc je 9, Dr. Ujtelky 8, Erdélyi und Rohaček je 7, Ojanen 6 1/2, Dr. Paoli 5 1/2, Platt 5, Wade 4 1/2 Punkte.

31. PARTIE

Réti-Eröffnung

Ojanen–Szabó

Trenčianske Teplice 1949

1. Sf3 d5 2. c4 d×c4 3. Sa3 c5 4. S×c4 Sc6 5. e3 Sf6 6. b3

Unter normalen Umständen kann der Tausch der schwarzfeldrigen Läufer für Weiß günstig sein. Hier ist das aber mit der Gefahr verbunden – mit Rücksicht auf die sich gestaltende Bauernstruktur –, daß der d-Bauer festgelegt wird. Falls er zieht, bleibt der Punkt c3 im Lager von Weiß nach dem erwähnten Läufertausch schwach. Gerade deswegen wäre 6. d3 vorzuziehen und im Falle von g6 und Lg7 das Läufermanöver Lc1–d2–c3 durchzuführen.

6. – g6 7. Lb2 Lg7 8. Sce5 S×e5 9. L×e5

Ich begann herauszufinden, daß mein Gegner keine allzu großen Ansprüche hat. Will ich also gewinnen, so muß ich das auf positionelle Weise, mit wenigen Figuren versuchen.

9. – 0–0 10. Le2 Lf5 11. 0–0 Tc8 12. d4?

Weiß hätte diesen Bauernzug mit 12. Dc1 nebst Db2 vorbereiten müssen.

12. – Da5 13. De1 Da3 14. Dc1 Db4 15. De1 Sd5! 16. L×g7 K×g7 17. Tc1 c×d4!

Wenn auch der Damentausch nicht mehr zu vermeiden ist, gelang es dem Nachziehenden doch, mindestens eine Linie unter Kontrolle zu nehmen. Dazu trug auch die Schwäche des Feldes c3 bei.

18. S×d4 Ld7 19. Lf3

Folgerichtiger war – falls Weiß den Tausch anstrebt – 19. Lc4, aber auf f3 steht der Läufer natürlicher.

19. – T×c1 20. D×c1 Tc8 21. Da1 Sf6 22. a3 Db6 23. b4 La4!

Um Sc5 oder Sa5 vorzubeugen.

24. Ld1?

Verschlechtert die Stellung weiter. Angebracht war 24. Tc1.

24. – Lb5!

Die einzige Hoffnung für Weiß besteht darin, daß er seinen Läufer als gleichwertig mit dem gegnerischen Springer ansieht und darauf sein Spiel begründet.

25. S×b5 D×b5 26. Lf3 b6 27. Tc1?

Unentschieden? Nein! Eben jetzt beginnt der geringfügige Vorteil zur

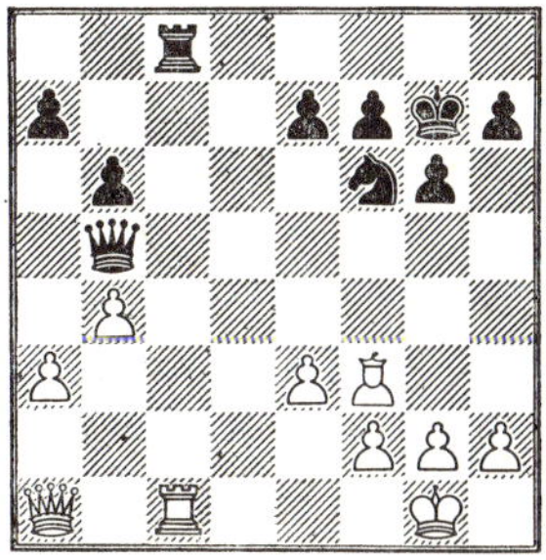

Geltung zu kommen, der sich aus der Kontrolle der schwarzen Felder ergibt. Anstatt des Turmzuges hätte Weiß mit 27. h3 seinem König ein Luftloch verschaffen müssen. Sechs Züge später geschieht das schon zu spät.

27. – De5! 28. Db1 Tc3 29. T×c3?

Überläßt das Terrain völlig der schwarzen Dame. 29. Db2 wäre natürlich verfehlt wegen 29. – T×e3! aber 29. Da1 hätte einen Sieg von Schwarz bedeutend erschwert: 29. Da1 Tc2 30. Db1 Tb2 31. Da1 Sd7 32. h3 Df6 33. Tc7 Se5 usw.

29. – D×c3 30. a4 Sd7 31. Le2 Se5 32. Lb5 Sg4

Früher drohte Sc6, jetzt aber Dd2.

33. h3?

Endlich bekommt der König Luft! In diesem Augenblick ist der Bauernzug aber ein Fehler. 33. Le2! war am Platze, und falls Sf6, so 34. Lf3. Jetzt steht der Läufer auf einem ungünstigen Feld, und Weiß muß den e-Bauern vorrücken, um den Bauern b4 retten zu können. Durch die Schwächung wird aber der Positionsvorteil von Schwarz schon bedeutend.

33. – Sf6 34. e4 g5! 35. Kf1 Dd4 36. Ld3 Sd7 37. Lb5 Sf6 38. Ld3 g4! 39. h4

Weiß darf weder auf g4 schlagen, noch mit 39. – g×h3 eine weitere Schwächung zulassen. Aber auch nach dem Textzug kann Schwarz seinem Springer das Feld g4 freimachen.

39. – g3! 40. f×g3 Sg4 41. Ke1 De3+

Weiß gab auf (0 : 1).

Weiß kann den Figurenverlust nicht abwehren:

42. Kd1 Sf2+ bzw. 42. Le2 Dg1+ 43. Lf1 Df2+.

Nach diesem Turnier nannten meine Freunde mich László II. Das war eine Anspielung auf Richard Teichmann, der wegen seiner vielen fünften Plätze Richard V. genannt wurde.

Obwohl diese Benennung für meine zweiten Plätze oft zutreffend war, erwies sie sich aber diesmal als nicht langlebig, weil ich im Turnier zu Venedig, das zehn Tage nach dem slowakischen Turnier begann, wiederum den ersten Platz errang.

Das Turnier zu Venedig war eines der schönsten Turniere in meinem ganzen Leben. Solche großzügig veranstalteten Turniere gab es selten in den vierziger Jahren: Luxushotel, -restaurant und -turniersaal im Palast Cá Giustinian. In solcher Umgebung konnte ich mich von den Anstrengungen erholen, die das langdauernde Turnier zu Trenčianske Teplice verursacht hatte. In der zweiten Runde unterlag ich zwar – trotz meiner guten Stellung – unerwartet gegen Paoli. Dann holte ich jedoch aus dreizehn Partien 10 1/2 Punkte heraus und wurde – die Führung bis zum Ende behaltend – Erster. Meine beste strategische Leistung war meines Erachtens die Partie gegen Kottnauer (32. Partie). Meinen flottesten Angriff führte ich in der Partie gegen Tartakower (35. Partie).

Nachfolgend ein Blick auf die Tabelle

VENEDIG 1949	Punkte
1. Szabó, L.	11 ½
2. Rossolimo, N.	10 ½
3. Prins, L.	10
4. Gligorić, S.	9 ½
5. Barcza, G.	9 ½
6. Foltys, J.	9 ½
7. Golombek, H.	9 ½
8. Dr. Paoli, E.	8 ½
9. Kottnauer, C.	8
10. Dr. Tartakower, S. G.	7
11. Canal, E.	6
12. Zimmermann, O.	6
13. Szabados, E.	5 ½
14. Müller, H.	5
15. Fletzer, G.	2 ½
16. Stalda, G.	1 ½

32. PARTIE

Nimzowitsch-Indische Verteidigung
Kottnauer–Szabó

Venedig 1949

1. d4 Sf6 2. c4 e6 3. Sc3 Lb4 4. e3 0–0 5. Ld3 d5 6. a3

Eine kleinere (oder vielleicht größere?) Ungenauigkeit in der Eröffnung. Üblicher ist 6. Sf3 und 0–0 und erst dann a3. Der Unterschied macht sich in der Fortsetzung bemerkbar.

6. – L×c3+ 7. b×c3 d×c4 8. L×c4 c5 9. Sf3 Dc7

Hier zeigt sich der Unterschied. Da Schwarz noch nicht Sc6 gezogen hat, droht 10. – c×d4. Auch der Läufer darf nicht nach d3 zurückziehen wegen 10. – c×d4 nebst Dc3+.

10. Le2 Sc6 11. 0–0 Td8 12. Da4?!

Es ist verständlich, daß die Dame nicht auf der Turmlinie bleiben will. Aber auf a4 hat sie nichts zu suchen. Richtig war 12. Dc2, um e5 mit 13. d×e5 nebst c4 beantworten zu können. 12. c4 würde die Sorgen des Anziehenden nach 12. – e5 13. d5 e4 nicht verringern.

12. – e5 13. d×c5?!

Das also war der Zweck des rätselhaften Damenzuges. Annehmbar scheint 13. d×e5 S×e5 14. Df4 zu sein.

13. – Lf5!

Der Rückgewinn des Bauern eilt nicht. Günstiger scheint es zu sein, mit dem weißfeldrigen Läufer die Kontrolle der Punkte d3 und e4 zu verstärken.

14. Sh4?

Weiß würde den Läufer gern abtauschen, denn er rechnet darauf, daß er den Bauern c3 für den Bauern c5 hergeben kann. Dieser Plan ist aber auf diese Weise nicht durchführbar, weil der weiße Springer am Brettrand deplaziert steht und nur unter Zeitverlust zurückkehren kann. Eine bessere Ausführung des Planes wäre 14. h3! Ld3 15. L×d3 T×d3 16. e4! nebst Le3.

14. – Ld3 15. L×d3 T×d3 16. Db5 e4!

Schwarz war nicht geneigt, durch die Beseitigung des Bauern c3 dem weißen Damenläufer die Diagonale a1–h8 zu öffnen. Jetzt droht Sg4 mit weiterer Schwächung der weißen Bauernstellung.

17. f4

Dieser Bauernzug ist nicht zu vermeiden, denn auf 17. h3 würde Dd7 folgen, wonach g5 mit Figurengewinn droht. So wird Weiß selbst dazu genötigt, seinen Läufer einzusperren.

17. – Sa5 18. Sf5 Td5 19. Sd4 T×c5 20. De2 Sd5 21. Dg4 Sc4! 22. Sf5 g6 23. Sh6+ Kg7 24. Dh3 f5

Auf den ersten Blick hin scheint es nicht zweckmäßig zu sein, den Turm von der Verteidigung des Königsflügels auszuschließen. Will Weiß aber am Königsflügel etwas anfangen, so ist er genötigt, g4 zu ziehen, wonach die fünfte Reihe für den Turm geöffnet wird.

25. g4 Se7 26. g×f5 S×f5 27. S×f5+ T×f5 28. Tb1

Besser war 28. Td1 Td8 29. Td4 oder Dg2 und dann Td1.

28. – Td8 29. Kh1 Td3 30. a4 b6

Bereitet die Drohung T×f4 vor, die der Anziehende in seiner Zeitnot übersieht.

31. Tb5?

Auf 31. Dg2 folgt Dc6 32. Te1 Tfd5!, und 33. D×e4 wird mit Td1 widerlegt.

31. – T×f4 32. Tg1 Tf7 33. Dh4 De7 34. Tbg5 Td5

Weiß gab auf (0 : 1).

33. PARTIE

Damengambit

Szabó–Dr. Tartakower

Venedig 1949

1. d4 d5 2. Sf3 Sc6

Mit dem geistreichen Doktor habe ich immer geistreiche Partien gespielt. In erster Linie war er der Initiator, und ich ging auf sein Spiel ein. Zum ersten Mal gelang es ihm in Ljubljana 1938 mich mit 1. e4 e5 2. f4 d5 3. d4!? in Verlegenheit zu bringen. Nach 3. – e×f4 4. e×d5 Dh4+ setzte er diesen Spaß mit 5. Kd2 fort. Er konnte meine damalige Unerfahrenheit ausnutzen, weil ich statt 5. – Dd8!, was meinen Vorteil gesichert hätte, den gekünstelten Zug Se7 ausführte. Im weiteren taktischen Kampf erwies sich eine Falle von ihm als erfolgreich. Zum Glück war diese Partie meine einzige Entgleisung gegen ihn. Später, in Saltsjöbaden 1948 und jetzt in Venedig, vermochte ich überzeugend zu dokumentieren, daß auch ich Sinn für Humor habe.

3. c4

Lenkt das Spiel in die Tschigorin-Verteidigung des Damengambits ein.

3. – e5

Der Doktor versucht also umzuleiten. Er dürfte sich an seine Partie gegen Kotow in Saltsjöbaden erinnert haben, in der er ziemlich schlechte Erfahrungen gemacht hatte.

4. d×e5

Sei es also Albins Gegengambit, dachte ich. Mein Gegner gab dem Lauf der Ereignisse aber wiederum eine neue Wendung.

4. – Lb4+ 5. Ld2 d×c4 6. g3!

Vor dem Krieg blätterte ich oft im kleinen Turnierbuch von San Remo (1930), das in Kecskemét herausgegeben worden war. Und doch erinnerte ich mich nicht mehr an die dort ausgetragene Partie Monticelli –Tartakower, die nach 6. g3 mit 6. – Sge7 7. Da4 L×d2+ 8. Sb×d2 0–0 fortgesetzt wurde und ohne scharfe Wendungen im 33. Zug unentschieden endete.

Bei der nachträglichen Analyse der Partie in Venedig erfuhr ich von dem französischen Großmeister polnischer Herkunft, daß er mit den folgenden Zügen die Variante zu verbessern versucht hatte.

6. – L×d2+ 7. Sb×d2 Dd5 8. Lg2 S×e5 9. 0–0 S×f3+

Wiederum nicht am besten fortgesetzt. Nach 9. – Sge7 10. S×e5 D×e5 11. S×c4 Db5! kann Weiß die Rochade seines Gegners nicht verhindern und hat deshalb keinen nachweisbaren Vorteil. Schwarz beharrt aber vorläufig auf dem Bauern.

10. L×f3 Db5 11. Dc2 Le6 12. b3! Sf6?

Danach erobert Weiß nicht nur den Bauern zurück, sondern auch die Kontrolle über den Punkt d5. Obendrein wird die Verteidigung des Bauern b7 erschwert.

13. b×c4 Da6 14. Tab1 Tb8

Auf 14. – c6 würde 15. Tb4 und dann Tfb1 die Verwundbarkeit der schwarzen Stellung bloßstellen.

15. Tb4 Ld7 16. Se4!

Jeder Zug ist mit einer unmittelbaren Drohung verbunden. Die Parade dieser Drohungen zwingt Schwarz zu bestimmten Zügen und verhindert die Rochade. Die Serie von Drohungen bringt den endgültigen Verlust der Rochade mit sich.

16. – S×e4 17. L×e4 Lc6

18. c5!

Die Öffnung der Linie für den Turm verstärkt die Aktion gegen den schwarzen König so sehr, daß diese Stellung bereits als für Weiß gewonnen angesehen werden kann. Freilich unter der Bedingung, daß seine Angriffskraft nicht ermattet.

18. – L×e4 19. T×e4+ Kf8 20. Td1 Dc6 21. Ted4

Bedroht die achte Reihe, bereitet aber eher die Besetzung der siebenten Reihe vor.

21. – Te8 22. Td7 g6 23. Dc3 Tg8

Auf 23. – f6 gewinnt 24. T1d6!

24. Td8 Tg7?

Von den permanenten Drohungen hatte Schwarz genug. So folgt ein groberer Fehler fast zwangsläufig. Jetzt könnten aber auch andere Züge den Kampf nur verlängern. Z. B. folgte auf 24. – De6 die Erwiderung 25. T×e8+ K×e8 26. Td3 Dc8 27. Df6 h5 28. Tf3! Dd7 29. Te3+ Kf8 30. Td3 und gewinnt.

25. T×e8+ D×e8 26. Df6

Schwarz gab auf (1:0).

Dieser wichtige Sieg bedeutete für mich zugleich den ersten Preis des Turniers zu Venedig.

Den Neujahrstag konnte ich wiederum in Hastings feiern. Das Teilnehmerfeld war in diesem Jahre stärker als vor zwei Jahren. Wie bereits 1939, war Dr. Euwe auch jetzt der namhafteste Teilnehmer. Um den ersten Rang hatte ich aber unerwartet mit Rossolimo einen Kampf bis aufs Messer auszufechten, obwohl ich aus neun Partien acht Punkte herausgeholt hatte! Das war mein dritter Triumph in Hastings!

Über mein Spiel wurden interessante, voneinander völlig abweichende Meinungen geäußert. Das Geheimnis meines Sieges sah Dr. Asztalos in meinem abgeklärten Spiel. Dagegen bezeichnete mich Dr. Euwe als einen Schachspieler mit einem Draufgängerstil. Falls er damit meine gegen ihn gespielte Partie meinte, kann man sich darüber auch nicht wundern (34. Partie). Die Meinung von Dr. Asztalos bezieht sich offensichtlich auf meine Partie gegen König.

Hier die Turniertabelle:

HASTINGS 1949/50	Punkte
1. Szabó, L.	8
2. Rossolimo, N.	7 ½
3. Dr. Euwe, M.	5 ½
4. Evans, L.	5
5. Fuller, J. A.	4
6. Horne, D. M.	4
7. Barda, O.	3 ½
8. König, I.	2 ½
9. Winser, W. A.	2 ½
10. Wood, B. H.	2 ½

34. PARTIE

Nimzowitsch-Indische Verteidigung
Dr. Euwe–Szabó

Hastings 1949/50

1. d4 Sf6 2. c4 e6 3. Sc3 Lb4 4. Db3 Sc6 5. Sf3 d5 6. Lg5 h6?! 7. L×f6
Der Tausch ist erzwungen, denn auf 7. Lh4 gewänne g5 einen Bauern.
7. – D×f6 8. e3 0–0?
Am Beispiel dieser Partie machte Dr. Euwe eine interessante Bemerkung über mein Spiel:
„Szabó kümmert sich nicht darum, in jeder Variante zehn Züge vorauszuberechnen. Er ist voller Zuversicht, daß es im passenden Moment in der Stellung einen guten Zug geben wird – und er täuscht sich selten mit dieser Erwartung..."
Die Rochade dient als gutes Beispiel dafür, weil Schwarz mit 8. – d×c4 viel weniger riskierte.
9. c×d5 e×d5 10. D×d5 Te8 11. Le2 g5!

12. 0–0

In der Zeitschrift „British Chess Magazine“ versah Larry Evans diesen Zug des Exweltmeisters mit der folgenden Bemerkung: „Mit 12. h3 hätte Weiß seinen Mehrbauern behaupten können, obwohl er einen lang andauernden schwarzen Angriff hätte überstehen müssen... Der Euwe der Vorkriegszeit hätte dieses Risiko gegen Aljechin zweifellos auf sich genommen, aber der Euwe der Nachkriegszeit wagte gegen Szabó schon nichts mehr zu unternehmen.“

12. – g4 13. Sd2 S×d4 14. e×d4 L×c3 15. b×c3 T×e2 16. Se4 De7! 17. Sg3 Tb2 18. Tae1

Stellt scheinbar den Stellungsvorteil sicher, verbarrikadiert aber den Turm f1, wodurch dem Nachziehenden Gegenchancen eingeräumt werden.

18. – Le6 19. De4 Dg5 20. f4 Dd5!

Durch den erzwungenen Damentausch wird Schwarz die größten Sorgen los.

21. f5

Stimmt mit den Vorstellungen von Weiß noch überein. Weiß erobert den g-Bauern und knüpft um die geschwächte schwarze Königsstellung ein Mattnetz. Dabei wird aber ein wichtiger Umstand nicht richtig eingeschätzt: Der frei werdende a-Bauer wird zum Faustpfand in der Hand von Schwarz werden.

21. – D×e4 22. T×e4 L×a2 23. T×g4+ Kh8! 24. Se4 a5! 25. Tf3 Tg8!

Zur rechten Zeit! Es drohte schon 26. Th3 Tb6 27. f6 mit undeckbarem Matt.

26. T×g8+ K×g8 27. Sf6+ Kg7!

Falls 27. – Kf8?, so 28. Te3!, und Schwarz vermag dem Dauerschach nicht zu entgehen, denn 28. – h5 29. h4! zöge noch schwerere Folgen nach sich.

28. Se8+ Kf8 29. S×c7 Lc4!

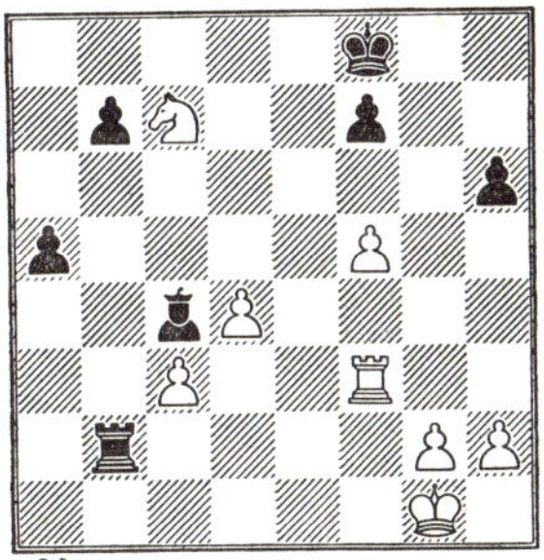

Zwei Fliegen werden mit einer Klappe geschlagen! Schneidet einerseits dem Springer den Weg ab, fixiert anderseits den c-Bauern und verhindert dadurch den Übergang des weißen Turmes auf den Damenflügel.

30. Te3 Te2! 31. T×e2 L×e2 32. Kf2 a4!

33. Sd5 Lc4 34. Sb4 Lb3!

Es muß verhindert werden, daß der Springer nach a1 gelangt, denn der

König wird dann Zeit haben, sich dem Bauern zu nähern.

35. Ke3 a3 35. f6 Ke8 37. Kf4 Kd7 38. Kg4 Ld1+!

Schwarz darf den König nicht nach h5 lassen. Nach 38. – a2 39. S×a2 L×a2 40. Kh5 Ke6 41. K×h6 K×f6 42. g4 Le6 43. g5+ Kf5 44. h4 Ke4 45. h5 Kd3 46. Kg7! K×c3 47. h6 gewänne sogar noch der Anziehende.

39. Kf5 b5!

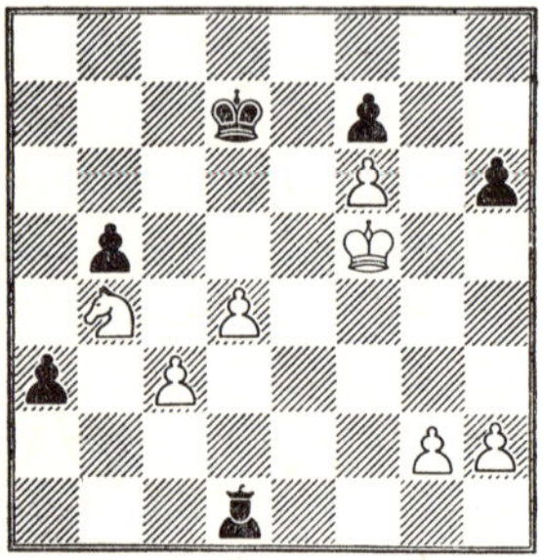

Fixiert den c-Bauern. Schwarz führt jetzt mit dem König Tempozüge aus, bis Weiß das Feld g4 verstopft und dadurch dem weißen König den Weg zum Bauern h6 versperrt. Danach kann der Springer schon erobert werden.

40. h3

Der König darf nicht nach e5 ziehen, denn darauf folgt Lb3. Nach der Eroberung des Springers hat der Läufer Zeit, auf die Diagonale d1-h5 zurückzukehren. Auch Ke6 darf Weiß nicht zulassen. Der Zweck der folgenden Bauern- und Königszüge besteht im Tempogewinn.

40. – Kd6 41. g3 Kd7 42. h4 Kd6 43. g4

Mit seiner Pendelbewegung hat der schwarze König sein Ziel erreicht: Der weiße König kann augenblicklich nicht nach g4 ziehen.

43. – Lb3 44. g5 h×g5 45. K×g5

Auf 45. h×g5 gewinnt natürlich a2 sofort.

45. – Ke6!

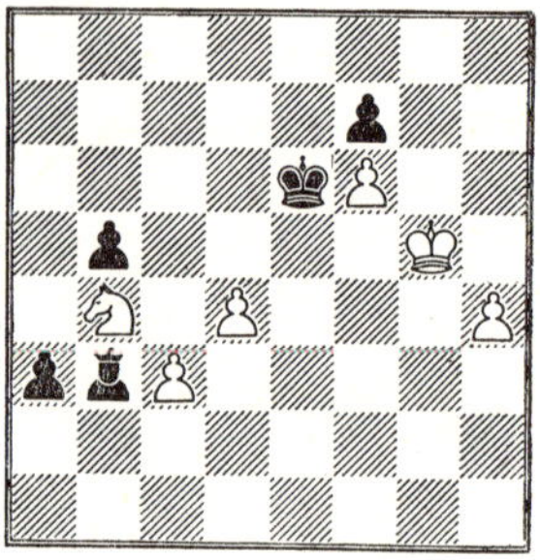

Mit 45. – a2?? würde Schwarz die Partie noch immer verderben: 46. S×a2 L×a2 47. Kh6 Ke6 48. Kg7 Lb1 49. h5 Ld3 50. h6 Le4 51. d5+! K×d5 52. K×f7, und Schwarz kann aufgeben.

46. d5+ Kd6!

Nicht L×d5 wegen 47. Sc2.

47. Kh6 a2 48. S×a2 L×a2 49. Kg7 L×d5 50. h5 Ke6

Weiß gab auf (0:1).

Von meiner Teilnahme am Kandidatenturnier, das am 9. April in Budapest begann, erwartete das große Lager der Anhänger des ungarischen Schachs viel von mir. Sie ließen aber außer acht, daß unter den zehn Teilnehmern sieben (!) hervorragende sowjetische Großmeister waren. Und so bestand viel eher die Möglichkeit, daß einer (oder gar zwei)

von diesen sieben so erfolgreich sein würde, daß ein Konkurrent anderer Nationalität sehr wenig Chancen auf den ersten Platz haben würde.
Zwar bereitete ich mich gewissenhaft vor, doch fehlte mir jene Erfahrung in der Vorbereitung, in der uns die sowjetischen Spieler schon mindestens ein Jahrzehnt voraus waren. Bei der Vorbereitung wurde der Schwerpunkt auf die Eröffnungstheorie gelegt. Auf diesem Gebiet habe ich – glaube ich – eine gute Arbeit geleistet, aber in Verbindung mit den ausgewählten Eröffnungen spielte ich nur zwei bis drei Trainingspartien. Außerdem wurden die Besonderheiten der aus den ausgewählten Eröffnungen entstehenden Mittelspiele nicht so eingehend analysiert, wie es dazu notwendig gewesen wäre.
Meine lückenhafte Vorbereitung auf das Mittelspiel kostete mich z. B. gegen Keres in der dritten Runde einen halben Punkt, obwohl ich in einer verbesserten Eröffnung meinen Gegner bereits überspielt hatte. Meine eröffnungstheoretische Idee bewährte sich auch in den Partien gegen Boleslawski und Kotow. Letztere Partie verlor ich dennoch. In der Partie gegen Boleslawski brachte mich ein besonderer Zwischenfall um den Sieg. Als Schwarzer wählte ich den mit Bauernopfer verbundenen Marshall-Gegenangriff. Auch wandte ich die vorbereitete Neuerung an. Mein Gegner kämpfte in schwieriger Stellung mit der Zeitnot. Und in dieser für Weiß kritischen Lage entstand im Turniersaal ein Kurzschluß. Den Fehler konnte man auch nach einer Stunde noch nicht reparieren. Die Turnierleitung ordnete deshalb den Abbruch der Partie an. Die Partie wurde am folgenden Tage fortgesetzt. Die häusliche Analyse erleichterte Boleslawski die Aufgabe in großem Maße, deshalb wagte ich nach der Wiederaufnahme kein weiteres Risiko einzugehen (35. Partie).
Nach meiner am ersten Tage gegen Bronstein verdient erlittenen Niederlage versuchte ich vergebens, in fünf Runden aus besseren Stellungen einen Gewinn herauszuholen – es reichte nur zum Unentschieden. Vielleicht hätte sich das Turnier für mich anders gestaltet, wenn es mir in der zehnten Runde gelungen wäre, Bronstein Revanche zu geben. Aber auch diese Partie endete unentschieden. Als ich für einen höheren Rang schon keine Chancen mehr besaß, gelang es mir, gegen Ende des Turniers zwei Partien zu gewinnen. Meine Partie gegen Kotow (36. Partie) wurde auch in einige eröffnungstheoretische Bücher aufgenommen, und auf die gegen Lilienthal angewandte Eröffnung (37. Partie) berufen sich mehrere Monographien.
Wegen meines Gesamtergebnisses im Kandidatenturnier war es notwendig geworden, zu prüfen, was zu tun ist, damit ich im nächsten Zyklus der Kandidatenwettkämpfe (die 1951 begannen) einen besseren Erfolg erzielte.
Und schließlich die Turniertabelle:

BUDAPEST 1950	Punkte
1. Boleslawski, I.	12
2. Bronstein, D.	12
3. Smyslow, W.	10
4. Keres, P.	9 ½
5. Najdorf, M.	9
6. Kotow, A.	8 ½
7. Stahlberg, G.	8
8. Flohr, S.	7
9. Lilienthal, A.	7
10. Szabó, L.	7

35. PARTIE

Spanische Partie
Boleslawski–Szabó

Kanditatenturnier

Budapest 1950 (4. Runde)

1. e4 e5 2. Sf3 Sc6 3. Lb5 a6 4. La4 Sf6 5. 0–0 Le7 6. Te1 b5 7. Lb3 0–0 8. c3 d5 9. e×d5 S×d5 10. S×e5 S×e5 11. T×e5 c6 12. d4 Ld6 13. Te1 Dh4 14. g3 Dh3 15. Dd3 Lf5 16. Df1 Dg4 17. Le3 h5 18. Sd2 h4 19. Ld1 Dg6 20. Sf3 h×g3 21. f×g3 Ld3 22. Df2 Tae8 23. Sh4 Dh7 24. Lf3 f5 25. Lg5 Le4 26. Te2 Le7 27. L×e7 T×e7 28. Tf1 Tef7

29. Tfe1 (der Abgabezug) g5 30. Sg2 Sf6 31. De3 Sd5 32. Df2 Sf6 33. De3 Sd5. Unentschieden (1/2:1/2).
Im Hinblick auf die Möglichkeiten, welche Boleslawski bei der häuslichen Analyse entdeckt haben dürfte, war es nicht zu empfehlen, ein weiteres Risiko einzugehen.

36. PARTIE

Sizilianische Verteidigung
Szabó–Kotow

Kandidatenturnier

Budapest 1950 (15. Runde)

1. e4 c5 2. Sf3 d6 3. d4 c×d4 4. D×d4
Viele Theoretiker sind nicht besonders gut auf diesen frühen Damenzug zu sprechen. Das schließt aber noch lange nicht aus, daß man ihn unter Umgehung ausgetretener Pfade, als eine gefährliche Waffe anwendet.
4. – Sc6 5. Lb5 a6 6. L×c6+ b×c6 7. 0–0 e5
Dieser Tempogewinn ist notwendig, damit Schwarz die Entwicklung seiner Figuren vollenden und zugleich dem Vorstoß e4-e5 vorbeugen kann.
8. Dd3
Hier wird auch 8. Dc4 in Verbindung mit 8. – Dc7 9. Sg5 vorgeschlagen. Die Idee ist nicht neu. Bereits in der Partie Szabó–Endre Steiner (1940) geschah 5. – Da5+ 6. Sc3 a6 7. L×c6+ b×c6 8. 0–0 e5. Nach 9. Dc4 Dc7 10. Sg5 Sh6 11. f4 a5 12.

Tf3 La6 13. Da4 Tb8 14. Kh1 Sg4 15. h3 h5 16. b4! kam Weiß in Vorteil.

8. – Le7 9. Td1

9. c4 entspricht eher dem Geist der Eröffnung, wie es Karpow gegen mich im Hundertjahrturnier in Budapest 1973 spielte.

9. – Sf6 10. Lg5 0–0 11. L×f6!

In der Partie Sokolski–Botwinnik im Tschigorin-Gedenkturnier, Moskau 1947, schlug Weiß nicht auf f6, sondern setzte mit 11. Sa3 fort, aber nach 11. – Ta7 12. Sc4 Td7 13. Se3 h6 14. Lh4 g6 15. c4 Sh5 erlangte Schwarz den Ausgleich. Der Tausch ist logischer, weil er die Schwächung der schwarzen Bauernstellung erzwingt. Im Falle von 11. – L×f6 12. D×d6 Db6 13. Da3 Tb8 14. b3 Lg4 15. Sbd2 hätte Schwarz keine Entschädigung für den Bauernverlust.

11. – g×f6 12. Sh4

Boleslawski empfahl damals 12. c4. Ich fürchetete mich aber vor der Erwiderung 12. – f5!? 13. e×f5 f6!, weil ich nicht deutlich erkennen konnte, ob Weiß nach weiterem Lb7 das Vorrücken der von den Türmen unterstützten Mittelbauern verhindern kann. Beantwortet aber Schwarz den Textzug mit 12. – f5, so blockiert 13. S×f5 L×f5 14. e×f5 die schwarzen Mittelbauern. Sie würden nach 14. – d5? mit 15. c4! vernichtet werden.

12. – Kh8 13. Sd2?!

Auch das führt zu einer Art Blokkade der Bauern, aber folgerichtiger war 13. c4, damit die schwarzen Bauern auf der sechsten Reihe bleiben. Meiner Meinung nach hätte ich in diesem Falle den nach 13. – Tb8 14. b3 f5! 15. S×f5 16. e×f5 e4 entstehenden Komplikationen standgehalten.

13. – Lg4!

Ein ausgezeichneter Zug mit der Idee, daß sich der Läufer auf 14. f3 nach e6 zurückzieht und nicht nur d5, sondern auch Db6+ droht.

14. Te1 d5 15. Sf1 Tg8 16. Se3 Le6 17. c3 Da5 18. Shf5 Lf8 19. Ted1 Db5 20. Dc2 Db7 21. Td2 Lc5 22. Tad1 Tad8 23. Kh1 Td7 24. f3 Tgd8?

Während der letzten zehn Züge manövrierten beide Seiten, um die Plazierung ihrer Figuren zu verbessern. Der letzte Bauernzug von Weiß gehört aber schon zum Anfang eines Planes, den Schwarz außer acht läßt. Es ist möglich, daß Schwarz auf das Läuferpaar nicht verzichten wollte. In dieser Lage hätte Schwarz aber die Gelegenheit gehabt, mit 24. – L×e3! und Tgd8 ein befriedigendes Spiel zu erreichen. Sonst ist das nicht das erste und sicherlich auch nicht das letzte Beispiel dafür, daß das Springerpaar dem Läuferpaar überlegen ist.

25. e×d5! c×d5
Hier war der Zwischenzug 25. – L×e3 nicht mehr möglich, denn darauf würde Weiß mit 26. d×c6 einen Bauern gewinnen. 25. – L×f5 scheitert an 26. D×f5! L×e3 27. D×f6+ Kg8 28. d×c6 T×d2 29. D×d8+! mit sofortigem Gewinn.
26. Sg4! e4 27. Sd4 f5?
Statt dessen bot 27. – L×g4 nebst L×d4 die besten Chancen.
28. Sf6 Td6 29. Sb3! Le3
Das folgende Qualitätsopfer von Weiß beruht auf der ungenügenden Deckung des Turmes d6. Hätte Schwarz dagegen den Turm d6 mit 29. – Db6 gedeckt, würden die schwarzen Felder im Lager von Schwarz verhängnisvoll geschwächt, wenn auch der Springer f6 später vertrieben wird.

30. f×e4!
Dieser Zug bringt die verborgenen Schwächen der Stellung von Schwarz plötzlich an den Tag. Er spürt hauptsächlich den Ausfall des schwarzfeldrigen Läufers. Die Annahme des Opfers ist dennoch zwingend.
30. – L×d2 31. D×d2 f×e4
Auf 31. d×e4 würde 32. Sd4 folgen, und Schwarz hätte gegen Dh6 keine gute Parade. Z. B.: 32. – Tg8 33. Dh6 Tg7 34. Sh5 f6 35. D×g7+! D×g7 36. S×g7 K×g7 37. S×f5+.
32. Dd4 Lf5 33. Tf1!
Am energischsten. Jetzt würde auf 33. – Lg6 die Antwort 34. Se8+ f6 35. T×f6! entscheiden.
33. – Dc8 34. S×e4+ Kg8 35. S×d6 T×d6 36. De5 Ld3 37. Dg3+
Schwarz gab auf (1 : 0).

37. PARTIE

Grünfeld-Verteidigung
Lilienthal–Szabó

Kandidatenturnier
Budapest, 1950 (18. Runde)

1. d4 Sf6 2. c4 g6 3. Sc3 d5 4. Sf3 Lg7 5. Db3 d×c4 6. D×c4 0–0 7. e4 Lg4
Es war gewiß überraschend, daß ich gerade die Slmyslow-Variante anwandte, die die sowjetischen Meister und Großmeister ausgiebig analysiert hatten. Ein Jahr früher war ich selbst damit gegen Kotow erfolgreich. Im Laufe meiner Vorbereitung wurde sie zu einer Geheimwaffe. Leider kam der Einsatz dieser Waffe viel zu spät, als sie bzw. ein Sieg meine Plazierung schon nicht mehr viel verbessern konnte.
8. Le3 Sfd7 9. Td1 Sc6!
Eine in der Partie Samković–Simagin ein Jahr später verwirklichte Idee erregte sehr meine Phantasie: 9.

Db3 L×f3! 10. g×f3 Sc6 11. Td1 e5 12. d×e5 Sc×e5 13. Lh3 S×f3+ 14. Ke2 Sfe5 15. L×d7 S×d7 16. Db5 c6 17. D×b7 Tab8 18. D×d7+ T×b2+ 19. Kf1 Df6!. In dieser Partie gelangte sie aber nicht zum Einsatz. **10. Le2 L×f3! 11. g×f3**
Nach 11. L×f3 e5 12. d5 (12. d×e5 Sd×e5!) Sd4 könnte Schwarz sehr zufrieden sein.

11. – Sb6 12. Dc5 f5 13. d5 Se5 14. f4?

Die letzten Züge schienen zu jener Zeit obligatorisch zu sein. Anhand der Partie Stetzko – Kalinski, Moskau 1967, wiesen Botwinnik und Estrin darauf hin, daß an Stelle die ses Bauernzuges 14. Sb5 dem Anziehenden relativ bessere Aussichten gewährt, was aber in der Praxis noch mehrfach ausprobiert werden müßte.

14. – Sed7 15. Da3

Hätte Weiß hier bereits mit dem im 17. Zug erfolgenden Qualitätsopfer von Schwarz gerechnet, so hätte er gewiß 15. Da5! gezogen.

15. – f×e4 16. S×e4 Sf6 17. Sc5

17. – Sf×d5!

Das ist zweifellos der einzig gangbare Weg. Falls Weiß den Bauern d5 behauptet und außerdem sich der weiße Springer auf e6 festsetzt, dann könnte Weiß den schwarzen Königsflügel ohne Schwierigkeit aufrollen. Das Qualitätsopfer ist also einerseits erzwungen, andererseits aber ein richtiger Plan. Für die Qualität bekommt Schwarz zwar vorläufig nur einen Bauern, die weißen Königsflügelbauern sind aber offensichtlich auch nicht mehr lange zu halten.

18. Se6 Dd6 19. D×d6 e×d6 20. S×f8 T×f8 21. Lf3 S×f4 22. L×b7

Auf 22. b3 wäre S×d3+! 23. Ke2 Sb4 24. L×b7 S×a2 (oder 24. a3 Sa2) ebenfalls für Schwarz günstig. 22. b3 wäre aber für Weiß annehmbarer als die Textfortsetzung, denn der Bauer b3 wäre Schwarz beim Vorrücken des c- und b-Bauern hinderlich.

22. – L×b2 23. Kd2

23. Lc6 hätte den Nachziehenden vor eine schwierigere Aufgabe gestellt, wenn er die fraglichen Bauern vorrücken will.

23. – c5 24. Kc2 Le5 25. La6 Kg7 26. Tb1 Sfd5

Einen Zug früher wäre das ein Fehler gewesen wegen 26. T×d5 und Lc4.

27. a3 S×e3+ 28. f×e3 Tf2+

Statt 26. Tb1 hätte Weiß das Eindringen des schwarzen Turmes mit 26. Tf1 verhindern können. In diesem Fall hätte aber Schwarz mit 26. – Se6 das Vorrücken des c- und d-Bauern unterstützen können. Nach 27. – S×e3 ist der Bauer d6 zwar kein Freibauer mehr, dafür wird Schwarz aber durch die Aktivität seines Turmes reichlich entschädigt.

29. Kb3 d5 30. a4 Ld6!

Leichtsinnig wäre c4+. Dann könnte der weiße König auf c6 und b6 eindringen.

31. Tb2

Es drohte 31. – c4+ 32. Kc3 Sa4+ 33. Kd4 Td2 matt.

31. – Tf3!

31. – c4+ 32. Ka2 T×b2+ und S×a4 gewinnt zwar einen weiteren Bauern, sogar den a-Bauern, der gefährlich werden kann, aber es wäre schade, so einen aktiven Turm abzutauschen. Die Ungenauigkeit von Schwarz geschieht meines Erachtens einen Zug später, im 32. Zug des Nachziehenden.

32. a5 c4+?

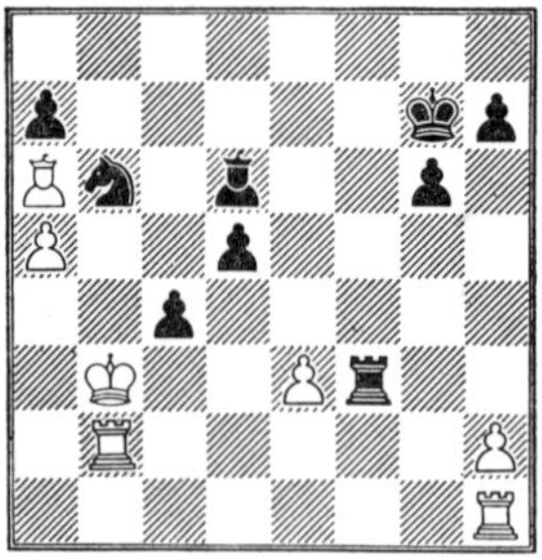

Angebracht war 32. – T×e3+ 33. Ka2 (oder Kc2) Sa4 34. Tb7+ Kf6 35. Tf1+ Ke5 36. T×a7 c4, und das Zusammenspiel der drei schwarzen Figuren führt zum Matt, denn im Falle von 37. Tf2 Sc3+ geht der weiße Turm verloren.

33. Kc2 Sa4 34. Tb7+ Kh6?

Dieser Zug läßt sich schwer erklären, wenn er auch in Zeitnot ausgeführt wurde. Der h-Bauer hat nämlich in dieser Position keine Bedeutung, während der d-Bauer, wie es sich bald zeigen wird, einer Unterstützung bedurft hätte.

35. Td1! Sc5 36. T×a7 Se4 37. T×d5 Tf2+ 38. Kd1?

Weiß hatte schon keine Zeit mehr, zwischen Kc1 und Kd1 zu unterscheiden. Jetzt aber, wenn sich die Gelegenheit bietet, die Partie zu retten, greift Weiß zweimal fehl und wird deshalb bald matt gesetzt. 38. Kc1 würde den zum Mattbild unentbehrlichen Läufer nach a3 locken, und nach 38. – La3+ 39. Kd1 löst sich das Mattnetz auf. 38. Kd1 ist jedoch noch kein entscheidender Fehler.

38. – T×h2 39. L×c4?

Weiß würde seinen Turm gern für den Springer hergeben. Darin bestand aber nicht der Sinn des Zuges T×h2, sondern in der Vorbereitung des Mattnetzes. Mit 39. T×d6 S×d6 40. Kc1 hätte Weiß die Partie noch retten können.

39. – Sc3+ 40. Ke1 Lg3+ 41. Kf1 Tf2 42. Kg1 Se4!

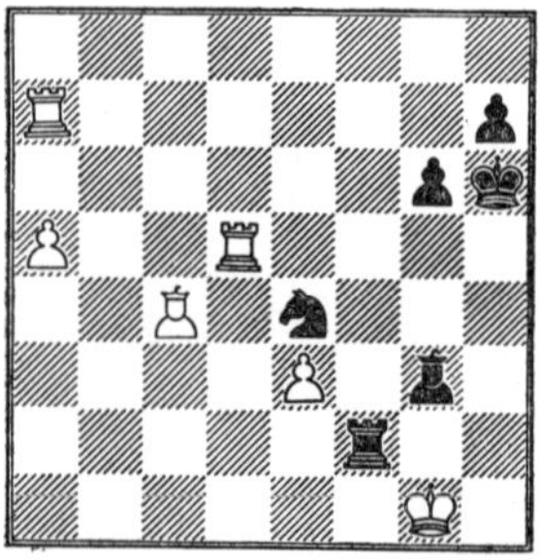

Weiß gab auf (0 : 1). Gegen Lh2+ und Sg3 matt ist kein Kraut gewachsen.

IN DER REIHE DER WELTMEISTERKANDIDATEN

(1950–1956)

Eine gründliche Analyse meiner Partien, die ich im Kandidatenturnier gespielt habe, wäre für mich sehr ersprießlich gewesen, wenn ich sie mit entsprechender Übung, mit Teilnahme an vielen und großen Turnieren hätte ergänzen können. Damals begann sich der kalte Krieg zu verstärken, und somit entfielen viele Turniergelegenheiten für mich. Das betraf zuerst die 10. Schacholympiade in Dubrovnik 1950 und dann das Großmeisterturnier in Amsterdam im November 1950. Wenn man die Statistiken durchsieht, findet man zwischen 1951 und 1954 nur offizielle FIDE-Turniere und einige in den sozialistischen Ländern veranstaltete Turniere, an denen ich teilnehmen konnte. Es war sehr bedauerlich, daß ich mich auch am Turnier in London 1951 nicht beteiligen konnte. Dazu war ich zusammen mit Gedeon Barcza eingeladen. Dieses Turnier wurde zu Ehren der 100. Wiederkehr des ersten internationalen Turniers 1851 veranstaltet, an dem auch der Ungar József Szén teilnahm und mit einer guten Leistung den 5. Platz belegte.

Ende Juni traf ich wieder auf sowjetische Spieler in Polen, in Szczawno Zdrój. Eigentlich hatte ich mich nicht zu beklagen, da nur Keres besser abschnitt als ich.

Der Schlußstand dieses stark besetzten Turniers lautete: Keres 14 ½, Barcza, Szabó und Taimanow je 13 ½, Bondarewski und Geller je 12 ½, Foltys 12, Awerbach 11 ½, Kottnauer und Simagin je 10 ½, Tarnowski 8 ½, Dr. Troianescu 8, Köberl und Pogáts je 7 ½, Pytlakowski und Zita je 7, Szapiel 6 ½, Grynfeld 6, E. Arlamowski 4 ½, Gawlikowski 3 Punkte.

38. PARTIE

Damengambit
Szabó–Kottnauer

Szczawno Zdrój 1950

1. d4 d5 2. c4 c6 3. Sf3 Sf6 4. Sc3 e6 5. e3 Sbd7 6. Ld3 d×c4 7. L×c4 b5 8. Ld3

Damals war dieser Zug in Mode. Um 1949, als ich an den Turnieren zu Trenčianske Teplice und Venedig teilnahm, verspürte ich aber Lust zur selteneren Fortsetzung 8. Le2. Die Macht des Ungewöhnlichen gewährt immer einen kleinen Vorteil, und im tschechoslowakischen Turnier gelang es mir, damit eine gute Partie gegen Dr. Ujtelky zu gewinnen. Auf 8. Le2 antwortete er nicht mit Lb7, sondern mit dem schablonenhaften a6, wonach ich ihn mit 9. e4 auf ein unbekanntes Terrain lockte, so wie ich es vorausberechnet hatte. 9. – b4 10. e5 b×c3 11. e×f6 c×b2 12. f×g7 b×a1D 13. g×h8D führt zu einer solchen besonderen Stellung, die in der Turnierpraxis selten vorkommt. Ein Jahr früher spielte Bronstein gegen mich im Mannschaftskampf Moskau–Budapest den Zug 8. – Lb7.

8. – b4 9. Se4

Im Falle von 9. Sa4 muß Schwarz möglichst bald c5 ziehen, um im Zentrum das Gleichgewicht halten zu können. Nach dem Textzug kann Schwarz aber zwischen zwei Möglichkeiten wählen. Die eine ist die Partiefortsetzung, die andere beginnt mit 9. – S×e4 10. L×e4, wodurch der Befreiungszug c5 verhindert wird und auch der zentrumsbildende Zug e3–e4 noch nicht möglich ist. Deshalb verlegt Weiß hier den Schwerpunkt der Kämpfe auf den Damenflügel. In der Partie Portisch –Ree, Wijk aan Zee 1975, beantwortete Portisch 10. – Lb7 mit 11. Da4, und nach 11. – Db6 12. Sd2 Tc8 bot er unerwartet mit 13. a3! b×a3 14. Sc4! einen Bauern an. Derselbe Zug a3 kam auch schon früher vor, und zwar in der Partie Taimanow–Teschner, Dortmund 1961, aber dort schlug Weiß auf a3 zurück. Der Vollständigkeit halber sei noch erwähnt, daß in der Partie Levente Lengyel–Ree, Amsterdam 1968, Weiß 13. Sc4 zog. Nach 13. – Da6 14. D×a6 L×a6 15. Ld3 c5 16. Sd6+ L×d6 17. L×a6 Tc7 18. Ld3 0–0 stand Schwarz befriedigend. Vielleicht wurde Ree dadurch veranlaßt, auch gegen Portisch diese Variante zu spielen. Er wagte es aber nicht, das überraschende Bauernopfer anzunehmen. Nach 14. – Da6 15. Db3 Db5 16. D×b5 c×b5 17. L×b7 konnte er aber an seiner Stellung kaum noch Vergnügen finden.

9. – Le7 10. S×f6+ S×f6 11. e4

So verlief die Partie Botwinnik–Lissitzin, Leningrad 1933. Auch unter den Partien des Kandidatenturniers in Saltsjöbaden 1948 finden sich drei Beispiele für diese Fortsetzung. Von denen weist die Partie Ragosin–Lundin viele Ähnlichkeiten mit der Textpartie auf: 11. – c5 12. 0–0 0–0 13. Dc2 Sd7 14. Td1 Da5 15. d5 e×d5 16. e×d5 h6 17. Lf4 Lb7 18. Se5, und Weiß stand besser.

11. – Lb7 12. De2 Sd7

Die Rochade ist nicht zu empfehlen, denn darauf würde Weiß gegen den schwarzen König einen großangelegten Angriff einleiten: 13 e5 Sd5 (oder Sd7) 14. De4 g6 15. h4!.

13. 0–0 0–0 14. Tfd1 Da5

Die Dame darf nicht in ihrer Ausgangsstellung verbleiben, denn im Falle des unerläßlichen c5 behält Weiß mit 14. – c5 15. Lf4 c×d4 16. Lb5! usw. die Oberhand.

15. Lf5 c5?

Dies hätte der Nachziehende noch besser vorbereiten müssen. Dadurch wird jetzt der schwarzen Dame der

Weg zum Königsflügel versperrt. Wollte Schwarz aber zur Verteidigung seiner Königsstellung 15. – Dh5 ziehen, so würde der schwarze Damenflügel nach 16. La6! unter der Abwesenheit der stärksten schwarzen Figur leiden.

16. d5! e×d5 17. e×d5 Tfe8

Vergleicht man diese Position mit der in der erwähnten Partie Ragosin–Lundin entstandenen Stellung, so stellt man fest: dort deckte die Dame den Läufer e7 und der Turm den Bauern f7. Dennoch errang Weiß mit 18. Se5 Vorteil. Hier aber deckt der Königsturm den Läufer, läßt dagegen den Punkt f7 ungedeckt!

18. Dc2 h6

Auf 18. – g6 würde 19. Lc4! den Nachziehenden daran erinnern, daß das Feld g5 dem weißen Springer zugänglich ist und der Punkt f7 noch mehr verwundbar wird.

19. Lh7+! Kf8

Auf 19. – Kh8 würde 20. Lf5 folgen, und im Falle der Deckung des Springers d7 gewinnt Weiß mit L×d7 und Se5 den Bauern f7. Zieht jedoch der Springer d7 weg, so wird das Feld e5 dem weißen Springer zugänglich. Es bietet sich nun Gelegenheit zu schönen Kombinationen, so z. B.: 20. – Sf6 21. Se5 Kg8 22. S×f7! K×f7 23. Le6+ nebst Dg6 mit unabwendbarem Matt. Oder 21. – L×d5 22. T×d5! S×d5 23. S×f7+ Kg8 24. Le6!, und gegen die verschiedenen Drohungen hat Schwarz keine Parade mehr.

20. Lf5 Sb6

Auf 20. – Sf6 wird Schwarz mit 21. d6 Ld8 22. Se5 eingeschnürt, und im Falle der Deckung des Springers d7 kann Weiß ohne Schwierigkeit mit 21. L×d7 gewinnen.

21. Lc8!!

Ein wichtiger Tempogewinn, der nicht zuläßt, daß Schwarz mit Kg8 den Punkt h7 deckt.

21. – S×c8

Schwarz könnte noch auf dreierlei Weise schlagen, aber alle Möglichkeiten haben ihre Schattenseiten. Eine nette Variante ergibt sich auf 21. – Te×c8 mit 22. Dh7 f6 23. Sh4 Kf7 24. Sf5 Lf8 25. Te1!, und die

Mattdrohung Sh6 ist nicht mehr zu parieren.

22. Dh7 f6 23. Sh4 Td8 24. L×h6
Dieses Opfer ist eigentlich überflüssig, denn 24. Sf5 wäre mit ebensolchen unabwendbaren Drohungen verbunden wie der Textzug. Nach 24. Sf5 würde auch der Rettungsversuch Ke8 an 25. S×g7+ Kd7 26. Df5 matt scheitern. So war es also nicht gerechtfertigt, in meiner damaligen Analyse den Zug 24. L×h6 mit einem Ausrufezeichen zu versehen.

24. – g×h6 25. Te1 Ke8
Auf 25. – Dc7 setzt 26. Sg6+ Ke8 27. T×e7+! S×e7 28. Te1 Td7 29. Dg8 matt.

26. Sf5 Kd7
Durch die Königswanderung entrinnt Schwarz dem Matt, und Weiß muß sich mit einem weniger glänzenden Abschluß abfinden.

27. S×e7 Kc7 28. Sc6 +Td7 29. D×d7+ K×d7 30. S×a5 L×d5 31. Tac1 Sb6?
In Zeitnot durfte mein Gegner auf 31. Tad1 gerechnet haben und deckte reflexartig den Läufer. Auch 31. – Kd6 könnte das Ende höchstens hinausschieben, weil die schwarzen Bauern den weißen Türmen bald zum Opfer fallen.

32. T×c5 Tg8 33. g3 Tg4 34. f4 h5 35. Tb5 h4 36. Kf2 h×g3+ 37. h×g3 Tg7 38. Td1 Ke6 39. f5+ Kd6 40. Sc4+ Kc6 41. S×b6
Schwarz gab auf (1 : 0).

Nach zweimaliger Abwesenheit von der Landesmeisterschaft nahm ich wieder mit großer Ambition im Oktober 1950 an der VI. Ungarischen Meisterschaft teil. Mit 80%iger Punktausbeute wurde ich Erster.

Das Schlußergebnis war:

BUDAPEST 1950	Punkte
1. Szabó	15
2. Barcza	13 ½
3. Benkő	13
4. Gereben	12
5. Szilágyi, Gy.	11
6. Molnár	10 ½
7. Sebestyén	10 ½
8. Dr. Szily	10 ½
9. Kluger	9 ½
10. Sándor	9 ½
11. Flórián	9
12. Dr. Vajda	8 ½
13. Köberl	8
14. G. Réthy	8
15. Dr. Bély	7 ½
16. Füstér	7 ½
17. Honfi	7 ½
18. Pogáts	7
19. Dr. Balogh	6 ½
20. Monostori	5 ½

Von meinen dort gespielten Partien ist die gegen Honfi mit Damenopfer gewonnene Partie (39. Partie) am bekanntesten. Noch in jenem Jahr gelang es mir, in der Mannschaftsmeisterschaft gegen ihn eine gute strategische Leistung zu vollbringen (40. Partie).

Mein Sieg gegen Flórián (41. Partie) ist dem Umstand zu verdanken, daß ich die Eröffnungsvariante, mit der ich im Kandidatenturnier in Budapest gegen Kotow unterlag, verbessern konnte.

39. PARTIE

Damengambit

Szabó–Honfi

VI. Ungarische Meisterschaft

Budapest 1950

1. Sf3 d5 2. d4 e6 3. c4 c6 4. e3 Sf6 5. Ld3 Sbd7 6. 0–0

Genauer ist 6. Sc3, damit Ld6 mit e4 beantwortet werden kann, was nach der Rochade nicht mehr so wirksam ist.

6. – Ld6 7. Sc3 0–0 8. e4 d×c4 9. L×c4 e5 10. Lg5 De7 11. Te1 Sb6

Zu dem selben Manöver griff Pachman gegen Gligorić im Hundertjahrturnier, Budapest 1948, aber erst nach der Einschaltung von h6 und Lh4.

12. Lb3 Lg4 13. h3 L×f3

13. – Lh5 wäre nicht ratsam, weil 14. d×e5 L×e5 15. g4 Lg6 16. S×e5 D×e5 17. f4 den Läufer g6 einmauern würde.

14. D×f3 e×d4?

Ein Fehler, den Weiß mit einem weiteren Bauernopfer unterstreicht. Nach 14. – Sbd7 würde die Frage noch offen bleiben, ob das Läuferpaar oder die Kontrolle der schwarzen Felder wirksamer ist.

15. e5! L×e5 16. Se4 Dd8

Die Dame darf nicht auf der e-Linie bleiben, denn auf 16. – Sdb7 17. S×f6+ S×f6 z. B. gewinnt Weiß mit 18. Df5 nebst f4 eine Figur.

17. Df5 Sbd7 18. f4 g6

Bietet Gelegenheit zu einem Damenopfer. Der Wegzug des Läufers könnte aber die Probleme auch nicht lösen: 18. – Lc7 19. Lc2! d3 20. L×d3 g6 21. S×f6+ S×f6 22. D×f6 D×d3 23. Lh6 Lb6+ 24. Kh1 Ld4 25. Te5! verstellt die Diagonale und setzt matt.

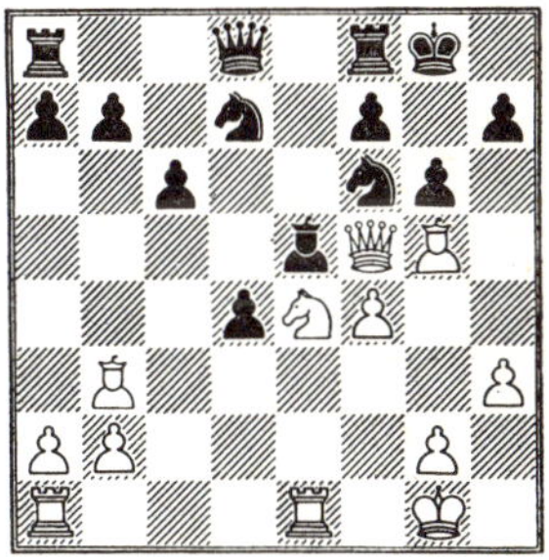

19. D×e5! S×e5 20. S×f6! Kh8 21. f×e5

Schwarz besitzt die Dame und zwei Mehrbauern. Das nützt ihm aber nichts, denn die drei weißen Leichtfiguren kontrollieren die schwarzen Felder und erzwingen schließlich das Matt.

21. – Dc7 22. Te4 h5 23. Tae1 Kg7

Es drohte auch das Opfer Th4 nebst S×h5. Jetzt erfolgt der entscheidende Schlag auf der e-Linie.

24. e6 f×e6 25. T×e6 Tf7 26. Se8+

Schwarz gab auf (1:0). Er vermag weiteren Materialverlust nicht zu vermeiden.

40. PARTIE

Caro–Kann-Verteidigung

Szabó–Honfi

Mannschaftsmeisterschaft

Budapest 1950

1. e4 d5 2. e×d5 Sf6 3. c4 c6 4. d4 c×d5 5. Sc3 e6

In den fünfziger Jahren war es nicht mehr zu erwarten, daß Schwarz denselben Fehler begehen würde wie in der Partie Spielmann–Botwinnik, Moskau 1935: 5. – Sc6 6. Lg5 Db6? 7. c×d5 D×b2? 8. Tc1 Sb4 9. Sa4 D×a2 10. Lc4 Lg4 11. Sf3 L×f3 12. g×f3, und Schwarz gab auf.

6. Sf3 Sc6

Empfehlenswerter war vorerst Le7, um der Fesselung Lb5 vorzubeugen. Gut spielbar ist aber auch 6. – Lb4 mit Übergang in eine Variante der Nimzoindischen Verteidigung.

7. Lg5 Le7 8. c5 Se4!

Den selben Plan – die Bildung einer Bauernmehrheit am Damenflügel – wollte Keres gegen Konstantinopolski in der XVI. sowjetischen Meisterschaft 1948 mit 6. – Le7 7. a3 0–0 8. c5 Se4! 9. Dc2 f5! 10. Le2 Sc6 11. Lb5 verwirklichen. Es stellte sich aber heraus, daß das Zünglein an der Waage entscheidend zugunsten des Nachziehenden ausschlägt, wenn Schwarz den Königsläufer behält. Das schwarze Gegenspiel mit Lf6 und g5 ist eben sehr stark. Freilich darf Schwarz nicht zulassen, daß Weiß mit Ld3 die Kontrolle über den Punkt e4 ausübt. Der nun folgende Läuferabtausch und das Ersparen des Zuges a3 sind für Weiß vorteilhaft.

9. L×e7 D×e7 10. Dc2 f5?

Jetzt folgt ein Schulbeispiel für die Ausnutzung der schwachen Punkte. Schwarz kann noch nicht ermessen, was das Fehlen seines schwarzfeldrigen Läufers bedeutet. Die richtige Fortsetzung war 10. – Sg5!, wie es in der Partie Keres–Aljechin, AVRO-Turnier, Amsterdam 1938, nach der Einschaltung der schwarzen Rochade und des Zuges Lb5 geschah. Hier scheint der fragliche Springerzug noch stärker zu sein, denn nach 11. S×g5 D×g5 wird die Durchführung der weißen Rochade problematisch.

11. Lb5 Ld7 12. L×c6! L×c6 13. 0–0 0–0 14. Se5 Le8 15. f3 Sg5 16. Tfe1 Tf6 17. b4 Th6

Dieser Angriff verspricht natürlich nicht viel Erfolg. Schwarz will aber nicht untätig zusehen, daß Weiß am Damenflügel aufmarschiert.

18. a4 Sf7 19. Df2! b6 20. S×f7 D×f7 21. f4

Um den d- und e-Bauern zu blockieren, denn im Falle von b×c5 will Weiß mit dem d-Bauern zurückschlagen.

21. – Dh5 22. h3 g5

Ein dynamischer Schachspieler möchte immer etwas unternehmen. Der Textzug macht aber dem weißen

Springer neue Punkte zugänglich, und das erleichtert die Ausnutzung der Schwächen im Lager von Schwarz.

23. f×g5 D×g5 24. Te3!

Ein vielseitiger, guter Zug. Er verteidigt, droht und bereitet eine Turmverdoppelung vor.

24. – Tg6

Auch nach 24. – f4 25. Te5! Df6 26. Tae1 Ld7 (falls 26. – f3, so 27. T×e6!) 27. b5 Tf8 28. c6 Lc8 29. Df3 befindet sich Schwarz in einer jämmerlichen Lage.

25. Se2! Df6 26. Te5 Df7 27. Sf4 Tf6 28. b5

28. – Tc8 29. Tc1

In einer solchen Stellung darf Weiß es nicht gestatten, daß Schwarz für den Läufer zwei Bauern erhält.

29. – Kh8 30. c6 Dg8 31. Dh4 Df7 32. Tce1 a6

Auf 32. – L×c6 folgt 33. b×c6 T×c6 34. S×d5!.

33. S×e6 a×b5 34. Sg5

Schwarz gab auf (1:0).

41. PARTIE

Nimzowitsch-Indische Verteidigung
Flórián–Szabó

VI. Ungarische Meisterschaft
Budapest 1950

1. d4 Sf6 2. c4 e6 3. Sc3 Lb4 4. Dc2 d5 5. a3 L×c3+ 6. D×c3 Sc6 7. e3 e5!? 8. Sf3?! Se4 9. Dc2 Lf5 10. Db3 Sa5! 11. Da4+ c6 12. c×d5 D×d5 13. S×e5 Sd6! 14. f3 Sb3 15. e4

15. – L×e4! 16. Lc4 S×c4 17. D×b3 S×e5 18. D×d5 Sd3+ 19. Kd2 c×d5 20. f×e4 d×e4 21. Ke3 f5 22. Tf1 0–0 23. g4 g6 24. g×f5 g×f5 25. Tg1+ Kf7 26. Ld2 Tae8! 27. d5 Te5 28. Lc3 f4+ 29. Ke2 T×d5 30. Tg7+ Ke6 31. T×h7 Tg5 32. Ld4 Tg2+ 33. Kf1 Tfg8 34. Td1 e3! 35. Th6+ Kd5 36. L×e3 L×e3. Weiß gab auf (0:1).

1951 war das Jahr „László II“. Ich beteiligte mich an zwei Turnieren und wurde beidemal Zweiter. Das erste Halbjahr brachte mir aber eine viel angenehmere Aufgabe als ein Turnier mit fortwährender Anspannung. Ich wurde nach Moskau eingeladen, um dort beim Wettkampf Botwinnik–Bronstein um die Weltmeisterschaft als Berichterstatter tätig zu sein. Das Allunionskomitee für Sport und Körperkultur lud zwölf ausländische Schachspieler und Organisatoren (unter ihnen Dr. Asztalos und mich) zu diesem Weltereignis ein.

Das Zonenturnier B fand vom 5. bis 20. August in Marianské Lázné und Prag statt. Mein Ziel war, einen der ersten fünf Plätze zu erreichen, der die Qualifikation bedeutete. Dementsprechend spielte ich mit einer gewissen „Lockerheit“. Diese Einstellung hatte sich gut bewährt, erzielte ich doch 75% der möglichen Punkte. Für den ersten Platz war das zwar nicht ausreichend, bedeutete aber den sicheren zweiten Rang.

Das Endergebnis des Turniers gestaltete sich wie folgt:

Pachman 13, Szabó 12, Barcza und Stoltz je 10 ½, Benkő und Foltys je 10, Lokvenc und Sajtár je 8 ½, Barda und Pytlakowski je 7 ½, Basjuni 7, Skjöld 6, Balanel und Zwetkow je 5 ½, Fred 5, Heidenfeld und Pedersen je 4 ½ Punkte.

In der VII. Ungarischen Meisterschaft gelang es Barcza, der sich in ausgezeichneter Form befand, mich zu überflügeln. Die erzielten 76% der möglichen Punkte reichten nicht aus. Mein Rivale trug vierzehn (!) Siege davon und wurde ungeschlagen Landesmeister. Der Endstand: Barcza 17 ½, Szabó 16, Bakonyi 14 ½, Gereben und Dr. Szily je 14, Benkő und Füstér je 12 ½, Flórián 12, Androvitzky, Hajtun und Kőberl je 11, Pogáts 10 ½, Kluger und Szabadi je 9 ½, László Deli, Dr. Négyesy und Gy. Szilágyi je 8 ½, Eigler 6, Grács 5 ½, Kapu 5, Dr. Gecsei 4 Punkte.

42. PARTIE

Skandinavische Verteidigung
Szabó–Füstér

VII. Ungarische Meisterschaft
Budapest 1951

1. e4 d5 2. e×d5 D×d5 3. Sc3 Dd8

Gegen Füstér spielte ich meistens 1. d4 oder 1. c4. Sooft ich aber mit dem Königsbauern eröffnete, bemerkte ich, daß er Probleme mit der Fortsetzung hatte. Das zeigt sich auch hier, denn es kann kaum zweckmäßig sein, gegen einen immer nach Aktivität trachtenden Spieler eine mit Tempoverlust verbundene Verteidigung zu wählen.

4. d4 Sf6 5. Lg5 Lf5

Schwarz wünscht es offensichtlich nicht, ins französische Fahrwasser zu gleiten, sondern beharrt auf seinem ursprünglichen Standpunkt, der Entwicklung des Damenläufers. Dafür ist aber der Textzug nicht geeignet. Will Schwarz um jeden Preis den Läufer ziehen, muß er vorher Lg4 und erst auf 6. f3 den Zug 6. – Lf5 ausführen. 6. f3 ist natürlich nicht obligatorisch, statt dessen kann Weiß mit 6. Le2 L×e2 7.

D×e2! die Initiative zu ergreifen versuchen.

6. Df3! Dc8

Das sofortige Schlagen des c-Bauern führte nach 7. Tc1 Lg6 8. D×b7 und Sb5 zu einer Katastrophe.

7. Lc4 c6 8. Sge2 L×c2

Schwarz hat kaum Besseres, als den angebotenen Bauern zu schlagen. Er hat nämlich keinen Entwicklungszug zur Verfügung. Die Fortsetzung 8. – Lg4 9. De3 Sbd7 kommt wohl kaum in Erwägung.

9. 0–0 Lg6

Das wievielte Tempo hat der Nachziehende nun schon verloren? – würde Dr. Tarrasch fragen und dann wohlwollend feststellen, daß Weiß für den Bauern schon reichlich entschädigt wurde. Der schwarze Läufer könnte aber auch sonst nicht lange auf c2 bleiben. Df5 oder Dg4 würden die Lage nur noch verschärfen, weil auch die Dame dem Königsflügel in eine Mausefalle geraten könnte.

10. Sg3

Tfe1 läßt Weiß größere Auswahl.

10. – Sbd7 11. Tfe1 Sb6 12. L×f6 S×c4 13. Lh4 Dd7

Auf 13. – e6 folgt ebenfalls 14. d5! mit Linienöffnung, und somit kann Schwarz auch nicht an die lange Rochade denken.

14. d5! c5

Schwarz hätte die Gelegenheit ergreifen müssen, seinen König von der Brettmitte wegzuziehen. Auch die lange Rochade scheint nicht ungefährlich zu sein (nach 15. Tac1), aber vielleicht eher erträglich als die Partiefortsetzung.

15. Sge4 Sd6

Der c-Bauer kann nicht mit b6 gedeckt werden wegen 16. d6 0–0–0 17. S×c5!. Das verhältnismäßig bessere 15. – Tc8 nimmt dem Nachziehenden die Möglichkeit, mit der langen Rochade den König von der Brettmitte wegzuziehen. Aber auch 15. – L×e4 brächte Schwarz keine Erleichterung, denn es öffnet die c-Linie.

16. S×d6+ D×d6 17. Sb5 Dd7 18. d6!

Am natürlichsten, obwohl ich damals gleichfalls 18. a4!? erwog, was aber komplizierter gewesen wäre.

18. – D×b5 19. d×e7 f6

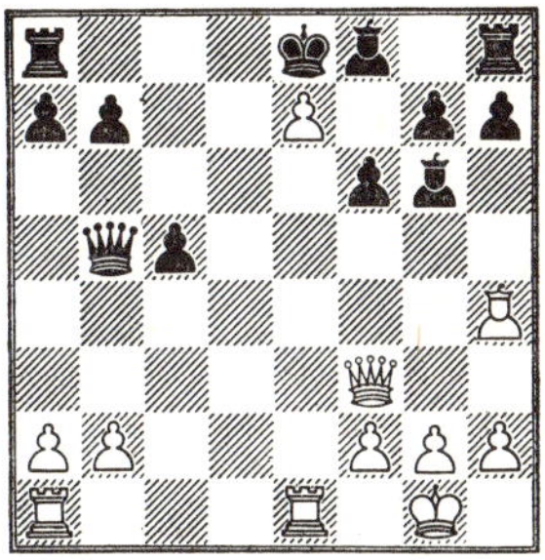

20. L×f6!

Als ich 1951 diese Partie analysierte, sah ich diesen Zug als ungenau an. Eine Ungenauigkeit folgt aber tatsächlich erst später.

20. – Dc6 21. e×f8D+ K×f8 22. Le7++?!

Diese ungenaue Fortsetzung verlängert den Kampf unnötig! Richtig war 22. L×g7+! K×g7 23. Te7+ Kg8 (oder 21. – Kh6 22. Df4+ und Te5+) 24. Dc3 mit undeckbarem Matt!

22. – Kg8 23. D×c6 b×c6 24. L×c5
Letzten Endes muß auch dies gewinnen. Die desorganisierte schwarze Verteidigung vermag einen erneuten Bauernverlust nicht abzuwehren, auch nicht im Falle des verhältnismäßig am besten scheinenden 24. – h5!
24. – Kf7? 25. Te7+ Kf6 26. Tae1 Lf7 27. T1e3 Tad8 28. Tf3+ Kg6 29. h3
Schwarz gab auf (1 : 0).

43. PARTIE

Königsindische Verteidigung
Köberl–Szabó

VII. Ungarische Meisterschaft
Budapest 1951

1. d4 Sf6 2. c4 g6 3. Sc3 Lg7 4. e4 d6 5. g3 e5!
Was nach 5. Le2 als Fehler gilt, kann hier gut spielbar sein. Der Prüfstein ist natürlich 5. d×e5 d×e5 6. D×d8+
6. Sge2 Lg4! 7. d×e5 d×e5 8. D×d8+ K×d8 9. Lg2 Sc6
Schwarz verzichtete auf die Rochade, um im Austausch dafür den Punkt d4 kontrollieren zu können. Über die Richtigkeit dieser Idee kann man natürlich streiten wie auch das eine Geschmacksache ist, ob der Ausbau des Punktes d4 so wie hier in dieser Partie oder allmählich, Schritt für Schritt (c6, Sfd7, Sa6 usw.) erfolgen soll.

10. Lg5 h6 11. Td1+ Sd4! 12. Le3 Sd7 13. L×d4 e×d4 14. Sb5 d3!

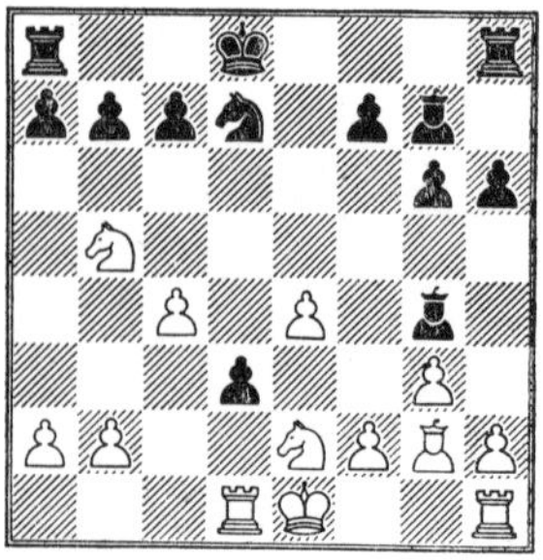

Entledigt sich der Sorge um die Verteidigung des d-Bauern, öffnet die Diagonale des Läufers g7 und verstärkt mit der Beseitigung des Bauern b2 die Kontrolle der schwarzen Felder.
15. T×d3 L×b2 16. Td2 Lg7 17. 0–0 c6 18. Sbd4
18. Sd6 wäre keine echte Doppeldrohung, denn nach 18. – L×e2! 19. T×e2 Kc7 20. S×f7 Thf8 ginge der Springer verloren.
18. – L×e2! 19. S×e2 Kc7 20. Lh3 Sc5 21. f3 Thd8 22. Tfd1 T×d2 23. T×d2 a5!
Jetzt wäre es schon besser, wenn die Türme auf dem Brett verbleiben würden. Schwarz wird nämlich über zwei Einbruchsmöglichkeiten verfügen, die eine mit Ta8–a6–b6, die andere auf der d-Linie, falls es gelingt, den weißen Turm abzulenken.
24. Sc1 a4 25. Kf2
Das Tauschangebot 25. Sd3 würde nach 25. – Td8 26. Lf1 Td4! zum Bauernverlust führen.
25. – a3 26. Ke2 Lb2! 27. Tc2
Der Plan von Schwarz war also

bisher erfolgreich: Der weiße Turm hat die d-Linie verlassen. Geschähe statt dessen 27. Sd3, so würde 27. – Sa3! demonstrieren, daß das Zusammenspiel der schwarzen Figuren viel harmonischer ist als das der weißen.

27. – Td8 28. Lf1 Sa4 29. Sd3

Die Lage ist reif für eine Kombination.

29. – Sc3+! 30. Ke3 S×a2!

31. S×b2 Sb4!

Bleibt der weiße Turm auf der zweiten Reihe, so gewinnt 32. – a2 wie auch im Falle von 32. Tc3.

32. Tc1 a×b2 33. Tb1 Sc2+! 34. Kf4

Nach 34. Ke2 bliebe der c-Bauer ungedeckt, und Schwarz könnte ihn mit 34. – Sa3 erobern.

34. – g5+ 35. Ke5

Auch 35. Kf5 oder Kg4 rettet nicht, denn nach 35. – Td2 bleibt der Bauer b2 übrig, und das kostet den Anziehenden einen Turm. Jetzt schließt sich das Mattnetz.

35. – Td6! 36. c5 Te6+ 37. Kf5 Se3 matt (0 : 1).

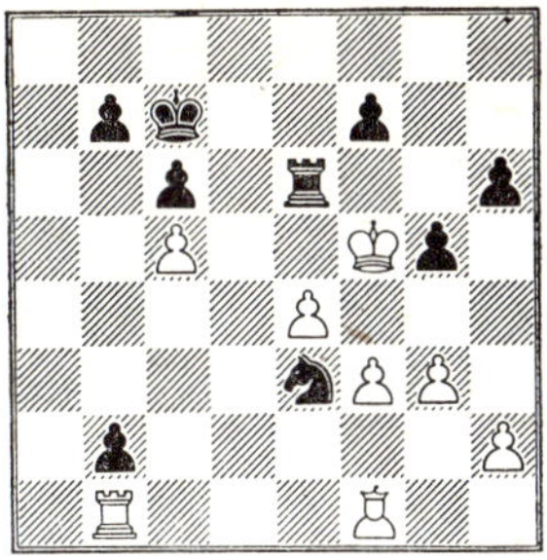

1952 war, im Gegensatz zum vorherigen Jahr, reich an Ereignissen, an denen ich teilnehmen konnte.

Das erste Turnier begann am 3. März zum Gedenken an den im vorangegangenen Jahr verstorbenen Großmeister Géza Maróczy. Zu diesem Turnier trafen u. a. auch fünf sowjetische Großmeister ein, mit dem Weltmeister Botwinnik und mit Petrosjan (dem ich – man verzeihe es mir – den GM-Titel im voraus „anerkannte“) an der Spitze. Bei einem solchen Teilnehmerfeld kann man nur dann, wenn man sich in sehr guter Form befindet, auf eine hohe Plazierung hoffen. In meine Kraft hatte ich großes Vertrauen gesetzt, und ich war fest entschlossen, zu siegen. Eben diese übertriebene Entschlossenheit war sicherlich der Grund dafür, daß ich nur den sechsten Platz erreichen konnte. Gegen die Spieler der unteren Tabellenhälfte mußte ich krampfhafte Anstrengungen unternehmen, um sie bezwingen zu können. In einem starken Feld ist der sechste Platz zwar kein Fiasko. Ich hätte aber einen der größten Erfolge meines Lebens erreichen können, wenn ich gegen die letzten fünf Plazierten der Tabelle nicht 1 ½, sondern die von mir zu Recht erhofften 3 bis 3 ½ Punkte geholt hätte. Zu meiner Entschuldigung kann ich vielleicht anführen, daß ich unmittelbar vor dem Turnier eine schwere Halsentzündung bekam. Man gab mir Penizillininjektionen, damit ich im Turnier starten konnte. Es kommt allein auf mein Konto, daß ich trotzdem glaubte, das Spiel müsse so flott von der Hand gehen, als ob nichts geschehen wäre. In der ersten Runde wurde meine Partie gegen Benkő vertagt. So begann ich in der zweiten Runde gleich mit einer Niederlage gegen Kottnauer, den ich in den vorangegangenen Jahren – mit Ausnahme des Turniers von Trenčianske Teplice – fünfmal (!) geschlagen hatte.

Hier die Turniertabelle:

Maróczy-Gedenkturnier

BUDAPEST 1952	Punkte
1. Keres, P.	12 ½
2. Geller, E.	12
3. Botwinnik, M.	11
4. Stahlberg, G.	11
5. Smyslow, W.	11
6. Szabó, L.	10 ½
7. Petrosjan, T.	9 ½
8. Pilnik, H.	9 ½
9. O'Kelly, A.	9
10. Benkő, P.	8 ½
11. Barcza, G.	8
12. Dr. Szily, J.	8
13. Golombek, H.	7
14. Kottnauer, C.	7
15. Gereben, E.	6
16. Dr. Troianescu, O.	5 ½
17. Sliwa, B.	5
18. Platz, H.	2

Dann mußte ich in der vierten Runde eine noch schmerzlichere Niederlage durch Dr. Troianescu hinnehmen. Auch in dieser Partie stand ich günstiger und lehnte das Remisangebot meines Gegners ab. Die Siege gegen Keres, Petrosjan, Stahlberg, Barcza, Benkő nutzten also nichts, da mein Ergebnis gegen die Letztplazierten so dürftig ausfiel.

44. PARTIE

Damenindische Verteidigung
Szabó–Keres

Maróczy-Gedenkturnier
Budapest 1952

1. c4 Sf6 2. d4 e6 3. Sf3 b6 4. g3 Lb7 5. Lg2 Le7 6. 0–0 0–0 7. Sc3 Se4 8. Dc2

Das schärfere 8. Ld2!? kam erst in den sechziger Jahren in Mode.

8. – S×c3 9. D×c3 Le4 10. Lf4 d6

Natürlich standen beiden Seiten zahlreiche Möglichkeiten zu Gebote, um davon abzuweichen. Auf 10. Lf4 ist die Antwort d6 nicht zu empfehlen, weil die Idee des Nachziehenden – entweder den Läufer auf e4 zu behalten oder ihn gegen den Läufer g2 abzutauschen – nicht zu verwirklichen ist. Muß der Läufer e4 zurückziehen, so verliert Le4 seinen Sinn. Am besten wäre hier 10. – c6 gewesen.

11. De3! Lb7 12. Tfd1 Sd7 13. b4

Der Zweck dieses Zuges besteht darin, Raum am Damenflügel zu gewinnen, bevor Schwarz im Zentrum Fuß fassen kann.

13. – Sf6

Dieser Springer stünde vorläufig besser auf d7, um einem Durchbruch mit c4–c5 vorbeugen zu können. Der Le7 bedarf eher einer besseren Plazierung. Nach 13. – a5 14. b5 Lf6 hätte Schwarz einen akzeptablen Plan (f5 und e5 durchzuführen), dagegen vermag es Weiß nicht, seinen originellen Plan (die Durchführung von c5) zu verwirklichen. Deshalb müßte 13. – a5 mit 14. a3 beantwortet werden, worauf Schwarz entscheidet, wann er die a-Linie öffnet.

14. a4 Dd7?

Hier steht die Dame schlechter als in ihrer Ausgangsstellung. Will Schwarz a5 um jeden Preis mit b5 beantworten, so hätte er es mit De8 vorbereiten müssen. Noch gesünder scheint 14. – a5 zu sein, und auf 15. h5 kommt Sd7.

15. a5 b5?

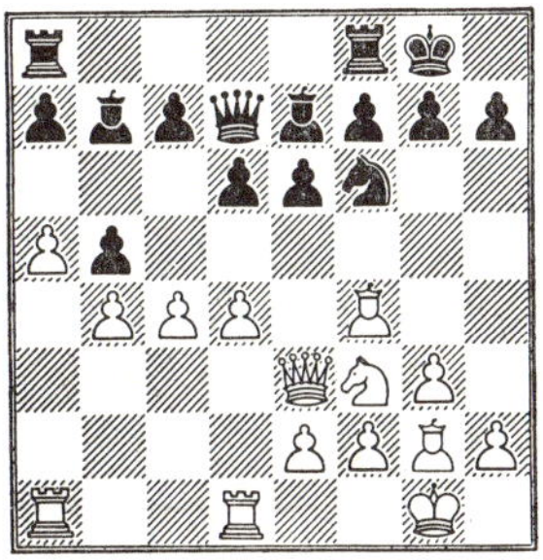

Jetzt gelangt Weiß mit einer kleinen Kombination in Vorteil. 15. – a6 hätte die Möglichkeit noch offen gehalten, ohne Nachteil b5 zu spielen. Dagegen führt 15. – Sg4 zu interessanten Verwicklungen: 16. Db3 f5 17. h3 Sf6 18. d5 e5 19. L×e5! d×e5 20. a6 mit für Weiß günstigen Wendungen.

16. Se5! d×e5 17. d×e5 Dc8

Oder 17. – Sd5 18. e×d5 e×d5 19. a6 Lc6 20. Dc3 mit den starken Drohungen Tc1 und e4.

18. e×f6 L×f6 19. Tac1 L×g2 20. K×g2 e5 21. Lg5! L×g5 22. D×g5 Db7+ 23. Kg1 Tae8

23. – f6 würde die siebente Reihe sehr schwächen. Das kann sich Schwarz nicht leisten, weil die weißen Türme aktiver stehen. Die damaligen Analysen offerierten den aktiven Verteidigungszug 23. – De4. Darauf folgte aber 24. De3 D×e3 25. f×e3 b×c4 26. T×c4 Tab8! 27. Td7 Tfc8 28. T×c7 T×c7 29. T×c7 f6 30. Tc4! (nicht 30. T×a7 wegen T×b4 und Ta4). Die Wanderung des weißen Königs zum Damenflügel ist kaum aufzuhalten.

24. c×b5 D×b5 25. T×c7 D×e2

Auf 25. – D×b4 folgt 26. T×a7 Dc5 27. De3! D×e3 28. f×e3 Ta8 29. T×a8 T×a8 30. a6!. Der Turm steht hinter dem entfernten Freibauern und unterstützt ihn, ein wohlbekanntes Gewinnschema.

26. Dd2 Da6 27. Dd3 De6!?

Im Falle des Damenabtausches und von Tb8 führt 29. Td5! T×b4 30. T×e5 ebenfalls zu einem bekannten Endspiel, das für Weiß gewonnen ist.

28. T×a7 e4!

Die Aufreißung der Königsstellung

von Weiß räumt dem Nachziehenden eine geringfügige Chance ein.
29. De3
Die Deckung des Punktes b3 scheint notwendig zu sein, aber es stellt sich die Frage, warum ich nicht 29. Dd5 zog. Die Erwiderung wäre 29. – Dg4! gewesen, 30. b5 ist nicht gut wegen Te5!. Nach 30. Te1 befürchtete ich aber e3! 31. T×e3 T×e3 32. f×e3 D×b4.
29. – Td8 30. T×d8 T×d8 31. Dd4!
In Anbetracht dieser Möglichkeit hätte Schwarz gewiß mit 29. – h5! die achte Reihe gesichert und erst dann den Turmtausch auf d8 angeboten. Jetzt wird die schwarze Dame zurückgedrängt, denn auf 31. – Tc8 würde 32. Dd7 auch den Abtausch erzwingen.
31. – De8! 32. Dc5 Tc8?

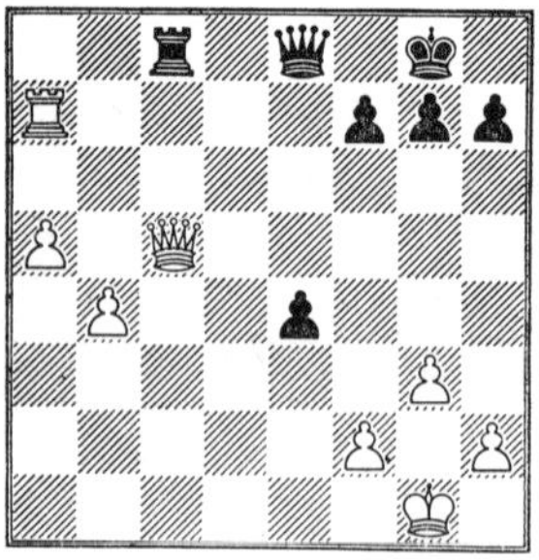

In Zeitnot verpatzt Schwarz seine erspielte Chance. 32. – e3! hätte dem Anziehenden noch ernste Sorgen bereiten können. In großer Zeitnot hätte Weiß auch in die Falle 33. Te7?? e2! tappen können. Der einzig gangbare, aber sehr schmale Weg für Weiß wäre 33. D×e3 Td1+ 34. Kg2 Dc6+ 35. f3 gewesen.

33. De7 D×e7 34. T×e7 f5 35. a6 h5 36. a7 h4 37. Tb7 Kh7 38. Kg2 e3 39. f×e3 Tc2+ 40. Kf3
Schwarz gab auf (1:0).

45. PARTIE

Holländische Verteidigung
Szabó–Botwinnik

Maróczy-Gedenkturnier
Budapest 1952

1. d4 e6 2. c4 f5 3. g3 Sf6 4. Lg2 Le7 5. Sf3 d5 6. 0–0 0–0 7. b3 c6 8. La3 Sbd7 9. Dc1 Se4 10. Sbd2 L×a3! 11. D×a3 b6 12. Tac1 Lb7 13. Tfd1 Df6 14. c×d5 e×d5 15. Se1 a5 16. Sdf3? f4 17. Sd3 f×g3 18. h×g3 Tae8 19. Tc2 Dh6 20. Dc1 Dd6 21. Lh3 Tf6 22. Kg2 c5 23. L×d7 D×d7 24. Sfe5 Dd6 25. f4 c×d4 26. Tc7!? Sc5 27. T×c5 b×c5 28. D×c5 D×c5 29. S×c5 La8 30. T×d4 Tc8 31. Scd3 Tc2 32. Ta4 T×e2+ 33. Kf3 Tc2 34. T×a5 Tf8 35. Ke3 d4+!

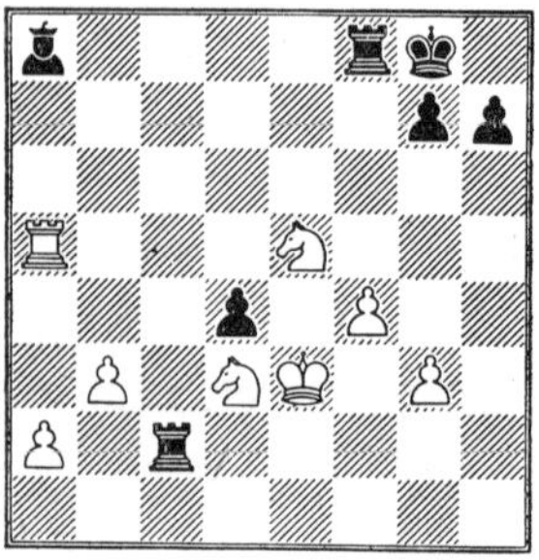

36. K×d4 Td8+ 37. Ke3 Tg2? 38. g4 Tc2 39. b4 Ld5! 40. a4 Lh1 41.

Ta7 Ta2 42. b5? (42. a5 hätte leicht gewonnen) Ta3 43. a5

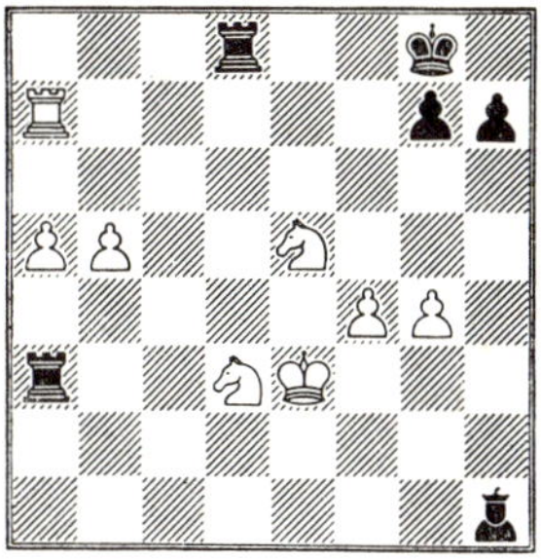

43. – g5! 44. f5 Td5 45. Te7 T×b5 46. f6 T×e5+! 47. T×e5 Kf7 48. Tf5 Lb7! 49. Kd2 Lc8! 50. Se5+ Kf8 51. T×g5

51. – T×a5!! 52. Sd7+ L×d7 53. T×a5 L×g4 54. Ke3 Le6 55. Kf4 Lc4 56. Ta7 h5 57. Kg5 h4 58. K×h4 Lb3 59. Kg5 Lc4 60. Tc7 La2 61. Tc1 Ld5 62. Kf5 Kf7 63. Ke5 Lb3 64. Tc7+ Kf8 65. Tb7 Lc4 66. Tb4 La2 67. Kf5 Ld5 68. Kg6 Lf7+ 69. Kg5 Ld5 70. Th4 Lb3 71. Th8+ Kf7 72. Th7+ Kf8 73. f7 Ke7 74. Kg6 Lc4 75. Tg7 Lb3 76. f8D+ K×f8 77. Kf6 Ke8 78. Te7+.
Unentschieden (1/2:1/2).

Am 10. August 1952 begann die X. FIDE-Mannschaftsweltmeisterschaft in Helsinki. In der Geschichte der Olympiade war das die erste Teilnahme der Sowjetunion. Die sowjetische Auswahl, bestehend aus Keres, Smyslow, Bronstein, Geller, Boleslawski, Kotow gewann die Olympiade doch nicht so überlegen, wie es bei diesen Namen eigentlich zu erwarten gewesen war. Seitdem haben wir erfahren, daß eine erstmalige Teilnahme ziemlich schwierig ist. Auch der Erfolg ist geringer als bei den gewohnten Einzelturnieren. In der ungarischen Mannschaft war ich ebenfalls der einzige, der sich schon an einer früheren Olympiade beteiligt hatte. Zwei Mitglieder der ungarischen Mannschaft hatten überhaupt noch keine internationalen Erfahrungen gesammelt. So ist es auch verständlich, daß unser Ergebnis nicht den Erwartungen entsprach und wir nur den sechsten Platz belegten. Das Spiel lief bei mir eigentlich sehr gut. Am ersten Brett erzielte ich 75% der möglichen Punkte, d. h. mehr als Reshevsky, Gligorić, Dr. Filip, Keres, Böök und Teschner, die gleichfalls am ersten Brett der im Finale A konkurrierenden Mannschaften spielten.
Für meine aufregendste und beste Partie halte ich – trotz ihrer Fehler – die gegen Gligorić gespielte (46. Partie). In höchstem Maße befriedigte mich die Partie gegen Keres (47. Partie), denn es gelang mir, ihn – nach dem Maróczy-Gedenkturnier – schon zum zweiten Mal zu besiegen.

46. PARTIE

Nimzowitsch-Indische Verteidigung

Gligorić–Szabó

X. Schacholympiade

Helsinki 1952

1. d4 Sf6 2. c4 e6 3. Sc3 Lb4 4. e3 c5 5. Se2

Damals hielt man mich für einen der besten Experten der Nimzoindischen Verteidigung. Offensichtlich hat dies Gligorić veranlaßt, eine Nebenvariante zu wählen, von der er annahm, daß ich sie vielleicht nicht so gut kenne. Der jugoslawische Großmeister wendet auch seitdem fast ausschließlich verschiedene Variationen der Varianten mit Ld3 und Sf3 an. Sge2 war seinerseits nur ein außergewöhnlicher Versuch.

5. – d5 6. a3 c×d4 7. e×d4 Le7 8. c5

Eine ähnliche Stellung kann aus der Panow-Variante der Caro–Kann-Verteidigung entstehen, aber mit dem wesentlichen Unterschied, daß hier der weiße Königsspringer nicht auf f3, sondern auf e2 steht. Es ist wert, dies mit der Partie Szabó–Honfi (40. Partie) aus dem Jahre 1950 zu vergleichen.

8. – 0–0 9. b4 b6

Dies ist dann logisch, wenn Schwarz die am Damenflügel entstehenden Freibauern blockieren kann.

10. g3 b×c5

Der Anziehende steht vor einem Scheideweg: Entweder schlägt er mit dem b-Bauern zurück, dann kann Schwarz mit Sc6 und La6 seine Entwicklung vollenden, oder er verläßt sich – wie in der Partie – auf seine verbundenen Freibauern am Damenflügel und übernimmt damit auch mehr Risiko.

11. d×c5 a5 12. Tb1 a×b4 13. a×b4 Sc6 14. Lg2

Nicht empfehlenswert ist 14. b5 wegen Se5 15. f4 Sf3+ 16. Kf2 L×c5+ 17. K×f3 d4!.

14. – Tb8! 15. La3

15. b5? L×c5! 16. b×c5 T×b1 17. S×b1 Db6 18. Le3 L×e3 19. f×e3 Sg4! wäre für den Anziehenden kaum attraktiv.

15. – Ld7

Bereitet die Blockade vor. Das wird dadurch ermöglicht, daß 16. b5 nicht gut spielbar ist, denn nach 16. – Se5 17. b6 Sc4 und Dc8 geraten die weißen Bauern ins Schwanken.

16. 0–0 Sa7!

Die Blockadeaktion beginnt. Nach ihrer erfolgreichen Durchführung werden die beweglichen schwarzen Mittelbauern dominieren.

17. Te1 Se8 18. Lc1 Lf6 19. Lf4

Provoziert den Vorstoß der schwarzen Bauern, um zu klären, welcher Bauer zu blockieren ist. Außerdem plant Weiß, den starken Läufer f6 zu beseitigen und dadurch ein Zusammenspiel seiner Figuren zustande zu bringen. Der Abtausch des Läufers f6 zieht aber auch den Tausch des Läufers g2 nach sich. Dann erhält die schwarze Dame eine dominierende Rolle auf der Diagonale a8-h1 und den schwarzen Feldern.

Dreiunddreißig Jahre später fand Garcia-Palermo gegen Pintér in Luzern 1985 eine Verstärkung 18. Sd4! Sc7 19. Dd2 Lf6 20. f4, und Schwarz hatte mit ernsten Schwierigkeiten zu kämpfen.

19. – e5 20. Ld2 d4 21. Sd5 Lc6! 22. S×f6+ D×f6 23. L×c6 D×c6! 24. f4 f6 25. Db3+ Kh8 26. Tf1

Der weiße Springer und der weiße Läufer spielen eine unglückliche Rolle. Versucht der Springer, über c1 ins Spiel zu kommen, so kann der schwarze e-Bauer vorrücken. Will Weiß auf e4 den e-Bauern blockieren, so muß er auch g4 folgen lassen, was den weißen Königsflügel verhängnisvoll schwächt. Deshalb bemüht sich Weiß, zuerst den Einbruchspunkt f3 zu decken.

26. – Sc7 27. Dc4 Sab5 28. Tbe1 h6?

Es ist hier vollkommen überflüssig, die achte Reihe zu sichern und dem Anziehenden dadurch ein Angriffsziel zu bieten. 28. – Dd5! ist die logische Fortsetzung der bisherigen

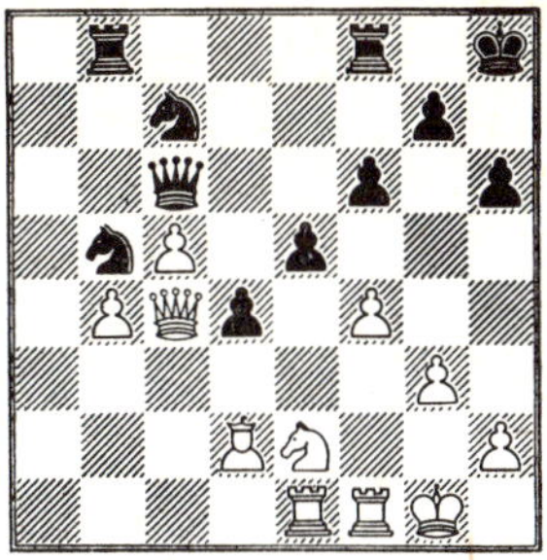

Spielführung, damit die einzige, verhältnismäßig aktive weiße Figur zum Tausch gezwungen wird. Nach 29. D×d5 S×d5 wird der Weg vor den schwarzen Zentrumsbauern frei, bevor Weiß zu Sg3 kommt.

29. g4! Tbe8 30. f5 Dd5

Schwarz hat kaum noch etwas Besseres.

31. Dc1?

Auf 31. D×d5 folgt S×d5 32. Sg3!, und die Besetzung des Punktes e4 gleicht das Spiel fast völlig aus.

31. – Kh7 32. Sg3

Dies dient weder der Blockade noch dem Angriff. Weiß hätte hier das sofortige h4 versuchen müssen.

32. – e4 33. Lf4 e3 34. Dd1?

Noch immer scheint 34. h4! am zweckmäßigsten zu sein. Weiß wählte den Damenzug offensichtlich deshalb, weil nach 34. h4 Schwarz mit 34. – Db3 das Feld d1 kontrollieren würde. Die weiße Dame könnte dann nicht mehr auf den Königsflügel hinziehen.

34. – Dc4! 35. h4 Sd5 36. g5 d3 37. Dg4 Tg8! 38. Sh5 Te4 39. g6+ Kh8

Und Weiß überschritt die Bedenkzeit (0:1).

47. PARTIE

Nimzowitsch-Indische Verteidigung
Szabó – Keres

X. Schacholympiade
Helsinki 1952

1. d4 Sf6 2. c4 e6 3. Sc3 Lb4 4. e3 d5 5. a3 Le7 6. Sf3 0–0 7. Ld3 b6 8. 0–0 c5 9. b3 Sc6 10. Lb2 c×d4 11. e×d4 La6 12. Tc1 Tc8 13. Sb5 Lb7 14. Te1 Te8 15. Sc3 Lf8 16. Se2 Se4 17. Sg3 S×g3 18. h×g3 d×c4 19. b×c4 Sb8?

20. d5! Sd7 21. d×e6 T×e6 22. T×e6 f×e6 23. Dc2 L×f3 24. L×h7 Kh8 25. g×f3 Tc5 26. Kg2 Th5 27. Lg6 Th6 28. Td1 Dg5 29. Le8 Se5 30. De4 De7 31. La4 Sf7 32. Td7 Dc5 33. T×f7 Kg8 34. Tf4 Ld6 35. Th4. Schwarz gab auf (1:0).

In der Luftlinie liegt Stockholm von Helsinki nicht sehr weit entfernt. Es wäre also vernünftig gewesen, wenn die ungarischen Teilnehmer am Saltsjöbadener Interzonenturnier direkt von der finnischen Hauptstadt aus nach Stockholm geflogen wären. So wie es auch andere Teilnehmer machten. Es war aber notwendig (?!), nach Hause zu reisen. Von Budapest aus gelangten wir „auf einem kleinen Umweg" zur schwedischen Hauptstadt. Aus dem kleinen Umweg wurde aber ein großer, und um ein Haar wäre der Umweg noch viel größer geworden! Für die Flugreise Budapest–Prag–Stockholm wurden nämlich nicht rechtzeitig Plätze reserviert. So mußten wir umständlich fliegen und in Brüssel nach Stockholm umsteigen. In der belgischen Hauptstadt erreichten wir aber die Anschlußmaschine nicht mehr und hatten keine andere Wahl, als erst am nächsten Morgen weiterzufliegen. Die Fluggesellschaft reservierte uns – den internationalen Gepflogenheiten entsprechend – ein Hotelzimmer, und wir begaben uns gegen Mitternacht zur Ruhe.

Früh morgens um 5 Uhr wurde an die Tür meines Hotelzimmers geklopft. Im Halbschlaf öffnete ich die Tür. Zwei Herren standen vor mir. „Polizei", sagten sie, zeigten ihre Ausweise vor und forderten von uns unsere Reisepässe. Ich war immer noch benommen. In dieser Situation wollte ich mich ihnen freilich nicht widersetzen. Auch unsere „Gäste" betraten nicht ganz ohne Furcht das Zimmer, weil der hinter ihnen stehende 190 cm große Barcza, der vorher im Nachbarzimmer ebenfalls geweckt worden war, sich fürchterlich gebärdete. Er wollte nämlich herausbekommen, was zwischen mir und meinen ungeladenen Gästen geschieht. Da meine lückenhaften flämischen und französischen Sprachkenntnisse nicht ausreichend waren, versuchte ich mit Händen und Füßen begreiflich zu machen, daß wir zu einem Schachturnier fliegen wollen und Kollegen des ausgezeichneten belgischen Schachspielers O'Kelly sind. Und daß wir mit den steckbrieflich gesuchten Verbrechern, nämlich Barcsák und Szabó, die mit unseren Namen Mißbrauch getrieben hatten, nicht identisch sind.

Welche Komplikationen ein Versäumnis bewirken kann. Ohne dies hätte ich solche Abenteuer kaum erleben können!

Das Interzonenturnier 1952 wird überall Saltsjöbadener Turnier genannt, obwohl ein Teil der Runden in Stockholm ausgetragen wurde. Das bedeutete für die Teilnehmer, die im Grand Hotel in Saltsjöbaden (wie im Jahre 1948) wohnten, täglich ungefähr 50 km Autobusfahrt.

In den ersten vier Runden sammelte ich drei Punkte. Später stellte sich aber heraus, daß mein Unentschieden in der zweiten Runde gegen Julio Bolbochan nicht gewertet wurde, weil der argentinische Meister wegen Erkrankung aus dem Turnier ausgeschieden war. Zu diesem Zeitpunkt besaß ich eigentlich nicht einmal so viel Punkte, da ich meine Hängepartie aus der dritten Runde gegen Vaitonis erst an einem späteren Tag beendete. Wegen einer starken Grippe und einer Halsentzündung verordnete mir der Turnierarzt Bettruhe.

Diejenigen, die mich kennen, wissen, daß ich einen sportlichen Körperbau habe. In meinem ganzen Leben kränkelte ich ziemlich wenig. (Während des Krieges bekam ich allerdings einen schweren Flecktyphus.) 1952 und 1953 erwischte mich dennoch mehrere Male eine mit Grippe verbundene Halsentzündung. Diese Krankheitsserie war aber noch nicht zu Ende. Im Februar des nächsten Jahres, beim internationalen Turnier in Bukarest, zwang mich wieder eine Halsentzündung im kritischsten Moment ins Bett. Heute weiß ich bereits, daß meine Anfälligkeit für Erkältung und Grippe aus einer verpfuschten Nasenoperation im Jahre 1947 stammt. Dazu dürften auch die Anspannungen in den Turnieren bedeutend beitragen. Die Sportärzte nennen diese Erscheinung „psychosomatisches Syndrom“.

Auf meine Siege gegen Vaitonis und Prins folgte eine Serie von Unentschieden, die einmalig in meinem Leben war: Acht Remis hintereinander! Keine Salonremisen, sondern kämpferische Partien! Die eine davon hatte 75 Züge. Mehrmals lag es an mir, nicht an meinen Gegner, wenn ich einen halben Punkt verschenkte. In der vierzehnten Runde brach endlich das Eis. Stahlberg tappte in eine Eröffnungsfalle. Danach hätte ich, vom Gesichtspunkt der Qualifizierung aus, alles mathematisch berechnen müssen, um einen der ersten fünf Plätze zu erreichen. Auch sichere, bequeme Unentschieden hätten dazu dienen können, obwohl mir das gegen den Strich geht. Statt dessen lehnte ich ein Remisangebot von Petrosjan ab, weil ich die eroberte Qualität falsch einschätzte und bald unterlag.

Man sagt, das Glück sei unbeständig. In Saltsjöbaden war dies tatsächlich so. In der darauffolgenden Runde spielte ich gegen Geller ganz deprimiert. Die Steine bewegte ich mechanisch und geriet bald in Nachteil. Da übersah mein Gegner in höchster Zeitnot eine Wendung und vermochte bald darauf das Matt nicht mehr zu parieren. Mein erneuter Sieg gegen Barcza hätte mich eigentlich zu soliderem Spiel anspornen müssen. Statt dessen ließ ich mich auf ein erneutes Abenteuer gegen Kotow ein, obwohl er mir seine Friedfertigkeit ausgedrückt hatte. So aber setzte ich den Angriff entschlossen fort, und in großer Zeitnot verfehlte ich die zum Gewinn führende Fortsetzung. Dieser Mißerfolg bedeutete, daß ich in der letzten Runde mit den schwarzen Steinen Eliskases bezwingen mußte, um mich qualifizieren zu können.

Schließlich gestaltete sich um den fünften Platz ein totes Rennen von vier Teilnehmern. Nach der Beendigung des Turniers gab es keinen Stichkampf. Alle vier Großmeister waren berechtigt, am Kandidatenturnier im folgenden Jahr teilzunehmen.

Ende gut, alles gut! Mit vernünftigerer Turniertaktik hätte ich mir aber viel Energie und Aufregung ersparen können.

Nachfolgend die Turniertabelle:

STOCKHOLM/ SALTSJÖBADEN 1952	Punkte
1. Kotow, A.	16 ½
2. Taimanow, M.	13 ½
3. Petrosjan, T.	13 ½
4. Geller, E.	13
5. Awerbach, J.	12 ½
6. Stahlberg, G.	12 ½
7. Szabó, L.	12 ½
8. Gligorić, S.	12 ½
9. Unzicker, W.	11 ½
10. Eliskases, E.	10 ½
11. Pilnik, H.	10
12. Pachman, L.	10
13. Steiner, H.	10
14. Matanović, A.	9
15. Barcza, G.	8
16. Stoltz, G.	7 ½
17. Sanchez, L.	7
18. Wade, R.	6
19. Vaitonis, P.	5
20. Golombek, H.	4 ½
21. Prins, L.	4 ½

48. PARTIE

Englische Eröffnung

Eliskases–Szabó

Stockholm/Saltsjöbaden 1952

1. d4 Sf6 2. c4 e6 3. Sf3 c5 4. Sc3
Im Verlauf von fünfzehn Runden hatte Eliskases keine einzige Partie verloren. Dieser Umstand und seine vorsichtige Spielweise dürften ihn auch veranlaßt haben, der Mög-

lichkeit 4. d5 b5 aus dem Weg zu gehen, die ich einige Runden vorher gegen Geller anzuwenden wagte.
4. – c×d4 5. S×d4 Lb4 6. Ld2 Sc6 7. S×c6
Die Verstärkung des schwarzen Zentrums ist nicht angebracht. Mit dem bescheidenen 6. Ld2 stand eher 7. e3 im Einklang. Beachtung verdiente auch 7. Sc2.
7. – b×c6 8. e3 0–0 9. Le2 Tb8 10. 0–0 Le7!
Der Läufer hat seine Schuldigkeit – im Sinne von Nimzowitsch – getan. Er verhinderte nämlich e4. Jetzt kehrt er zurück und weicht dadurch einem Spiel von Weiß mit a3 und b4 aus.
11. Dc2 d5 12. Tfd1 e5 13. c×d5 c×d5 14. Le1 Le6 15. Tac1 Dd7 16. Lf3
Dieser Zug scheint logisch zu sein, denn er greift den Bauern auf der offenen Linie an. Weiß darf aber so lange nicht nach Aktivität trachten, bis die weißen Figuren gut plaziert sind. In erster Linie hätte Weiß dem Läufer e1 behilflich sein müssen. Dazu bot sich 16. f3 an, damit der Läufer nach f2 oder g3 ziehen kann.
16. – Tfc8! 17. Dd2 Td8!
Das Ziel des Manövers bestand darin, die weiße Dame auf die d-Linie zu zwingen, um damit den Durchbruch d5-d4 zu erleichtern.
18. Ta1
Notwendig, da d4 drohte und der a-Bauer mit a3 wegen Lb3 nicht zu decken war. Im Falle von 18. b3 würde 18. – Lb4 19. Db2 De7 die Stellung von Weiß verwickeln.

18. – Lb4! 19. a3 La5!?
Das ausgewählte Läufermanöver fördert die Aktivität des Läufers. Beachtenswert war aber auch 19. – L×c3!? 20. D×c3 d4! nebst Lb3. Beantwortete Weiß 19. – L×c3 mit 20. b×c3, so würden die geschwächten weißen Damenflügelbauern das Kreuzfeuer der schwarzen Dame und der Türme kaum überstehen.
20. b4 Lb6 21. a4 d4! 22. e×d4
22. a5 d×e3 23. D×d7 (23. f×e3 D×d2 24. L×d2 T×d2!) e×f2+ verliert zwar einen Bauern, wäre aber doch besser gewesen, weil der a- und der b-Bauer dem Anziehenden Gegenspiel einräumen könnten.
22. – L×d4 23. b5 Lb3!
Hier spürte ich, daß ich Weiß einen zu großen Gefallen getan hätte, wenn ich ihm die Gelegenheit dazu geboten hätte, mit 23. – e4 (um den Preis eines Qualitätsopfers) den Läufer e1 ins Spiel zu bringen. Nach 23. – e4 24. S×e4! S×e4 25. L×e4 L×a1 26. D×d7 T×d7 27. T×a1 Td4 28. f3 Lb3 29. a5! wären die Chancen von Weiß besser als je zuvor in der Partie seit dem 14. Zug.
24. Tbd1 De6 25. Lc6
Ein ausgezeichneter Platz für den

Läufer, falls es Weiß gelingt, mit dem a-Bauern erfolgreich vorzurücken. Das geschieht aber erst später; inzwischen muß sich Weiß mit anderen Angelegenheiten beschäftigen.

25. – e4 26. Df4! e3 27. Df3

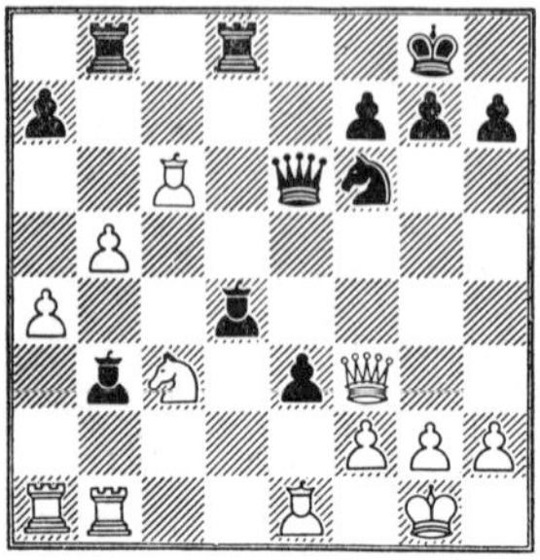

Weiß hat ein sinnvolles Manöver durchgeführt. Schwarz muß jetzt wieder seine Kräfte umgruppieren, um sich am Königsflügel neue Drohungen zu verschaffen.

27. – Lc2! 28. Tc1 Lg6 29. h3!

Zugleich auch erzwungen, da nun noch Sg4 und Lh5 drohten, wodurch die ausgezeichnete Verteidigungsposition der weißen Dame gefährdet war.

29. – Lh5!

Das war der Zweck des gesamten Läufermanövers. Der Läufer hat eine Karriere ohnegleichen gemacht: Lc8–e6–b3–c2–g6–h5. Jetzt wird der mit gewaltiger Zeitnot kämpfende Gegner zu einer verhängnisvollen Schwächung am Königsflügel veranlaßt.

30. g4?

Beschleunigt den Zusammenbruch. 30. Dg3! hätte natürlich einen zäheren Widerstand ermöglicht. Nach 30. – a5! und dem Rückzug des Läufers d4 würden die in Aktion tretenden schwarzen Türme die Entscheidung aber sowieso erzwingen.

30. – Lg6

Der Läufer hat seine Schuldigkeit getan. Jetzt kann das Aufrollen des weißen Königsflügels beginnen.

31. a5 h5! 32. g5 Sd7 33. L×d7

Das ist das Ende des stolzen Läufers, aber Weiß durfte Se5 nicht zulassen.

33. – T×d7 34. b6

Noch ein letzter Versuch, um im trüben zu Fischen, aber ohne jeden Erfolg.

34. – a×b6 35. a6 b5 36. Td1 La7

Und hier überschritt Weiß die Bedenkzeit (0 : 1).

Die VIII. ungarische Meisterschaft (15. November – 14. Dezember) verlief im Zeichen eines Wettlaufs zwischen Barcza und Szabó. Ab der achten Runde übernahm ich die Führung, und vor der vorletzten Runde besaß ich bereits 1,5 Punkte Vorsprung. Nach der VI. Meisterschaft gelang es mir wieder, den Meistertitel zu erringen.

Der Schlußstand lautete: Szabó 13, Barcza 12 1/2, Tipary 10 1/2, Kluger 10, Sándor und Dr. Szily je 9 1/2, Bán, Gereben, Köberl, Lengyel, Pogáts je 8 1/2, Flórián 8, Gy. Szilágyi und Dr. Vajda je 7, Dr. Négyesy 6 1/2, Dr. Csaba László und Bakonyi je 6, Dr. Dezső Szabó 5 Punkte.

49. PARTIE

Königsindische Verteidigung

Szabó–Kluger

VIII. Ungarische Meisterschaft

Budapest 1952

1. d4 Sf6 2. c4 g6 3. Sc3 Lg7 4. e4 d6 5. Le2 0–0 6. Sf3 e5 7. 0–0 Sbd7 8. Te1 c6 9. Lf1 a5 10. h3 e×d4 11. S×d4 Te8 12. Lf4 Sc5 13. Dc2! Sh5 14. Le3 Sf6 15. f3 Sh5? 16. Tad1 De7 17. g4! Sf6 18. Lg2 a4 19. b4 a×b3 20. a×b3 Sfd7 21. f4 Ta3 22. b4 Se6 23. Sde2 g5 24. Lc1 Ta8

25. e5! d×e5 26. f×g5 D×b4 27. Se4 Sd4 28. S×d4 e×d4 29. Ld2 Df8 30. Lf4 Se5 31. Sf6+ L×f6 32. g×f6 Sg6 33. T×e8 D×e8 34. Dd2 Dd8 35. D×d4 D×d4+ 36. T×d4 Le6 37. Ld6 Ta1+ 38. Kh2 Ta2 39. Kg3 Tc2 40. Lb4! h6 41. c5 Tc4? 42. T×c4 L×c4

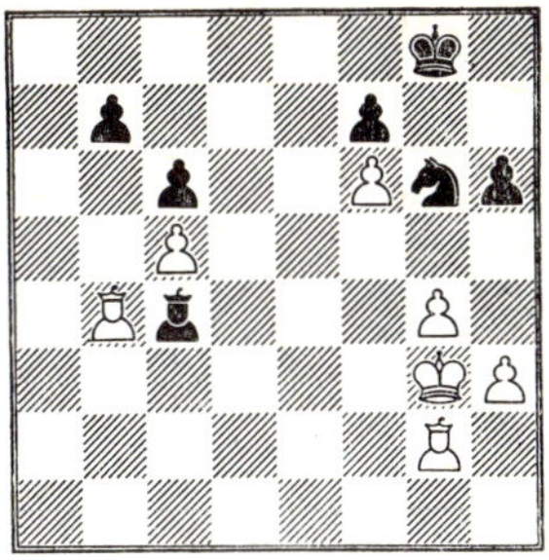

43. Ld2! Sf8 44. L×h6 Sd7 45. Le3 S×f6 46. Ld4 Sd5 47. Le4 Sc7 48. Le5 Se6 49. Ld6 Kg7 50. h4 f6 51. Lf5 Kf7 52. h5 Kg7 53. Le7 Sg5 54. h6+! K×h6 55. Lf8 matt (1 : 0).

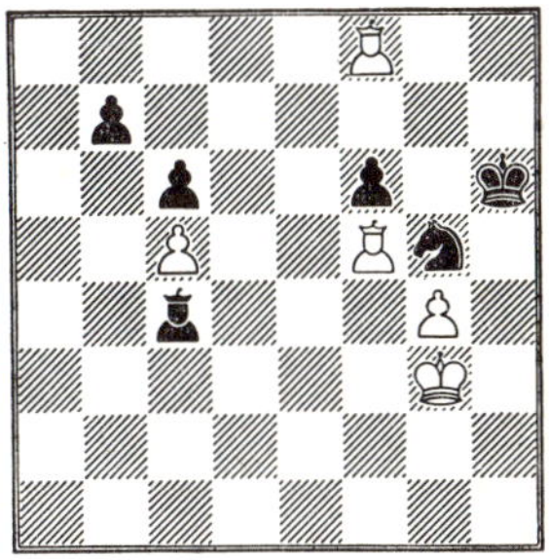

Im Jahre 1953 beteiligte ich mich nur an zwei großen Turnieren. Wir waren drei Spieler, die zur Teilnahme am Kandidatenturnier im Neuhausen (Schweiz), das am 29. August begann, berechtigt waren. Für uns galt das Bukarester Turnier also quasi als ein Probeturnier, das vom 25. Januar bis zum 26. Februar dauerte. Den Turniersieg erwarb jedoch ein Vierter. Für mich begann dieses Turnier sehr gut. In der zweiten Runde gegen Milew gelang es mir, die Überlegenheit des Springers, der sich auf eine Basis stützt, gegenüber dem

Läufer, der nur einfarbige Felder kontrollieren kann, zu demonstrieren. Mit einem Remis gegen Petrosjan und einer Serie von vier Siegen hintereinander erklomm ich die Tabellenspitze. Besonders gut gelungen ist meine Partie gegen Sajtár (50. Partie). Nun führte ich mit einem ganzen Punkt Vorsprung das Feld an. In der achten Runde erreichte ich eine ausgezeichnete Stellung gegen meinen Namensvetter, den Rumänen István Szabó, verdarb aber die Partie. Drei Runden später verwirklichte Boleslawski aus derselben Stellung heraus mit dem richtigen Zwischenzug dieselbe Kombination und gewann! Nach der zehnten Runde stand ich abermals an der Spitze. Dann folgte eine Pause von einigen Tagen. Das Organisationskomitee veranstaltete eine Bergtour zu dem 1600 m hoch liegenden Kurort Predeal. Wir Ungarn nahmen tüchtig Anteil an Sonnenschein, Schnee und weiteren Ausflügen. Ob die schnelle Klimaveränderung daran schuld war oder der längere Spielausfall, jedenfalls fiel ich nach unserer Rückkehr in der Turniertabelle zurück und verlor sogar zwei Runden hintereinander (gegen Sliwa und Dr. Filip).

Trotz der doppelten Niederlage hegte ich noch Hoffnungen auf den ersten Platz. Meine Siege gegen Boleslawski, Barda und Golombek boten mir auch weiterhin gute Aussichten dafür. Gegen die letzten drei Gegner – Tolusch, Spasski und Smyslow – mußte ich auf Gewinn spielen, um vorwärts zu kommen. Das Durcheinander der letzten Runden strapazierten meine Nerven überaus. Zuerst wurde Tolusch krank und unsere Partie verschoben. Auch ich bekam wieder eine Halsentzündung. Meine Partie gegen Spasski wurde auf den Tag vor der letzten Runde verlegt. Beidemal spielte ich mit den weißen Farben. Mein Spiel war so zerfahren, daß ich in keiner der beiden Partien eine hoffnungsvolle Stellung erhalten konnte. Meine Partie gegen Spasski war mit einer Besonderheit verbunden. Der spätere Weltmeister war damals sechzehn Jahre alt und wurde neben vier erfahrenen sowjetischen Großmeistern in dieses große Turnier geschickt. Diese Partie wurde am letzten, für Hängepartien reservierten Tag gespielt. Mit einem Sieg hätte er mehrere Konkurrenten einholen können. Doch bot er mir im elften Zug überraschend Unentschieden an. Ich weiß nicht, inwieweit er dabei seine eigenen Interessen vertrat, er konnte aber mit einem Unentschieden matematisch den ersten Rang von Tolusch sichern. Und da geschah es wieder, was in meiner Laufbahn so oft passiert war: Ich versteifte mich auf die eigentlich schon verpatzte Möglichkeit des Turniersieges, lehnte das Angebot im Zustand innerer Angespanntheit ab, beging bald einen Fehler und mußte mich schließlich geschlagen bekennen. Das Endergebnis des Turniers lautete:

Tolusch 14, Smyslow 13 $^1/_2$, Petrosjan 13, Boleslawski, Szabó und Spasski je 12, Barcza 11 $^1/_2$, O'Kelly und István Szabó je 11, Sliwa 10 $^1/_2$, Ciocaltea und Dr. Filip je 9 $^1/_2$, Sajtár 8 $^1/_2$, Barda und Milew je 8, Stoltz 7, Golombek und Radulescu je 6, Dr. Troianescu 5, Reicher 3 Punkte.

50. PARTIE

Nimzowitsch-Indische Verteidigung
Sajtár–Szabó

Bukarest 1953

1. d4 Sf6 2. c4 e6 3. Sc3 Lb4 4. Ld2 d5 5. e3 0–0 6. Sf3 b6 7. c×d5 e×d5 8. Ld3 c5

Schwarz darf diesen Zug nicht weiter hinausschieben. Er kann auf das Läuferpaar ohne Nachteil verzichten

9. a3?

Danach entsteht eine für Schwarz ideale Stellung, weil der weiße Damenläufer schwerlich einen guten Platz finden kann. Statt dessen würde 9. d×c5 b×c5 10. Sa4 oder 10. a3 nebst Sa4 das Problem des Läufers d2 lösen.

9. – L×c3 10. b×c3 c4 11. Lb1 Sc6 12. 0–0 Lg4

So entstand eine Stellung aus dem Wettkampf Taimanow–Botwinnik (1952), jedoch mit dem kleinen Unterschied, daß dort der a-Bauer auf a4 und die weißen Läufer auf c1 und c2 standen. Der Unterschied scheint unwesentlich zu sein, der weiße Damenläufer steht aber auf c1 günstiger als auf d2.

13. h3

Taimanow entzog sich der Fesselung auf originelle Weise: Zuerst spielte er De1 und setzte nach Te8 mit 14. Sh4! Lh5 15. f3 und e4 fort. In der Textpartie müßte aber Schwarz auf 13. De1 nicht Te8 antworten, sondern zieht sofort Se4, denn nach 14. L×e4 d×e4 steht dem Springer f3 das Feld d2 nicht zur Verfügung. So vermag Sajtár das Manöver von Taimanow nicht zu verwirklichen.

13. – Lh5 14. g4?

Es ist psychologisch nicht leicht zu verstehen, daß Weiß nach einer vorsichtigen Eröffnungsbehandlung so einen verpflichtenden Zug ausführt. Objektiv betrachtet ist aber dieser Entschluß doch begreiflich, denn z. B. 14. De1 L×f3 15. g×f3 Dd7 würde dem Nachziehenden wichtige Tempi schenken. Er könnte dann seine Türme aufmarschieren lassen.

14. – Lg6 15. Sh4

Da Weiß den Punkt f5 anders nicht kontrollieren kann. Empfehlenswerter war 15. L×g6 und dann das

Manöver Se1–g2 oder L×g6 und Se5.
15. – L×b1 16. T×b1 Se4 17. Sg2 f5! 18. Le1

Weiß möchte nach f3 seinen Damenläufer auf g3 zur Geltung bringen bzw. dadurch die Verteidigung seiner Königsstellung verstärken. Auf das sofortige 18. f3 würde Sg5 19. Kh2 (19. h4 Sh3+ 20. Kh2 f×g4 21. f×g4 Sf2) f×g4 20. h×g4 Db6+ sehr unangenehm sein.

18. – Dd6 19. Sf4 Sg5!

Provoziert 20. h4, damit nach 20. – Se6 21. S×e6 D×e6 22. g5 f4! Weiß nicht mehr f3 ziehen kann, um seinen Läufer zu befreien.

20. f3 f×g4 21. h×g4 Tae8 22. Ld2

Verändert den im 18. Zug eingeleiteten Plan. Obwohl es im allgemeinen nicht angebracht ist, eine Dame mit der Deckung eines Bauern zu belasten, wäre hier doch 22. Dd2! vorzuziehen. Dies würde nicht nur den Bauern e3 decken, sondern auch die Möglichkeit Lg3 bzw. Lh4 aufrechterhalten, um mindestens einen der angreifenden Springer beseitigen zu können. 22. Sg2 wäre nur scheinbar eine Verteidigung gewesen, aber 22. – Df6! hätte ihre Schwäche – die Erzwingung von f3–f4 – aufgedeckt.

22. – Se7!

Die einzige schwarze Figur, die sich bisher am Angriff nicht beteiligte, will sich gegen den aktiven weißen Springer abtauschen und dadurch den Angriff verstärken.

23. Kg2 Sg6 24. S×g6

Versuchte Weiß, die Drohung Sh4+ mit 24. Th1 zu parieren, so folgte 24. – T×f4! 25. e×f4 S×f4+ 26. L×f4 D×f4 mit der unabwendbaren Drohung Te3. Z. B. 26. Tf1 Te3 27. Tb5 Se4! oder 26. Tb2 Te3 27. Tf2 T×c3, und die weißen Bauern fallen nacheinander. Der Springerabtausch vereinfacht natürlich die Aufgabe von Schwarz am Königsflügel.

24. – D×g6 25. De1

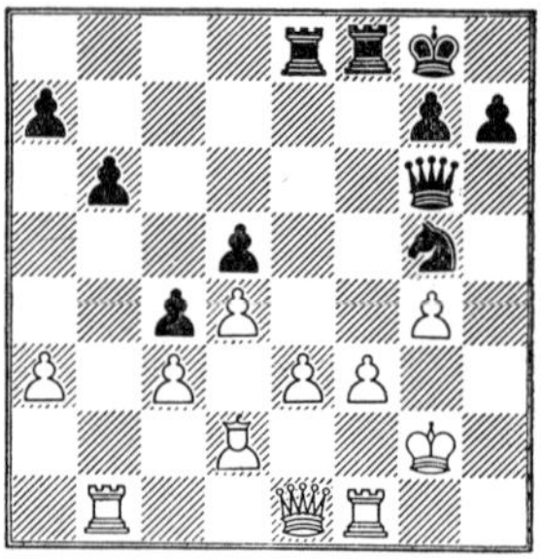

25. – S×f3! 26. T×f3 De4 27. Dd1 h5! 28. g×h5 Tf5!

Weiß gab auf (0 : 1).

Das zentrale Ereignis des Jahres 1953 war das Kandidatenturnier, das Ende August begann. Es trug charakteristische Züge eines Marathonlaufs.

Die erste Hälfte der Turniers wurde in Neuhausen, die zweite in Zürich ausgetragen.

Bereits in der ersten Runde eine Niederlage hinzunehmen, ist nicht mein Fall! Besonders deshalb nicht, weil ich einem Remis mit Zugwiederholung ausgewichen bin. Ich wurde völlig nervös, weil ich abermals als Weißer gegen Keres nach 1. d4 d5 2. Sf3 Sf6 3. c4 d×c4 4. Sc3 a6 zu dem unverständlichen 5. Da4+?? gegriffen hatte.

In der vierten Runde verlor ich wiederum, und darüber möchte ich etwas ausführlicher schreiben. Diese Runde fiel auf einen Samstag. Mein Gegner war Reshevsky. Alle die an diesem Tag mit ihm zu spielen hatten, kamen überein, die Partie später zu beginnen, weil Reshevsky aus religiösen Gründen erst nach Ablauf des Festes zu spielen geneigt war. Ich rechnete damit, daß der für $^1/_2$ 6 Uhr angesetzte Termin nicht allzuviel verschoben werden würde, und fuhr an den Schauplatz. Reshevsky aber kam spät – er war nach Zürich zum Gottesdienst gefahren. Um 8 Uhr abends setzte der Hauptturnierleiter, Opocensky, die Schachuhr des Amerikaners in Gang. Reshevsky betrat aber erst um $^3/_4$ 9 Uhr den Saal und forderte vom Hauptturnierleiter, die Schachuhr zurückzustellen. Der amerikanische Großmeister war ruhig (?!) – hatte es doch schon mehrmals solche Diskussionen mit ihm gegeben – ich aber sehr aufgeregt, denn das angespannte Warten hatte mich schärfer mitgenommen, als wenn ich während dieser Zeit gespielt hätte. Schließlich gelang es Opocensky, mich zu überreden, die Partie um 10 Uhr abends zu beginnen. In solcher nervlichen Verfassung konnte das Ergebnis für mich nicht günstig sein. Nach Mitternacht verlor ich die Partie.

Warum habe ich diese Geschichte so ausführlich aufgeschrieben? In erster Linie deshalb, weil sie sich auch auf meine mit Reshevsky in der zweiten Turnierhälfte gespielte Partie stark auswirkte. Ich wollte nämlich unbedingt gewinnen – und verdarb eine glatte Gewinnstellung.

In den darauffolgenden Runden lächelte das Glück mir zu. Ich bezwang Bronstein und Gligorić, aber es gelang mir nicht, die 50%-Grenze zu überschreiten, was zur Wiederherstellung meines seelischen Gleichgewichtes notwendig gewesen wäre. Dieses Minus machte mich bis zum Ende des Turniers nervös. Ein Turnierspieler kann dieses Gefühl sicherlich verstehen!

Die neunte Runde wurde bereits in Zürich gespielt. Hier erlitt ich eine Niederlage gegen Petrosjan und kämpfte dann mit abwechselndem Erfolg weiter. Den Tiefpunkt meiner Laufbahn erreichte ich hier, als ich wieder auf Reshevsky traf. In meiner weiteren Laufbahn sprach man mich am meisten auf diese Partie hin an. Jedermann glaubte, über diesen „hochberühmten“ Fall etwas zu wissen, der sich folgendermaßen abgespielt hatte. Als Weißer führte ich meinen 19. Zug aus und sah, daß – falls Schwarz rochiert – ich mit 20. Sf6+ in entscheidenden Vorteil komme, sogar – wenn Schwarz den Springer f6 schlägt – matt setzen kann. Meinem Gegner standen bis zur Zeitkontrolle für die restlichen 21 Züge nur einige Minuten zur Verfügung, wogegen ich über mehr als eine Stunde verfügte. Und Reshevsky rochierte... Aber das demonstrierte ich lieber an einem Diagramm:

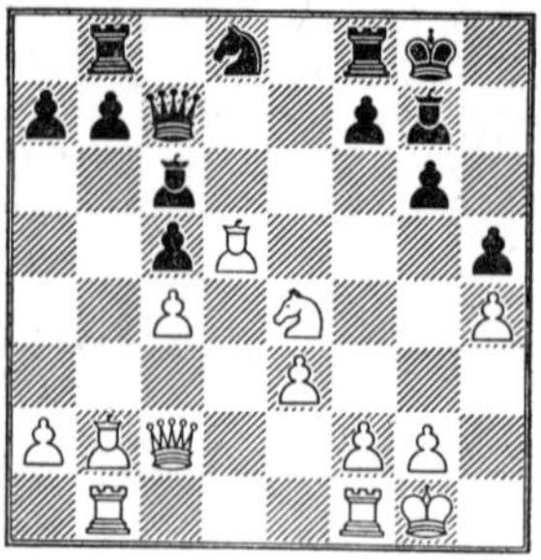

So zog ich ruhig 20. Sf6+. (Soweit man ruhig bleiben kann, wenn man in zwanzig Zügen den einen Favoriten des Turniers in eine so hoffnungslose Stellung bringt und sieht, daß auf 20. – L×f6 21. D×g6+ nebst Matt folgt. Reshevsky faßte – entgegen meiner Erwartung – plötzlich den Springer f6 an, und ich übernahm – unbegreiflicherweise sein nervöses Tempo. Statt mit 21. D×g6+ usw. matt zu setzen, faßte ich den Läufer f6 an. Einige Analytiker schrieben von Schachblindheit. Von meiner Seite aus war es aber keine Schachblindheit, höchstens ein Fingerfehler. Sofort merkte ich, was ich begangen hatte, doch es war schon zu spät. Reshevsky tauschte sogleich meinen Läufer ab und das Matt war zerronnen. Ich saß nur da, schüttelte den Kopf und war nicht fähig, während der nächsten Stunde einen einzigen Zug auszuführen. Die Zuschauer und meine Freunde blickten minutenlang nur auf mich. Es war ein schreckliches Gefühl... Die Partie hätte ich immer noch in der Hand halten können, wenn ich fähig gewesen wäre, nachzudenken. Später – als ich ebenfalls schon in Zeitnot geraten war – sah ich eine Möglichkeit, einen Turm zu erobern. Statt dessen gewann ich nur die Qualität. Mein Gehirn war wie gelähmt und konnte keine kompliziertere Aufgabe mehr lösen. Ich war derart verstört, daß ich mich noch lange danach nicht erinnern konnte, was eigentlich geschehen war. Es sprach sich herum, daß ich meinem Gegner Unentschieden angeboten hatte, was er zu meinem Glück annahm. Er hatte offensichtlich nicht bemerkt, daß ich mich schon in so schwerer Zeitnot befand, die ich kaum überstanden hätte. Sechs Züge vorher besaß ich noch 1 ¼ Stunden mehr Bedenkzeit als mein Gegner. Der weitere Verlauf der Partie gestaltete sich wie folgt: 21. – L×d5 22. c×d5 Dd6 23. Dc3 D×d5 24. Tfd1 Df5 25. e4 De6? 26. Lg7 b6 27. L×f8? (27. Lh6! f6 28. Dg3!. und wegen der Drohung D×g6+ nebst matt gewinnt Weiß einen Turm.) 27. – K×f8 und angeblich auf ein Angebot des Anziehenden hin unentschieden.

Es ergab sich beinahe folgerichtig, daß ich in der zwanzigsten Runde wiederum verlor. Die Leistung, aus den letzten Runden noch fünf Punkte herauszuholen, grenzte fast an ein Wunder. In den letzten beiden Runden war ich – vielleicht gerade deswegen, weil mir schon alles egal war – gegen Boleslawski und Kotow (51. Partie) erfolgreich, die sonst im Turnier gut plaziert waren. Trotz aller Entgleisungen erreichte ich fast jene 50% der möglichen Punkte, die

für mich den achtbaren achten Platz hätten bedeuten können.
Und schließlich die Turniertabelle:

NEUHAUSEN/ ZÜRICH 1953	Punkte 1. Hälfte	2. Hälfte	insgesamt
1. Smyslow, W.	9 ½	8 ½	18
2. Bronstein, D.	8 ½	7 ½	16
3. Keres, P.	7	9	16
4. Reshevsky, S.	8 ½	7 ½	16
5. Petrosjan, T.	7 ½	7 ½	15
6. Geller, E.	6	8 ½	14 ½
7. Najdorf, M.	8	6 ½	14 ½
8. Kotow, A.	6 ½	7 ½	14
9. Taimanov, M.	7	7	14
10. Awerbach, J.	6	7 ½	13 ½
11. Boleslawski, I.	7 ½	6	13 ½
12. Szabó, L.	6	7	13
13. Gligorić, S.	6	6 ½	12 ½
14. Dr. Euwe, M.	7 ½	4	11 ½
15. Stahlberg, G.	3 ½	4 ½	8

51. PARTIE

Nimzowitsch-Indische Verteidigung

Szabó–Kotow

Neuhausen/Zürich 1953

1. d4 Sf6 2. c4 e6 3. Sc3 Lb4
Mit Großmeister Kotow maß ich mich schon viele Male. Als Schwarzer hatte er immer mit Problemen zu kämpfen. Es ist also verständlich, daß er – nach dem Damengambit und der Grünfeld-Verteidigung – jetzt etwas anderes ausprobiert.

4. e3 0–0 5. Ld3 d5 6. Sf3 c5 7. 0–0 Sbd7
Die Zugfolge läßt darauf schließen, daß mein Gegner mit 3. a3 oder 4. a3 rechnete, was ich in meinen früheren Partien des öfteren angewandt hatte.

8. De2 a6 9. a3 c×d4
Die von Schwarz hier gewählte Fortsetzung steht nicht mit a7–a6 in vollem Einklang, denn nach 10. e×d4 L×c3 11. b×c3 d×c4 12. L×c4 b5 entsteht eine gute Angriffsmöglichkeit für Weiß. Ein Prüfstein der Verteidigung ist 9. – La5!?, was ich drei Jahre später gegen Geller in Amsterdam anwandte.

10. e×d4 d×c4 11. L×c4 Le7 12. La2!
Weist auf die Schwäche des Zuges a6 hin, denn auf das darauffolgende 12. – b5 wäre jetzt 13. d5! mit der Zerrüttung der schwarzen Verteidigung gespielt worden. Aus dieser Erkenntnis heraus führt Kotow den nächsten Zug aus, mit dem er auf b5 verzichtet, aber das Problem der Entwicklung des Läufers c8 nicht löst.

12. – Sb6 13. Lg5 Sfd5 14. L×e7 S×c3
Besser war 14. – S×e7.

15. b×c3 D×e7 16. c4.
Greift zwar nicht an, übt aber auf das Zentrum und die b-Linie Druck aus. Deshalb kann Schwarz den Läufer c8 nicht leicht ins Spiel bringen.

16. – Sa4 17. Lb3 Ld7 18. Dc2 Sb6
Der Springer muß zurück. Auf 18. – b5 antwortet Weiß einfach 19. c5!

und schlägt im geeigneten Moment auf a4.

19. c5 Tac8 20. Se5 Tfd8

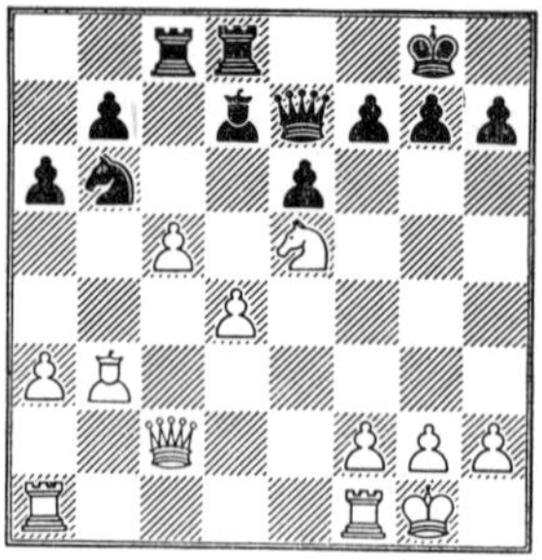

21. De4!

Überhaupt nicht deshalb, um einen Bauern zu erobern, sondern um die Kontrolle der schwarzen Felder nach dem Abtausch des schwarzen Springers zu verstärken und um auch den Druck aufzuheben, den Schwarz eventuell auf den Bauern d4 ausüben kann.

21. – Sd5 22. L×d5 e×d5 23. Df4! f6

Auf 23. – Lb5 gewinnt 24. Tfe1 ein Tempo um den Läufer zurückzutreiben und die b-Linie zu besetzen.

24. S×d7 D×d7 25. Tab1 Te8 26. f3 Te7 27. Tf2 Tce8 28. Tfb2

Da 29. T×b7 und nach dem Abtausch Dd6 droht, ist Schwarz genötigt, einen Turm abzutauschen. Dadurch verschwinden aber auch einige Sorgen von Weiß, weil die weiße Dame allein das Eindringen der schwarzen Schwerfiguren verhindern kann und somit der Turm für das Manöver Tb1–b6–d6×d5 frei wird.

28. – Te1+ 29. T×e1 T×e1+ 30. Kf2 Te8 31. Tb6 De7 32. Dd2

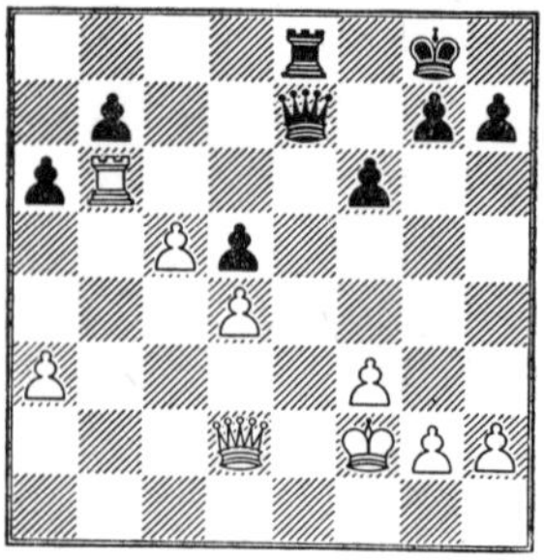

32. – Td8?

Solche Passivität kann sich nicht bewähren. Diesen Zug hätte Schwarz erst nach Td6 ausführen müssen, denn Weiß hätte in einem Damenendspiel keine Gewinnchancen. Das von Großmeister Bronstein vorgeschlagene 32. – f5 33. g3 f4 hätte die Chancen von Schwarz kaum verbessern können, denn nach 34. g×f4! Dh4+ 35. Kg2 befindet sich der weiße König in Sicherheit. Der schwarze Turm kann auf der sechsten Reihe die Aktion der Dame nicht unterstützen. Nach dem Damenabtausch wird das Endspiel auf eine technische Aufgabe vereinfacht.

33. De3 D×e3+ 34. K×e3 Td7

Jetzt steht ein aktiver weißer Turm einem passiven schwarzen Turm gegenüber. Damit hat die Aktionsfreiheit des weißen Königs sprunghaft zugenommen.

35. h4 Kf7 36. h5 g5 37. h×g6+ e.p. K×g6

Der Zweck des weißen Bauernmanövers bestand darin, im Falle von 37.

– h×g6 sich mit 38. Kf4 nebst g2–g4–g5 auf e5 einen Einbruchspunkt zu verschaffen und die Wirkungskraft des Turmes auf der sechsten Reihe zu steigern.

38. Kf4 h5 39. g3 Th7 40. Ke3

Nur um Zeit zu gewinnen.

40. – Te7+ 41. Kf4 Th7 42. a4! h4 43. g×h4 T×h4+ 44. Ke3 Th7 45. Td6 Te7+ 46. Kd3

Weiß darf die Verteidigung des Bauern f3 schon vernachlässigen. Der weiße König muß dem Vorrücken des d- und c-Bauern Vorschub leisten.

46. – Kg5 47. T×d5+ Kf4 48. Td6 f5 49. Tf6! Te1 50. Tf7 Tb1 51. a5 Tb3+ 52. Kc4 Tb1 53. Tf6!

Eine kleine Umgruppierung ist notwendig, bevor der d-Bauer vorrückt. Jetzt droht 54. Tb6. Dagegen hilft 53. – Tb5 nicht, denn mit 54. Tb6 K×f3 55. T×b5 a×b5+ 56. Kb4! gewinnt Weiß die zum klaren Sieg erforderlichen Tempi.

53. – Th1 54. Tb6 Th7 55. Tb3! Td7 56. d5 Ke5 57. d6 f4 58. Tb1 Th7 59. Te1+ Kf6 60. c6! b×c6 61. Kc5 Th2 62. Td1

Schwarz gab auf (1 : 0).

Wenn man in seinen Erinnerungen kramt, findet man Fehler in meinen Partien (vielleicht noch öfter als bei anderen Spielern), die damals niemand zu erklären vermochte. Als ich mich in den siebziger Jahren schon weniger an Turnieren beteiligte, versuchte ich, die Ereignisse von damals mir wieder ins Gedächtnis zurückzurufen, den Kausalnexus zu entdecken und das Geheimnis dieses kurzen, aber dunklen Abschnittes meiner Laufbahn aufzuhellen. Das verändert meine Ergebnisse nun freilich nicht mehr, kann vielleicht aber für Turnierspieler nützlich sein, die sich in ähnlicher Situation befinden. Meiner Meinung nach habe ich vorher nirgendwo so ungleichmäßig gespielt, wie in Neuhausen/Zürich. Gewisse Analogien bestehen zu meinem Abschneiden in Portorož 1958. Als ich daran zurückdachte, kam mir der Föhn in den Sinn. 1953 schrieb Tibor Flórián folgendes: „Es muß festgestellt werden, daß in der ersten Runde ziemlich viele und verhältnismäßig schwere Fehler begangen wurden. Wie Kotow einem Journalisten richtig sagte, ist es schwer zu erklären, wann und warum ein Schachspieler gut oder schlecht spielt. Es ist überhaupt eine Ungerechtigkeit, daß die Kritiker hauptsächlich die Gründe für ein schlechtes Abschneiden erforschen und weniger danach fragen, warum jemand gut spielt. Doch muß man auch über den Einfluß des Klimas, in erster Linie über den des Föhns, reden. Über Unpäßlichkeiten wie Kopfweh, Schlaflosigkeit und andere Störungen, welche den klimatischen Verhältnissen zuzuschreiben sind, beklagen sich auch oft selbst die Schweizer. Im allgemeinen wird der empfindlichste Teil des menschlichen Organismus angegriffen. Während das Klima der Schweiz in den Bergen sehr gesund ist, ist ein Teil der Städte, so auch Neuhausen und Zürich, der Auswirkung des

Föhns ausgesetzt. Das dürfte einen Teil der Spieler beeinflußt haben."

Im Vergleich zum Turnier in Portorož könnten diese Worte vielleicht doch einen anderen Sinn bekommen. Damit will ich die Dinge nicht mystifizieren, sondern im Gegenteil: Ich möchte durch die Aufklärung der fraglichen Gründe die Tätigkeit der Spieler mit wissenschaftlicher Gründlichkeit beleuchten.

Nach dem Züricher Turnier gönnte ich mir eine Pause. Erst nach 7 Monaten betrat ich wieder die Turnierarena und zwar in den letzten Tagen des Monats Mai 1954.

Das größte Erlebnis des Jahres war für mich zur Abwechslung kein Turniererfolg, sondern eine Einladung nach Moskau. Dort wurde ich als ein Stellvertreter von Hauptschiedsrichter Karel Opocensky bei dem Wettkampf um die Weltmeisterschaft Botwinnik–Smyslow berufen. Diesem Auftrag hatte ich es zu verdanken, daß ich vom XXV. Kongreß der FIDE den Titel eines internationalen Schiedsrichters verliehen bekam.

Am 13. Mai wurde der Wettkampf Botwinnik–Smyslow beendet. Am 27. Mai war ich bereits in Prag, um mit Barcza und Kluger zusammen am europäischen Zonenturnier B teilzunehmen, das den ersten Abschnitt eines neuen Zyklus um die Weltmeisterschaft einleitete. Die ersten sechs Runden wurden in Prag, die weiteren bis zur vierzehnten in Marianské Lázně und die letzten fünf wieder in Prag ausgetragen.

In den ersten acht Runden remisierte ich nur mit meinen beiden Landsleuten und stand so mit sieben Punkten an der Spitze. Nach der elften Runde besaß ich schon 9 ½ Punkte, in der zwölften verfolgte mich aber „der Geist von Groningen und Saltsjöbaden". Mit Weiß unterlag ich Lundin trotz besserer Stellung! Ich qualifizierte mich zwar, fiel aber hinter Pachman auf den zweiten Platz zurück.

Das Schlußergebnis des Turniers lautete:

Prag/Marianské Lázně 1954: Pachman 15, Szabó 14 ½, Sliwa 13, Dr. Filip und Stahlberg je 12 ½, Olafsson 11 ½, Lundin 11, Balanel und Barcza je 10 ½, Kluger, Minew und Sajtár je 10, Uhlmann 9 ½, Ciocaltea 8 ½, Palmasson und Pedersen je 7, Koskinen 5 ½, Basjouni 5, Solin 4 ½, Hodscha 2 Punkte.

1954 war das Jahr der Schacholympiade. Nach der Absage von Argentinien übernahmen die Holländer die Veranstaltung der XI. Olympiade. Hier zu Hause stellte sich im letzten Augenblick heraus, daß Dr. Szily nicht mitfahren kann. So hatten wir weniger Möglichkeiten, einen Reservespieler einzusetzen, wenn ein Stammspieler sich in schlechter Form befand. Deshalb hatten Barcza und ich je 16 Runden und Kluger 15 Runden zu spielen. Mein Ergebnis war viel schwächer (53%) als auf den bisherigen Olympiaden. Meine beste Leistung dürfte die unten angeführte Partie (52.) gegen Unzicker gewesen sein.

52. PARTIE

Verbesserte Tarrasch-Verteidigung
Szabó–Unzicker

XI. Schacholympiade
Amsterdam 1954

1. d4 Sf6 2. c4 e6 3. Sf3 d5 4. Sc3 c5 5. c×d5 S×d5 6. e3
In den fünfziger Jahren war die Meinung weit verbreitet, daß der Textzug den Nachziehenden vor schwierigere Probleme stellt als 6. e4, worauf Schwarz 6. – S×c3 7. b×c3 c×d4 8. c×d4 Lb4+ antwortet und wegen seiner Bauernmehrheit am Damenflügel gute Aussichten hätte. Diese Auffassung wurde aber u. a. durch die Partie Polugajewsky–Tal 1969 in ihren Grundfesten erschüttert. Es ist ebenso wie in der Kriegführung: Eine neue Angriffswaffe bedeutet nur eine Weile einen Vorteil, weil früher oder später eine entsprechende Gegenwaffe erfunden wird.
6. – Sc6 7. Ld3 c×d4 8. e×d4 Le7 9. 0–0 0–0 10. Te1
Einige Jahre später bevorzugte ich 10. De2 (siehe dazu: Szabó–Portisch, Dreikampf um die XV. Ungarische Meisterschaft, Budapest 1960) in Verbindung mit weiterem Bauernopfer d4, um einen Angriff einzuleiten.
10. – Sf6
Führt Schwarz diesen Zug in der Absicht aus, den Bauern d4 mit dem anderen Springer zu blockieren, so ist 10. – Scb4 besser. Schwarz spielt dann erst nach 11. Le4 den jetzt ausgeführten Zug Sf6. Die Schattenseite dieses Manövers besteht freilich darin, daß das Feld e5 dem weißen Springer zugänglich wird.
11. a3!
Jetzt funktioniert das Springermanöver Sc6–b4–d5 nicht mehr, und Schwarz bleibt nichts weiter übrig, als seinen Damenläufer zu fianchettieren.
11. – b6 12. Lg5 Lb7 13. Lc2
Über diesen Zug mußte ich nicht lange nachdenken, denn für den weiteren Aufmarsch diente mir die Partie Szabó–van Seters, Hilversum 1947 (24. Partie) als gutes Beispiel.
13. – La6
Pariert die augenblickliche weiße Drohung Dd3. Es fragt sich jedoch, ob Schwarz den Damenläufer von der Diagonale a8–h1 wegziehen durfte. Auf der Diagonale a6–f1 ist dieser Läufer jedoch zur Untätigkeit verdammt. Es ist auch sonst nicht wahrscheinlich, daß Schwarz auf diese Weise die Schwächung g7–g6 vermeiden kann. Weiß muß jetzt freilich seinen Plan modifizieren.
14. Dd2 Tc8
Der einstige Vorschlag 14. – Dd6 (um Df4 zu verhindern) könnte kaum Zustimmung finden, weil Weiß mit 15. L×f6 L×f6 16. Se4 De7 17. S×f6+ D×f6 18. L×h7+ und Dc2+ einen Bauern gewänne.
15. Df4 Te8
Sonst ist h6 wegen L×h6! nicht möglich.
16. Tad1 h6

Nach 16. – Sd5 17. S×d5 D×d5 18. Le4 Dd8 (falls Da5, so 19. d5!) 19. d5! e×d5 20. L×h7+! K×h7 21. D×f7 könnte Schwarz aufgeben. Nach dem Textzug muß Weiß aber im Interesse des Angriffs opfern.

17. L×f6! L×f6 18. d5! e×d5 19. T×e8+ D×e8 20. Df5 L×c3 21. Dh7+ Kf8 22. b×c3 Se5!

Schwarz muß die Drohung Te1 parieren. Die Textfortsetzung ist die einzige, die der Besetzung der e-Linie und der Knüpfung des Mattnetzes vorbeugt.

23. Sd4

Diese „natürliche“ Zentralisierung hatte eigentlich die Aufgabe von Weiß erschweren können. Anstatt 23. Sd4 hatte 23. Sh4! die Möglichkeit Sg6 ausgeschaltet.

Es wäre freilich nicht am Platze, eines Figurengewinns wegen den Angriff abzublasen, denn nach 23. Dh8+ Ke7 24. D×e8+ K×e8 25. S×e5 besäße Schwarz für die Figur viele Bauern.

23. – Sg6 24. h4

Beabsichtigt nicht nur, die Schutzfigur Sg6 anzugreifen, sondern in erster Linie die Grundreihe zu entlasten.

24. – h5?

Eine automatische und übereilte Antwort. Schwarz dürfte gesehen haben, daß auf 24. – De5 der Angriff 25. h5 D×h5 26. Sf5 rasch entscheidet. Schwarz könnte aber 25. h5 mit 25. – Sf4 26. Sf5 Ke8! und nachfolgenden Verwicklungen beantworten. 25. L×g6 f×g6 26. h5! g×h5 27. Sf5 würde den Gewinn sicherstellen. Das einfache 25. L×g6 würde aber den Vorteil für Weiß sicherstellen.

25. Lf5! T×c3

26. Se6+! f×e6 27. L×g6 Dc6 28. Dh8+ Ke7 29. D×g7+ Kd6 30. Te1! Lc8

Versucht Schwarz, den Turmtausch mit 30. – Tc1 zu erzwingen, so geht sein Turm nach 31. Df8+ Ke5 32. f4+ Kd4 33. Df6+ verloren.

31. L×h5!

Die einfachste Lösung. Während der schwarze König in Sicherheit gebracht wird, rückt der weiße h-Bauer unaufhaltsam vor.

31. – Dc5 32. Lg4 Tc2 33. Df6 Kc6 34. h5 Tc1 35. T×c1 D×c1+ 36.

Kh2 D×a3 37. h6 Dd6+ 38. f4 Dc7
Schwarz gab gleichzeitig auf, denn nach 39. Dc3+ und dem Damenabtausch wandelt sich der Bauer h6 in eine Dame um (1:0).

Das letzte Schachereignis des Jahres war das Finale der ungarischen Meisterschaft. Diesmal mußte ich beinahe 80% der möglichen Punkte erzielen, um Benkő um ein halbes Pünktchen zu überflügeln. Ein Turnier zu gewinnen, ist natürlich immer eine Freude. Jetzt aber konnte ich mich doppelt freuen, als ich in der letzten Runde mit einer netten Opferkombination den erforderlichen halben Punkt erzielte. (Siehe 53. Partie.)

Der Endstand des Turniers war folgender:

Szabó 13 ½, Benkő 13, Barcza und Dr. Bély je 12 ½, Bilek 11, Kluger 10, Tipary 9, Gereben und Hajtun je 8, Dely und Pogáts je 7 ½, Forintos 7, Dr. Szily und Navarovszky je 6 ½, Ozsváth 6, Köberl 5 ½, Tapasztó 5, Sándor 4 Punkte.

53. PARTIE

Nimzowitsch-Indische Verteidigung
Szabó–Pogáts

X. Ungarische Meisterschaft
Budapest 1954

1. d4 Sf6 2. c4 e6 3. Sc3 Lb4 4. e3 c5 5. Ld3 d5 6. Sf3 0–0 7. 0–0 Sc6 8. a3 L×c3 9. b×c3 d×c4 10. L×c4 Dc7 11. Lb5?! b6?

Hier war ich sicher, daß mein Gegner den Unterschied im Vergleich zu meiner Partie gegen Sliwa, Mariánské Lázně 1954, nicht spürt. Dort beantwortete ich 10. – Dc7 nämlich mit sofortigem 11. Te1. Dieselbe Ungenauigkeit begingen auch Andersson und Unzicker gegen Gligorić auf der Münchener Olympiade 1958. Als richtige Antwort wurden 11. – a6 oder Ld7 empfohlen. Die Partie Bronstein–Filip, Portorož 1958, hatte aber die Schattenseite des Zuges a6 aufgedeckt. Auf 12. Ld3 e5 13. Dc2 Te8 14. e4! c4 – das sich in der Partie Bronstein–Euwe, Zürich 1953, bewährt hatte –, fand der sowjetische Großmeister, die Schwäche des Punktes b6 anvisierend, folgende Verbesserung: 15. L×c4 c×d4 16. c×d4 Sa5 17. Se5!

12. Te1 Lb7

Der Zug 11. – b6 schien ganz folgerichtig zu sein. Er brachte es jedoch mit sich, daß das in dieser Variante wichtige e6–e5 nicht möglich war und Weiß mit den folgenden Zügen die Oberhand im Zentrum behält.

13. e4 Sa5

Mit der Idee, das weiße Läuferpaar zu beseitigen. Ihre Schattenseite besteht darin, daß damit die Möglichkeit e6–e5 endgültig aufgegeben wird. Falls es gelingt, den Läufer c1 abzutauschen, fällt das weiße Zentrum auch dann schwer ins Gewicht. Besser war es, 13. – a6 14. Ld3 e5 15. d5 Se7 nebst Sg6 und Sf6–e8–d6 zu ziehen und eine

der Gangart der Springer angemessene Bauernstruktur zu schaffen.
14. Ld3 c4 15. Lb1 Sb3 16. Ta2 S×c1 17. D×c1 Sh5!
Sonst folgt Dg5, und Weiß wird den Springer f6 im geeigneten Moment vertreiben.
18. Dg5 Sf4 19. e5 Sh3+?

Schwarz gibt der Versuchung nach, die weiße Bauernstellung zu ruinieren und die Diagonale h1–a8 zu öffnen. Beides treibt aber nur Wasser auf die Mühle von Weiß, denn die von Schwarz erhofften Drohungen auf der fraglichen Diagonale sind leicht zu parieren, und die Öffnung der g-Linie ist dem weißen Angriff nur dienlich. Statt dieser zweifelhaften Kombination hätte Schwarz mit Sd3 ein positionelles Bauernopfer anbieten müssen. Unersprießlich wäre dagegen 19. – Sd5 wegen 20. L×h7+! K×h7 21. Dh5+ Kg8 22. Sg5 Tfc8 23. Te3!!, und der schwarze König kann sich nicht mehr retten.
20. g×h3 L×f3 21. Te3 Lb7 22. Dh4!
Auf das sofortige 22. Tg3 könnte Schwarz f5 ziehen, denn 23. e×f6 T×f6 24. D×f6 führt zu nichts wegen D×g3+!.
22. – h6
Schwarz befürchtete zu Recht, daß nach 22. – g6 die schwarzen Felder geschwächt werden und dieser Umstand die Drohungen Dh6 und h3–h4–h5 ermöglichen würde. Der Textzug würde eine ausreichende Verteidigung bieten, falls Weiß nicht ein entscheidendes Opfer bringen könnte.
23. Tg3 Kh8

24. T×g7!!
Sonst könnte Schwarz mit f5 der Gefahr entrinnen.
24. – K×g7 25. Df6+ Kg8 26. f3!
Für Ta2–e2–e3–g3 hat Weiß wegen Dd8 keine Zeit.
26. – L×f3 27. Tf2!
Jetzt greift der weiße Turm entscheidend ein.
27. – Dd8 28. D×h6 f5 29. T×f3 Kf7 30. Tg3 Dd5
30. – Dd7 würde das Matt um den

Preis der Dame parieren. Die Partie hätte aber auch danach keinen Sinn mehr.

31. Tg7+ Ke8 32. Dh5+ Kd8 33. Dh4+ Kc8 34. De7

Schwarz gab auf (1 : 0).

Das Jahr 1955 versprach mir schon viel mehr Turniergelegenheiten als das vorangegangene. Das erste Turnier war mit dem Kongreß in Hastings verbunden, auf dem ich schon das vierte Mal spielte. Diesmal erreichte ich nur den 3.–5. Rang, geteilt mit Pachman und dem sehr begabten Jugoslawen Fuderer. „Für einen Toten ist das ein ausgezeichneter Erfolg", sagte ein Londoner Bekannter zu mir. Es stellte sich nämlich heraus, daß man mich in England schon „begraben" hatte. Als der Rumäne István Szabó zu jener Zeit verstorben war, erklärten die Nachrichtenbüros irrtümlich mich für tot. Alexander, der ausgezeichnete englische Schachspieler, hatte auch schon einen Nachruf geschrieben („Obituary") über mich für seine Schachspalte, als ich in Hastings aufkreuzte. Die „Todesanzeige" wurde nicht publiziert, aber heute bedauere ich es, daß ich damals von Alexander keinen Bürstenabzug davon verlangt hatte.

Das Schlußergebnis des Hastingser Turnier lautete: Keres und Smyslow je 7, Fuderer, Pachman und Szabó je 5 ½, Unzicker 5, C. H. O. D. Alexander 4 ½, Donner 2 ½, Fairhurst 1 ½ Punkte, Philips 1 Punkt.

Anfang März, auf dem Turnier in Mar del Plata war ich bestrebt, ein besseres Resultat zu erreichen als im Jahre 1948, doch mußte ich mich mit dem vierten Platz abfinden. Es galt als eine Überraschung, daß der junge Ivkov mit 22 Jahren 76% der möglichen Punkte erzielte und dadurch sämtliche Großmeister überholte.

Das Endergebnis des Turniers zu Mar del Plata lautete: Ivkov 11 ½, Najdorf 11, Gligorić 10, Szabó und Pachman je 9 ½, Panno 9, Pilnik 8 ½, Toran 8, Wexler 7 ½, Rossetto 7, Flores 6, Letelier 5, Bauza, Dodero und Idigoras je 4 ½ und de Greiff 4 Punkte.

Die Anwesenheit der ausländischen Meister bot Gelegenheit, ein weiteres Turnier durchzuführen. Der „Club Argentina de Ajedrez" veranstaltete ein Turnier aus Anlaß seines hundertjährigen Bestehens. Ivkov brillierte abermals. Es gelang ihm auch hier, unter achtzehn Teilnehmern die Palme zu erringen. Ich spielte besser als in Mar del Plata und bezwang auch Ivkov.

Der Schlußstand des Turniers zu Buenos Aires war folgender: Ivkov 13, Gligorić 12 ½, Pilnik 12, Szabó 11 ½, Bisguier, Pachman und Rossetto je 10, Panno 9 ½, Donner 9, Guimard, Martin, Toran und Dr. Trifunović je 8, R. Sanguinetti 7 ½, Esposito 7, Lipiniks 4, Reinhard 3, F. Benkő 2 Punkte.

Die Überrumpelung des Gegners in der folgenden Partie war sehr eindrucksvoll.

54. PARTIE

Slawische Verteidigung
Szabó–Bisguier

Buenos Aires 1955

1. d4 d5 2. c4 c6 3. Sf3 Sf6 4. Sc3 e6 5. e3 Sbd7 6. Ld3 Ld6 7. e4 d×e4 8. S×e4 S×e4 9. L×e4 Sf6 10. Lc2 Lb4+ 11. Ld2 L×d2+ 12. D×d2 0–0 13. Se5 Dc7 14. 0–0–0 c5 15. De3 b6 16. d×c5 b×c5 17. g4 Tb8 18. Thg1 Db6 19. b3 Tb7 20. g5 Se8

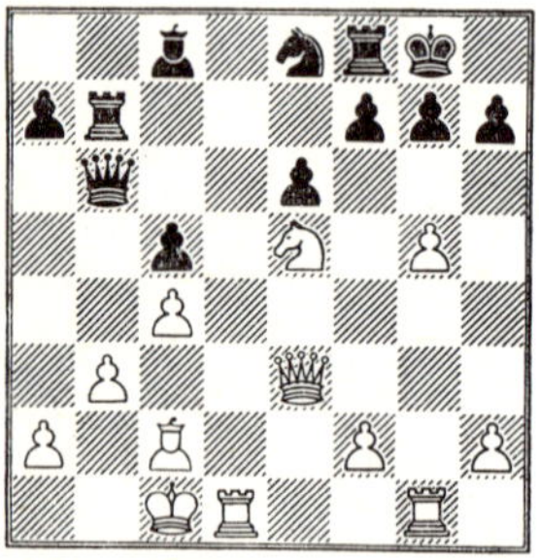

21. L×h7+ K×h7 22. Dh3+ Kg8 23. Tg4. Schwarz gab auf (1 : 0).

Das größte Ereignis des Jahres 1955 war das Interzonenturnier in Göteborg. Vorher fand aber noch der Mannschaftskampf gegen die Auswahl der Sowjetunion mit Petrosjan, Keres, Bronstein, Iliwizki, Mikenas statt. Die ungarische Auswahl bestand aus Szabó, Barcza, Benkő, Bilek, Kluger. Der Ausgang des Kampfes, der im Scheveninger System ausgetragen wurde, versprach freilich für uns kaum Chancen. Das Ergebnis 20 : 12 für die Sowjetunion entsprach etwa dem Kräfteverhältnis. Ich gewann nur eine einzige Partie, und zwar in der achten Runde gegen Bronstein (55. Partie). Auch die längste Partie war „mein Verdienst“. Bis zum 107. Zug bemühte ich mich, Mikenas zu bezwingen.

55. PARTIE

Spanische Partie
Bronstein – Szabó

Budapest 1955

1. e4 e5 2. Sf3 Sc6 3. Lb5 a6 4. La4 Sf6 5. d3 b5 6. Lb3 Le7 7. a4 b4 8. Ld5? S×d5! 9. e×d5 Sd4 10. S×e5 b3! 11. c×b3 Tb8 12. Sd2 Lb7 13. 0–0 L×d5 14. Dg4 c5! 15. Se4 0–0 16. Lh6 Se6 17. Sg3 Tb4! 18. Sc4 Kh8 19. Ld2 T×b3 20. La5 Da8 21. Lc3

21. – T×c3! 22. Sb6 Dd8 23. S×d5 T×d3 24. S×e7? D×e7 25. Dc4 Dd6 26. Tfe1 Td4 27. Dc3 Dd5 28. Se2 Td2 29. Sg3 Tb8 30. Se4 Td4 31. Dc2 h6 32. Te3 Sf4 33. g3

Sd3?! 34. Tb1 c4 35. Sc3 Df5 36. De2 Kh7 37. Tf3 De6 38. De3 Se5! 39. Tf4 Td3 40. De4+ Kg8 41. Kg2 d5. Weiß gab auf (0:1).

Meine vorhergehende zweimonatige Tour in Südamerika wirkte sich nicht gut auf diesen Mannschaftskampf aus. Bei dem gemischten Teilnehmerfeld in Südamerika war eine stürmische Kampfweise zulässig. Gegen die Weltbesten konnte man damit nicht bestehen. Für meine Person war aber die Budapester Begegnung doch sehr nützlich, hatte sie mir doch einen Dämpfer aufgesetzt. Dadurch wurde ich befähigt, in Göteborg eine auf den Gegner zugeschnittene Taktik zu verfolgen.

Das Interzonenturnier in Göteborg begann am 15. August. Einundzwanzig Teilnehmer betraten die Arena, um einen der ersten 9 Plätze zu erreichen und im darauffolgenden Jahr – zusammen mit Smyslow – am Turnier der Weltmeisterkandidaten teilnehmen zu können. Mindestens den 9. Platz zu belegen, scheint nicht eine so riesengroße Aufgabe zu sein. Nach der Betrachtung der Namensliste mußte die Situation aber anders eingeschätzt werden. Man mußte damit rechnen, daß von den sechs sowjetischen Teilnehmern mindestens fünf, eventuell sogar sechs erfolgreich sein würden. Auf die weiteren 3 bis 4 Plätze waren Najdorf, Stahlberg, Pachman, Dr. Filip, Panno, Unzikker, Fuderer Anwärter. Mein Sekundant, Großmeister Barcza, und ich haben etwa so gerechnet, daß ich über die 50%-Grenze hinaus noch 2 oder 3 Punkte holen müßte, um mich qualifizieren zu können. Die Turniertaktik war also festgelegt: Vorsicht gegenüber den sowjetischen Spielern und einige Siege gegen die anderen. Durch das Los traf ich in den ersten sechs Runden auf die folgenden Gegner: Spasski, Geller, Iliwizki, ferner auf Pachman und den robusten Rabar. In diesen Partien unternahm ich keine großen Anstrengungen, sondern trachtete danach – meinem Vermögen und Stil entsprechend –, das Gleichgewicht zu halten. Dieser Plan hatte sich bewährt, da auch die Gegner so verfahren hatten. In der siebenten Runde gelang es mir, den ersten Sieg davonzutragen, und zwar gegen Medina. Der zweite war schon leichter errungen, gegen Bisguier in der achten Runde. Im Turnier zu Buenos Aires hatte ich ihn in einer stürmischen Partie (54. Partie) besiegt. Hier erwartete er eine ähnliche Taktik von mir und war ganz verblüfft, als er einen schweren positionellen Kampf ausfechten mußte. Er beklagte sich später darüber, daß er nicht so sehr mir, sondern dem „Barcza-Stil“ unterlegen war, und damit hatte er vollkommen recht (56. Partie).

Im Besitz der geplanten zwei Pluspunkte hätte ich im weiteren ruhiger spielen können, aber dann kamen die argentinischen „schwarzen Tage“. Wegen wiederholter Schachblindheit vermochte ich aus vier Ge-

winnstellungen nur zwei Unentschieden herauszuholen.
In der dreizehnten Runde fiel Fuderer einer fehlerhaften Kombination zum Opfer. Nach dieser Niederlage war er völlig zerknirscht. Mich aber beflügelte der Sieg. Zwei Runden später schlug ich als Schwarz in einer guten positionellen Partie Stahlberg. Nachdem ich also die notwendigen beiden Pluspunkte zurückgewonnen hatte, mußte ich nur noch darauf achten, die Lage nicht zu sehr zu verschärfen und durfte nicht versuchen, ganze Punkte risikolos einzusammeln. Trotz einiger Ungenauigkeiten in der Partie gegen Sliwa ist mir das doch gelungen (57. Partie). Dadurch konnte ich mich qualifizieren. Und nun ein Blick auf die Turniertabelle:

GÖTEBORG 1955		Punkte
1.	Bronstein, D.	15
2.	Keres, P.	13 ½
3.	Panno, O.	13
4.	Petrosjan, T.	12 ½
5.	Geller, E.	12
6.	Szabó, L.	12
7.	Dr. Filip, M.	11
8.	Pilnik, H.	11
9.	Spasski, B.	11
10.	Iliwizki, G.	10 ½
11.	Pachman, L.	10 ½
12.	Guimard, C.	9 ½
13.	Najdorf, M.	9 ½
14.	Fuderer, A.	9
15.	Rabar, B.	9
16.	Unzicker, W.	8 ½
17.	Bisguier, A.	8
18.	Stahlberg, G.	8
19.	Donner, J. H.	5 ½
20.	Medina, A.	5 ½
21.	Sliwa, B.	5 ½

56. PARTIE

Englische Eröffnung
Szabó–Bisguier

Göteborg 1955

1. c4 Sf6 2. Sf3 c5 3. g3 b6 4. Lg2 Lb7 5. 0–0 g6 6. b3 Lg7 7. 0–0 8. Sc3
Beim Göteborger Interzonenturnier war Großmeister Barcza mein Sekundant. Im Verlauf der vor dieser Partie abgehaltenen Besprechung wurde der gegen den amerikanischen Schachspieler anzuwendende Stil im Umriß entworfen. Da ich ihn schon im selben Jahre mit einer Überrumpelung geschlagen hatte (siehe 54. Partie), waren wir der Meinung, daß ihn eine Eröffnungsbehandlung im ruhigen Stil gewiß überraschen könnte. Dementsprechend war jetzt eine Stammvariante der Barcza-Eröffnung entstanden, die der Namengeber früher gern mit 8. d4 c×d4 9. D×d4 Sc6 10. Dd2 fortgesetzt hatte, bis die Gegner die ausgleichende Erwiderung 10. – d5! gefunden hatten.
8. – d5 9. S×d5 S×d5 10. L×g7 K×g7 11. c×d5 D×d5 12. d4
Vergleicht man diese Stellung mit der früher erwähnten Variante (Bemerkung zum 8. Zug von Weiß), kann man feststellen, daß dort der weiße, hier aber der schwarze Damenspringer noch nicht entwickelt ist. Diesen wesentlichen Unterschied nimmt Schwarz nicht wahr. Er will durch Abtausch eine symmetrische Bauernstellung und damit den Remishafen erreichen. Und als er den

Unterschied schon spürt, wird er genötigt, in eine passive Verteidigung überzugehen.

12. – c×d4 13. D×d4+ D×d4 14. S×d4 L×g2 15. K×g2

Ich bin davon überzeugt, daß Bisguier bis zu diesem Moment glaubte, sein Ziel, die Vereinfachung und symmetrische Bauernstellung, erreicht zu haben. Der Unterschied zwischen der weißen und der schwarzen Position ist jedoch wesentlich. Er besteht in erster Linie in der Schwäche des Punktes c6. Freilich ist auch der Punkt c3 im weißen Lager schwach, doch ist er dem schwarzen Springer nicht zugänglich. Will Schwarz den Punkt c6 mit e5 entlasten, so wird der Punkt d6 schwach. Das ermöglicht, daß die weißen Türme die c-Linie besetzen können. Ist Schwarz also verloren? Nein, das kann man nicht behaupten, zu einer erfolgreichen Verteidigung wäre aber ein Spieler von entsprechendem Format erforderlich.

15. – a6?

Das erhöht die Schwierigkeiten. Unerläßlich war 15. – Sd7!.

16. Tfc1 Ta7 17. e3 Td7 18. Tc2 e5 19. Sf3 f6

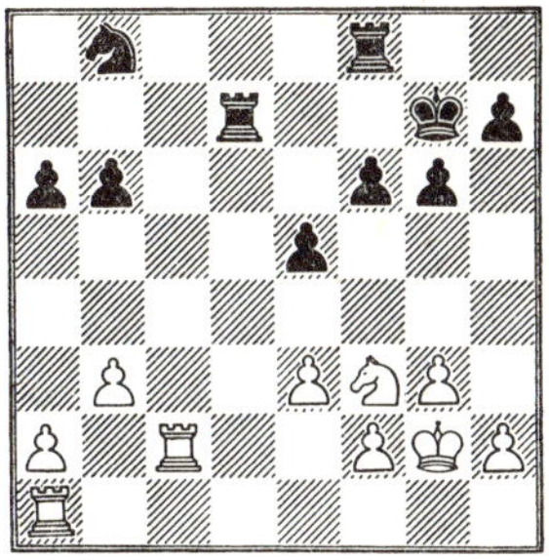

Trotz der oben angeführten Probleme scheint die Stellung von Schwarz verteidigungsfähig zu sein. Das Übel besteht eigentlich darin, daß der schwarze Springer schwer zu aktivieren ist. Weitere schwarze Bauernzüge ziehen bereits ernstere Schwächen nach sich. Weiß kann nun gerade solche Schwächen erzwingen.

20. g4! Kf7

Nach 20. – h6 21. h4 droht nicht nur g5, sondern auch h5. Vorzuziehen war aber 20. – Te8, um g4–g5 mit f6–f5 beantworten zu können.

21. g5 Tdf8 22. Tc4 Td5 23. g×f6 K×f6

Verbunden mit einem neuen Nachteil, dem vereinzelten Bauern e5.

24. Tac1 h6 25. h4 T8d6

Bereitet die Entwicklung des Springers vor. Wird der Springer jedoch ins Spiel gebracht, können die weißen hinter den schwarzen Bauern eindringen.

26. Tc8 Sd7

Schwarz hat drei verwundbare Reihen zu schützen, die sechste, siebente und achte. Eine davon muß er aufgeben. Falls 26. – Td8 folgt, wird Schwarz nach 27. T×d8 T×d8 28. Tc7 Sd7 (sonst Th7 mit der Drohung g5 und T×h6) 29. Tc6+ Kf7 30. Td6 lahmgelegt.

27. Th8! Kg7 28. Te8 Kf7 29. Tcc8 Te6 30. Th8 Kg7 31. Thd8 Te7 32. Tc7 Kf6 33. e4 Td6 34. Sh2

Der Zug e3–e4 deckte eine neue Schwäche in der schwarzen Stellung auf, das Fels d5. Danach trachtet der Springer nun.

34. – Ke6 35. Tb7!

Aus einer solchen Stellung muß man mehr herausholen als 35. Sg4 Sc5 36. T×d6+ K×d6 37. T×e7 K×e7 38. S×e5.

35. – Td2?

Schwarz verschenkt einen Bauern. Wie sonst könnte er die Fesselung ohne Materialverlust loswerden?

36. T×b6+ S×b6 37. T×d2 Tc7 38. Sg4 h5 39. Se3

Der Einbruchspunkt c2 ist gedeckt, jetzt kann der weiße Turm wieder aktiviert werden.

39. – a5 40. Td8 a4 41. Te8+!

Damit 41. – Kf6 mit 42. Tb8! Tc6 43. T×b6 bzw. 41. – Kd6 mit 42. Tg8 beantwortet werden kann.

41. – Kf7 42. T×e5 a×b3 43. a×b3 Sd7 44. Sd5! S×e5 45. S×c7 Ke7 46. Sd5+ Kd6 47. f4 Sd3 48. Kf3 Se1+ 49. Kf2 Sd3+ 50. Ke3 Se1 51. b4! Sg2+ 52. Kf2 S×h4 53. b5 g5 54. b6 Kc6 55. Se7+! K×b6 56. f×g5

Schwarz gab auf (1 : 0).

57. PARTIE

Damenindische Verteidigung
Sliwa–Szabó

Göteborg 1955

1. d4 Sf6 2. c4 e6 3. Sf3 b6 4. g3 La6 5. Da4 Le7 6. Lg2 0–0 7. Sc3 c6 8. Sd5 De8! 9. b4 Lb7! 10. 0–0 d6 11. Se3 d5 12. c5 a5! 13. Db3 a×b4 14. D×b4 Sbd7 15. Sa4 b×c5 16. S×c5 La6! 17. Lg5 S×c5 18. d×c5 Sd7 19. L×e7 D×e7 20. Tfc1 Tfb8 21. Dg4 Lb5 22. Lf1 Ta4 23. f4 Tba8 24. Tc2

24. – Lc4? (Tc4!) 25. Df3 T×a2 26. Tc×a2 T×a2 27. T×a2 L×a2 28. De3 Lc4 29. Se5 D×c5! 30. D×c5 S×c5 31. S×c6 f6? (Kf8) 32. Kf2

Kf8 33. Lg2 Ke8 34. Lf3? (Sb4) Kd7 35. Sd4 Kd6 36. Lg2 g6 37. Ke3 e5 38. f×e5+ f×e5 39. Sf3 d4+ 40. Kf2 Se4+ 41. Ke1 Sc3?! (Sf6) 42. Lf1 Lf5

43. Sg5 h6 44. Sh3 e4 45. Sf2 e3 46. Sd3 Le4 47. Sc1 Lc2 48. Lh3 Kc5 49. Lc8 Kb5! 50. Lb7 g5! 51. h4 Kb4 52. h×g5 h×g5 53. La6 Ka3 54. Sd3 L×d3 55. L×d3 Kb2 56. Lf5 Kc1 57. Ld3 Sd5 58. Lc4 Sb4 59. g4 Sc2+ 60. Kf1 Kd2.
Weiß gab auf (0 : 1).
In der XI. Ungarischen Meisterschaft traf ich bereits in der ersten Runde auf meinen Hauptrivalen Barcza. Zwar erreichte ich eine Gewinnstellung, konnte aber meinen Mehrbauern im Damenendspiel nicht zur Geltung bringen. Damals dachte ich noch nicht daran, daß diese Partie unter dem Gesichtspunkt der Landesmeisterschaft einmal ausschlaggebend sein würde. Der andere Konkurrent, Pál Benkő, erwies sich diesmal nämlich als ein viel gefährlicherer Gegner als in den früheren Jahren. Vor der letzten Runde lagen alle drei punktgleich an der Spitze. Dann besiegte Barcza in der letzten Runde Benkő. Das Schlußergebnis lautete:
Barcza 14, Szabó 13, Gy. Szilágyi und Benkő je 12 ½, Dr. Bély 11 ½, Gereben 11, Flórián 10 ½, Bilek und Grács je 10, Portisch 9 ½ usw.
Eine Besondherheit war, daß ich mir bereits in der Mitte der Partie gegen Földi (58. Partie) einen „Mehrkönig" verschaffen konnte: Nach dem 39. Zug von Weiß steht der schwarze König patt!

58. PARTIE

Nimzowitsch-Indische Verteidigung

Szabó–Földi

XI. Ungarische Meisterschaft

Budapest 1955

1. d4 Sf6 2. c4 e6 3. Sc3 Lb4 4. e3 0–0 5. Ld3 c5 6. a3 L×c3+ 7. b×c3 b6 8. e4 Se8 9. Dh5! d6 10. e5 g6 11. Df3 d5 12. Lh6 Sg7 13. Df6! Sh5 14. D×d8 T×d8 15. g4 Lb7 16. c×d5 Sg7 17. Lg5 Tc8 18. f3 L×d5 19. Kf2 c×d4 20. c×d4 Tc3? 21. Tc1! T×c1 22. L×c1 Sc6 23. Se2 Sa5 24. Lg5 Tc8 25. h4 Sb3 26. Tb1 Sa5 27. h5 Lc4? 28. Tc1 b5 29. L×c4! S×c4 30. Sg3 Se8 31. Se4 Tc7 32. a4! b×a4 33. Sd6!

(Siehe folgendes diagramm)

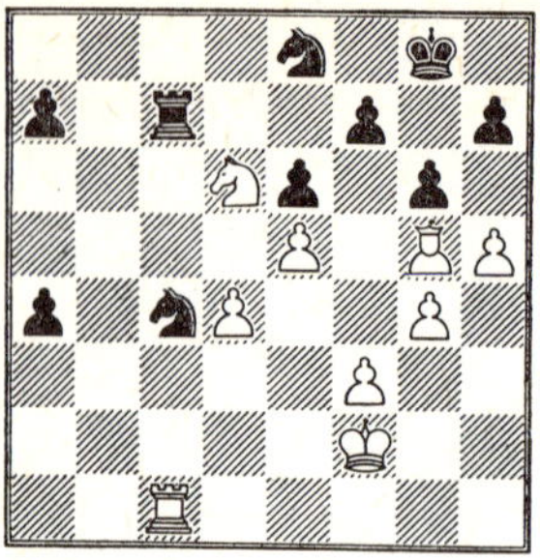

33. – Sb2 34. Ke2! T×c1 35. L×c1 a3 36. S×e8 Sc4 37. Sf6+ Kh8 38. L×a3 S×a3 39. h6!

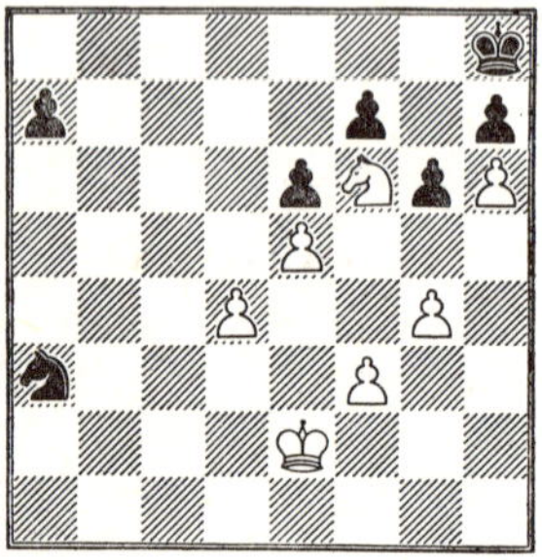

39. – Sc4 40. Kd3 Sb2+ 41. Kc3 Sd1+ 42. Kd2 Sb2 43. f4 Sc4+ 44. Kd3 Sa5 45. d5! e×d5 46. Kd4 Sb7 47. S×d5 a5 48. Kc4 Sd8 49. Kb5 Kg8 50. Sf6+ Kh8 51. K×a5 g5 52. f5!

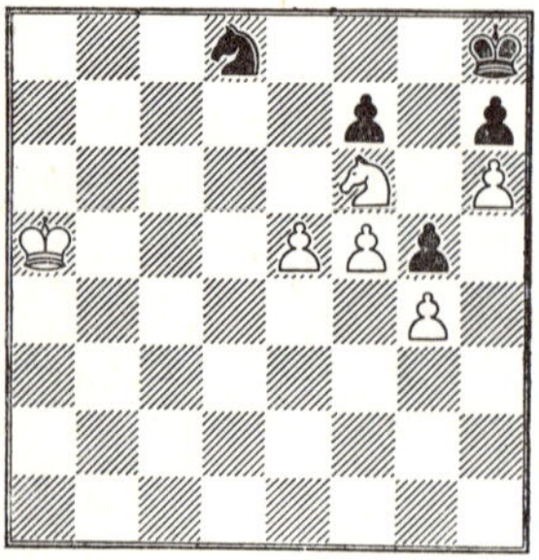

52. – Sc6+ 53. Kb6 S×e5 54. Kc7 Sg6 55. f×g6 h×g6 56. h7 Kg7 57. Kd7 Kh8 58. Ke7 Kg7 59. Se8+! K×h7 60. K×f7 Kh6 61. Kf6 Kh7 62. K×g5.

Schwarz gab auf (1 : 0).

In Amsterdam spielte ich mit den schwarzen Steinen gegen Smyslow. Hier vermied ich den Fehler, den ich in Neuhausen begangen hatte, nämlich um jeden Preis auf Gewinn zu spielen. So konnte ich ruhig weiterspielen, denn bei einem derart starken Teilnehmerfeld reichten ein bis zwei Pluspunkte zu einem hohen Rang, vier Punkte mehr sogar zum Turniersieg aus.

Das Ergebnis aus der dritten Runde machte mir aber einen Strich durch die Rechnung. Ich verlor gegen Filip. Diese Partie hat eine eigenartige Geschichte. Noch während der Vorbereitungsperiode hatte ich per Post einen großen dicken Briefumschlag erhalten. Der Name des Absenders war mir nicht bekannt. Der Umschlag enthielt mehrere Dutzend Varianten der Königsindischen Verteidigung. Ähnliche eröffnungstheoretische Vorschläge hatte ich auch früher erhalten, hauptsächlich von Schachspielern, die ihre Erfolglosigkeit im praktischen Schachspiel mit „Variantenungeheuer“ auszugleichen versuchten. Die meisten Vorschläge erwiesen sich für mich als unbrauchbar. Weil ich damals vollauf mit der Vorbereitung auf die Weltmeisterschaftskämpfe beschäftigt war, legte ich diesen Brief beiseite, um ihn mir eventuell nach dem

Turnier anzusehen. Und ausgerechnet das erwies sich als Mißgriff, der mir einen ganzen Punkt kostete. Vielleicht hätte ich diesen Brief meinem Sekundanten übergeben sollen. In diesem Fall hätte mich die unerwartete Eröffnung von Filip nicht überrascht, die er sicherlich aufgrund einer solchen Variantenstudie gegen mich vorbereitet hatte. Mit einer scheinbar guten Kombination geriet ich rasch in Nachteil, und der Punkt ging verloren, der in meiner ganzen Schachlaufbahn der vielleicht wertvollste war. Ich kann mich auch damit nicht trösten, daß ich in späteren Turnieren mit derselben Eröffnung – Königsindische Verteidigung, Vierbauernsystem – etwa ein Dutzend Partien gewonnen hatte.
Der Name des Absenders des erwähnten Briefes wurde im Laufe der Jahre bekannt: Es war Gunderam. Über die verschiedenen Varianten dieser Eröffnung hat er bereits ein Buch unter dem Titel „Neue Eröffnungswege" geschrieben.
Eine verdiente Niederlage bereitet weniger Schmerz als eine, die man aus einen guten Stellung heraus wegen irgendeines Versäumnisses erleidet. Deshalb war ich nicht erbittert, sondern spielte ruhig weiter und bezwang in der sechsten Partie Spasski. Meine Freude darüber dauerte aber nicht lange. Wieder bekam ich die „argentinische Krankheit" in Göteborg, ich unterlag Pilnik. Ich hatte ihn anläßlich meiner Südamerika-Tournee kennengelernt und hielt ihn für einen Schachspieler von natürlicher Begabung, der sich um die Eröffnungstheorie nicht viel kümmert. Ich setzte überhaupt nicht voraus, daß er sich durch das Studium meiner früheren Partien vorbereiten würde. Doch gerade das geschah. Ich wiederholte die Eröffnungszüge, mit denen ich 1953 in Zürich gegen Gligorić gewonnen hatte. Pilnik hatte eine feine Verbesserung gefunden und gewann.
Diese Niederlage berührte mich besonders schmerzlich, weil Pilnik im gesamten Turnier nur diese eine Partie zu gewinnen vermochte!
Nach der ersten Hälfte stand Geller mit sechs Punkten an der Spitze, ihm folgten Bronstein und Keres mit je 5 ½ Punkten. Die weitere Reihenfolge war: Smyslow 5, Petrosjan 4 ½, Filip, Spasski und Szabó je 4, Panno 3 ½, Pilnik 3 Punkte.
Die zweite Hälfte desTurniers wurde in Leeuwarden im großen Saal der Börse, der tausend Menschen faßte, begonnen. Wir wohnten aber nicht in der Stadt, sondern 35 km weit davon entfernt. Die Fahrerei gefiel zwar den meisten Teilnehmern nicht, aber der große Spielsaal war viel angenehmer als der enge Turniersaal des Pavillons Minerva in Amsterdam. Früher verärgerten micht solche Fahrereien, jetzt bemühte ich mich aber, solche vorübergehenden Unannehmlichkeiten zu ertragen.
Bis zur 15. Runde remisierte ich einige Male aus besseren Stellungen. Endlich brachte die 16. Runde eine Wendung. Es gelang mir, Pilnik Revanche zu geben und dann in der

letzten Runde eine Ungenauigkeit Gellers auszunutzen (siehe 59. Partie). Damit befand ich mich wieder in vornehmer Gesellschaft.

Nach den unglücklich verlaufenen Partien gegen Filip und Pilnik konnte ich mit meiner Leistung wahrlich zufrieden sein. In diesem Turnier waren die sowjetischen Großmeister den anderen weit überlegen: +14 –2 = 31. Wenn man in Betracht zieht, daß mein Ergebnis gegen die sowjetischen Teilnehmer mit +2 –0 = 10 positiv war, kann ich es nur sehr bedauern, daß ich die Punkte gegen Filip und Pilnik abgab. Schließlich die Turniertabelle:

AMSTERDAM 1956		Punkte	
	1. Hälfte	2. Hälfte	insgesamt
1. Smyslow, W.	5	6 ½	11 ½
2. Keres, P.	5 ½	4 ¼	10
3. Szabó, L.	4	5 ½	9 ½
4. Spasski, B.	4	5 ½	9 ½
5. Petrosjan, T.	4 ½	5	9 ½
6. Bronstein, D.	5 ½	4	9 ½
7. Geller, E.	6	3 ½	9 ½
8. Dr. Filip, M.	4	4	8
9. Panno, O.	3 ½	4 ½	8
10. Pilnik, H.	3	2	5

59. PARTIE

Nimzowitsch-Indische Verteidigung
Geller–Szabó

Amsterdam 1956

1. d4 Sf6 2. c4 e6 3. Sc3 Lb4 4. e3 0–0 5. Ld3 d5 6. Sf3

Bezüglich 6. a3 siehe die Partie Kottnauer – Szabó, Venedig 1949 (32. Partie).

6. – c5 7. 0–0 Sbd7

Drei Jahre früher wandte ich diese Variante in Zürich mit den weißen Steinen gegen Kotow an (51. Partie).

8. De2

Nach Euwe ist die beste Fortsetzung 8. c×d5 nebst Ld2 und eventuellem a3. Eine umstrittene Variante war zu jener Zeit die Folge 8. a3 d×c4 9. L×c4 c×d4 10. e×d4 L×c3 11. b×c3 Dc7, aber seitdem wurde auch diese Variante mit vielen neuen Ideen bereichert. In der Partie Taimanow–Barcza, Havanna 1967, z. B. wurden mit 9. a×b4 c×d4 10. L×h7+! neue Probleme aufgeworfen.

8. – a6

Ob mein Gegner in diesem Moment an meine gegen Kotow gespielte Partie dachte, weiß ich nicht. Sie endete mit einem Sieg für Weiß. Bei dieser Partie kiebitzte auch Geller. Er setzte damals ebenso wie ich fort, erhielt aber nicht dieselbe Antwort. Geller hatte sich aber sicherlich daran erinnert, daß ich in diesem Turnier gegen ihn 6. – b6 7. 0–0 c5 8. De2 Sbd7 9. c×d5 e×d5 10. a3 La5 gespielt hatte und nach 11. b4! nur mit Mühe und Not Remis halten konnte.

9. a3 La5

Jetzt ist die Lage natürlich anders, als wenn b6 gespielt worden wäre, denn der Läufer kann über b6 oder c7 wieder ins Spiel gebracht werden.

10. Tb1

Geller verfolgt denselben Plan wie

in unserer Partie 1955. Natürlicher ist aber das gebräuchliche 10. Td1, obwohl Schwarz darauf seine ursprüngliche Idee 10. – d×c4 11. L×c4 b5 bequem ausführen könnte.

10. – d×c4 11. L×c4 b5 12. Ld3 Lb7 13. b4 c×b4

Ein umstrittener Entschluß, doch bin ich überhaupt nicht sicher, daß ich im Falle von 13. – c×d4 nicht mit noch mehr Schwierigkeiten hätte kämpfen müssen. Tb1 und b4 sind für die ähnlichen Systeme des angenommenen Damengambits oder der verbesserten Tarrasch-Verteidigung nicht angebracht. Eines ist dennoch sicher: 13. – c×b4 verleiht dem Kampf einen anderen Charakter.

14. a×b4 Lc7 15. e4 e5 16. d5 Tc8 17. Lg5?

Dieser Zug scheint natürlich zu sein, erweist sich aber als Tempoverlust und behindert die Umgruppierung der weißen Figuren. 17. Sd1! Se8 18. Se3 Sd6 19. g4 wäre wahrscheinlich die einzig annehmbare Zugfolge des Anziehenden gewesen.

17. – h6 18. Ld2 Se8!

In dieser Stellung ist es ohne Bedeutung, ob der weiße Damenläufer auf c1 oder auf d2 steht. Darin aber liegt ein wesentlicher Unterschied, ob Weiß ohne 17. Lg5? mit Sd1 mit der Umgruppierung beginnt oder Schwarz.

19. Sd1 Sd6 20. Se3? Sf6!

In Betracht kam auch 20. – f5!?, der Textzug vermehrt jedoch mit weniger Risiko den Stellungsvorteil. Weiß kann jetzt nicht den Bauern e5 schlagen, denn Schwarz erobert mit 21. S×e5 Sd×e4 22. Sc6 L×c6 23. d×c6 S×d2 24. D×d2 Dd6 den Bauern c6 zurück.

21. Sd1

21. – S×d5!

Zerschmettert das bisher gefestigt scheinende weiße Bauernzentrum. Der gedeckte Vorposten d5 wird ein schwacher Bauer, der leicht angegriffen werden kann.

22. e×d5 e4 23. Lc2

Auf 23. L×e4 kann Schwarz entweder einen Bauern gewinnen oder eine nette kombinatorische Abwicklung wählen: 23. – S×e4 24. D×e4 L×d5 25. De2 L×f3 26. g×f3 Te8 27. Le3 Dh4 28. f4 L×f4 29. f3 L×e3+ 30. S×e3 Dg5+ 31. Kf2 T×e3! 32. D×e3 Tc2+ und gewinnt die Dame.

23. – e×f3 24. D×f3 Dh4!

Auf 24. – Sc4 gewinnt 25. Dd3! zur Deckung des Bauern d5 Zeit, den Schwarz ohne Damentausch nicht erfolgreich angreifen könnte.

25. Dd3 f5 26. Se3 Lb6! 27. Tbc1 Dd4! 28. Tfd1 D×d3 29. L×d3 Tce8 (!)

Der nützlichste Zug, der in Zeitnot die Lage verwickelt.

30. Sc2

Verzichtet freiwillig auf den Bauern, um statt dessen seine Figuren besser plazieren zu können.

30. – L×d5 31. Le3! L×e3 32. S×e3 Lb3 33. Lc2 L×c2 34. T×d6

Stark in Frage kam 34. T×c2, denn bei auf zwei Flügel verteilten Bauern ist der Läufer in der Regel stärker als der Springer.

34. – Lb3 35. Tc3 La4?

Hier war 35. – Le6! der richtige Zug, der zwar den Bauern zurückgibt, aber doch den Vorteil in anderer Form bewahrt.

36. g3 (?) f4 37. g×f4(?) T×f4 38. T×a6?

Das ist schon ein verhängnisvoller Fehler, denn auch die letzte Rettungsmöglichkeit ist verpaßt. 38. Sd5 hätte den Bauern f2 gerettet, der zweifellos wertvoller ist als der Bauer a6.

38. – Tef8 39. Ta7 T×f2 40. Tcc7 T2f7 41. Sd5 Lb3 42. Sc3 Tf1+! 43. Kg2 T8f2+ 44. Kg3 Tf3+ 45. Kh4

Hier wurde die Partie abgebrochen. Mein Abgabezug wäre am besten 45. – g5+ gewesen, der in einigen Zügen zum Matt führen würde. Meine Nervenanspannung war aber so groß, daß ich einem sicheren Matt ein „sicheres“ Schachgebot vorzog.

45. – Tf4+ 46. Kg3 T4f3+ 47. Kg2 Le6! 48. T×g7+ Kf8 49. h3 L×h3+ 50. Kh2 T1f2+ 51. Kg1 Tc2

Weiß gab auf (0 : 1).

VON TURNIER ZU TURNIER

(1956–1970)

Das andere große Schachereignis nach dem Kandidatenturnier in Amsterdam war die Moskauer Olympiade im Jahre 1956.
Die beiden erfahrenen Olympiateilnehmer – Barcza und ich – befanden sich gleichzeitig in Hochform, und das war für den Erfolg der ungarischen Mannschaft förderlich. In den ersten fünf Runden holten wir beide aus zehn Partien 8 $^1/_2$ Punkte heraus. Meine persönliche Leistung waren 11 Punkte aus 17 Partien, das sind 64,7% der möglichen Punkte.
Von meinen Moskauer Partien lagen mir besonders die im Halbfinale gegen Balanel (60. Partie) und die im Finale gegen Unzicker (61. Partie) gewonnene.

60. PARTIE

Spanische Partie

Balanel–Szabó

XII. Schacholympiade
Moskau 1956

1. e4 e5 2. Sf3 Sc6 3. Lb5 a6 4. La4 d6 5. c3 Sf6 6. d4 Ld7 7. 0–0 Le7
Von der Variante 7. – S×e4 8. Te1 Sf6 9. d×e5 d×e5 10. L×c6 L×c6 11. D×d8+ T×d8 12. S×e5 Le4!? nahm ich Abstand. Sie galt damals als spielbar, bis in der Partie Boleslawski–Sliwa, Belorußland – Polen 1955, das Spiel des Anziehenden mit 13. Sd2 Le7 14. S×34 S×e4 15. Lh6! verbessert wurde.
8. Sbd2 0–0 9. Te1 e×d4 10. c×d4 Sb4 11. L×d7 D×d7 12. Sf1 c5 13. a3
Dreiundzwanzig Jahre später experimentierte ich in Helsinki gegen den Schweden Ornstein als Schwarz wieder mit dieser Verteidigung. Mein Gegner, der junge internationale Meister setzte mit 13. Lg5? fort und unterließ es, den Springer zurückzutreiben. Nach meiner Antwort 13. – c4! konnte der Springer das Feld d3 bequem einnehmen.
13. – Sc6 14. d5 Se5 15. S×e5 d×e5 16. f4 Ld6?
Bis zu diesem Zug spielten beide Seiten im Geiste der Eröffnung. Balanel betrachtete den Zug 16. f4 als eine Verbesserung im Vergleich zu der Partie Awerbach–Smyslow, Meisterschaft der UdSSR 1951, wo 16. Sg3 Se8 17. f4 Ld6 18. Sf5 f6 19. g3 g6 20. Sh6+ Kh8 21. f5 mit Vorteil für Weiß geschah. 16. f4 wäre aber nur dann eine Verbesserung, wenn Schwarz zu Ld6 gezwungen

würde. Die Öffnung der Diagonale a7–g1 ermöglicht aber auch eine indirekte Deckung des Bauern e5. Nach 16. – c4! 17. f×e5 Sg4 18. e6 Lc5+ 19 Se3 S×e3 20. L×e3 L×e3+ 21. T×e3 f×e6 kann man von einem Vorteil für Weiß überhaupt nicht mehr reden. Deshalb kann der Verbesserungsversuch 16. f4 kaum empfohlen werden.

17. Df3 c4

Jetzt ist das schon erzwungen, und nicht so gut wie einen Zug früher.

18. Le3?

Fehler wider Fehler. Nach 18. Se3! hätte Schwarz schon Schwierigkeiten bekommen.

18. – b5 19. f5

Für den Abbau der Spannungen ist das ein sehr ungeeigneter Plan. Weiß hätte den Punkt f5 eher für den Springer erhalten müssen.

19. – Tfc8 20. g4 c3 21. b3

Weiß möchte dem Eindringen der schwarzen Türme vorbeugen. Der Bauer c3 nimmt aber die weißen Figuren so sehr in Anspruch, daß Weiß auf dem anderen Flügel keine erfolgreiche Aktion einleiten kann.

21. – c2! 22. g5 Se8 23. Ld2 De7

Greift den Bauern a3 an, nimmt aber auch die andere Seite aufs Korn.

24. b4

Im Falle von 24. a4 könnte Schwarz den Läuferabtausch erzwingen und dann seine Türme auf den schwarzen Feldern aufmarschieren lassen, wenn der weiße König seines natürlichen Schutzes, der Bauern, schon beraubt ist.

24. – a5! 25. b×a5 T×a5!

So wird der vorangegangene Bauernzug verständlicher. Der schlaue Damenzug De7 trägt jetzt seine Früchte: Durch die Aktivität auf dem Damenflügel wird der weiße Königsflügel zerrüttet. Die Drohung f5–f6 existiert nicht mehr, die bisher dem Nachziehenden die Hände gebunden hatte.

26. L×a5 c1D!

Der Schlüsselzug der mit 24. – a5! eingeleiteten Kombination. Balanel dürfte auf ein Qualitätsopfer mit 26. – Da7+ gerechnet haben. Er zog a tempo, und so ist es verständlich, daß das Opfer des starken c-Bauern ihn sehr überraschte und seinen Widerstand brach. Deshalb beging er zwei Züge später einen neuen Fehler.

27. Ta×c1 T×c1 28. T×c1?

Nach 28. f6! hätte Schwarz den Sieg noch erarbeiten müssen, der ihm jetzt in den Schoß fällt.

28. – D×g5+ 29. Dg3 D×c1 30. Db3 Lc5+ 31. Kg2 Sd6

Der Springer nimmt einen ausgezeichneten Platz ein, von wo aus er gleichzeitig blockiert und angreift.

32. Lb4

Auf 32. a4 wäre Dc4 oder Df4 gut.
32. – S×e4 33. L×c5 D×c5 34. Se3 h5 35. a4
Verliert sofort, aber auch 35. Dd3 Sd6 hätte die Partie nur verlängern können.
35. – b×a4
Weiß gab auf (0 : 1).

61. PARTIE

Benoni-Verteidigung
Szabó–Unzicker

XII. Schacholympiade
Moskau 1956

1. d4 Sf6 2. c4 e6 3. g3 c5 4. d5 e×d5 5. c×d5 d6 6. Sc3 g6 7. Lg2 Lg7 8. Sf3 0–0 9. 0–0 a6 10. a4 Sbd7 11. Sd2 Te8 12. h3 Tb8 13. Sc4 Se5 14. Sa3 Dc7
1982) 15. f4 Sed7 16. e4 b6 17. Kh2 Lb7 18. Dd3 Tbc8 19. Sc4 La8 20. Ld2 Db8 21. Dc2 Tcd8 22. Tfe1 h6 23. Ta3 Sh5 24. Se2 Shf6 25. Sc3 Sh5 26. Lf3 Shf6 27. Te2 Sh7 28. Ta1 Shf6 29. Db3 Sh7 30. Tae1 Shf8 31. Lg2 Sh7

32. e5! d×e5 33. f×e5 S×e5 34. Lf4 f6 35. L×e5! f×e5 36. D×b6 D×b6 37. S×b6 Sf6 38. a5 Sd7 39. S×d7 T×d7 40. Sa4 L×d5 41. S×c5 T7d8

42. S×a6! Lc4 43. Sc7 Te7 44. Tc2 Ld3 45. Tc6 e4 46. Se6 Tb8 47. Sc5! Ta7 48. Tb6 Tf8 49. b4 Tf2 50. a6 Lc3

51. T×e4! L×e4 52. S×e4 Ld4 53. Td6 Le5 54. T×g6+ Kf7 55. S×f2 K×g6 56. Lb7! Kf5 57. Sg4.
Schwarz gab auf (1 : 0).

Mein dritter Platz im Kandidatenturnier und mein gutes Spiel auf der Moskauer Olympiade steigerten mein Selbstvertrauen in hohem

Maße. So gut gelaunt startete ich am 7. Oktober beim Aljechin-Gedenkturnier in Moskau.
In den ersten fünf Runden erwarb ich drei Punkte. In der zweiten Runde gelang es mir, erneut gegen Keres den Sieg davonzutragen (62. Partie).

62. PARTIE

Englische Eröffnung
Szabó–Keres

Aljechin-Gedenkturnier
Moskau 1956

1. c4 e5 2. Sc3 Sf6 3. g3 c6 4. Lg2? d5 5. c×d5 c×d5 6. d3 Sc6 7. Sf3 Le7 8. 0–0 0–0 9. d4 e4 10. Se5 Le6 11. S×c6 b×c6 12. Sa4 Sd7 13. Le3 Da5 14. Tc1 Sb6!? 15. Sc5 Sc4 16. S×e6 f×e6

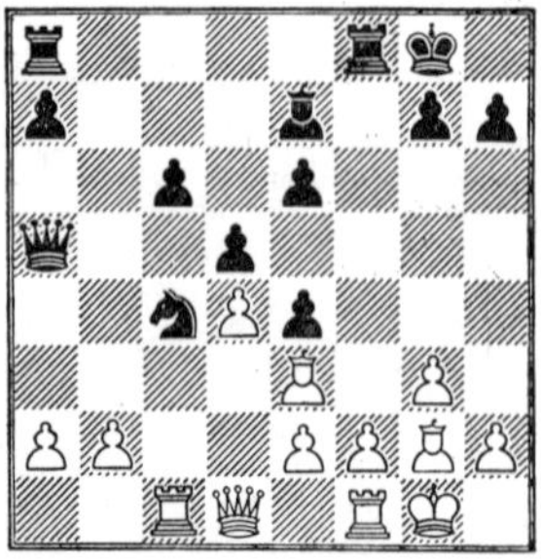

17. T×c4! d×c4 18. L×e4 D×a2 19. Dc2 c3 20. D×c3 Tab8 21. D×c6 Kh8 22. d5! e×d5 23. L×d5 D×b2 24. L×a7 Tbc8? 25. De6 Lc5! 26. L×c5 T×c5 27. Dd6 Tcc8 28. Lc4 Tfd8 29. Da6 Dd4 30. Ld3 Tf8 31. Da1 Dc5 32. Kg2 Dd5+ 33. f3 Tce8 34. Da4 Te5 35. Tb1 Te3 36. Dc4 Da8 37. Tf1 Tfe8 38. Tf2 Dd8 39. Df4 T3e5? 40. Dg4 Dd6 41. Dh4 g6 42. Dc4 Tc5 43. Da2 Dd4 44. Tf1 Tce5 45. Tc1 Te3 46. Tc7! T3e7 47. Tc4 De5 48. Da3 Df6 49. Tc2 Kg7 50. h4 Td8 51. Db2! Tdd7 52. D×f6+ K×f6 53. Tc6+ Te6 54. Tc4 Te3 55. Tc3 T3e7 56. Tc6+ Te6 57. Tc8 Te3 58. g4 T7×d3? 59. e×d3 T×d3 60. Tc7! h6 61. Th7

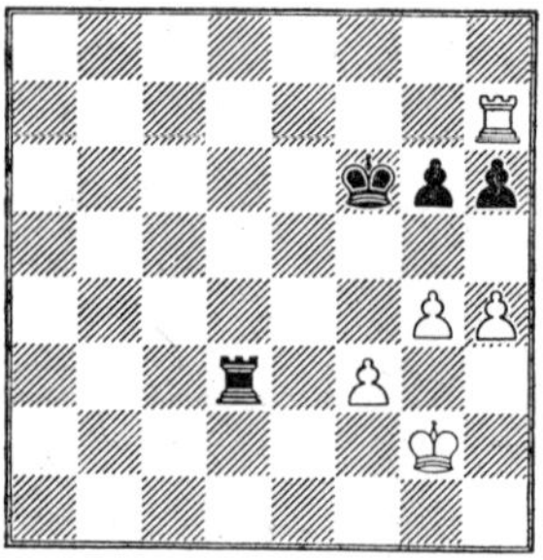

61. – Td6 62. h5! Kg5 63. Tg7 Kh4 64. T×g6 Td2+ 65. Kf1 Kg3 66. Tf6! Ta2 67. Ke1 Th2 68. Kd1! Tg2 69. Kc1 Th2 70. Kb1! Tg2 71. T×h6 K×f3 72. Tg6 Ke4 73. h6 Th2 74. g5 Kd3 75. Tg7 Kc3 76. h7 Kb3 77. Tb7+.
Schwarz gab auf (1 : 0).
Aus Budapest kamen beunruhigende Nachrichten, und die Ungarn im Hotel „Leningrad“ sprachen mehr über die Geschehnisse zu Hause als über das Schachturnier. Ich hatte schon keine Geduld mehr, mich auf die einzelnen Partien vorzubereiten und fiel langsam, aber sicher in der Tabelle zurück. Meinen elften Platz zu erklären, ist wohl unter solchen

Umständen nicht nötig. Auch das russische Turnierbuch schreibt mit Verständnis: „Szabó hatte seine ehrenwerten Gründe, seine Form zu verlieren.“

Im Verlauf des Turniers erhielt ich mit Freude eine Einladung des Jugoslawischen Schachbundes für eine Simultantournee in der Hauptstadt und in der Provinz. Anfang November flog ich nach Belgrad. Hier erhielt ich eine neue Einladung aus Hastings.

Die politische Krise, die ganz Ungarn erschütterte, hatte auf mich und meine sehr empfindlichen Nerven eine große Auswirkung. Als ich nach meinem mäßigen Erfolg im Januar 1957 aus Hastings heimkehrte, befanden sich das Land und die Hauptstadt in einer noch sehr trostlosen Lage. Manche nahmen es mir übel – obwohl sie vielleicht an meiner Stelle dasselbe getan hätten –, daß ich eine Einladung zu einer Simultanrundreise nach Schweden annahm. Diese gelang mir über alle Erwartungen gut. Ich spielte in vierzig Orten insgesamt 1279 Partien, von denen ich 1058 gewann, 44 verlor und 177 remisierte. Das war ein 90%iger Erfolg!

Im Juli 1957 beteiligte ich mich am 11. Przepiorka-Gedenkturnier in Szczawno Zdrój. Dieses Turnier war für mich sehr erfolgreich. Obwohl ich hinter Geller und Cholmow nur den dritten Platz belegte, hatte die dortige angenehme Umgebung – wie auch nach dem Budapester Kandidatenturnier 1950 – auf mich eine günstige Wirkung ausgeübt. Vor dem Zonenturnier verbesserte ich meine Form auch diesmal.

Das Schlußergebnis des Turniers in Szczawno Zdrój lautete: Geller 12 ½, Cholmow 11, Szabó 10, Bogdanović, Ciocaltea und Plater je 8 ½, Fichtl 8, Sliwa 7 ½, Franz und Orbaan je 7, Winiwarter 6 ½, Doda und Nahlik je 6, Szuksta 5, Gromek 4 ½, Dzieciolowski 3 ½ Punkte.

Meine interessanteste Partie spielte ich hier gegen den Turniersieger (63. Partie).

63. PARTIE

Spanische Partie
Szabó–Geller

Szczawno Zdrój 1957

1. e4 e5 2. Sf3 Sc6 3. Lb5 a6 4. La4 Sf6 5. 0–0 Le7 6. Te1 b5 7. Lb3 0–0 8. c3 d6 9. h3 Sa5 10. Lc2 c5 11. d4 Dc7 12. Sbd2 Ld7 13. Sf1 Tfe8 14. Se3 g6 15. b4?!

1957 galt diese Variante als eine der umstrittenen Fortsetzungen der

Spanischen Partie. Geht man in die Vergangenheit der Eröffnung zurück, kann man sehen, daß Schwarz gegen 14. Se3 einst auch mit 13. – Sc4 Verteidigung suchte.

Nach mehreren, für Schwarz erfolgreichen Partien meinte man, endlich eine für Weiß günstige Fortsetzung in 15. b4! gefunden zu haben. Als Beleg dafür wurde Tals Blitzsieg gegen Ivkov in der Studentenweltmeisterschaft in Uppsala 1956 angeführt. Dort geschah 15. – c×b4 16. c×b4 Sc4 17. S×c4 b×c4 18. Te3, und jetzt geriet Ivkov in Verlegenheit und beging einen groben Fehler mit 18. – Lf8?. Es folgte darauf 19. Lb2! Lh6 20. Ta3 Db7 21. d×e5 D×b4 22. Dd4!, und Schwarz konnte schon aufgeben. In dieser Variante wurden nachträglich für Schwarz auch zwei Verbesserungen vorgeschlagen: a) 18. Te3 e×d4 19. S×d4 d5! (Magyar Sakkélet, Jahrgang 1956, S. 164) bzw. b) 18. Te3 a5! 19. b×a5 c3! 20. Lb3 Tec8 (Simagin). Diese dürften Keres veranlaßt haben, zwei Monate später gegen Matanović (Sowjetunion – Jugoslawien) mit 18. Tb1 fortzusetzen. Das Ergebnis war die Niederlage des Anziehenden: 18. – Tab8 19. Ld2 c3 20. Lh6 a5 21. b×a5 D×a5 22. Lb3 La4! usw. Damit begannen sich aber die Konturen der Variante abzuzeichnen.

Bronstein ließ als Weißer bereits die Turmzüge gegen Gligorić im Aljechin-Gedenkturnier, Moskau 1956, weg und zog sofort 18. Ld2!. Nach 18. – c3 19. Lh6 a5 20. b×a5 Lf8 21. L×f8 T×f8 22. Lb3 Ta6 23. Dd3 gewann er den schwarzen c-Bauern und siegte.

Die Theoretiker forschten aber weiter. In der theoretischen Zusammenfassung des Aljechin-Gedenkturniers tauchte ein neuer Vorschlag auf: Statt 20. – Lf8? sei 20. – Da5! am Platze, und auf 21. Lb3 folgte La4!. Nach diesem Vorschlag verläuft auch die hier kommentierte Partie. Zwei beachtenswerte Umstände möchte ich jedoch noch erwähnen: Erstens versuchte Gligorić im Turnier in Hastings 1956/57 gegen mich die schwarze Verteidigung – im Vergleich zu seiner Partie gegen Bronstein – so zu verbessern, daß er 19. Lh6 mit Tab8 beantwortete. Das schien nach 20. Lg3 Tec8 21. Tc1 Tb4 22. Te3 e×d4 23. S×d4 Db6 24. Sf5! gefährlich zu sein, aber Schwarz vermochte noch remis zu halten.

Zweitens soll ein Einblick in die Geheimnisse des Turnierschachs gegeben und die Frage aufgeworfen werden, ob Weiß trotz der verschiedenen Verbesserungen des schwarzen Spiels und entgegen der Meinung der Kommentatoren, die den Zug 15. b4 als schlecht qualifizierten, diese Variante spielen darf. Dazu gebe ich folgende Antwort: In bezug auf diese Vorschläge wäre die Variante (siehe z. B. meine Partie gegen Gligorić) noch nicht zu verwerfen. Zu erwägen war aber auch ein wichtiger Umstand: Der Zug 15. b4!? wurde bei der XXIV. Meisterschaft der Sowjetunion 1957 nicht ein einziges Mal angewandt!

15. – c×d4 16. c×d4 Sc4 17. S×c4 b×c4 18. Ld2 c3 19. Lh6 a5! 20. b×a5 D×a5!

Also doch der Vorschlag von Großmeister Kotow! Da sich Weiß für diese Variante schon früher hätte entscheiden müssen, bleibt ihm jetzt nichts anderes mehr übrig, als den Folgen ins Auge zu sehen.

21. Lb3 La4!?

Über diesen Zug grübelte Großmeister Geller beinahe eine Stunde lang, obwohl er sich auf diese Variante vorbereitet und bis dahin a tempo gespielt hatte. Nach der Partie bemerkte Geller, er habe vor einer Entscheidung gestanden. Entweder das riskante Bauernopfer mit La4 oder den für Schwarz als günstig angesehenen und noch geheimgehaltenen Zug 21. – Lf8 zu spielen.

22. Sg5 L×b3 23. D×b3 d5!

Bei oberflächlicher Betrachtung scheinen die bisher gespielten Züge für Schwarz gefährlich zu sein. Dieses feine Bauernopfer beweist aber das Gegenteil.

24. d×e5 S×e4 25. S×e4 d×e4 26. T×e4 Tab8!

Eröffnet dem Anziehenden die Möglichkeit, verschiedene Fehler zu begehen. Auf 27. Da4 folgt z. B. 27. – D×a4 28. T×a4 g5!, und jetzt geht der Läufer h6 verloren oder der c-Bauer kommt zur Geltung. Deswegen ist die einzige Erwiderung:

27. Dd1! La3

Scheint in Verbindung mit der ständigen Drohung c2 am gefährlichsten zu sein. Da sich die Passivität des weißen Damenturmes früher oder später rächen würde, sieht Weiß nur eine einzige Rettungschance: Aktivität und dementsprechend die sofortige Rückgabe des gewonnenen Bauern.

28. e6! f×e6 29. Dd4 Tb7 30. Tae1! c2!

Andere Fortsetzungen wären zu riskant. Falls der e-Bauer verlorengeht, bevor der c-Bauer gefährlich wird, geriete der schwarze König in eine kritische Lage.

31. T×e6! D×e1+!

31. – T×e6? verbietet sich wegen 32. T×e6 c1D+ 33. L×c1 L×c1 34. Dc4!.

32. T×e1 T×e1+ 33. Kh2 Tf7!

Natürlich nicht 33. – c1D?, denn darauf würde 34. Dd8+ Kf7 35. L×c1 folgen. Jetzt könnte Dd5+ mit der Eroberung des Turmes b7 drohen.

34. Dd8+ Lf8 35. L×f8 T×f8 36. Dd5+ Tf7 37. Dd8+

Unentschieden durch Dauerschach (½ : ½).

Die Enzyklopädie 1974 zitiert im allgemeinen nur die älteren Partien und gibt diesbezüglich nur einen Verbesserungsversuch an: In der

Partie Fischer–Matanović, Bled 1961, geschah 18. Ld2, worauf Schwarz mit 18. – Lf8 19. Tc1 e×d4 20. S×d4 d5 Ausgleich erzielte. Man muß aber dazu bemerken, daß in dieser Partie eine Zugumstellung vorliegt. Fischer zog nämlich 15. Ld2, und erst nach 15. – Lf8 wurde b4 gespielt, was bei der Beurteilung der Variante eine wichtige Rolle spielt.
Ich möchte noch hinzufügen, daß ich in einem späteren Mannschaftskampf (Ungarn–Jugoslawien) statt 15. b4 mit 15. d×e5 experimentierte, Gligorić das Spiel jetzt bald ausglich.
Ansonsten zeigen die Partien der achtziger Jahre, daß Weiß den hier dargelegten Möglichkeiten mit 14. b3 auszuweichen versucht.
Im Oktober bereitete ich mich auf das Zonenturnier vor. Von allen Zonenturnieren wurde es als das stärkste angesehen.
Schon lange hatte ich nicht so gut und flott gespielt wie in diesem Turnier. Nach der zwölften Runde war ich praktisch mit elf Punkten qualifiziert. Für den ersten Rang war es ausreichend, in den letzten fünf Runden zu remisieren. Es ist nicht leicht, aus den zwölf kampfreichen Partien die besten auszuwählen. Gegen Dückstein erkämpfte ich den Sieg mit einer Serie von Problemzügen (64. Partie). Die Partie gegen Clarke hat gewisse Ähnlichkeit mit einer Partie in der ungarischen Meisterschaft, wo ich gegen Füstér einen Angriff führte (65. Partie). Anschließend werfen wir ein Blick auf die Turniertabelle:

WAGENINGEN 1957	Punkte
1. Szabó, L.	13 ½
2. Olafsson, F.	13
3. Donner, J. H.	12 ½
4. Larsen, B.	12 ½
5. Uhlmann, W.	12
6. Stahlberg, G.	11
7. Dr. Trifunović, P.	11
8. Teschner, R.	9
9. Ivkov, B.	8
10. Nipehaus, W.	7 ½
11. Dr. Troianescu, O.	7 ½
12. Dr. Alster, L.	7
13. Kolarow, A.	7
14. Dr. Dückstein, A.	6 ½
15. Clarke, P. H.	5 ½
16. Hänninen, V.	3 ½
17. Orbaan, C.	3 ½
18. Lindblom, P.	2 ½

64. PARTIE

Holländische Verteidigung
Szabó–Dückstein

Wageningen 1957

1. d4 e6 2. c4 f5 3. g3 Sf6 4. Lg2 Le7 5. Sf3 0–0 6. 0–0
Es wäre interessant, 6. d5!?, die Empfehlung des holländischen Meisters Bouwmeester, auszuprobieren. Falls sie gut ist, müssen wir den 5. Zug von Schwarz als einen Fehler ansehen. 5. – d6 würde dieses Problem jedenfalls ausschließen.
6. – d6 7. Sc3 De8 8. Te1
Die vorsichtigeren Spieler trachten nicht nach der Öffnung der e-Linie, sondern setzen mit 8. b3 oder 8. Dc2

fort. Auf der sich ebenfalls öffnenden f-Linie kann nun Schwarz operieren.

8. – Db5

Auf 8. – Dg6 wäre 9. e4 f×e4 10. S×e4 S×e4 11. T×e4 eine geistreiche Fortsetzung, denn im Falle von 11. – D×e4 gewinnt 12. Sh4 sozusagen auf vollem Brett die schwarze Dame.

9. e4 f×e4 10. S×e4 Sc6 11. S×f6+ L×f6 12. Lf4

Verhindert e6–e5, kann aber den Nachziehenden dazu veranlassen, entweder 12. – g5!? zu spielen oder 12. – S×d4 zu versuchen, was nach 13. S×d4 D×d1 14. Ta×d1 e5 15. Le3 (oder 14. Sb5!) für Schwarz kaum günstig wäre.

12. – Df5 13. Le3!

Gegen 13. – e5 gerichtet, worauf Weiß mit 14. d5 Se7 15. Sd2! nebst Se4 den weiteren positionellen Druck aufrechterhält.

13. – Ld7 14. Db3 b6

So entstehen Löcher in der schwarzen Stellung, und auch die Öffnung der Diagonale a8–h1 erweist sich als verhängnisvoll. Schwarz hätte sich mit 14. – Sd8 auf eine passive Verteidigung einrichten müssen.

15. Tac1 Kh8 16. d5 Sa5 17. Da3 c5

Die Absperrung der großen Diagonale mit e5 würde den Durchbruch c4–c5 nur beschleunigen, infolge des Textzuges wird aber der Bauer d6 geschwächt.

18. b4! c×b4

Im Falle des Springerrückzuges würde Schwarz wegen der im 14. Zug begangenen Sünde mit 19. d×e6 L×e6 20. Sh4! bestraft.

19. D×b4 Tac8

Schwarz mußte den Bauern d6 seinem Schicksal überlassen. Nach 19. – Sb7 20. d×e6 L×e6 21. Sd4 könnte nicht einmal ein Qualitätsopfer – um auf der Diagonale a8–h1 tauschweise zum Gegenspiel zu kommen – dem Nachziehenden helfen, und 19. – Le7 würde wegen 20. d×e6 L×e6 21. Sd4 verlieren.

20. D×d6 e×d5

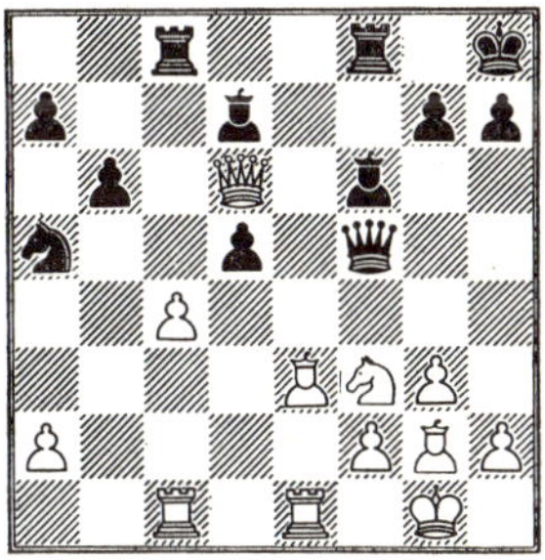

21. Sd4?! L×d4

Dieser Tausch ist erzwungen, denn sonst könnte die schwarze Dame den Läufer d7 nicht mehr decken.

22. L×d4 Sc6?

Schwarz stört der Läufer auf d4 sehr und er bemüht sich deshalb, ihn selbst um den Preis eines Bauernopfers abzutauschen. So wird das

Manöver 21. Sd4?! von Erfolg gekrönt. Es fragt sich aber, ob der Vorteil von Weiß nach 22. – S×c4 23. D×d5 D×d5 24. L×d5 Sd6 zum Gewinn gesteigert werden könnte.

23. La1!

Verzichtet freiwillig auf den f-Bauern, denn nach 23. – D×f2+ 24. Kh1 verfügt Weiß über so viele Drohungen, daß Schwarz diese nicht zu parieren vermag.

23. – d4

Nimmt eher den Minusbauern in Kauf, als ständig mit einem Zug des La1 rechnen zu müssen. Verwickelt wäre die Lage im Fall von 23. – d×c4. Das nett aussehende 24. Dh6!? könnte mit dem überraschenden 24. – Se5! beantwortet werden. 24. f4!, in Verbindung mit der Drohung Tcd1–d5–g5, verspricht aber dauerhaften Vorteil, wenn Schwarz mit b5 den Bauern c4 deckt.

24. L×d4 S×d4 25. D×d4 Le6?
Schwarz beurteilt das entstehende Endspiel unrichtig. Er hofft, daß er den auf die d-Linie gelangenden Bauern dementsprechend zu blockieren vermag. Das scheitert aber daran, daß die weißen Türme auf die siebente Reihe eindringen können. Schwarz hätte mit 25. – Tce8! den Abtausch der Türme anstreben müssen.

26. Ld5 L×d5 27. c×d5 Tcd8 28. Te7 Tf6
Im Fall eines Turmtausches könnte Schwarz den Freibauern nicht mehr aufhalten.

29. Tcc7! h6
Schwarz muß die achte Reihe entlasten, überläßt aber dem Anziehenden die siebente Reihe, was dem Führer der weißen Steine eine kombinatorische Lösung ermöglicht. Auf 29. – Dg6 wäre 30. d6! gefolgt.

30. T×g7 T×d5
Müßte die weiße Dame jetzt ziehen, so würden die Hoffnungen von Schwarz in Erfüllung gehen. Es folgt jedoch eine Kombination in fünf Zügen.

31. Th7+ Kg8 32. Tcg7+ Kf8 33. T×a7!
Droht Matt auf zweierlei Art, und deshalb darf Schwarz die Dame nicht schlagen.

33. – Kg8 34. Thg7+ Kh8
Auf 34. – Kf8 folgt 35. Tgf7+! T×f7 36. Dh8 matt.

35. Tgf7!!

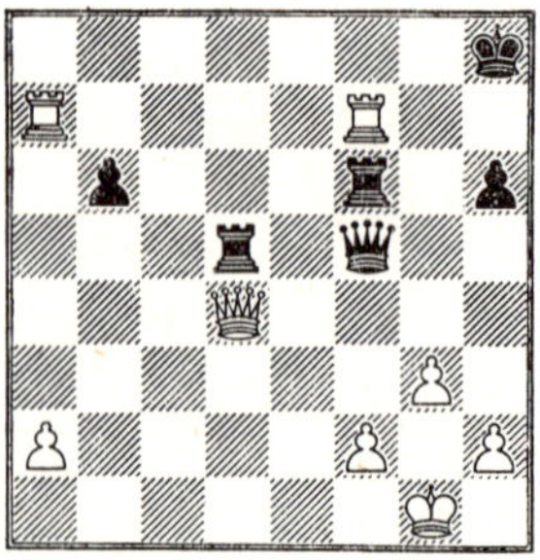

Schwarz gab auf (1 : 0).
Wegen der Mattdrohung Ta8 büßt Schwarz einen Turm ein.

65. PARTIE

Königsindische Verteidigung

Clarke–Szabó

Wageningen 1957

1. d4 Sf6 2. c4 g6 3. g3 Lg7 4. Lg2 0–0 5. Sf3 d6 6. 0–0 Sbd7 7. Sc3 e5 8. e4 c6 9. h3 Da5 10. d5 c×d5 11. c×d5 b5 12. Sd2? Sc5 13. a3 Db6 14. b4? Sd3 15. Sb3 S×c1 16. D×c1 Ld7 17 Dd2 h5!

18. Sd1 Kh7 19. Se3 Lh6 20. Tae1 h4 21. Kh2 Kg7 22. Dd3 h×g3+ 23. f×g3 Th8 24. Sd1 Tac8 25. Sd2 Sg4+! 26. Kh1 Dd4!

27. D×d4 e×d4 28. Sb3 Se3 29. S×d4 S×f1 30. L×f1 Lc1! 31. S×b5 L×b5 32. L×b5 L×a3 33. Se3 L×b4 34. Tb1 Lc5 35. Sc4 T×h3+ 36. Kg2 Tch8.

Weiß gab auf (0 : 1).

Einige Stunden nach Beendigung des Wageningener Turniers trat ich gemeinsam mit Larsen und Olafsson die Reise nach Brüssel an. Dort trafen wir auf Gligorić, der als vierter Europäer zum Turnier in Dallas eingeladen worden war. Wir flogen zusammen über New York nach Dallas. Damals war diese Stadt noch nicht so „berühmt“ wie seit dem November 1963.

Dieses doppelrundige Großmeisterturnier wäre an Stärke mit dem Wageningener Turnier zu vergleichen gewesen, wenn es auf das vorhergehende nicht unmittelbar gefolgt wäre bzw. die Sieger des Wageningener Turniers mindestens zwei Wochen Ruhepause gehabt hätten. Die Wageningener Teilnehmer führten nämlich zu Anfang, ermüdeten aber im zweiten Durchgang. So nahmen Reshevsky und Gligorić den geteilten 1.–2. Platz ein. Gegen den jugoslawischen Großmeister gewann ich – „traditionsgemäß“ – mit 1 ½ : ½ Punkte (66. Partie). Mein „Schuldner“ Reshevsky (Neuhausen und Zürich konnte ich nicht vergessen) entschlüpfte mir sogar zweimal ins Remis. In beiden Partien verschaffte ich mir jeweils einen Mehrbauern und bedrängte meinen Gegner bis zum 58. bzw. 86. Zug, aber ohne Erfolg.

Das Schlußergebnis
des Turniers lautete:

DALLAS 1957	Punkte
1. Gligorić, S.	8 ½
2. Reshevsky, S.	8 ½
3. Szabó L.	7 ½
4. Larsen, B.	7 ½
5. Yanofsky, D. A.	7
6. Olafsson, F.	6 ½
7. Najdorf, M.	5 ½
8. Evans, L.	5

66. PARTIE

Königsindische Verteidigung
Szabó–Gligorić

Dallas 1957

1. d4 Sf6 2. c4 g6 3. Sc3 Lg7 4. e4 d6 5. Le2 0–0 6. f4 c5 7. Sf3 c×d4 8. S×d4 Sc6 9. Le3 Sg4 10. L×g4 L×d4 11. L×d4 L×g4 12. Dd2 S×d4 13. D×d4 e5 14. f×e5 d×e5 15. D×e5 Te8 16. Dg3 Lf5 17. 0–0 Db6+? 18. Kh1 L×e4

19. S×e4 T×e4 20. T×f7 K×f7 21. Df3+ Kg8 22. D×e4 D×b2 23. Tb1 Tf8 24. h3 D×a2 25. De6+ Tf7 26. Tf1!

Schwarz gab auf (1:0).

Die beiden größten Schachereignisse des Jahres 1958 waren das am 22. August beginnende Interzonenturnier in Portorož und die XIII. Schacholympiade im Oktober in München. Das Jahr hielt für mich aber noch andere Höhepunkte bereit. Weil ich unmittelbar vor meiner Heirat stand, vermochte ich es im Asztalos-Gedenkturnier in Balatonfüred nicht, mich vollkommen auf die „Holzdame“ zu konzentrieren. Mein Sieg über Tolusch war aber nicht nur das Ergebnis einer guten Angriffspartie (67. Partie). Er trug auch dazu bei, daß die Turniertrophäe in Ungarn verblieb. Erster wurde Lajos Portisch mit 9 Punkten vor Tolusch (8 ½). Die weitere Reihenfolge war: Bilek und Szabó je 7, Barcza und Dr. Troianescu je 6, Bobozow 5, Malich und Sokolow je 4, Dr. Paoli 3 ½, Forintos und Plater je 3 Punkte.

67. PARTIE

Spanische Partie
Tolusch–Szabó

Balatonfüred 1958

1. e4 e5 2. Sf3 Sc6 3. Lb5 a6 4. La4 Sf6 5. 0–0 Le7 6. Te1 b5 7. Lb3 0–0 8. c3

Großmeister Tolusch lenkt in eine Variante ein, in der er – der großartige Angriffsspieler – die Rolle des Verteidigers übernimmt. Möglicherweise rechnete er damit, daß ich dieselbe Variante anwenden würde, die ich gegen Boleslawski gespielt hatte (s. 35. Partie).

8. – d5 9. e×d5 S×d5 10. S×e5 S×e5 11. T×e5 Sf6!?

Damals begann die Variante 11. – c6 stark in Mode zu kommen, während das ältere 11. – Sf6 in den Hintergrund gedrängt wurde. Die Analytiker meinten nämlich, sie hätten eine forcierte, zum Gewinn führende Fortsetzung für Weiß gefunden. Mein Gegner rechnete also mit Recht darauf, daß ich den Modezug wählen würde. Freilich konnte er nicht wissen, daß ich ausgerechnet den von Marshall stammenden Zug 11. – Sf6 zu Hause ausführlich analysiert hatte. Außerdem studierte ich auch die Variante 9. – e4?!, die ich einige Monate später, gegen van den Berg in Tel Aviv ausprobierte (68. Partie).

12. d4 Ld6 13. Te1 Sg4 14. h3 Dh4!

Diese Fortsetzung ist seit mehr als einem halben Jahrhundert wohlbekannt, aber das Ausrufezeichen hat seine Berechtigung noch nicht verloren. Das Bauernopfer von Schwarz hat nur so einen Sinn.

15. Le3?!

Die Bewertung dieses Zuges kann sich freilich nach einigen Jahrzehnten noch ändern. Großmeister Barcza versah ihn vor zwei Jahrzehnten mit der folgenden Bemerkung: „Weiß darf das Figurenopfer natürlich nicht annehmen." Auf 15. h×g4 folgte nämlich 15. – Dh2+ 16. Kf1 Dh1+ 17. Ke2 L×g4+ 18. Kd3 (Auf 18. Kd2 gewinnt Dh6+ 19. Kc2 Dg6+ 20. Dd3 Lf5 usw., auf 18. f3 entscheidet aber D×g2+ 19. Kd3 L×f3 20. Dd2 Dg6+ 21. Ke3 Te8+.) 18. – D×g2 19. Tg1 Lf5+ 20. Ke2 Te8+ 21. Le3 T×e3+!, und Schwarz gewinnt. Eine schwierigere Frage ist die, warum Tolusch nicht das in der berühmten Stammpartie der Variante (Capablanca–Marshall, New York 1918) angewandte 15. Df3 spielte, was nach 15. – S×f2 16. Te2! Lg4 17. h×g4 zum Sieg von Weiß geführt hatte. Nach Pachman kann diese Fortsetzung mit 16. – Sg4! verbessert werden. Erwähnenswert ist noch, daß in der Partie L. Steiner–Helling, Berlin 1928, Weiß nach 15. Df3 S×f2 arglos mit 16. D×f2?? (dem Glauben, daß er nach 16. – Lg3 mit 17. D×f7+ gewinnt) zurückschlug. Nach 16. – Lh2+! (ein wichtiger Zwischenzug!) 17. Kf1 Lg3 18. D×f7+ T×f7+ mußte er selber aber aufgeben. Der Textzug beruht auf einer Leningrader Analyse. Der auch von L. Steiner außer acht gelassene Zwischenzug Lh2+! macht wiederum dem Anziehenden einen Strich durch die Rechnung.

15. – Lh2+! 16. Kf1 Lf4! 17. Dd2 S×e3+ 18. f×e3 Lg3 19. Tc1

Auf 19. Te2 gewinnt Lg4 die Qualität.

19. – Lb7 20. Sa3 Tae8 21. Kg1

Es drohte 21. – Te6! 22. L×e6 f×e6+ 23. Kg1 Lf2+ 24. Kh1 D×h3 matt. Das war der Sinn des Zwischenzuges 15. – Lh2+!

21. – Ld6!

Statt der Diagonale h1–a8 kann Schwarz ebenso gut auch die Diagonale h2–b8 ausnutzen.

22. Sc2

Auf 22. Df2 könnte Schwarz zum zweiten Male aus dem Zwischenzug Lh2+! Nutzen ziehen, da er – zusammen mit dem Zug Te6 – ein Tempo gewinnt: 23. Kf1 Lg3 24. Dd2 Te6!.

22. – Dg3 23. Df2 Dh2+ 24. Kf1

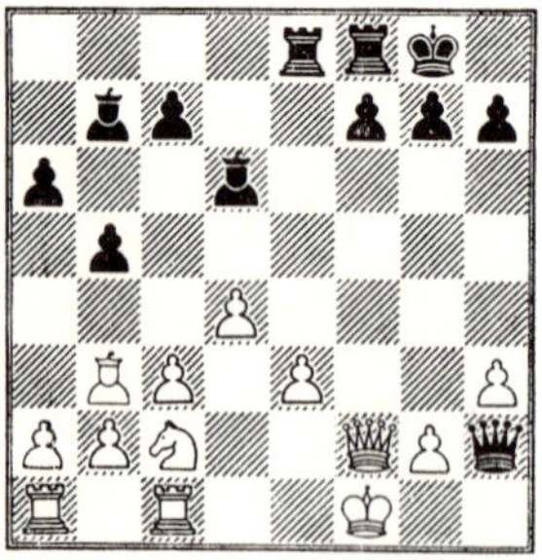

24. – Te6! 25. Se1 Tf6 26. Sf3 L×f3 27. g×f3 D×h3+ 28. Ke2 Lg3 29. Dg1

Auf 29. Df1 öffnet Dh2+ 30. Kd3 c5! die nötigen Linien zum Angriff, den die ungleichfarbigen Läufer nur noch verstärken.

29. – Te8!

29. – T×f3 gewinnt natürlich einen Bauern, aber 30. Tf1! beendet den Angriff, und gerade wegen der ungleichfarbigen Läufer hätte Schwarz wenig Gewinnchancen.

30. Dh1 Df5

31. Tg1?

In Zeitnot führt Weiß übereilt den rasch verlierenden Turmzug aus und verpaßt seine beste Chance, 31. Lc2. Im Fall von 31. Lc2 Dg5! 32. D×h7+ Kf8 drohte nämlich Th6, Lf4 und D×e3+ gleichzeitig. Am zähesten scheint 33. Dh8+ Ke7 34. Dh3! zu sein, worauf sich für Schwarz folgende interessante Möglichkeit bietet: 34. – Kd8! 35. Le4 (35. e4 Th6 und Th2+) 35. – T×e4! f×e4 Tf2+ 37. Kd3. Jetzt wird der Schutzwall um den weißen König zerstört, denn auf 38. b3 folgt c4+ 39. b×c4 b×c4+ 40. K×c4 Db5 matt.

31. – Df4 32. Kd1

Ein Angriffsspieler sieht natürlich sofort, daß Schwarz auf 32. e4 folgendermaßen rasch gewinnen kann: 32. – T×e4+! 33. f×e4 Dg4+ 34. Kd3 Tf3+ 35. D×f3 D×f3+ 36. Kc2 D×e4+ 37. Kd1 Dd3+ 38. Kc1 Lf4 matt.

32. – T×e3 33. Ld5 Th6 34. Dg2 Th2 35. D×h2 L×h2 36. Tg4 Td3+ 37. Kc2 Dd2+ 38. Kb3 b4 39. Te4 g6 40. Tae1 T×c3+ 41. Ka4 D×b2
Weiß gab auf (0 : 1).

Zum Interzonenturnier nach Portorož fuhr ich bereits als frischgebackener Ehemann. Ich hatte keinen Sekundanten, wenn man davon absieht, meine junge Frau als solche zu bezeichnen. Meine neue Rolle war für mich noch ungewohnt. Vielleicht war es diesem Umstand zuzuschreiben, daß ich das Turnier mit zwei Niederlagen begann. Nach der achten Runde hatte ich noch immer zwei Minuspunkte. In der neunten Runde ging es auf Biegen und Brechen, und so gelang es mir, Dr. Filip zu bezwingen. Dann boten ein Sieg gegen Cardoso und ein Unentschieden mit Gligorić wieder gute Aussichten. Es folgte aber wiederum ein „Unfall“: Mit Schwarz unterlag ich aus einer verhältnismäßig guten Stellung heraus gegen den Bulgaren Neikirch. Viele meinten, diese Partie hätte mein Schicksal besiegelt, da ich mich zum vierten Male nicht qualifizieren konnte. Dann gewann ich drei Partien hintereinander, ohne Niederlage. Doch alles war umsonst. Ich blieb einen halben Punkt hinter dem 6. Platz zurück. Es war ein schwacher Trost, daß Larsen noch weiter unten in der Tabelle endete und Bronstein in der letzten Runde gegen den Philippiner Cardoso unterlag und ebenfalls ausschied, was als die größte Sensation des Turniers galt.

PORTOROŽ 1958		Punkte
1.	Tal, M.	13 ½
2.	Gligorić, S.	13
3.	Petrosjan, T.	12 ½
4.	Benkő, P.	12 ½
5	Olafsson, F.	12
6.	Fischer, R.	12
7.	Bronstein, D.	11 ½
8.	Awerbach, J.	11 ½
9.	Matanović, A.	11 ½
10.	Szabó, L.	11 ½
11.	Pachman, L.	11 ½
12.	Panno, O.	11
13.	Dr. Filip, M.	11
14.	Sanguinetti, R.	10
15.	Neikirch, O.	9 ½
16.	Larsen, B.	8 ½
17.	Sherwin, J.	7 ½
18.	Rossetto, H.	7
19.	Cardoso, R.	6
20.	de Greiff, B.	4 ½
21.	Füstér, G.	2

Also gab – wie auch in München auf der Olympiade – ein halber Punkt den Ausschlag. Von der Olympiade kehrte die ungarische Mannschaft wie ein geschlagenes Heer mit dem 13. Rang zurück. Manche verglichen unser Ergebnis mit der Niederlage auf dem Lechfeld. (Der deutsche Kaiser Otto schlug 955 auf dem Lechfeld die einfallenden Ungarn, von denen er einige Verstümmelte als „Boten“ nach Ungarn zurückschickte.)
Mit ruhigem Gewissen kann ich behaupten, daß in erster Linie nicht wir an den Ereignissen schuld waren. Soweit mir bekannt ist, kam es noch niemals vor, daß eine chancenreiche Mannschaft, die sich einen dritten Platz ausrechnen konnte, unter so schwierigen Umständen zur Olym-

piade gefahren war. Das Eröffnungsfest war schon in vollem Gange, als unsere Auswahl noch in Budapest auf die Visa wartete, und diese Verspätung zehrte an den Nerven. Diese Nervosität begleitete die Mannschaft auch im Semifinale. Deshalb landete sie hier hinter solchen Mannschaften, die sie auf früheren Olympiaden mit mehreren Punkten überflügelt hatte.

Im November hatte ich wiederum Gelegenheit zu einem kleinen „Wettrennen" mit Reshevsky, nämlich bei einem Jubiläumsturnier in Haifa und Tel Aviv anläßlich des zehnjährigen Bestehens des Staates Israel. Dem amerikanischen Großmeister gelang es hier, mir auch zum vierten Male zu entwischen. Zwar gewann ich wieder einen Bauern, aber umsonst, das reichte in einem Turmendspiel für einen Sieg nicht aus.

So wurde Reshevsky mit 10 ½ Punkten Erster. Die weitere Reihenfolge lautete: Szabó 10, Persitz 8, Aloni und Wade je 7 ½, Dunkelblum, Porath und van den Berg je 6 ½, Czerniak 6, Bronicki 5 ½, Burstein und Rosenberg je 4 ½, Dyner 4, Blumenfeld 3 ½ Punkte. In diesem Turnier erhielt ich abermals Gelegenheit, den Marshall-Angriff anzuwenden, und zwar gegen den ausgezeichneten Theoretiker van den Berg, der ein Mitarbeiter des von Dr. Euwe redigierten „Schach-Archivs" war. Hier wählte ich aber ein anderes Abspiel als gegen Boleslawski (35. Partie) und Tolusch (67.).

68. PARTIE

Spanische Partie
van den Berg–Szabó

Haifa/Tel Aviv 1958

1. e4 e5 2. Sf3 Sc6 3. Lb5 a6 4. La4 Sf6 5. 0–0 Le7 6. Te1 b5 7. Lb3 0–0 8. c3 d5

Obwohl der Marshall-Angriff meinem Stil entsprach, konnte ich ihn während meiner ganzen Laufbahn kaum in einigen Partien anwenden, da meine Gegner meistens dieser scharfen Spielweise auswichen.

9. e×d5 e4?!

In meinem Leben spielte ich nur einmal diesen Bauernzug, und auch in mein Repertoire habe ich nur 9. – S×d5 10. S×e5 S×e5 11. T×e5 c6 und 11. – Sf6 aufgenommen.

10. d×c6 e×f3 11. D×f3

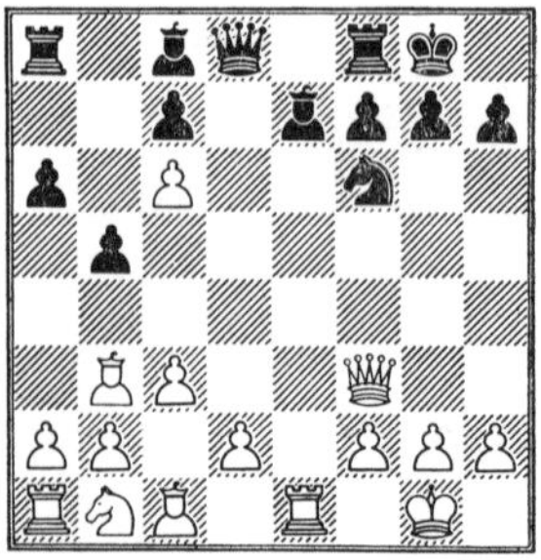

Aufgrund neuerer Turnierpartien und Analysen wird diese Fortsetzung unter den möglichen für die schwächste gehalten, da Weiß in der Entwicklung sehr zurückbleibt. Am besten wäre 11. d4!.

11. – Lg4 12. Dg3 Lb6 13. f4

In den eröffnungstheoretischen Büchern sind für diese Variante mehrere Partien von Fischer verzeichnet. Fischer nahm das Risiko immer mit den weißen Farben auf sich. Das ist auch deswegen interessant, weil er als Fünfzehnjähriger in Portorož gegen mich mit 9. d4 den weiteren Verwicklungen des Marshall-Angriffs aus dem Wege ging.

13. – Te8 14. Te5

Ohne Zögern führte van den Berg diesen Zug aus, der eine Zeitlang als bester galt. Da Schwarz aber das Qualitätsopfer mit einem effektvollen Figurenopfer beantworten kann, bleibt Weiß hier kaum etwas anderes übrig, als 14. d4 zu versuchen.

14. – L×e5! 15. f×e5

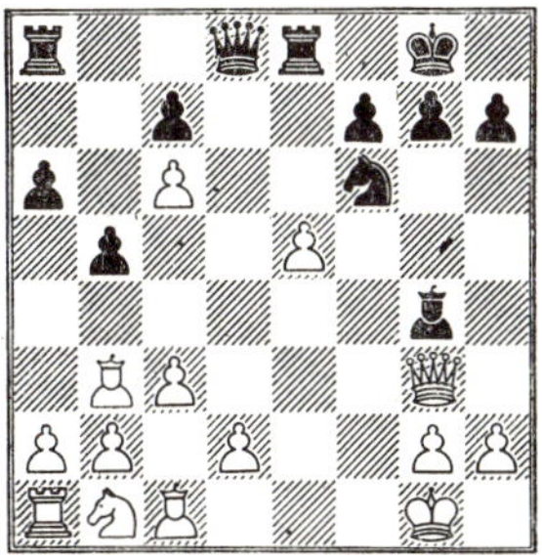

15. – Sh5! 16. D×g4 T×e5

Jetzt zeigt es sich schon, daß diese Variante für Schwarz von vollem Erfolg gekrönt war. Der weiße Damenflügel ist noch völlig unentwickelt, und bald werden vier schwarze Figuren dem weißen König gegenüberstehen.

17. Sa3

Wie grotesk das auch scheinen mag, war dies die einzige annehmbare Fortsetzung, die den Läufer c1 deckt, damit sich nach 17. – Te1+ 18. Kf2 Sf6 19. Df3 De7 auch der Läufer c1 an der Verteidigung beteiligen kann. Die Verteidigungsstellung von Weiß ist aber nicht genügend gefestigt, weil die weißen Figuren nicht harmonisch zusammenwirken können.

17. – Te1+ 18. Kf2 Sf6! 19. Df4

Das sofortige 19. Df3 kam freilich nicht in Betracht wegen T×c1! und D×d2+.

19. – De7 20. Df3 Th1! 21. Sc2

Auf 21. De2 gewinnt 21. – Sg4+! mindestens die Dame.

21. – Se4+ 22. Ke2 S×c3++

23. Kd3 Td8+ 24. Sd4

Falls 24. K×c3 gespielt wird, folgt Dc5+ nebst Matt.

24. – Se2

Weiß gab auf (0 : 1).

Das letzte Ereignis des Jahres war

die ungarische Meisterschaft. Ab der sechsten Runde führten abwechselnd die Favoriten, nämlich Barcza, Portisch und ich. In der zwölften Runde gelang es mir, allein die Turnierspitze zu erklimmen. Nach der vierzehnten Runde lautete der Stand: Szabó 11, Barcza 10 ½, Portisch 9 ½, Flórián 9, Bilek und Forintos je 8 Punkte. Dann traf ich als Schwarzer auf Portisch. In dieser Partie wählte ich in der scharfen Abtauschvariante der Grünfeld-Verteidigung ein einfaches und passives Abspiel. Das führte allerdings zu einer Niederlage für mich und so holten mich meine beiden Rivalen ein. Am Ende des Turniers besaßen wir alle drei je 12 ½ Punkte. Nach uns folgten: Bilek und Flórián mit je 10, Dely und Forintos mit je 9 ½, Haág und Honfi mit je 9, Dr. Pogáts mit 8, Kluger mit 7 ½, Bárczay und Filep mit je 7, Lengyel mit 6 ½, Sándor und Varnusz mit je 6, Flesch mit 5 ½, Dr. Sallay mit 5 Punkten.

Den Dreikampf um den Titel eines Landesmeisters gewann Portisch. Gegen ihn und gegen Barcza erreichte ich gleichermaßen 50% der möglichen Punkte.

DREIKAMPF, BUDAPEST 1959	Punkte
Portisch, L.	5
Szabó, L.	4
Barcza, G.	3

69. PARTIE

Nimzowitsch-Indische Verteidigung
Szabó–Portisch

XIV. Ungarische Meisterschaft
Budapest 1959

Dreikampf, 7. Partie

1. d4 Sf6 2. c4 e6 3. Sc3 Lb4 4. e3 c5 5. Sf3 0–0 6. Ld3 d5 7. 0–0 d×c4 8. L×c4 b6 9. De2

In Interzonenturnier in Portorož setzte ich gegen Filip hier mit 9. a3 fort, und nach 9. – c×d4 10. e×d4 L×c3 11. b×c3 Dc7 12. Se5 Sbd7 13. De2 Lb7 entschloß ich mich zum Bauernopfer mit 14. Ld3. Das Unternehmen war von Erfolg gekrönt, denn nach 14. – Tac8 15. f4 D×c3 16. Lb2 zog mein Gegner Dc7. Mein Angriff wurde durch das harmonische Zusammenspiel meiner Figuren, in Verbindung mit dem Durchbruch f4–f5, erfolgreich. In der Partie Unzicker–Donner, BRD – Holland 1959, fand Schwarz aber eine Verbesserung: 16. – Dh3!, und nach 17. Lc4 T×c4! 18. S×c4 La6! kam er in Vorteil. Möglicherweise schwebte Portisch diese Variante vor Augen, als er das System 8. – b6 wählte.

9. – Lb7 10. Td1 c×d4

Auf 10. – Sbd7 wäre 11. d5! sehr stark.

11. e×d4

Will Weiß den Bauern d4 nicht isolieren, steht ihm natürlich auch 11. Sb5 oder einfach 11. T×d4 zu Gebote. Bei diesen einfachen Fortsetzungen, besonders mit 11. T×d4, kann Weiß kaum auf Vorteil rechnen. 11. S×d4 Dc7 12. Ld2! wird aber aufgrund der Partie Rabar –Smyslow, Zagreb 1955, doch als günstig für Weiß gehalten. Die Richtigkeit dieser Bewertung wird aber durch 12. – Sc6!? in Frage gestellt.

11. L×c3

Es ist interessant, daß Portisch ein Jahr später in Leipzig gegen Donner die nach 11. – Sbd7 12. d5! entstehenden Verwicklungen in Kauf nahm und fünf Jahre später in Hamburg mit Weiß diese Variante gegen Donner ausprobierte.

12. b×c3 Sd5

Damit gibt Schwarz die Möglichkeit auf, nach 12. – Dc7! auch mit Sg4 zu drohen. Der Druck auf den Bauern c3 kann aber durch ein interessantes Springermanöver aufgehoben werden.

13. Dd3!

In der XXV. Meisterschaft der Sowjetunion (Anfang 1958) setzte Awerbach gegen Bronstein mit 13. Ld2 fort. Nach 13. – Dc7 14. Tac1 Sf4! hatte Bronstein aber das etwas bessere Endspiel. Der Textzug nutzt den Umstand aus, daß der schwarze Springer seinen Posten auf f6 verlassen hat.

13. – Dc7?

Schwarz spielt automatisch auf dasselbe wie Bronstein, kommt aber nicht mehr dazu, denn der Springer wird zum Rückzug gezwungen. Vorzuziehen war 13. – Sd7, weil es die Drohung Sg5 unwirksam macht (der Springer d7 gelangt nach f6), obwohl Weiß mit 14. Lb3 auch dann den Druck auf der c-Linie neutralisiert.

14. Sg5! Sf6

Erzwungen, denn g7–g6 wäre wegen der Möglichkeit Dh3 gar nicht ratsam. Nach der Verringerung des Druckes auf den Punkt c3 wird eine Umgruppierung der weißen Figuren ermöglicht.

15. Lb3 h6 16. Sh3!

So wird der Punkt f4 auf gehörige Weise kontrolliert, falls der schwarze Springer nach d5 zurückkehrt. Statt des folgenden Springerzuges war es besser, erst 16. – Le4 einzuschalten.

16. – Sc6 17. Lf4 Dd7 18. Te1 Tac8 19. Dg3

Beugt der Drohung 19. – e5 20. L×e5 S×e5 21. T×e5 Dc6 vor.

19. – Se7

Schwarz könnte sich 19. – Sh5 kaum leisten, denn nach 20. Dg4 S×f4 21. S×f4 drohte nicht nur S×e6, sondern sehr unangenehm auch Sh5

20. Lc2! Sh5

Der taktische Zweikampf würde sich nach 20. – Sf5 21. L×f5 e×f5

22. L×h6 Sh5 23. Dg5 Dc6 24. Sf4! zugunsten von Weiß entscheiden. Doch auch der Textzug ist nicht die beste Parade der Drohung L×h6. Schwarz hätte sich zu Kh8 und auch zu Seg8 entschließen müssen, wodurch er auf der c-Linie zu Gegenspiel käme, ohne auf der Diagonale b1–h7 in Sorge zu sein.

21. Dd3 Sg6 22. Ld2 Dc6 23. f3 Tfd8 24. Lb3

Die Umgruppierung ist bereits vollendet, und Weiß beginnt jetzt schon, konkrete Drohungen aufzustellen. Das befördert den Läufer b3 ins Abseits, der im Lager von Schwarz keinen Gegenpart hat. Der bisher am Rande stehende weiße Springer kann sich schon unmittelbar in den Kampf einmischen.

24. – Se7

Es drohte L×e6 und D×g6.

25. Te5 Sf6 26. Sf4 Sed5

Es drohte abermals ein Opfer auf e6. Wenn sich Schwarz bisher um den Springer h3 auch nicht kümmerte, liegt es nun schon in seinem Interesse, den weißen Springer zu beseitigen.

27. S×d5 S×d5

Nach 27. – e×d5 28. Tae1 schwebte die Drohung L×h6 nebst Te6 in der Luft. Dennoch dürfte das Zurückschlagen mit dem Bauern annehmbarer gewesen sein, weil es den Drohungen in Verbindung mit dem Vorstoß des c-Bauern, vorgebeugt hätte.

28. Tc1 b5

Es wäre für Schwarz nicht angenehm, wenn der Läufer d2 – auf c3–c4 – nach c3 gelangte.

29. De4 Db6

Droht 30. – b4 31. c4 Sc3!. Weiß wird aber am Königsflügel früher aktiv, und Schwarz kommt nicht zu einer erfolgreichen Gegenaktion.

30. Dh4! f5?

Überläßt dem Gegner neue Punkte. Um L×h6 zu parieren, muß Schwarz zwar früher oder später den f-Bauern ziehen. Besser war aber f7–f6, das den Turm von der fünften Reihe verdrängt.

31. Tec1

Der Turm braucht den Bauern c3 nicht mehr decken, und der weiße Angriff wird am Königsflügel überwältigend.

31. – Td6

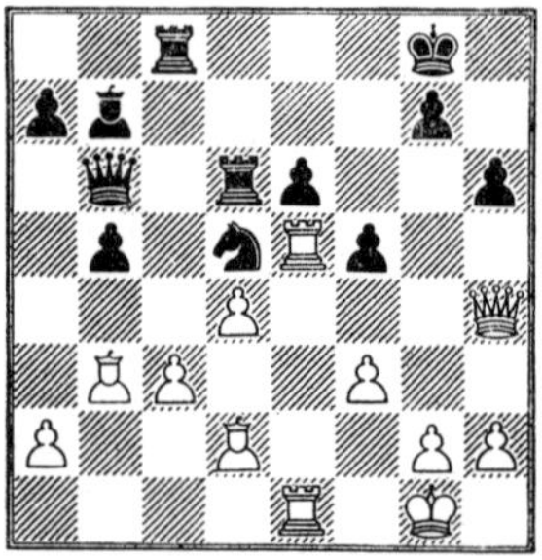

32. L×h6! g×h6 33. D×h6 T×c3

Alle Drohungen (T1e4! T×e6! usw.) können nicht mehr gleichzeitig pariert werden, höchstens mit 33. – Kf7. Darauf folgte aber ein netter Schluß: 34. Dh7+ Kf8 (Kf6 35. g4!) 35. T×f5+! e×f5 36. Te7! S×e7 37. Df7 matt!

34. Dg6+ Kh8 35. T×f5! D×d4+ 36. Kh1

Schwarz gab auf (1:0), das Matt ist nicht mehr zu decken.

Bei dem kleineren internationalen Turnier in Marianské Lázné im April 1959 führte ich gemeinsam mit Polugajewski mit mehreren Punkten Vorsprung. Schließlich gelang es meinem Rivalen, mich um einen halben Punkt zu überflügeln. Der Schlußstand lautete: Polugajewski 11 ½, Szabó 11, Kozma und Dr. Ujtelky je 9 ½, Fabian, Malich, Fichtl, Raber, Radovici und Dr. Alster je 8, Blatny 7, Herink 6 ½, Minew 5 ½, Gromek 5, Glass 4 ½, Jensen 2 Punkte.

Im September ergab sich in Wien ein ähnlicher gemeinsamer Wettlauf mit Uhlmann, der für mich wiederum mit einem zweiten Platz endete. Das Schlußergebnis lautete: Uhlmann 8, Szabó 7 ½, Milić 6, Dückstein 4 ½, Beni 4, Groiss und Wolk je 3 ½, Müller und Dr. Orienter je 3, Galia 2 Punkte.

In der XV. Ungarischen Meisterschaft 1959 wiederholte sich dasselbe tote Rennen der drei Sieger wie 1958, die je 13 ½ Punkte sammelten. Die weitere Reihenfolge war: Bilek 11 ½, Lengyel 11, Flórián und Kluger je 10 ½, Navarovszky 9 ½, Honfi 9, Dely und Dr. Pogáts je 8 ½, Jeney und Köberl je 7 ½, Forintos und Földi je 7, Haág und Dr. Szily je 6 ½, Orendi 6, Dr. Hévízi 3 ½ Punkte.

Über den Landesmeistertitel wurde auch diesmal durch einen Dreikampf entschieden. Es gelang mir, den Titel zurückzuerobern. Das geschah aber erst im Jahre 1960. Meine beiden Gegner besiegte ich in je vier Partien mit 2 ½ : 1 ½ Punkten.

DREIKAMPF, BUDAPEST, 1960	Punkte
Szabó, L.	5
Barcza, G.	4
Portisch, L.	3

70. PARTIE

Verbesserte Tarrasch-Verteidigung
Szabó–Portisch

XV. Ungarische Meisterschaft
Budapest 1960

Dreikampf, 1. Partie

1. c4 Sf6 2. Sc3 e6 3. Sf3 d5 4. d4 c5 5. c×d5 S×d5 6. e3 Le7 7. Ld3 Sc6 8. 0–0 0–0 9. De2?!

Sechs Jahre früher zog ich hier lieber 9. Te1, falls Schwarz auf d4 schon geschlagen hatte und somit die e-Linie für Weiß bereits geöffnet worden war (65. Partie, Szabó–Unzicker). In den siebziger Jahren kam dann wieder Te1 in Mode.

9. – c×d4 10. e×d4 Sbd4 11. Le4 Sc×f4 12. S×d4 D×d4 13. Td1 Df6

Zieht die Dame nach b6 zurück, wird sie mit Le3 usw. weiter verfolgt. Nach dem Textzug wird aber die Entwicklung des schwarzen Damenflügels erschwert werden.

14. Le3 e5

Überläßt Weiß den Punkt d5, was einen positionellen Nachteil für

Schwarz bedeutet, der jedoch keine große Auswahl hat, da 14. – Td8 wegen 15. T×d8+ L×d8 16. Db5 nicht gut ist. Im Fall von 14. – Sc6 15. L×c6 b×c6 16. Se4 hätte Schwarz aber mit ähnlichen Entwicklungsschwierigkeiten kämpfen müssen wie in der Partie. Dennoch kann 14. – Sc6 als besser angesehen werden.

15. Tac1 Le6

Muß man den Mehrbauern so zurückgeben, wird der Bauerngewinn selbst sehr in Frage gestellt. Hier hätte Schwarz auch mit 15. – Sc6 den Bauern b7 nicht halten können wegen 16. Sd5 Dd6 17. Lc5 oder 16. – Dh4 17. Tc4.

16. L×b7 Tab8

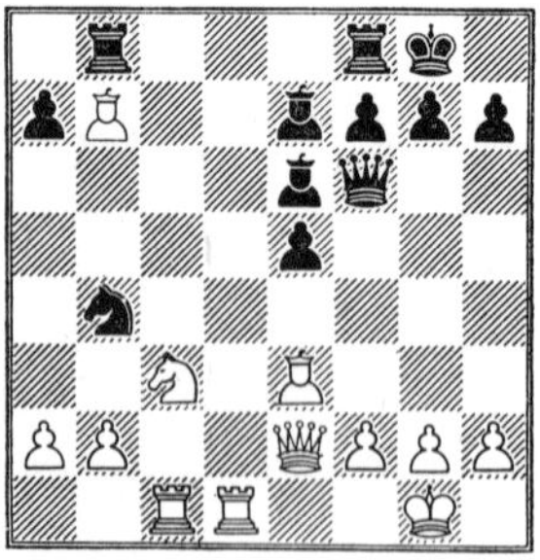

17. Sd5! S×d5 18. L×d5 L×d5

Erzwungen, denn der Bauer a7 hängt und auch 19. Tc6 drohte. Nach dem Textzug kann Weiß so die weißen Felder ohne Schwierigkeit kontrollieren.

19. T×d5 Tfc8 20. Tcd1?

Ich weiß nicht, was mich zu diesem, einst mit einem Aufrufezeichen versehenen Zug veranlaßt hatte. Nach 20. T×c8+ T×c8 21. Ta5 hätte Schwarz den Bauern a7 nicht dekken können.

20. – Tc7

Besser war es, mit dem anderen Turm die siebente Reihe zu decken.

21. b3 Lb4?

Schwarz will 22. Db2 mit 22. – Lc3 beantworten. 21. – h6 würde den Bauern e4 verlieren, denn nach 22. Db2 ist e4 wegen 23. D×f6 nebst 23. Lf4 nicht gut. (Daraus ist ersichtlich, warum 20. – Tb7 – statt 20. – Tc7 – besser gewesen wäre.) Am besten war 21. – Lf8, worauf nach 22. Db2 die Erwiderung Te8 möglich ist.

22. Tb5!

Der Turmtausch ist jetzt für Weiß günstig. 22. – Tcb7 wäre aber nicht gut wegen 23. T×b7 T×b7 24 Dc4.

22. – T×b5 23. D×b5 Lf8 24. Db8

Darin besteht das Wesen der Kombination. Die Drohung auf der achten Reihe verhilft Weiß zu einem Mehrbauern.

24. – Dc6 25. h3!

Mit diesem bescheidenen Bauernzug gewinnt Weiß den Bauern e5, denn nach der Sicherung der ersten Reihe droht 26. Td8.

25. – Tc8 26. D×e5

Auf 26. D×a7 erhält Schwarz mit Ta8 und Dc2 Gegenspiel, deshalb wählte ich die ruhigere Textfortsetzung, die einen Mehrbauern am Damenflügel ergibt.

26. – a6 27. Dd5!

Die Lage beurteilte ich so, daß meine Figuren nach dem Damentausch und der Besetzung der siebenten Reihe viel aktiver werden als die schwarzen. Die Überführung des weißen Königs auf den Damenflügel bietet mir problemloses Endspiel. Auch Schwarz dürfte dieser Meinung gewesen sein, weil er dem Damentausch ausweicht, obwohl er dadurch auf der achten Reihe weitere Schwierigkeiten bekommt.

27. – Dg6 28. Dd7 Tc2

Schwarz ist genötigt, die achte Reihe aufzugeben, denn auf 28. – Ta8 erzwänge 21. Tc1 den Damentausch.

29. De8 f5

Auf 29. – f6 wäre natürlich 30. De6+ nebst D×a6 gefolgt.

30. Db8 Kf7

Den Bauern a2 darf Schwarz wegen 30. Td8 und Lc5 nicht schlagen. Mit dem Textzug pariert Schwarz die Drohungen auf der achten Reihe, aber auch die siebente Reihe ist für ihn nicht viel sicherer.

31. Td7+ Le7 32. Db7 Df6 33. g3!

Noch eine notwendige Sicherung, um die Damenflügelbauern vorrükken zu können. Das sofortige 33. b4? würde die Partie aus der Hand geben, denn nach 33. – Da1+ 34. Kh2 De5+ wäre 35. g3 nicht möglich wegen D×e3.

33. – h6

Auch 33. – Ke8 würde die Partie nicht weiter verlängern, weil mit der Kombination 34. Td5! De6 35. Ta5 Tc6 36. Te5 auch der Bauer a6 erobert wird.

34. b4 T×a2 35. Ld4! Dg5?

Und angesichts des möglichen 36. Dd5+ gab Schwarz gleichzeitig auf (1:0). Das bessere 35. – De6 36. Lc5 De1+ 37. Kg2 Te2 38. D×a6 und der Abtausch auf e7 führten auch zu einem für Weiß gewonnenen Endspiel.

71. PARTIE

Alt-Indische Verteidigung
Szabó–Barcza

XV. Ungarische Meisterschaft
Budapest 1960

Dreikampf, 11. Partie

1. d4 Sf6 2. c4 d6 3. Sc3 c6 4. e4 e5 5. Sf3 Lg4 6. Le2 Sbd7 7. Le3 Le7 8. Sh4 L×e2 9. D×e2 g6 10. g3 a6 11 0–0 0–0 12. Tfd1 Dc8 13. Tac1 Se8 14. Sf3 Sg7 15. d×e5! S×e5? 16. S×e5 d×e5 17. Sa4 De6 18. Lb6 f6 19. Tc2 Tf7 20. b3 f5 21. e×f5 D×f5 22. Sc3 Se6 23. De4 Sg5 24. D×f5 g×f5 25. Kg2 Te8 26. f4 e×f4 27. g×f4 Se6 28. Kf3 Tg7 29. Se2 Lc5 30. L×c5 S×c5 31. Sg3 Tf7 32. Te2! T×e2 33. K×e2 Kf8 34. Td6 Ke7 35. Th6 Se6 36. Ke3 Sf8 37. Se2 Tf6 38. Th5 Te6+ 39. Kf3 Td6 40. Ke3 Te6+

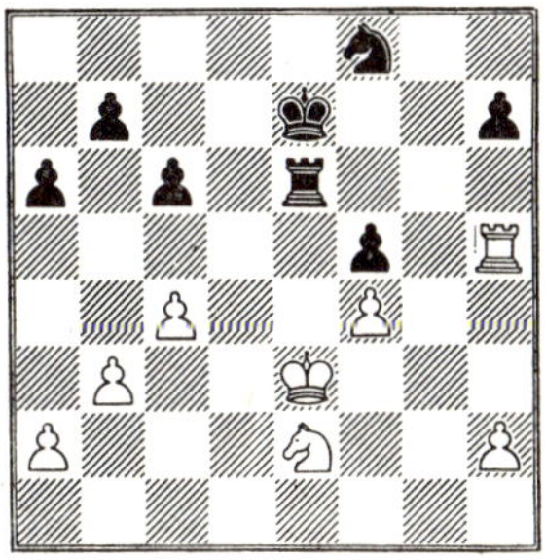

41. Kd3! Td6+ 42. Kc3 Tf6 43. b4 Te6 44. Sg3 Te3+ 45. Kd4 Ta3 46. S×f5+ Ke6 47. Sg3 T×a2 48. Se4! Kf7 49. Sd6+ Ke7 50. S×b7 Tf2 51. Ke3 Tb2 52. Sa5! Kd7 53. Th6 T×b4 54. S×c6 Tb6 55. Se5+ Kc7 56. T×b6 K×b6 57. f5 Kc5 58. Kd3 h5 59. Kc3 Sh7 60. Sd3+ Kd6 61. Kd4 Sf6

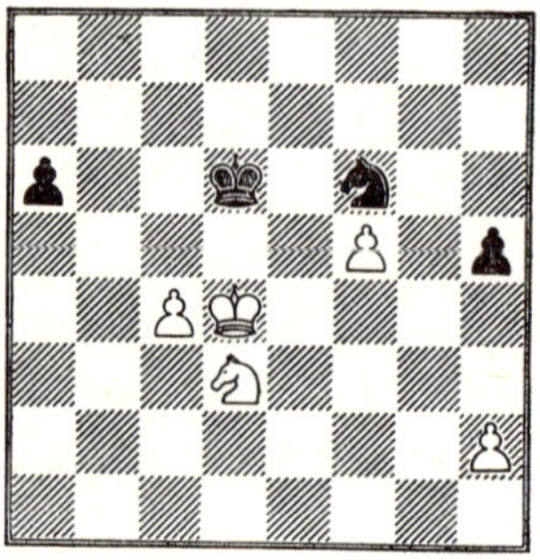

62. Sc5! Sg4 63. Se4+ Ke7 64. c5 S×h2 65. f6+ Ke6 66. c6 Sf3+ 67. Kc5 Se5 68. c7 Kd7 69. Kb6 Sf7 70. Kb7 Sd8+ 71. c×d8D+ K×d8 72. Kc6!. Schwarz gab auf (1 : 0).

Das Jahr 1960 gestaltete sich für mich erfolgreich. Ich eroberte den Landesmeistertitel zurück und beteiligte mich an mehreren offiziellen internationalen Mannschaftskämpfen mit gutem Erfolg.

Eines der größten Ereignisse des Jahres war das Sesquicentenario-Turnier, das anläßlich des sechshundertjährigen Bestehens der Stadt Buenos Aires veranstaltet wurde. Nach Meinung der Argentinier war dies das Turnier des Jahrhunderts. Die Namensliste der Teilnehmer war tatsächlich imposant. Es wäre aber doch noch die Teilnahme einiger weiterer Schachgrößen erforderlich gewesen, damit diese Bezeichnung wirklich zutreffend würde. Bei diesem Teilnehmerfeld konnte ich mit meinem Resultat zufrieden sein. Besonders freute ich mich darüber, daß das Einstehen einer Figur gegen Guimard mich nicht zerknirschte. Darüber schrieb der argentinische Meister folgendermaßen: „Das war eine der bereits berüchtigt gewordenen Unaufmerksamkeiten von Szabó, über die bis heute noch niemand eine sinnvolle Erklärung abgeben konnte.“ Die größte Sensation des Turniers war das Fiasko von Fischer. Und hier die Turniertabelle:

BUENOS AIRES, 1960	Punkte
1. Kortschnoi, W.	13
2. Reshevsky, S.	13
3. Szabó, L.	12
4. Evans, L.	11
5. Guimard, C.	11
6. Rossetto, H.	11
7. Taimanow, M.	11
8. Olafsson, F.	10 ½
9. Unzicker, W.	10 ½
10. Gligoric, S.	10
11. Benkő, P.	9
12. Uhlmann, W.	9
13. Ivkov, B.	8 ½
14. Fischer, R.	8 ½
15. Pachman, L.	8 ½
16. Wexler, B.	8 ½
17. Eliskases, E.	8
18. Bazán, O.	6
19. Foguelman, A.	5 ½
20. Wade, R. G.	5 ½

72. PARTIE

Ragosin-Verteidigung
Szabó–Taimanow

Buenos Aires 1960

1. d4 Sf6 2. c4 e6 3. Sf3 d5 4. Sc3 Lb4 5. Da4+ Sc6 6. a3 L×c3+ 7. b×c3 Se4 8. Dc2 0–0 9. e3 b6 10. c×d5 e×d5 11. Ld3 Te8 12. 0–0 Lb7 13. Sd2 Sa5 14. f3 S×d2 15. L×d2 Sc4 16. L×c4 d×c4 17. e4 Dd6 18. Le1! b5 19. Lg3 Db6 20. a4 c6 21. Ld6 a5 22. Df2 Dd8 23. Lc5 Lc8 24. a×b5 c×b5 25. d5 Ta6 26. Dd4! Df6 27. D×f6 g×f6 28. g4! Ld7 29. Kf2 Tc8 30. Le7 Te8 31. La3 Kg7 32. Tg1 Tea8 33. Lc5 Tc8 34. Kd4 Kf8 35. h4 Ke7 36. Ta3 Tca8 37. Tga1 Lc8 38. Lc5+ Kd7 39. Ke3 Kc7 40. Kd4 Ld7 41. T3a2 Kb7 42. g5 f5

43. e×f5! L×f5 44. Te1 Td8 45. Tb2! Ld7 46. Te7 Kc8 47. T×f7 Te6?! 48. Le7 Te1 49. L×d8 K×d8

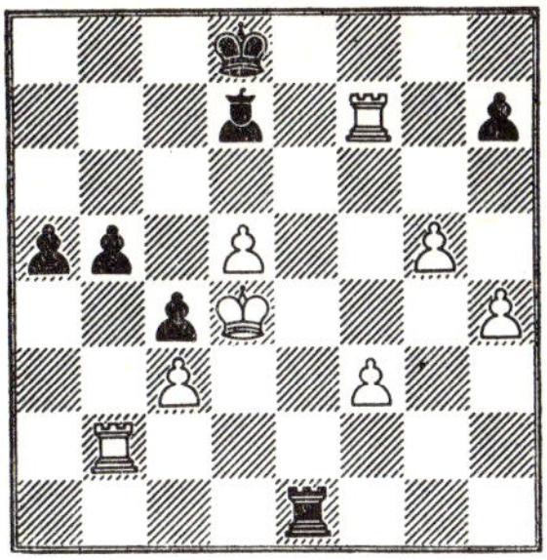

50. T×d7+ K×d7 51. T×b5 a4 52. Ta5 Th1 53. Kc5 T×h4 54. Ta7+ Ke8 55. d6 Tf4 56. Kc6 Schwarz gab auf (1:0).

Dem Superturnier in Buenos Aires folgten zwei kleinere. In Santa Fé wurde ich gemeinsam mit Taimanow Erster mit 5 ½ Punkten. Es folgten Gligorić mit 5, Kortschnoi mit 4 ½, Casas mit 2 ½, Rossetto mit 2, Klein und Vasabella mit je 1 ½ Punkten.

Das dritte Turnier folgte – fast ohne Ruhepause – in der Hauptstadt von Paraguay, Asunción. Der Schlußstand lautete: Gligorić und Szabó je 10, Rossetto 9, Letelier 7 ½, Wesler 7, Estrada 6 ½, Mangini 6, Guimard 5 ½, de los Rios 4 ½, Cantero 3 ½, Rivarola und Riego je 3, Recalde 1 ½ Punkte.

Wegen der Leipziger Olympiade und des Zonenturniers in Holland im November wurde das Finale zur XVI. Ungarischen Meisterschaft auf Ende Februar 1961 verschoben. So konnte ich mich erneut am Hastingser Turnier beteiligen. Das brachte mir aber nur einen ziemlich mäßigen Erfolg. Das Schlußergebnis lautete: Gligorić 7, Bondarewski 6, Szabó und Lloyd je 5, Barden, Clarke und J. E. Littlewood je 4 ½, Sliwa 4, Green 2 ½, Cafferty 2 Punkte.

In der XVI. Ungarischen Meisterschaft kämpften nur noch Portisch und ich um den ersten Platz. Portisch begann großartig, ich um so unsicherer. Als ich in der zehnten Runde gegen Varnusz unterlag (das war übrigens meine einzige Verlustpartie), hatte ich wenig Hoffnung, den jungen Großmeister einholen zu können. Vielleicht war es das Gefühl der Chancenlosigkeit, das mir psychologischen Aufschwung gab. In den verbliebenen sieben Runden sammelte ich 6 ½ Punkte. Als die letzte Runde – außer zwei Partien – beendet worden war, hatte ich 13 ½ Punkte, Portisch 13 Punkte und eine Hängepartie, Haág 10 ½, Dely 10 Punkte. Ich fühlte mich schon als Champion, denn in der Hängepartie János Flesch–Portisch besaß Flesch eine Figur mehr.

Zur Fortsetzung dieser wichtigen Hängepartie kam Flesch mit einer Verspätung von fast einer dreiviertel Stunde an, er geriet in Zeitnot, die Partie endete mit Zugwiederholung unentschieden. Das bedeutete den geteilten 1.–2. Platz.

Der Schlußstand der XVI. Ungarischen Meisterschaft war: Portisch und Szabó je 13 ½, Haág 10 ½, Dely 10, Bilek, Honfi und Dr. Pogáts je 9 ½, Molnár 8 ½, Barcza, Lengyel und Navarovszky je 8, Flesch und Varnusz je 7 ½, Kluger und G. Réthy je 7, Orendi und Dr. Sallay je 5 ½, Szöllősi 4 ½ Punkte.

Die Auswirkungen des nervenaufreibenden Kampfes zwischen den beiden Siegern waren beim Mannschaftskampf gegen die Leningrader Auswahl spürbar, der einige Tage nach Beendigung der ungarischen Meisterschaft in Budapest veranstaltet wurde. Portisch und ich sammelten nur je einen halben Punkt aus vier Partien gegen Spasski bzw. Kortschnoi.

Ein dritter Platz bei einer Europameisterschaft ist zwar kein Mißerfolg. Wir waren aber doch sehr traurig, als sich in Oberhausen am 1. Juli abends herausstellte, daß wir den zweiten Platz, den wir bis zur letzten Runde verteidigten, mit einer gewaltigen 8:2-Niederlage gegen die Jugoslawen verloren hatten. Die erste Begegnung endete mit 5:5 Punkten. An den ersten vier Brettern hatten wir zwar remisiert, unsere anderen sechs Spieler konnten aber die Nervenanspannung nicht aushalten und versagten. Ich bin überzeugt, daß unser Rückfall auf den dritten Platz der taktisch unklugen Mannschaftsaufstellung zuzuschreiben ist. Die beiden Reservespieler der Stammannschaft spielten nämlich insgesamt nur 5 (!) Partien. So vermochten die übrigen Spieler den alltäglichen Kampf mit den Nerven nicht zu bestehen.

Das Jahr 1961 war für mich reich an unangenehmen Episoden. Schon das erregte mich sehr, daß ich nicht alleiniger Sieger der Landesmeisterschaft werden konnte. Auch mein Abschneiden bei der Europameisterschaft wirkte sich nicht günstig auf meine Stimmung aus. Der Zweikampf zur Landesmeisterschaft nagte schon an meinen Nerven und beeinflußte noch lange danach negativ meine weiteren Turnierergebnisse.

Aus Oberhausen kehrten wir in den ersten Julitagen zurück. Ich beschloß, mich bis zum Ende Juli beginnenden Zonenturnier in Marianské Lázné ausschließlich auszuruhen. (Dieses Turnier wurde statt des im November gescheiterten Turniers von Berg en Dal veranstaltet.) So zog ich mich in eine stille Vorstadt von Budapest, in ein kleines Familienhaus zurück und versuchte mit Ausflügen meine Nerven wieder zu beruhigen. In der zweiten Juliwoche wurde ich zur Präsidiumssitzung des Schachverbandes vorgeladen. Dort wurde mir – zu meiner größten Überraschung – mitgeteilt, daß ich den Zweikampf um die Landesmeisterschaft beginnen muß. Vergebens argumentierte ich, daß die Zwischenzeit bis zum 28. Juli, dem Beginn des Zonenturniers, für einen Zweikampf über sechs Partien und einigen Hängepartien nicht ausreichend sei. Nur die ursprüngliche Ausschreibung wurde dahingehend verändert, daß ich einen Zweikampf über vier Partien auszufechten hatte.

Die negativen Folgen dieser Entscheidung blieben für mich natürlich nicht aus. Da ich nicht genügend vorbereitet war, verlor ich nicht nur den Zweikampf bereits nach der dritten Partie mit 2½ : ½ Punkten, sondern versagte auch schimpflich in Marianské Lázné. Ich war außerstande, mich zu konzentrieren. Zum ersten Mal konnte ich mich nicht für das Interzonenturnier qualifizieren. Mein dortiges Abschneiden beschrieb Opocensky folgendermaßen: „Bei keinem der bisherigen Zonenturniere gestaltete sich das Schicksal von Szabó, der ausnahmslos an allen Zonenturnieren teilgenommen hatte, so traurig wie hier. Was bedeutet sein Abfall? In Marianské Lázné spielte er ohne Schwung. Seine Spielweise und sein Unternehmungsgeist in seinen Partien waren immer angestrengt und bedurften gesunder, starker Nerven. Diesmal war aber Szabó in dieser Beziehung nicht wiederzuerkennen. Wer bereits an vielen Turnieren mitgewirkt hat, der kennt schon diese Erscheinungen: Mißstimmung beim Spiel, Müdigkeit und Unlust im Wettbewerb."

Mein Abschneiden im Zonenturnier überzeugte mich davon, daß ich mit Rücksicht auf meinen Nervenzustand eine Pause von mindestens einem halben Jahr einzulegen gezwungen war. Zu meinem größten Bedauern mußte ich meine Teilnahme am Bleder Großmeisterturnier absagen, das zehn Tage nach dem Zonenturnier begann, obwohl ich die Einladung für Bled schon Monate vorher angenommen hatte.

Mein erneuter Versuch Ende Januar 1962 in Torremolinos bei einem kleinen Turnier mit zehn Teilnehmern

brachte mir einen geteilten ersten Platz mit Parma und dem Spanier (später Kubaner) F. J. Perez.
Eine ernstere Kraftprobe bedeutete erst das Turnier in Mar del Plata Ende März. Außer zwei Sowjetmeistern war auch die argentinische Garde, die am Göteborger Turnier teilnahm, anwesend. Hier, in ihrer heimischen Umgebung, konnte ich gegen die vier Argentinier 3 ½ Punkte herausholen. In diesem Turnier erwies sich Polugajewski als unwiderstehlich. Er erzielte leicht die Großmeisternorm und errang den Turniersieg. Bei diesem starken Feld war ich mit dem 2. bis 3. Platz, geteilt mit Smyslow, sehr zufrieden.
Das Schlußergebnis lautete: Polugajewski 11 ½, Szabó und Smyslow je 9 ½, D. Byrne, Najdorf und R. Sanguinetti je 8 ½, Pachman, Panno und Parma je 8, Eliskases 7, Pilnik und Rossetto je 6 ½, Guimard und Penrose je 5 ½, Bielicki und Letelier je 4 ½ Punkte.
Die nachfolgende Partie gegen Najdorf brachte mir einen wichtigen Punkt.

73. PARTIE

Königsindische Verteidigung
Szabó–Najdorf

Mar del Plata 1962

1. d4 Sf6 2. c4 g6 3. Sc3 Lg7 4. e4 d6 5. f3 0–0 6. Le3 b6 7. Ld3 a6 8. Dd2 c5 9. d5 e6 10. d×e6 L×e6 11. Lh6 L×h6 12. D×h6 Sc6 13. Sh3!? Se5 14. 0–0–0! b5 15. Sg5 De7 16. Le2 b4 17. Sd5 L×d5 18. T×d5 Tfd8 19. Thd1 Sc6 20. f4 Sd4

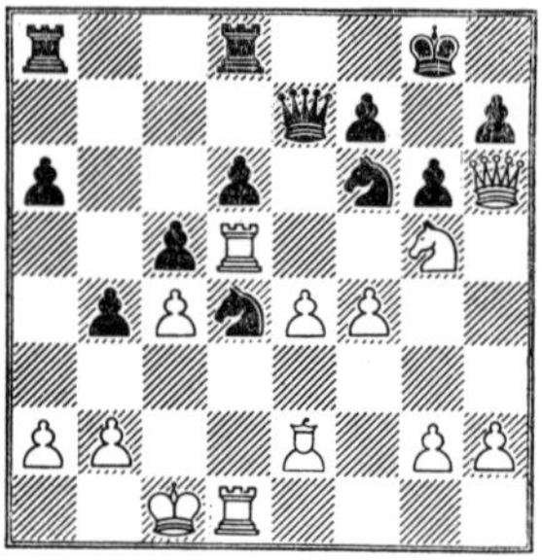

21. Lf3 Df8 22. D×f8+ K×f8 23. T5×d4! c×d4 24. e5 d×e5 25. f×e5 Tac8 26. e×f6 T×c4+ 27. Kd2 Tc5 28. Se4 Ta5 29. Kd3 T×a2 30. Tb1 a5?

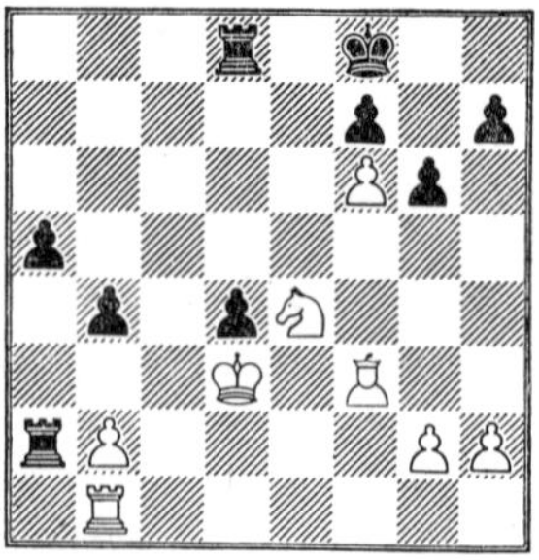

31. Tc1! T×b2 32. Tc7 Tb3+ 33. Kd2 Tb2+ 34. Kd1 d3 35. Sg5 Kg8 36. T×f7 Td6 37. Tg7+ Kf8 38. S×h7+. Schwarz gab auf (1 : 0).
Der ungewöhnliche Termin der XVII. Ungarischen Meisterschaft (Mai und Juni) hing wieder mit dem dicht gedrängten internationalen

Programm zusammen. Die öffentliche Meinung rechnete mit einem Zweikampf der beiden Sieger der vorigen Meisterschaft, aber die Ereignisse gestalteten sich anders. Im ersten Drittel konnte ich meine Form aus Mar del Plata noch halten, aber das war nicht ausreichend, um das Tempo von Portisch mitzuhalten. Zur allgemeinen Überraschung vermochte Levente Lengyel mit Portisch Schritt zu halten. Das Schlußergebnis lautete: Lengyel und Portisch je 13, Szabó 11, Bilek und Kluger je 10 ½, Dr. Pogáts 10, Dely, Honfi und Szöllősi je 9, Forintos 8 ½, Filep 8, Flesch und Dr. Szily je 7 , Dr. Liptay 6 ½, Dózsa 6, Androvitzky 5 ½, Ozsváth 4 ½, Bakos 4 Punkte.
Die XVII. Meisterschaft endete Mitte Juni, und am 9. Juli trat die ungarische Avantgarde wiederum zum Kampf an. Kecskemét beruht hauptsächlich auf ihrem Aprikosenschnaps und den hier gezogenen ausgezeichneten Früchten. In der kleineren Welt der Schachspieler ist Kecskemét durch seine Schachtradition bekannt geworden. Hier gab László Tóth, der jahrelang Bürgermeister der Stadt war, die einstige ungarische Schachzeitschrift „Magyar Sakkvilág" heraus. Hier wurden die meisten ungarischen Schachbücher gedruckt, später auch die heutige ungarische Schachzeitschrift „Magyar Sakkélet". Es ist in der ganzen Welt bekannt, welche Bedeutung das große internationale Turnier des Jahres 1927 hat, war dies doch Aljechins letzter Wettkampf vor der Erringung des Weltmeisterschaftstitels. Seit der Befreiung vom Faschismus werden die Schachtraditionen von Kecskemét weiter gepflegt.
Nach meinen Mißerfolgen bemühte ich mich, im V. Asztalos-Gedenkturnier besonders erfolgreich zu spielen. Meine gelungene Partie gegen Pogáts in der ersten Runde sorgte für eine gute Stimmung, die auch nach meiner Niederlage gegen Pirc in der dritten Runde nicht getrübt war. In der vierten Runde bezwang ich Bilek, und so besaß ich drei Punkte aus vier Partien. Nach meinem glücklichen Sieg in der vierzehnten Runde gegen Portisch hatte ich noch alle Hoffnungen auf den Gesamtsieg. In der letzten Runde wandte Cholmow gegen mich jedoch einen geschickten psychologischen Trick an, triumphierte damit und überholte mich schließlich mit einem halben Punkt. Er behandelte nämlich die Eröffnung anscheinend anspruchslos, und dadurch wurde meine Aufmerksamkeit abgelenkt. Ich meinte, daß der sowjetische Großmeister nur eine höhere Plazierung vor Augen habe und einer Niederlage unbedingt entgehen wollte. Nachdem ich von diesem Gefühl übermannt worden war, trumpfte Cholmow tüchtig auf.
Der Endstand des Turniers lautete: Cholmow 11, Portisch und Szabó je 10 ½, Bilek und Honfi je 10, Pirc 8 ½, Lengyel und Pietzsch je 8, Haág, Kolarow und Radovici je 7,

Robatsch und Dr. Szily je 6 ½, Dr. Paoli 4 ½, Dr. Pogáts 3, Dr. Fazekas 2 Punkte.

74. PARTIE

Verbesserte Tarrasch-Verteidigung
Szabó–Pogáts

Asztalos-Gedenkturnier
Kecskemét 1962

1. d4 Sf6 2. c4 e6 3. Sf3 d5 4. Sc3 c5 5. c×d5 S×d5 6. e3 Le7 7. Ld3 c×d4 8. e×d4 Sc6 9. 0–0 0–0 10. Te1 Scb4 11. Lb1

Auf 11. Le4 gewinnt Schwarz ein Tempo für das Manöver Sdf6 und Sbd5.

11. – b6?

In der 52. Partie versäumte Unzicker das Manöver Scb4, Sdf6, Sbd5 und geriet in Nachteil. Dr. Pogáts führte den ersten Zug zur Umgruppierung aus, den zweiten wollte er aber – wie es scheint – verschieben. Weiß gestattet das jedoch nicht mehr.

12. a3! S×c3

Es gibt keinen Rückzug, denn auf 12. – Sc6 folgt 13. S×d5 D×d5 (falls 13. – e×d5, so 14. Dc2 mit Figurengewinn) 14. Le4 und Dc2 mit Doppelangriff.

13. b×c3 Sd5 14. Dd3 Sf6

Auf 14. – g6 käme 15. Se5, und nach 16. Lh6 Te8 17. Df3 drohte nicht nur 18. D×f7, sondern auch 18. c4.

15. Sg5! g6 16. Dh3! Ld7?

Das kann schon deshalb nicht gut sein, weil es den eventuellen Fluchtweg des schwarzen Königs nach dem Damenflügel hin versperrt. Angebracht war 16. – Te8! nebst Lf8, um De6 vorzubeugen und den Punkt e6 zu decken. Die Schwäche des Punktes e6 kann nämlich verhängisvoll werden, z. B. 16. – e5 17. Dh6 e×d4 18. Le2!, und Schwarz vermag die Beseitigung des Springers f6 und das auf h7 drohende Matt nicht zu parieren. Auf 18. – Lb7 gewinnt 19. Te6!!.

17. Te3 h5 18. Tg3 e5

Darauf dürfte sich Schwarz beim Zuge h5 verlassen haben. Er hätte damit auch recht, falls Weiß das folgende Opfer nicht zu Gebote stünde.

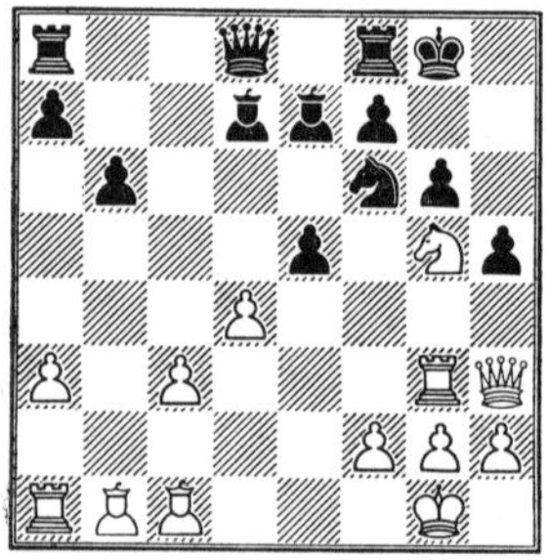

19. S×f7! T×f7 20. T×g6+ Kf8?

So leistet Schwarz den geringsten Widerstand. Die Figuren allein können den in der Mitte des Brettes stehenden schwarzen König nicht erfolgreich verteidigen. Auf 20. – Tg7 plante ich 21. T×g7+ K×g7 22. Dg3+ Sg4 23. Dd3, auf 20. – Kh8 aber 21. Th6+ Th7 22. T×h7+ S×h7 23. D×h5 Dg8 24. L×h7 D×h7 25. D×e5+, und nach 25. – Dg7 26. Dh5+ Dh7 27. Dd5 Td8 28. Lf4 hätte Schwarz an seiner Mehrfigur kein Vergnügen gehabt.

21. Lh6+ Ke8 22. Dg3 Le6 23. Lc2
Der schwarze Läufer verhinderte zwar Tg8+ und die Drohung auf der Diagonale a2–g8, die weiteren Drohungen (La4+, d×e5) können aber auch nicht durch den Einsatz der Dame pariert werden.
23. – Dd5 24. d×e5 Sg4 25. Td1 T×f2 26. La4+ b5 27. T×d5 L×d5 28. L×b5+ Kf7 29. T×g4
Schwarz gab auf (1 : 0). Schade, daß er das nette Matt 29. – Lc5 30. Tg7+ Ke6 31. Ld7 nicht gestattete.
Man kann oft nicht einmal nachträglich erklären, warum man gut oder schlecht spielt. Nur aus gewissen Anzeichen versucht man, Schlußfolgerungen zu ziehen. Für mein schlechtes Abschneiden vom Ende 1962 bis 1964 kann ich keine Erklärung finden. Die Serie wurde mit dem im Januar 1964 in Kecskemét veranstalteten Zonenturnier abgeschlossen, bei dem ich die Teilnahme für das Interzonenturnier wieder nicht erringen konnte.
Aber auch in meiner schlechten Periode spielte ich hier und da eine erwähnenswerte Partie.

75. PARTIE

Königsindische Verteidigung
Szabó–Tal

Moskau 1963

1. c4 g6 2. d4 Sf6 3. Sc3 Lg7 4. e4 0–0 5. f4 d6 6. Le2 c5 7. Sf3 c×d4 8. S×d4
Sechs Jahre früher wandte ich im Großmeisterturnier in Dallas diese Methode mit Erfolg gegen Gligorić an (66. Partie). Ich kannte den unmittelbaren Vorgänger, die Partie Uhlmann–Donner, Wageningen 1957, Gligorić aber nicht.
8. – Lg4!?
„Von wem rührt dieser Zug her?“ fragte ich Tal nach der Partie, denn ich hatte diesen Zug in Büchern noch nie gesehen. „Er wurde von Robatsch vorgeschlagen“, erwiderte der Exweltmeister, „als er in Havanna gegen Uhlmann eine schwere Niederlage erlitten hatte.“ Lg4 wurde in dieser Variante schon gespielt, aber erst nach 8. – Sc6 9. Le3. Im Moskauer Turnier nahm die Partie Hort–Wladimirov in der ersten Runde trotz der Abtausche einen scharfen Verlauf: 9. – Lg4 10. L×g4 S×g4 11. D×g4 S×d4 12. Dd1 Se6 13. Tc1 Tc8 14. b3 Da5 15. Dd2 Sc5 16. Sd5 Dd8 17. L×c5 d×c5 18. Td1 Ld4 19. e5! usw.
9. Le3 Dc8 10. 0–0
Für diesen Zug verbrauchte ich fast eine Stunde Bedenkzeit. Der Zug von Tal/Robatsch brachte also doch einen gewissen Erfolg, weil ich alles, was in den heutigen eröffnungstheoretischen Sammlungen enthalten ist, damals innerhalb einer beschränkten Zeit zu erwägen hatte. Für 10. h3 lieferte die Partie Pomar–Saidy, Tel Aviv 1965, ein Beispiel. 10. Sd5 wurde aber bereits auf Grund einer vorangegangenen Analyse in der Partie Pomar–Gligorić, Havanna 1966, gespielt. Für 10. h3 kalkulierte

ich auch die Verwicklungen 10. – L×e2 11. D×e2 Sh5 ein. Die nach 10. e5 entstehenden Komplikationen hielt ich für nicht wünschenswert in einer Lage, wo sich mein König noch nicht in Sicherheit befindet.

10. – L×e2 11. D×e2 Sg4 12. Sd5 Te8 13. f5!

Da der schwarze Königsturm den Punkt f7 nicht mehr deckt und Schwarz in der Entwicklung zurückgeblieben ist, ist es folgerichtig, nach der Öffnung der f-Linie zu trachten und somit den erzwungenen Abtausch des Läufers e3 bzw. die angewachsene Kraft des Läufers g7 auszugleichen.

13. – S×e3 14. D×e3 Dc5!?

14. – D×c4 wäre wegen 15. Sb3! und des drohenden Tc1 verdächtig. Auch der Bauerngewinn mit 15. – L×b2 lohnt sich nicht nach 16. Tab1 La3 17. f×g6 h×g6 18. Df3.

15. Tad1?

Das Schachgefühl ist für ein gutes Schachspielen unerläßlich, zu einem besseren Spiel ist aber auch genaue Berechnung nötig. Viele Siege habe ich in meiner Laufbahn deshalb verpaßt, weil ich mich nur auf mein Schachgefühl verließ und mit der Berechnung einer Variante einen Zug zu früh aufgehört hatte. Da stellte ich den Satz auf: „Berechne einen Zug mehr als du getan hast!" Das nimmt sich freilich etwas sonderbar heraus, doch anhand eines praktischen Beispiels wird es verständlich: In dieser Stellung bietet sich 15. f6!? an. Wäre nach 15. – e×f6 nur 16. S×f6+ L×f6 17. T×f6 möglich, so müßte man 15. f6!? verwerfen, denn es öffnet die Linie des Turmes e8, und mit 17. – Sbd7 gewinnt Schwarz zur Entwicklung des schwarzen Damenflügels ein Tempo. 15. f6!? ist nur in dem Fall gerechtfertigt, wenn nach 15. – e×f6 die schwarze Dame zurückgedrängt werden kann. Dazu ist 16. b4 D×c4 17. Tac1 geeignet. Ich verwarf jedoch diese Fortsetzung wegen der Möglichkeit 17. – D×d5. Bei einer weiteren, genaueren Berechnung hätte ich mich aber darauf besinnen können, daß nach 18. e×d5 T×e3 19. Tc8+ Lf8 20. Sb5 die schwarze Mehrfigur wertlos ist. Die einzige aktive schwarze Figur, der Turm e3, vermag es nicht, die verschiedenen Drohungen (S×d6, Sc7, Besetzung der e-Linie, Verdoppelung auf der achten Reihe) zu parieren.

Es wäre also etwas mehr Geduld zur Berechnung notwendig gewesen und auch mehr Bedenkzeit, weil hier eben die bei meinem 10. Zug verbrauchte eine Stunde sehr fehlte.

15. – Sd7 16. Sb5! D×e3+ 17. S×e3 Tac8

17. – Tec8 wird mit 18. Sd5 beantwortet, und der Läufer ist genötigt, den Bauern e7 zu decken, weil auf 18. – Kf8 19. f×g6 h×g6 20. Sbc7 und Se6+ folgen würden.

18. S×a7 Ta8 19. Sb5 T×a2 20. Sd5 Sf6

Es drohten Sbc7 und S×e7+.

21. f×g6 h×g6

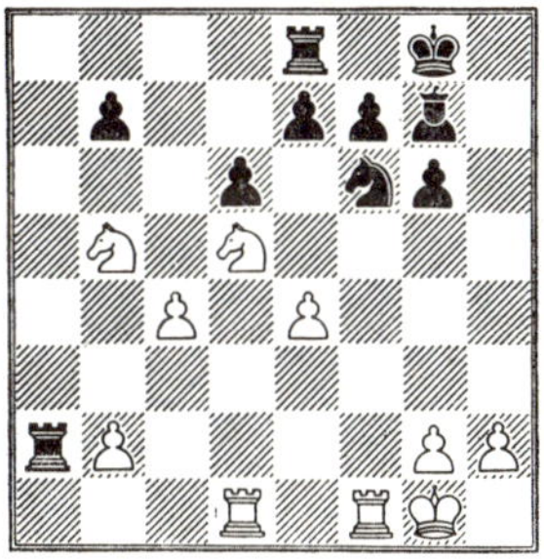

22. S×d6

Scheint naheliegend zu sein, aber Tal hätte, wie er anhand der Analyse nach der Partie zeigte, nicht den Partiezug, sondern die folgende Fortsetzung gewählt: 22. Sbc7 S×d5 23. S×e8 Se3 24. Ta1 T×b2 25. Ta8 Ld4 26. Sf6++ Kg7 27. Tg8+ Kh6 28. Th8+ Kg7 unentschieden, denn auf 28. – Kg5 würde Schwarz mit 29. h4 matt gesetzt.

(Das nette Matt, das entsteht, falls Schwarz dem Dauerschach entgehen will, ist eines Diagramms wert.)

22. – e×d6 23. S×f6+ L×f6 24. T×f6 T×b2 25. Tdf1!

Um auf 25. – Te7 mit 26. T×d6 T×e4 27. Td8+ Kg7 28. Td7 fortsetzen zu können.

25. – T×e4 26. T×f7 T×c4 27. h3!

Zur freien Bewegung der Türme ist die Sicherung der Grundreihe unbedingt notwendig.

27. – Tcc2

Die Sache des Anziehenden steht schlecht – das ist der erste Eindruck von dieser Stellung –, aber es gibt noch problemhafte Verteidigsungreserven!

28. Tf8+ Kg7 29. T1f7+ Kh6 30. h4! T×g2+ 31. Kf1 Kh5 32. Tf4!

Der Rettungszug!

32. – g5 33. Th8+ Kg6 34. Tff8! Th2

Das Schlagen des Bauern verbietet sich wegen 35. Tg8+.

35. h5+!

Unentschieden (½ : ½).

35. – T×h5 würde den Fluchtweg des schwarzen Königs versperren.

In der XIX. Ungarischen Meisterschaft 1964 diktierte Portisch ein phantastisches Tempo. Aus den ersten zwölf Partien holte er 11(!) Punkte heraus. Dann folgte der fast gesetzmäßige Abfall. Nach seinen Niederlagen gegen Forintos und Lengyel gelangte ich bereits an die Spitze, und zwar mit 11 ½ Punkten aus vierzehn Partien. Mein Endspurt war aber dürftig. Ich verdarb meine Gewinnstellung gegen Pogáts, was nach so vielen Siegen zur unpassendsten Zeit geschah!

Das Schlußergebnis der XIX. Ungarischen Meisterschaft lautete: Portisch 14 ½, Szabó 13 ½, Lengyel 13, Flesch 12 ½, Bárczay und Forintos je 11 ½, Bilek und Honfi je 10 ½, Dr. Szily 10, Dr. Pogáts 9 ½, Csom, Kluger und Péter Szilágyi je 9, Haág 8 ½, Hajtun und Sápi je 8, Gasztonyi und Kapu je 6½, Prelovszky 4 ½, Dr. Sallay 4 Punkte.

Es ist wohlbekannt, daß das Selbstvertrauen und der seelische Zustand eine wichtige Rolle im Schach spielen. Das hat sich in meiner Partie gegen Ivkov, Mannschaftskampf Ungarn-Jugoslawien, April 1964, bewahrheitet (76. Partie).

76. PARTIE

Nimzowitsch-Indische Verteidigung
Szabó–Ivkov

Ungarn–Jugoslawien
Mannschaftskampf
Budapest 1964

1. d4 e6 2. c4 Sf6 3. Sc3 Lb4 4. Sf3 c5 5. e3 0–0

Damals war die Fortsetzung 5. – Sc6 6. Ld3 L×c3+ 7. b×c3 d6 noch nicht gebräuchlich.

6. Ld3 d5 7. 0–0 Sc6 8. a3 c×d4 9. e×d4

Hier wollte ich die Variante 9. a×b4 d×c3 10. b×c3 d×c4 11. L×c4 nicht wählen, weil ich – wie auch aus dieser Partiesammlung hervorgeht – das aktive Figurenspiel gegen den vereinzelten Bauern d4 nach 9. – d×c4 10. L×c4 Le7 immer vorgezogen hatte.

9. – L×c3 10. b×c3 d×c4 11. L×c4 Da5!?

Der jugoslawische Großmeister überraschte mich sehr mit dieser Variante. Bei unseren früheren Begegnungen fühlte ich immer, daß er meine Angriffslust fürchtet. Darauf konnte er hier kaum rechnen, daß ich statt des folgenden Bauernopfers Ds3 oder Ld2 ziehen und e6–e5 gestatten würde. So ein Bauernopfer kam bereits in meiner Partie gegen Filip, Portorož 1958 (81. Partie), vor.

12. De2 D×c3 13. Ld2 Dc2 14. Ld3 Da4

Wenn ich mich gut erinnere, wurde das von Großmeister Darga empfohlene 14. – Db3!? in einer praktischen Partie noch nicht erprobt.

15. Lb5

In der Partie Boleslawski–Petrosjan, XXIV. Meisterschaft der Sowjetunion 1957, opferte Weiß mit 15. Tfc1 den Bauern d4. So verfuhr auch Pachman gegen Ivkov drei Jahre später im Großmeisterturnier in Buenos Aires. In beiden Partien geschah 15. – S×d4 16. S×d4 D×d4 17. Lb4, und Schwarz war gezwungen, den Turm schlagen zu lassen, denn sowohl auf 17. – Te8 als auch auf 17. Td8 wäre 18. Tcd1 sehr peinlich gewesen. Trotz Eroberung der Qualität vermochte Weiß keine der beiden Partien zu gewinnen. Die eine endete in zwanzig, die andere in einunddreißig Zügen unentschieden.

Mit dem Läuferzug stellte ich meinem Gegner eine Falle. Der d-Bauer ist nämlich auch jetzt zu schlagen, aber die Umstände sind anders als im Fall von 15. Tfc1: Weiß wird das Manöver Tfc1–d1 erspart. Ivkov gewahrt diesen Unterschied nicht und nimmt das erneute Bauernopfer an. Dies ist offensichtlich ein Zeichen dafür, daß er hier schon auf Gewinn spielen wollte. Psychologisch wäre es freilich richtiger, durch Zugwiederholung herauszufinden, ob auch Weiß kämpfen will.

15. – S×d4? 16. S×d4 D×d4 17. Lb4 Td8?

Nur durch das Qualitätsopfer 17. – Ld7 – was in der oben erwähnten Partie Boleslawski–Petrosjan geschah – hätte Schwarz die Partie retten können. Das folgende Verfolgungsmanöver gegen die schwarze Dame ist offenbar seiner Aufmerksamkeit entgangen. Dieses Manöver beruht meistens darauf, daß die Grundreihe nicht genügend gedeckt ist.

18. Tad1 Db6

(Siehe folgendes Diagramm)

19. Lc5!

Jetzt wird ersichtlich, warum nicht der Turm f1 nach d1 zog. Auf 19. – Da5 würde die Jagd auf die schwarze Dame mit 20. De1! fortgesetzt werden. Stünde nun aber der andere Turm auf d1, könnte die Dame mit Schachgebot geschlagen werden. In der Partiestellung würde aber 19. – Da5 20. De1! Dc7 21. De5! Da5 22. Dc3! Dc7 23. Lb4 Db6 24. La5 doch die Dame kosten. Das Motiv ist dasselbe wie in der berühmten Partie Adams–Torre.

19. – T×d1 20. T×d1 D×c5

Der Verfolgung müde, gibt sich die Dame geschlagen. Das ist für Schwarz immer noch erträglicher als 20. – Da5 21. Lb4 Db6 22. Td6 Dc7 23. Dc2 oder 20. – Dc7 21. De5! Da5 22. Lb4 Db6 23. Td6 Dc7 24. Dc3 De7 25. Td4, wo Schwarz im Tausch für die Dame nur einen Läufer bekommt.

21. Td8+ Df8 22. T×f8+ K×f8 23. Dd2! Sd5

23. – Ld7 ist nicht angängig wegen 24. L×d7 Td8 25. Db4+.

24. Dg5 g6

Auf 24. – f6 bricht 25. Dh5 den Widerstand des Nachziehenden.

25. h4 h5

Auf 25. – f6 würde 26. Dh6+ Kg8 27. h5 Se7 28. Le8 am Königsflügel eine Entscheidung provozieren, bevor sich Turm und Läufer in den Kampf einschalten könnten.

26. Dd8+ Kg7 27. Dd6!

Es drohten b6 und Lb7 mit weiterer Verstärkung.

27. – a6 28. Lc4 Sf6 29. Dd8!

Ein neues kombinatorisches Motiv: Auf 29. – b5 würde 30. L×e6! folgen.

29. – Sg8 30. f3 b5 31. Lb3 a5

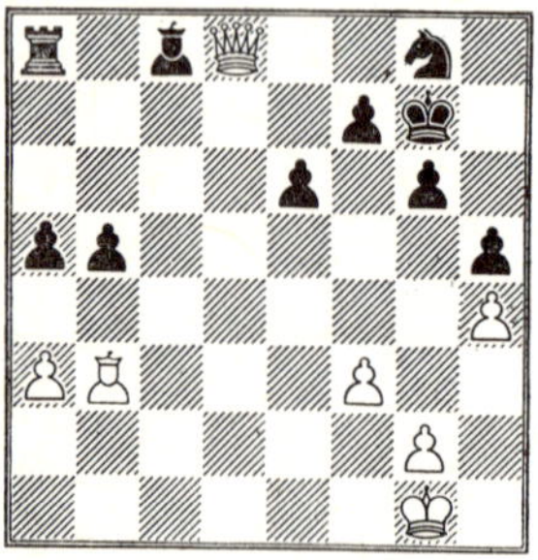

Nach so langer Unterdrückung bot sich 31. – Lb7 an in der Hoffnung, daß auf 32. Dd7 sich mit 32. – Ld5 33. L×d5 e×d5 34. Db7 Td8 35. D×a6 d4 36. D×b5 d3 noch einige Remischancen ergeben. Die schwierige Verteidigung führte dazu, daß Schwarz fast die gesamte Bedenkzeit verbraucht hatte. Somit konnte er auch nicht mehr die nach 31. – Lb7 32. Dd4+ entstehenden Möglichkeiten erwägen.

32. Dd4+ Sf6?

Auch nach 32. – Kh7 würde Schwarz durch den Vorstoß des g-Bauern eingeengt. Nach dem Textzug kann aber der schwarze Springer die Fesselung nicht mehr abschütteln und geht somit verloren.

33. De5! a4 34. La2 Ld7 35. g4 h×g4 36. f×g4 Tc8 37. g5! Tc1+ 38. Kf2 Tc2+ 39. Kg3 T×a2 40. g×f6+ Kh7

Der schwarze Turm ist endlich freigekommen, statt dessen befindet sich jedoch der schwarze König in der Klemme. Außerdem ist auch die Zeitnot vorüber, und so kann Weiß die konkrete Gewinnfortsetzung leicht berechnen.

41. Dd6 g5 42. Dd3+ Kh6

Oder 42. – Kg8 43. D×d7.

43. De3 T×a3

Gebührender wäre es, aufzugeben.

44. D×a3 g×h4+ 45. K×h4

Schwarz gab auf (1 : 0).

Der Wettlauf mit Unzicker beim Turnier des Caissa-Schachklubs im März in Paris wurde zu meinen Gunsten entschieden. Ich remisierte mit ihm, er verlor aber noch einen halben Punkt aus neun Partien.

Ende Mai startete ich auf Einladung des PTT-Schachklubs in der kroatischen Hauptstadt. Anfangs führte Marović vor fünf Großmeistern. Dann gelang es mir aber, ihn in der zehnten Runde zu schlagen. Danach blieb ich immer an der Spitze und errang den ersten Platz.

Der Schlußstand des Turniers in Zagreb 1964 lautete: Szabó 9 ½, Marović und Parma je 9, Bertok, Damjanović und Fuderer je 8 ½, Matanović 8, Udovčić 7, Német 6, Bobozow 5, Antunac und Kupreja-

now je 4 ½, Dr. Paoli 2 ½, Zaradić 1 ½ Punkte.
Das eine Halbfinale zur Europa-Mannschaftsmeisterschaft wurde im August in Sinaia (Rumänien) veranstaltet. In dem doppelrundigen Kampf qualifizierten sich Ungarn als Erster, dann Rumänien, die DDR und Bulgarien. Ich selbst holte drei Punkte aus fünf Partien heraus. In einer Partie von theoretischem Interesse bezwang ich Ciocaltea:

77. PARTIE

Zweispringerspiel
Ciocaltea–Szabó

Mannschaftskampf
Rumänien–Ungarn
Sinaia 1964

1. e4 e5 2. Sf3 Sc6 3. Lc4 Sf6 4. Sg5 d5 5. e×d5 Sa5 6. Lb5+ c6 7. d×c6 b×c6 8. Le2 h6 9. Sh3?!
Statt des damals üblichen 9. Sf3 kam in den sechziger Jahren der Textzug in Mode. Diese Mode führte Robert Fischer ein, der damals noch am Anfang seiner Laufbahn stand. Er erforschte die alten Turnierpartien und modernisierte diese Eröffnung mit seinen eigenen Ideen. Diese Variante war auch im Wettkampf Steinitz–Tschigorin mehrere Male vorgekommen. Fischer war schon damals eine Autorität, hätte ein unbekannter Schachspieler so einen Zug ausgeführt, wäre er in Vergessenheit geraten. Dank des Amerikaners machte dieser Zug wieder Karriere. Damals schrieb ich darüber: „Die Theorie wurde wieder um eine moderne Variante bereichert. Wie lange wird dieser Zug modern sein? Das hängt davon ab, mit welcher Ausdauer Fischer seine Behauptungen verteidigt, die er anläßlich der Analyse seiner Partie gegen Bisguier aufgestellt hat.“ Diese Partie, die die fragliche Neuerung enthielt, stellt mit 9. Sh3 die Kampfführung in Frage, die Gegenstand einer prinzipiellen Meinungsverschiedenheit zwischen der Steinitzschen Schachschule und den Anhängern von Tschigorin gewesen war.

9. – Lc5 10. d3

Fischer rochierte in der erwähnten Stammpartie. In seiner Analyse widerlegte er einige Behauptungen und die Empfehlung 10. – g5 von Gottschall, die in der Deutschen Schachzeitung, Jahrgang 1892, veröffentlicht worden waren. Man kann sich aber dessen nicht sicher sein, daß Fischer selbst an seine Behauptungen vollkommen geglaubt hatte, denn er wandte in seiner Partie gegen Radojčić in New York 1963 bereits den Zug 10. d3 an. Dieser Zug ist jedenfalls sicherer, mindestens aber elastischerer, als die Rochade.

10. – 0–0 11. 0–0 Sd5 12. Lf3

Es ist nicht ausgeschlossen, daß mein Gegner gerade um dieser Neuerung willen die gesamte Variante spielte. In der späteren Partie Platonow–Geller (1969) erzielte Weiß mit 12. Sc3 Vorteil. Diesen Springerzug wandte Sax in der XXVI. Ungarischen Meisterschaft gegen Lengyel ebenfalls erfolgreich an. Das Wesen des Zuges Lf3 besteht darin, daß er dem Damenausflug Dh4 vorbeugt, denn darauf könnte Schwarz mit De1 den Springer a5 und den Bauern e5 angreifen.

12. – Sb7

Dieser Springer ist vorübergehend schlecht plaziert, kann aber nur so zentralisiert werden.

13. Sc3 Lb6 14. Kh1 Sc5 15. Le3 Tb8

Der folgerichtige Abschluß des Springermanövers wäre 15. – Se6, darauf würde aber nach 16. L×b6 die b-Linie verstellt, die beim Aufmarsch der schwarzen Schwerfiguren eine wichtige Rolle spielen kann.

16. S×d5?

Weiß spürt, daß die Zeit gekommen ist, um den schwarzen d-Bauern zu isolieren und nach der Beseitigung des Bauern e5 den Springer h3 ins Spiel zu bringen. Richtiger war es jedoch, mit Sg1 zu beginnen.

16. – c×d5 17. d4 Se4! 18. c4?

Eine ungerechtfertigte Aktivität, die wahrscheinlich davon herrührt, daß mein Gegner mit dem schwarzen Damenläufer bisher nur auf der Diagonale c8–h3 gerechnet hat. Das war die letzte Möglichkeit, den auf h3 müßig herumstehenden Springer über das Feld g1 nach der Brettmitte zu überführen.

18. – La6

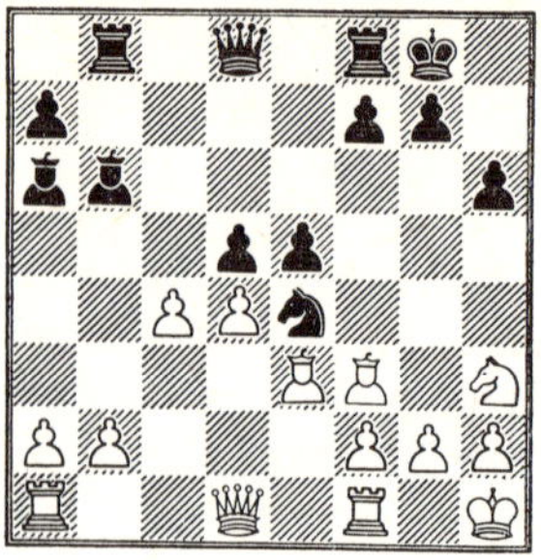

19. d×e5? L×c4 20. L×b6 D×b6 21. Te1 D×b2 22. L×e4 d×e4 23. T×e4 Tfd8!

Ein wichtiger Zwischenzug, bevor Schwarz das materielle Gleichgewicht wieder herstellt. Jetzt hätte 22. – L×a2 nur ein Unentschieden ergeben: 23. Te2 D×a1 24. D×a1 Tb1+ 25. Te1!, und der a-Bauer fällt auch.

24. De1 L×a2 25. Ta4

Im Fall von 25. Te2 könnte der Läufer nun – im Gegensatz zum Ende der vorigen Bemerkung – mit Td2 gedeckt werden, und dann wäre der a-Bauer unaufhaltsam. Jetzt erhält aber der Nachziehende – wie so oft in Schachpartien – durch die Schwäche der Grundreihe Gelegenheit zur Rettung des a-Bauern.

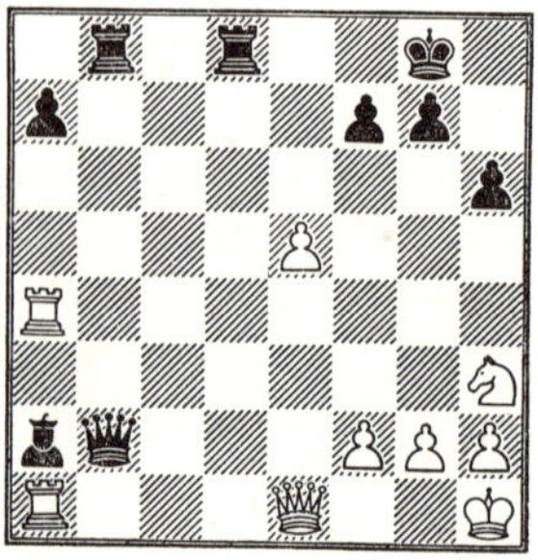

25. – Lb1!

Weiß hätte die übrigen Züge in drei Minuten ausführen müssen. Der unerwartete Läuferzug brachte ihn aber in Verlegenheit, und so war er nicht imstande, seine einzige Chance, 26. e6!, zu finden.

26. Sg1 Dc2 27. e6

Jetzt ist es schon zu spät. Auf 27. f3 gewinnt Schwarz mit Td1 28. De3 Tb2 29. Tg4 Df2! eine Figur.

27. – Td1

Weiß gab auf (0 : 1).

Das große internationale Turnier in Belgrad war nicht in meinem diesjährigen Programm enthalten. Auf Wunsch des Schachverbandes sprang ich ohne jede Lust ein, was meinem Resultat auch anzusehen war. Der Mißerfolg warf auch Schatten auf mein Abschneiden auf der zwei Wochen später beginnenden XVI. Schacholympiade in Tel Aviv. Unsere Mannschaft belegte hier den vierten Platz. Ich sammelte aus zwölf Partien 7 Punkte.

Nach meinem Abschneiden in Belgrad dachten nur wenige daran, daß ich Anfang 1965 beim Gedenkturnier anläßlich der Befreiung in Budapest die ungarische Meistergarde wieder um Punkte überflügeln könnte.

Endlich konnte ich mit Polugajewski Schritt halten und hätte auch den alleinigen ersten Rang erzielen können, wenn ich gegen die Ungarn Navarovszky, Lengyel und Ozsváth in den letzten drei Runden 2 ½ Punkte herausgeholt hätte. Der innere Zwang „ich muß gewinnen" ruft oft die entgegengesetzte Wirkung hervor, und so erreichte ich nur zwei Punkte aus diesen drei Partien. Ein Blick auf untenstehende Turniertabelle:

BUDAPEST, 1965	Punkte
1. Polugajewski, L.	11
2. Szabó, L.	11
3. Taimanow, M.	11
4. Krogius, N.	10
5. Janošević, O.	9 ½
6. Bilek, I.	8
7. Lengyel, L.	8
8. Osnos, W.	7 ½
9. Padewski, N.	7
10. Malich, B.	6 ½
11. M. Kovács, L.	6 ½
12. Navarovszky, L.	6 ½
13. Pirc, V.	5 ½
14. Ozsváth, A.	4
15. Dely, P.	3 ½

78. PARTIE

Sizilianische Verteidigung

Janošević–Szabó

Budapest 1965

1. e4 c5 2. Sf3 g6 3. d4 Lg7 4. d×c5 Da5+ 5. Ld2 D×c5 6. Lc3 Sf6 7. Ld3 Sc6 8. 0–0 d6 9. Sbd2 0–0 10. Sb3 Db6 11. a4 e5! 12. Te1 Dc7 13. Lc4 Le6! 14. Ld5 Tad8 15. L×c6 D×c6 16. De2 h6 17. Sa5 Dc7 18. Db5 b6 19. Dc6 Db8 20. Sb3 Tc8 21. Db5 Lc4 22. Db4 a5 23. Da3 Tef8? 24. Sbd2 Le6 25. b4 Dc7 26. Te3 Sg4 27. Td3 f5 28. b×a5 b×a5 29 Sh4

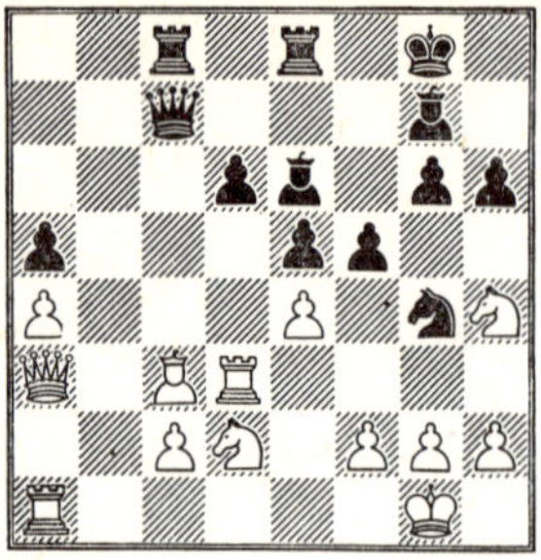

29. – f×e4? 30. S×e4 d5 31. Sd6 e4 32. Tg3! L×c3 33. S×e8 Df7 34. T×g4 L×g4 35. Sd6 Df6 36. S×c8 Lb4! 37. Da2 L×c8 38. c3! L×c3 39. D×d5+ Le6 40. Da8+ Kg7 41. Tc1 Ld4 42. g3

42. – g5! 43. Db7+ Lf7 44. Sg2 D×f2+ 45. Kh1 e3 46. Dc7 e2 47. h4 Df1+ 48. Kh2 Lg1+ 49. Kh3 g4+.

Weiß gab auf (0 : 1), denn auf 50. K×g4 folgte h5+!.

Bis Juli hatte ich kein Turnierprogramm. So nahm ich den Vorschlag des Schachspaltenredakteurs der schwedischen Zeitung „Stockholms Tidningen", Zandor Nillson, an, mit dem ausgezeichneten Fernschachmeister, dem Mitglied der schwedischen Fernschachauswahl, Rune Strand, eine Partie per Telex zu spielen. Deren Züge gab das schwedische Blatt mit großer Auflagenhöhe täglich bekannt. Der erste Zug wurde am 11. April, der letzte, der 48., am 18. Juli veröffentlicht. Aufgrund des Loses führte ich den Anfangszug aus.

79. PARTIE

Russische Verteidigung
Szabó–R. Strand

Partie per Telex
zwischen Budapest und Stockholm
11. April–18. Juli 1965

1. e4 e5 2. Sf3 Sf6

Vor Beginn der Partie studierte ich einige frühere Fernpartien meines Gegners (mit dem ich seit meiner Simultanrundreise 1957 in Schweden befreundet war) und bemerkte, daß er sich ohne Ausnahme nur mit der Spanischen Partie beschäftigt hatte. Zu meiner nicht geringen Überraschung stand im Telex dieser Springerzug. Ich mußte damit rechnen, daß mein Gegner einen psychologischen Kampf einleiten wollte. Falls ich den wohlbekannten Remisvarianten zu entgehen beabsichtigte, mußte ich ein Risiko eingehen.

Aber wie? Im vorangegangenen Jahr (1964) gelang es Großmeister Cholmow, im Moskauer Zonenturnier als Schwarzer mit dieser Verteidigung das Gleichgewicht aufrechtzuerhalten. Als ich diese

Partien durchgesehen hatte, fuhr mir ein Gedanke durch den Kopf, und jetzt wollte ich ihn ausprobieren. Ich hoffte freilich, daß mein Gegner der Anziehungskraft der Modevarianten nicht widerstehen kann. Hier ist der Ausgangspunkt, von wo aus ich meine Idee verwirklichen kann.

3. d4 e×d4 4. e5

Obwohl ich schon mit dem zweiten Zug die Richtlinie bestimmt hatte, gab ich hier fast der Versuchung nach, abzuweichen. Bereits während meiner Jugendzeit hinterließ die Fernpartie Berlin – Budapest 1936 auf mich einen tiefen Eindruck. Die ungarische Analytikergruppe wurde vom berühmten István Abonyi geführt. Da ich den Schachklub des öfteren besuchte, wurde auch ich in die Analyse einbezogen, obwohl ich an der Partie überhaupt nicht aktiv teilnahm. Nun, in dieser Partie wählten die Berliner (vermutlich unter der Führung des berühmten Angriffsspielers Kurt Richter) eine solche Fortsetzung, die – vermöge meines Stils – nach meinem Geschmack gewesen wäre, denn sie gab Weiß eine dauerhafte Initiative. Es folgte dort 4. Lc4?! S×e4 5. D×d4 Sf6 6. Lg5 Le7 7. Sc3 Sc6 8. Dh4 d6 9. 0–0–0!, und Schwarz konnte nur mit Mühe und Not die Schwierigkeiten bewältigen. Ich dachte aber daran, daß sich Meister Strand noch an meine Partie gegen Kostić, Ljubljana 1938, erinnert, wo mein Gegner die Fortsetzung 4. Lc4 Sc6 5. Sg5 d5 gewählt hatte, der ich ausweichen wollte.

4. – Se4 5. D×d4 d5 6. e×d6 S×d6 7. Sc3 Sc6 8. Df4 Lf5 9. Lb5 De7+

Ich bin also auf meine Rechnung gekommen! Mein Gegner hatte sich auf die damals modischste Variante der Russischen Verteidigung vorbereitet.

Und wieder mußte ich der Versuchung widerstehen! Es wäre interessant gewesen,die damals sehr umstrittene Modevariante 10. Le3 S×b5 11. S×b5 Db4+ 12. D×b4 L×b4+ 13. c3 La5 auszuprobieren. Ich hielt es aber für ungebührlich, in einer vor Publikum verlaufenden Partie das Risiko der Antwort 13. – Ld6 auf mich zu nehmen, die mit einer völligen Verflachung der Partie drohte. Damit hätte ich aber – bei den bisher ausgeführten Zügen – rechnen müssen.

10. Kf1!? Le4 11. Ld2?!

Dieser Zug fiel mir in dem Moment ein, als ich bei der Analyse der Partie Suetin–Cholmow, Moskau 1964, in der Fortsetzung 11. L×c6+ L×c6 12. Se5 0–0–0 13. S×c6 b×c6 14. Da4 Sb5 keinen Vorteil für Weiß finden konnte, was mir – bei der zertrümmerten schwarzen

Bauernstellung – ziemlich unglaublich vorkam. Im Schach sind aber die dynamischen Faktoren mindestens ebenso wichtig wie die statischen, und das wurde auch in dieser Partie nachgewiesen.

Zurückkommend auf den 10. Zug ist es wert, zu bemerken, daß auch 10. Kf1 seitdem aus der Mode gekommen ist, und zwar wahrscheinlich wegen der Partie Parma–Trifunović, Amsterdam 1965, wo 10. Le3 S×b5 11. S×b5 Db4+ 12. D×b4+ L×b4+ 13. c3 La5 14. b4 Ld3 15. a4 a6 16. Sdb5! geschah. Das galt als Verbesserung im Vergleich zur Partie Stein–Cholmow, wo Schwarz nach 16. 0–0–0 Le2 17. b×a5 a×b5 Ausgleich erzielt hatte. Diese Partie wurde allerdings einige Tage nach Beendigung unserer Telexpartie ausgetragen. Statt 11. Ld2 wurde in der Partie Suetin–Borissenko, 1968, 11. La4 0–0–0 12. Le3 f6 13. h4 L×f3 14. g×f3 Se5 15. Lb3 Kb8 16. Td1 Sc8 versucht, und die Partie endete unentschieden. Anstelle von 13. h4 empfahl Keres 13. S×e4 S×e4 14. Td1.

11. – S×b5 12. S×b5 0–0–0 13. Te1 f5 14. Sc3 Dc5 15. S×e4 f×e4

Eine interessante Möglichkeit bestand hier darin, 15. – Db5+ einzuschalten, was als Prüfstein für die mit Ld2 beginnende Variante hätte dienen können.

16. D×e4 Lb6?

Mit diesem und dem folgenden Zug wollte Schwarz aktiv werden. Das ist aber ungenügend, außerdem zu langsam, um die ungünstige Stellung des weißen Königs ausnutzen zu können. Stark in Betracht kam hier Db5+ nebst D×b2, was Schwarz wegen der möglichen Antwort Lg5 verworfen haben dürfte.

17. Lc3 Tg8?

Das ist dem vorhergehenden Läuferzug ebenbürtig. Weiß kann die Drohung g5 leicht parieren. 17. – The8! hätte Weiß auf die Probe gestellt, und es fragt sich, ob Weiß nach 18. D×e8 T×e8 19. T×e8+ Kd7 die Verbindung zwischen den Türmen hätte herstellen können. Ohnehin würde aber das Gegenspiel mit b5 oder g5 dem Anziehenden Probleme verursachen.

18. h4 h6 19. h5!

Dient einem doppelten Zweck, nämlich einerseits über h4 den Turm ins Spiel zu bringen und andererseits die schwarzen Königsflügelbauern auf die Farbe der Läufer zu fixieren.

19. – Db6 20. Th4 Da6+ 21. Dc4 D×c4+

Beim Zug 20. – Da6+ könnte Schwarz 21. – b5 geplant haben. Erst jetzt dürfte er sich darauf besonnen haben, daß er nach 21. – b5 22. De6+ Kb7 23. b4! (es drohte b5–b4+) noch mehr Sorgen hätte.

22. T×c4 g6 23. Te6! g×h5 24. Th4!

Nicht 24. T×h6 wegen Tg4!. Durch die umgruppierten Türme wird erzwungen, daß doch ein schwarzer Bauer auf einem schwarzen Feld verbleibt, was das Gegenspiel lahmlegt.

24. – Lf8 25. T×h5 Kd7 26. Tf6 Te8 27. Tf7+! Te7 28. Se5+! S×e5

Auf 28. – Ke8 oder Ke6 wäre 29. T×f8! nebst S×c6 und Lb4 gefolgt.

29. T×e7+ L×e7 30. L×e5 Tg6

Schwarz versucht, den Turm über die sechste Reihe zu aktivieren. Nach 30. – Tg5 31. T×g5 h×g5 (31. – L×g5 32. f4 nebst g4) 32. g4 wäre das Endspiel wegen des auf einem schwarzen Feld festgesetzten g-Bauern für Schwarz hoffnungslos. Mit dem Textzug bereitet Schwarz Lf6 vor und sucht so im Turmendspiel – nach dem Abtausch der Läufer – sein Heil.

31. f4! c5

Da 31. – Lf6 an 32. f5 scheitern würde, versucht Schwarz, die weißen Damenflügelbauern niederzuhalten und so seinem Turm zu einer Rolle zu verhelfen.

32. Kf2 b5 33. a3

Sonst würde mit b4, Lf8 und Ta6 der a-Bauer erobert werden.

33. – a5 34. c4! b×c4 35. a4!

Von den drei schwarzen Bauern sind nur noch Trümmer übriggeblieben, und zwei davon sind auf schwarzen Feldern fixiert. Daraus folgt eindeutig, daß Schwarz den Turm nicht abtauschen darf. Was geschieht aber, wenn die Läufer abgetauscht werden? Siehe dazu die Hauptvariante: 35. – Ld6 36. L×d6! T×d6 (36. – K×d6 37. Kf3 und g4 usw.) 37. T×c5 Td2+ 38. Kg3! (38. Kf3 T×b2 39. T×c4 h5!) T×b2 39. T×c4 Tb4 40. Tc5 T×a4 41. Th5 usw.

35. – Tb6 36. Kf3 Lf8 37. Lc3 Td6 38. Ke4 Tg6 39. Td5+ Ke8

Auf 39. – Kc6 folgt 40. Td2, und der f-Bauer rückt vor.

40. Kf3 Le7 41. g4 Tc6 42. Ke4 Te6+ 43. Kf5 Ta6 44. g5!

Der Vorstoß des g-Bauern gewinnt jetzt bereits forciert.

44. – h×g5 45. f×g5 Ta7 46. g6 Lf8 47. Te5+ Te7 48. g7

Schwarz gab auf (1 : 0).

Kaum hatte ich das letzte Telex nach Stockholm aufgegeben, war ich schon auf der Reise nach Amsterdam, zum fünften internationalen IBM-Turnier. Die Hauptgruppe bestand damals aus zehn Teilnehmern. Obschon ich ungeschlagen geblieben war, konnte ich mit meinen zwei Siegen nur den dritten Platz belegen.

Im Juni wurde das Finale der III. Europa-Mannschaftsmeisterschaft in Hamburg veranstaltet. Mit Recht hofften wir, daß unsere Mannschaft, bestehend aus zehn Mitgliedern, den zweiten Platz erreichen könnte. Das wäre uns auch gelungen, wenn diese Europameisterschaft nicht eine seltsame Ausschreibung gehabt hätte. Bei gleicher Punktezahl zählten nämlich nicht die Mannschaftssiege, sondern es wurde anhand

eines speziellen Schlüssels über das Ergebnis entschieden. Obwohl wir jede Mannschaft zweimal, die sowjetische einmal besiegten, landete unsere Mannschaft auf dem geteilten 2. bis 3., nach der speziellen Wertung sogar nur auf dem dritten Platz.
In Hamburg hatte ich schließlich erreicht, was mir bisher dreimal aus besserer Stellung heraus nicht gelungen war. Ich besiegte Botwinnik.

80. PARTIE

Königsindische Verteidigung

Botwinnik–Szabó

Europa-Mannschaftsmeisterschaft

Hamburg 1965

1. c4 g6 2. d4 Sf6 3. Sc3 Lg7 4. e4 d6 5. f3 0–0 6. Le3 Sc6
Ich hatte nicht einen Augenblick daran gezweifelt, daß Botwinnik die Variante f3 anwendet, hatte aber das große Problem, wie ich mich dagegen verteidigen sollte. Deshalb beabsichtigte ich etwas auszuwählen, das in der langen Laufbahn des Exweltmeisters verhältnismäßig selten vorgekommen war. Gibt es denn so etwas überhaupt? Schließlich entschloß ich mich, diese Variante zu spielen, die mehr taktische Chancen bietet. Freilich nicht in solcher Form, wie sie Smyslow im Zweikampf gegen Botwinnik 1958 angewendet hatte.

7. Sge2 e5 8. d5
In der überwiegenden Mehrheit der Turnierpartien setzt Weiß hier mit der Überdeckung des Punktes d4 fort. Die Festigung des Zentrums überraschte mich in diesem Moment. Ich setze voraus, daß der Exweltmeister den aus e×d4 entstehenden taktischen Möglichkeiten ausweichen wollte.
8. – Se7 9. Dd2 Sd7 10. g3
Ein Zeichen von übermäßiger Vorsicht. Die bisherigen Züge von Weiß deuteten darauf hin, daß Weiß lang rochieren will, und in diesem Fall wäre 10. g4 die gegebene Fortsetzung. Dies dürfte Botwinnik aber aus irgendeinem Grunde verworfen haben und bereitet nun die kurze Rochade vor.
10. – f5 11. Lg2 f×e4 12. f×e4
Das Zurücknehmen mit dem Bauern wirft abermals die Frage auf, nach welcher Seite Weiß rochieren will. Wäre es möglich, daß er beabsichtigte, mit g3 und Lg2 nur den Gegner irrezuführen, und nun doch zur langen Rochade greift? Mit den folgenden Zügen begann ich, meine Figuren dagegen aufmarschieren zu lassen.
12. – a6 13. h3 Tb8 14. La7 Ta8 15. Lf2
Bei meinen früheren Begegnungen mit Botwinnik verdarb ich glänzende Stellungen im Mittelspiel (Groningen 1946, Budapest 1952, Oberhausen 1961). Aufgrund dessen schrieb Botwinnik über mich in seinem Buch „Ein halbes Jahrhundert im Dienste des Schachs“ folgendermaßen: „... ein scharfer, interessanter Schach-

spieler. Er beteiligte sich dreimal nacheinander (1950, 1953, 1956) an den Kandidatenturnieren, und das ist vielsagend. Eine gewisse Heftigkeit seines Charakters veranlaßte den ungarischen Großmeister manchmal zu übereilten Entschlüssen, und so gab er den schon erkämpften Vorteil aus der Hand.“ So ist es auch zu erklären, daß er die Zugwiederholung 15. Le3 Tb8 16. La7 vermeidet. Um Mißverständnissen vorzubeugen, sei hier bemerkt, daß es unbegründet wäre, über einen Vorteil für Schwarz zu reden. Mit Lf2 gestattet Weiß dem Nachziehenden, die Stellung seiner Figuren, besonders die des Springers Se7, zu verbessern.

15. – h6! 16. 0–0 Sf6 17. Le3

Auch hierin äußert sich die Vorsicht, die in dieser Partie die gesamte Spielführung von Botwinnik kennzeichnet. Es ist auch sonst verständlich, daß ein großer Stratege danach trachtet, seinen Figuren die maximale Wirksamkeit zu sichern, bevor er eine Aktion einleitet. In diesem Augenblick war aber dieser Zug nicht notwendig, und Weiß hätte das auch sowieso begonnene Spiel am Damenflügel unverzüglich starten müssen. Der Läuferzug gewinnt kein Tempo, weil Schwarz auch sonst Kh7 ziehen muß.

17. – Kh7 18. c5 Ld7 19. b4 g5 20. a4

Ein kritischer Punkt der Partie. Das Aufrollen der Stellung mit b4–b5 bedeutet wegen der schwarzen Drohungen Vorzug. Hier macht sich das im 17. Zug mit dem Läufer verlorene Tempo bemerkbar. Anders hätte sich die Partie gestalten können, wenn Weiß hier schon hätte b5 ziehen können. Da der folgende Damenzug von Schwarz Weiß an Tab1 und b4–b5 hindert, verdiente die folgende Fortsetzung Beachtung: 20. Tfb1 De8 21. b5 a×b5 22. c×d6 c×d6 23. Db2.

20. – De8!

Richtet sich nicht nur gegen b5, sondern droht auch mit Dh5. Deshalb folgt jetzt ein vorsichtiger Zug von Weiß.

21. De1!

Um 21. – Dh5 mit 22. g4 L×g4 23. h×g4 S×g4 24. Dg3 beantworten zu können.

21. – Dg6 22. Tb1

Weiß muß den Durchbruch b5 wieder aufschieben, denn darauf gelangte die weiße Dame nach dem Turmtausch auf die a-Linie, und Schwarz käme zu Dh5 und der erwähnten Kombination.

22. – Sh5

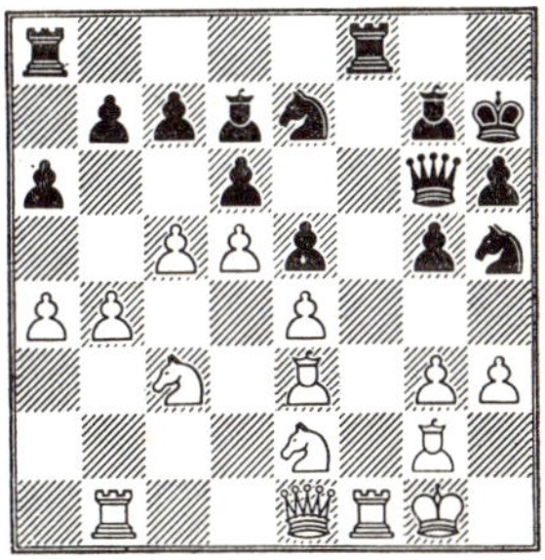

23. g4?

Botwinnik beurteilt die Position – was bei ihm ungewöhnlich ist – unrichtig. Es ist verständlich, daß er – wegen des auch sonst drohenden Sf4! – mit der Abschottung des Königsflügels die Lage zu klären versucht. So ist es ebenfalls begreiflich, daß Weiß den Durchbruch b5 verschiebt. Die unrichtige Bewertung hat zur Folge, daß Schwarz die Punkte f4 und h4 schneller besetzen kann als Weiß die entsprechenden Felder f5 und h5. Dementsprechend erhält Schwarz am Königsflügel Raumvorteil, und auch seine Türme können auf einem größeren Gebiet manövrieren. Eben darum war es nötig, vor der Abschottung einen Turm zu tauschen.

23. – Sf4 24. Sg3 Df6 25. Tf2 Seg6 26. Lf1 Sh4 27. Dd1? De7 28. T1b2

Weiß sicherte seine Königsstellung übermäßig, statt am anderen Flügel etwas anzufangen. Der Vorstoß b5 ist schon deshalb nicht mehr möglich, weil die schwarze Dame den Punkt c5 kontrolliert. Einen Zug früher wäre b4–b5 noch möglich gewesen, um die Aufmerksamkeit des Nachziehenden vom Königsflügel abzulenken.

28. – Tf7 29. Sf5?

Es ist leicht, einen Zug mit einem Fragezeichen zu versehen, viel schwerer aber ist es, etwas Besseres vorzuschlagen. Vielleicht wäre das abwartende 29. Kh2 zweckmäßiger gewesen.

29. – L×f5! 30. g×f5

Das Zurückschlagen mit dem e-Bauern ist noch schlechter wegen 30. – e4. Schwarz besitzt jetzt zwei Vorposten im feindlichen Lager, und jeder Versuch, sie zu beseitigen, ergäbe nur für Schwarz günstige Linien- und Diagonalenöffnungen.

30. – h5! 31. Th2

Es unterliegt keinem Zweifel, daß der Bauerngewinn 31. L×f4! e×f4 32. D×h5+ zu einer Katastrophe führen würde.

31. – Lh6 32. Kh1 Tg8 33. Lf2 Tfg7 34. Se2 g4!

Der entscheidende Durchbruch, der trotz der hochgradigen Konzentration der schwarzen Figuren zwar nicht zum Matt führt, aber ein für Schwarz günstiges Endspiel ergibt.

35. h×g5 T×g4 36. Sg1 Dg7 37. Lh3!

37. Sh3 Sf3! 38. D×f3 S×h3 39. Tg2 Sf4 40. T×g4 h×g4 war für Weiß kaum attraktiv.

37. – S×h3 38. T×h3 Sg2 39. T×h5 Sf4 40. Th4!

Am besten. Auf 40. Th2 würde 40. – Sd3 sofort gewinnen.

40. – Sd3!

Der letzte Zug in Zeitnot, zugleich der richtige Entschluß. Das Endspiel ist wesentlich günstiger für Schwarz, während 40. – Tg2 mit der Absicht, auf Matt zu spielen, nur Trugbildern nachjagen würde.

41. T×g4 D×g4 42. D×g4 T×g4 43. Tc2

Nach der Zeitnot folgten noch einige Züge rasch hintereinander, und die Partie wurde hier abgebrochen. Das war der Abgabezug von Botwinnik.

43. – S×f2+ 44. T×f2 T×e4 45. Tb2!

Das ermöglicht den hartnäckigsten Widerstand. Weiß will jetzt mit b5 seinen Turm aktivieren.

45. – Tc4!

Die Verhinderung des Vorstoßes b4–b5 ist wichtiger als ein übereilter Bauerngewinn. Nach der Zentralisierung des Königs fallen die Bauern sowieso, einer nach dem andern.

46. Se2 Kg7 47. Kg2 Kf6 48. Kf3 e4+!

48. – K×f5?? wäre ein schwerer Fehler, denn nach 49. Sg3+ würde der Springer das strategisch wichtige Feld e4 einnehmen und den Nachziehenden der Möglichkeit e5–e4 berauben.

49. Kg4 e3+ 50. Kf3

Auf 50. Kh5?? würde Weiß mit Lg5 nebst Th4 matt gesetzt.

50. – K×f5 51. c×d6 c×d6 52. Tb1 Lg5!

Weiß ist in Zugzwang. Seine Bauern sind zur Untätigkeit verdammt. Verläßt der weiße Turm die erste Reihe, dann folgt Ke5. Zieht der weiße König, so antwortet Schwarz Ke4, auf Sg3 käme Ke5, was auch sonst nicht zu verhindern ist.

53. a5 Ke5 54. Tg1 Lf6!

Gibt den Bauern e3 für den Bauern d5 her. Der im 53. Zug erzwungene Bauernzug legte das Feld b5 frei, und der schwarze König trachtet danach, es zu besetzen.

55. Th1 K×d5 56. K×e3 Kc6 57. Kd3 Kb5 58. Tf1 Le5 59. Tf7 T×b4 60. T×b7+ K×a5 61. Ta7 Kb6 62. Ta8 Kb7

Das Ziel des folgenden Königszuges besteht darin, daß der weiße Turm nicht mehr hinter dem a-Bauern bleibt.

63. Tf8 a5 64. Tf7+ Ka6 65. Tf8 Ka7 66. Tc8 Kb7! 67. Tf8 Tb3+ 68. Kc2 Th3 69. Sc1 a4 70. Sd3 Th2+ 71. Kb1 Lc3! 72. Tf3

Der Exweltmeister verteidigt sich bis aufs äußerste und stellt wieder eine Falle. Auf 72. – a3? folgte jetzt nämlich 73. Sc5+! d×c5 74. T×c3 a2+ 75. Ka1 Kb6 76. Tc2! unentschieden!

72. – Kb6 73. Sf4 Ld4 74. Td3 Le5 75. Sg6 Kc5!

Bis jetzt mußte Schwarz einem Läufertausch ausweichen, jetzt aber würde schon ein Turmendspiel mit dem auf die e-Linie gelangenden Bauern für Schwarz einfach gewonnen sein.

76. Te3 Ld4 77. Tf3 Kc4

Weiß gab – nach zehnstündigem Kampf! – auf (0 : 1).

Ende August hatte ich wieder ein großartiges Erlebnis. Ich konnte mich in Havanna am IV. Capablanca-Gedenkturnier beteiligen, das in seiner Art einmalig war. Es geschah nämlich, daß einer der Teilnehmer nicht an Ort und Stelle, sondern per Telex spielte. Es handelte sich um Bobby Fischer. In diesen Jahren gab nämlich die Regierung der Vereinigten Staaten von Amerika ihren Sportlern keine Einwilligung, nach Kuba zu reisen. Deshalb ermöglichten die Organisatoren dem späteren Weltmeister auf diese Weise die Teilnahme. Der andere ungarische Teilnehmer, Großmeister Bilek, und ich landeten zwar nur im Mittelfeld, die hier gesammelten wertvollen Erfahrungen ermöglichten es uns aber, im nächsten Jahr auf der XVII. Schacholympiade, die ebenfalls in Havanna veranstaltet wurde, erfolgreicher zu spielen.

Im Jahre 1965 war ich gegen Matanović – anläßlich eines Besuchs des Schachklubs Partisan Beograd in Budapest – mit 1 ½ : ½ Punkten überlegen.

81. PARTIE

Nimzowitsch-Indische Verteidigung

Szabó–Matanović

Vörös Meteor – Partisan Beograd

Budapest 1965

1. d4 Sf6 2. c4 e6 3. Sc3 Lb4 4. e3 c5 5. Sf3 0–0 6. Ld3 d5 7. 0–0 Sc6 8. a3 L×c3 9. b×c3 d×c4 10. L×c4 Dc7 11. Lb2

Die Fortsetzungen 11. Ld3 und 11. Lb5 hielt ich für ziemlich abgenutzt, und deshalb wählte ich eine seltenere Variante.

11. – e5 12. Le2 Lg4 13. d×e5 S×e5

Die Stellung nach 13. – Tfd8 14. Dc2 S×e5 15. c4 S×f3+ stand lange zur Debatte. Wie sie auch immer bewertet wird, ist sie jedenfalls besser als nach dem Textzug, denn nach 14. c4 kann Schwarz nicht mehr Td8 einschalten. Nach dem Tausch auf f3 ist Weiß nicht genötigt, seine Bauernstellung zu schwächen.

14. c4 Sed7? 15. Sh4!? Le6?

Ein neuer Fehler, worauf Weiß eindeutig Vorteil erlangt. Nach 15. – L×e2 16. D×e2 g6 würde zwar die Diagonale a1–h8 sehr geschwächt, aber es wäre schwieriger, dies auszunutzen als die Beengtheit der schwarzen Figuren nach der Partiefortsetzung.

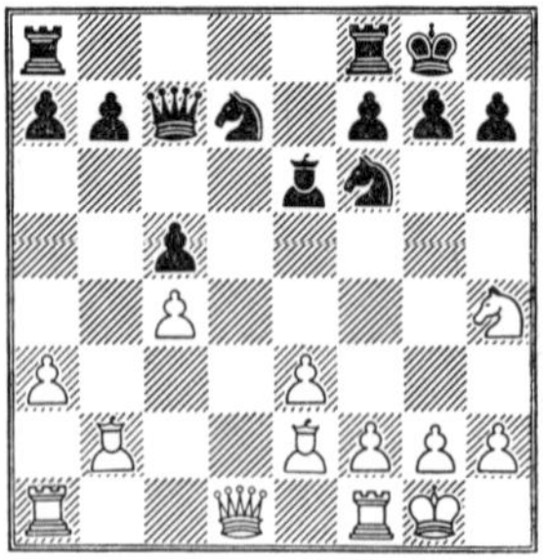

16. f4! Sb6 17. Dc2 De7 18. Tf3! Se8?

Führt zur Zertrümmerung der schwarzen Königsstellung, ohne daß Schwarz zu irgendeinem Gegenspiel käme. 18. – Sg4! hätte den Anziehenden vor größere Probleme gestellt, worauf 19. f5 wegen D×h4 nicht gut wäre. Die Berechnung der richtigen

Fortsetzung 19. Th3! und seiner Folgen ist aber viel mehr als nur Routinearbeit.

19. f5! Ld7

Auf 19. – D×h4 wäre 20. Th3 mehr als unangenehm. Am folgenden Zug von Weiß konnte Schwarz aber auch kein Gefallen finden.

20. f6! S×f6 21. L×f6

Nachdem die f-Linie für die weißen Türme geöffnet wurde, kann Weiß seinen Damenläufer gern hergeben.

21. – g×f6 22. Ld3 f5 23. S×f5 L×f5 24. L×f5 h6

24. – f6 rettet den h-Bauern nicht wegen 25. L×h7+ nebst Tg3+ und Th3.

25. Taf1

Gegen Turm und Läufer könnte die schwarze Dame noch standhalten, aber gegen den Einsatz einer neuen Schwerfigur ist Schwarz hilflos.

25. – Tae8 26. Th3 Kg7 27. Tf4 Tg8

Zu einem sehenswerten Schluß führte 27. – Df6 28. Tg4+ Kh8 29. Db2! Te5 30. D×e5! D×e5 31. T×h6 matt!

28. Lh7 De6 29. Tg3+ Kh8 30. L×g8 T×g8 31. Db2+ Kh7 32. Tf6 De8 33. T×h6+!

Schwarz gab auf (1 : 0).

Im Januar 1966 kämpfte ich in Beverwijk mit Polugajewski und Bilek, der sich in ausgezeichneter Form befand, um den ersten Platz. Über den im positionellen Stil erkämpften Sieg gegen Czerniak (82. Partie) freute ich mich besonders, und meine Partie gegen Bobozow (83. Partie) erweckte in mir alte, angenehme Erinnerungen.

Der Schlußstand
des Turniers lautete:

BEVERWIJK 1966	Punkte
1. Polugajewski	11 ½
2. Szabó	11
3. Bilek	10 ½
4. Ivkov	10
5. Nei	8 ½
6. Langeweg	8
7. Dr. Filip	7 ½
8. Donner	7
9. van den Berg	7
10. Damjanović	6 ½
11. Bobozow	6
12. Czerniak	6
13. Kuijpers	6
14. Bachtiar	5 ½
15. van Scheltinga	5
16. Dr. Lehmann	4

82. PARTIE

Königsindische Verteidigung

Szabó–Czerniak

Beverwijk 1966

1. d4 Sf6 2. c4 d6 3. Sf3 Sbd7 4. Sc3 e5 5. e4 g6

Mit dieser Zugfolge (zuerst d6 und erst dann g6) wich Schwarz der gefährlichen Sämisch-Variante mit f3 und dem vielleicht noch verwickelteren Vierbauernsystem aus.

6. d5 Sc5 7. Dc2 a5

Es war nötig, den Springer c5 zu sichern. Der Textzug erleichtert aber auch einen Durchbruch am Damenflügel, falls Weiß sich dazu entschließt. Hier liebäugelte ich aber auch noch mit einem anderen Plan, den ich in der Partie Stahlberg–Najdorf, Buenos Aires/La Plata 1947, gesehen hatte. Den hätte ich einem strategischen Plan zugrunde legen können. Sollte er sich nicht verwirklichen lassen, hatte ich vor, am Königsflügel einen Angriff einzuleiten.

8. Lg5 Lg7 9. Le2 h6 10. Le3

In der erwähnten Partie setzte Weiß mit 10. L×f6 fort und wollte mit Sf3–e1–d3 einen Durchbruch am Damenflügel verwirklichen. Der schwarze Springer blieb aber auf c5, und nach S×c5 d×c5 vermochte es Weiß nur statt der Aktion am Damenflügel d5–d6 durchzuführen. Mein modifizierter Plan bestand im Falle von 10. – Sg4 darin, auf c5 zu schlagen und die Möglichkeit eines Durchbruchs d6 zu schaffen.

10. – b6 11. h3

Es ist schon ratsam, 10. – Seg4 vorzubeugen, denn im Fall von L×c5 könnte Schwarz mit dem b-Bauern zurückschlagen. Der Textzug bereitet zugleich g2–g4 und einen Königsflügelangriff vor, wenn sich Schwarz zur kurzen Rochade entschließen sollte.

11. – Sh5! 12. Sd2 Sf4

Den Zug L×h5 zu gestatten, was in der Partie Szabó–Boleslawski, Budapest 1950, geschah, kann hier nicht in Frage kommen, denn 12. – 0–0 13. L×h5 g×h5 14. g4! würde f7–f5 verhindern. Die Eroberung des Bauern g4 wäre aber wegen der Linienöffnung sehr gefährlich.

13. Lf1 g5?

Auf 13. – 0–0 14. g3 Sh5 15. Le2 f5 (15. – Sf6 16. g4!) würde 16. L×c5 b×c5 17. e×f5 L×f5 18. Sde4 folgen, was den positionellen Vorteil von Weiß klarstellt. Für Schwarz wäre das noch erträglicher als die nun entstehende passive Stellung. Nach dem Textzug kann der schwarze Königsläufer keine aktive Rolle mehr spielen, denn fast alle schwarzen Bauern werden auf schwarzen Feldern stehen.

14. g3 Sg6 15. Le2 0–0 16. Lg4! L×g4?

Mit diesem Tausch beraubt sich Schwarz selbst seiner letzten Chance. Sg6–e7 hätte noch die Möglichkeit des Gegenstoßes f7–f5 offengehalten. Falls Weiß dies mit 17. L×c8 D×c8 18. g4 verhindert, kann Schwarz mindestens von den Feldern f4 und h4 Gebrauch machen.

17. h×g4 Dd7 18. f3 f6?

Von nun an verläuft die Partie glatt: Weiß bereitet bequem den Durchbruch vor, und Schwarz sieht dem Aufmarsch der feindlichen Truppen ohnmächtig zu. Schwarz hätte das Feld f6 einem Springer freihalten müssen. Und wenn der schwarze König fliehen muß, hätte er das mit Te8 und mit Kf8–e7 tun können.

19. Kf2

Der Plan von Weiß ist klar: Seinen König am Königsflügel gut unterzubringen, die taktischen Gegenchancen – in Verbindung mit einem eventuellen h5 – des Nachziehenden zu vereiteln und am Damenflügel die schwarze Stellung aufzurollen.

19. – Kf7 20. Sdb1!

Vor der Aufrollung mit b4 muß

Weiß seine Figuren günstiger plazieren. Gleichzeitig kann Schwarz – wegen Raummangel – so eine Umgruppierung nicht durchführen.

20. – Se7 21. Sa3 Th8 22. Th5! Ta6 23. b3 Tha8 24. Td1 Td8 25. Sab5 Tda8 26. Kg2

Verhindert h6–h5 und das Eindringen der schwarzen Dame auf das Feld h3, wenn die weißen Figuren am Damenflügel beschäftigt sein werden.

26. – Sg6 27. Thh1 Th8 28. a3 Tha8

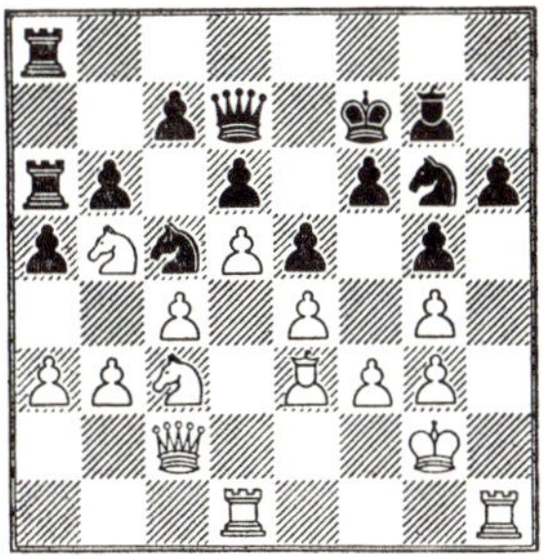

29. b4!

Eine paradoxe Situation! Schwarz beherrscht vorläufig die a-Linie, doch Weiß öffnet sie.

29. – a×b4

Es unterliegt keinem Zweifel und auch die Folgen dokumentieren, daß 29. – Sb7 – statt der Linienöffnung – besser war. Wem behagt es aber, einen Springer auf b7 zu plazieren, wo er nur eine Verteidigungsaufgabe ohne weitere Aussichten versieht?

30. a×b4 Sa4 31. Ta1! S×c3 32. D×c3 Ta2+ 33. Lf2 Se7 34. T×a2 T×a2 35. Ta1 T×a1 36. D×a1

Die a-Linie ist also dem Anziehenden zugefallen. Die Türme wurden zwar abgetauscht, der Bauer c7 ist aber so schwach, daß durch die eindringende weiße Dame allein der entscheidende Materialvorteil verschafft wird. Auch Schwarz sieht das offenbar ein und startet deshalb einen verzweifelten Versuch am anderen Flügel. Bei passivem Verhalten hätte eine interessante „Pattstellung“ entstehen können: 36. – Sc8 37. Da8 Ke7 38. Db8 Kd8 39. Sa7! nebst Sc6+, und mit der Königswanderung zum Damenflügel gewinnt Weiß.

36. – h5 37. g×h5 f5 38. Dd1!

Dieselbe Erwiderung wäre auf 37. – g4 erfolgt. Der Damenzug dient der Sicherheit des Königs. Der schwache Bauer c7 läuft nicht davon.

38. – f×e4 39. f×e4 Sg8 40. Le3 Lh6 41. Df3+ Sf6 42. Df5!

Erzwingt den Damentausch, wonach der Gewinn nur noch eine leichte technische Aufgabe ist.

42. – D×f5

42. – Ke7 würde nicht mit 43. Dg6?, sondern mit 43. S×c7! beantwortet werden.

43. e×f5 Se8 44. g4 Ke7 45. Kf3 Kd7 46. Sc3 Sf6 47. Se4 S×e4 48. K×e4 Ke7 49. c5 b×c5 50. b×c5 Kf7 51. c6! Ke7

Es drohte 52. Lb6!.

52. Ld2 Ke8 53. f6

Schwarz gab auf (1 : 0).

83. PARTIE

Englische Eröffnung

Bobozow–Szabó

Beverwijk 1966

1. c4 e5 2. Sc3 Sf6 3. Sf3 Sc6 4. e3 Lb4

Der Läuferzug weckte in mir alte Erinnerungen: Beim nationalen Meisterturnier 1933 war ich nur Zuschauer der Partie Eliskases–Lajos Steiner, für die letzterer auch einen Schönheitspreis erhielt. Nach dreiunddreißig Jahren erinnere ich mich an diese Partie besser als an die Partie Pachman–Lehmann, Beverwijk 1965 mit einer ähnlichen Eröffnung.

5. Le2

Eine interessante Idee ist 5. Dc2 nebst Ld3, die Kortschnoi gegen mich im IBM-Turnier, Amsterdam 1972, anwandte. Der Textzug ist unter dem Gesichtspunkt der Eröffnung weniger anspruchsvoll. Die Bewertung des Zuges 4. – Lb4 hängt hauptsächlich von 5. Sd5?! ab, was noch eingehender zu prüfen wäre. Das wurde vom Österreicher Haberditz empfohlen und von ihm auch zum ersten Mal angewendet. Es ist also kein Wunder, daß sein Landsmann Eliskases dies bei der ersten besten Gelegenheit erprobte. Er erfuhr aber eine bittere Enttäuschung, denn nach 5. Sd5 e4 6. S×b4 S×b4 7. Sd4 0–0 8. Le2? d5! 9. a3? Sd3+! 10. L×d3 e×d3 11. c5 Se4 12. b4 Dg5 13. g3 Lh3 14. f3 f5!! 15. Db3 f4!! 16. e×f4 Tae8! 17. f×g5 S×c5+ 18. Kd1 S×b3 19. S×b3 Lg2 20. Sd4 L×h1 21. f4 Te4 22. Lb2 Tfe8 mußte Weiß sich als geschlagen bekennen. Eliskases bemerkte traurig dazu: „In so einem Stil habe ich noch keine Partie verloren.“

Diese Partie zählt also zu den großen Schöpfungen, erwies sich aber als nicht ausreichend, um die Anhänger des Zuges 5. Sd5?! endgültig ins Wanken zu bringen. Die Analysen wiesen darauf hin, wo Eliskases Fehler begangen hatte. So wurde u. a., um Zeit zu gewinnen, 8. a3 – statt 8. Le2? – vorgeschlagen. Diesen Vorschlag wollte auch Pachman in der erwähnten Partie erproben, kam aber nicht mehr dazu, denn Schwarz rochierte im siebenten Zug nicht, sondern zog 7. – c5, was den Springer zwang, noch b3 oder c2 zu gehen. So wurde Weiß mehrerer Verteidigungsmöglichkeiten beraubt.

Da sich Bobozow gleichfalls am Beverwijker Turnier beteiligt hatte, war es zu vermuten, daß er die fragliche Partie Pachman–Dr. Lehmann gekannt und deshalb die Fortsetzung 5. Sd5?! unterlassen hatte.

5. – 0–0 6. 0–0 e4 7. Sd4 d5 8. S×d5

Eine bedeutsame Ungenauigkeit! Nach 8. c×d5 S×d4 9. e×d4 S×d5 10. Db3! hätte Schwarz auf c3 tauschen müssen, was die Entwicklung des Läufers c1 ermöglicht hätte.

8. – S×d5 9. S×c6 b×c6 10. c×d5 c×d5 11. d3 Ld6! 12. d×e4 d×e4
Zieht man die Stellung nur statisch in Betracht, so steht Weiß besser. Die dynamischen Möglichkeiten von Schwarz – in erster Linie die Aktion gegen den weißen König – entschädigen ihn aber dafür reichlich. Schwarz muß diese Möglichkeiten freilich im Mittelspiel ausnutzen. Ein sehr gutes Beispiel dafür ist die Partie Timman–Karpow, Montreal 1979.
13. Dc2 Tfe8 14. Ld2 Dg5 15. Tfd1 Lh3 16. g3
Dazu würde Weiß nach Te8–e6–g6 früher oder später sowieso gezwungen sein, selbst wenn er mit 16. Lf1 den Punkt g2 deckte.
16. – h5!
Der Zweck dieses Zuges besteht darin, die achte Reihe zu entlasten und den g-Bauern zu schwächen.
17. Le1
Weiß vermag diesen Läufer nicht zu aktivieren, denn nach h5–h4 drohte bereits das Opfer L×g3.
17. – h4 18. Td4 Te6! 19. Tad1 h×g3 20. h×g3 Lf5 21. Td5 Th6 22. Lf3!?
Nur so kann Weiß den Läufer zur Verteidigung des Königs überführen. Auf 22. Lf1 wäre Dh5 23. Lg2 Dh2+ 24. Kf1 Lh3 25. L×h3 D×h3+ 26. Ke2 Dg4+ 27. Kd2 L×g3! gefolgt.
22. – Te8 23. T1d4!
Diese Stellung prüfte ich sehr tiefgründig, konnte aber keine Mittel und Wege finden, den Angriff auf „konservative“ Weise zu steigern. Deswegen entschloß ich mich zu einem Opfer, das das materielle Gleichgewicht zerstört.

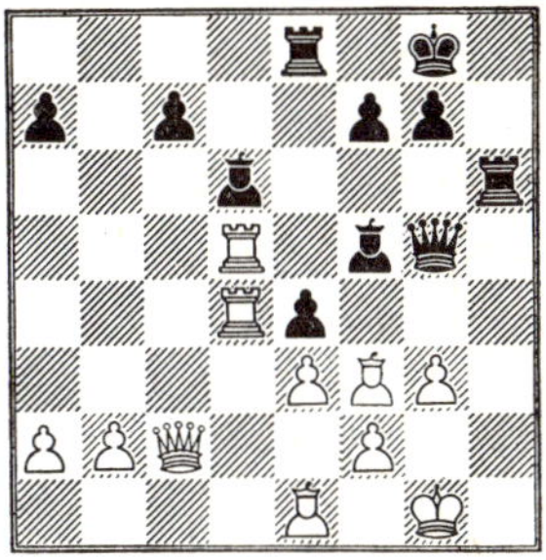

23. – L×g3! 24. f×g3 D×e3+ 25. Df2 D×f3 26. D×f3 e×f3 27. T×f5!
Weiß bewertet die Lage richtig: Das Endspiel mit vier Türmen bietet ihm Remischancen, während das Behalten der Läufer – bei dem übrigbleibenden Bauern f3 und natürlich bei den zwei Mehrbauern – entscheidend günstig für Schwarz wäre. Außer den materiellen Verhältnissen fällt aber auch die große Zeitnot des Anziehenden ins Gewicht.
27. – T×e1+ 28. Kf2 Te2+?

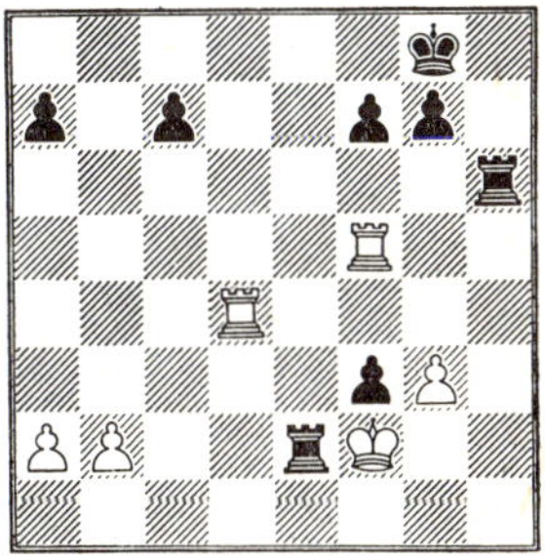

Dieser Turmzug dünkte mir so natürlich, daß ich ihn sozusagen ohne jegliches Nachdenken ausführte. Ich erschwerte mir dadurch meine Aufgabe sehr. Statt dessen hätte 28. – Tb1! den Bauern mittelbar gedeckt, denn nach 29. Td8+ Kh7 30. T×f7 gewinnt Schwarz mit Th2+ 31. K×f3 Tf1+ den weißen Turm. Auch auf 29. K×f3 folgt Tf1+ 30. Kg4 Tg6+ 31. Tg5 f5+, ebenfalls mit Turmgewinn. Schließlich behauptete Schwarz nach 29. T×f3 seine zwei Mehrbauern.

29. K×f3 T×b2 30. Td8+ Kh7 31. T×f7 T×a2 32. T×c7 Ta3+ 33. Kf4 Tf6+

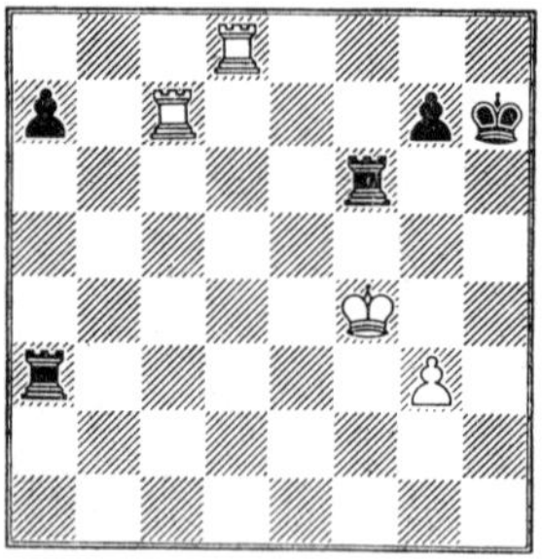

Von der Zeitnot gehetzt, führte ich selbstsicher den Textzug in dem Glauben aus, daß ich nach der Eroberung des Bauern g3 keine wesentlichen Probleme mehr gehabt hätte. Erst nach der Partie hatte ich mit Entsetzen erkannt, daß Weiß hier mit 34. Kg4! das Remis hätte halten können, da das Turmendspiel nach 34. – Tg6+ 35. Kf4 T6×g3 36. T×a7! trotz des Mehrbauern nicht zu gewinnen ist.

Vielfach tauchte der Gedanke in mir auf, ob das heutige Bewertungssystem der Turniere nach Punkten gerecht ist. In der hier betrachteten Partie stand Schwarz nämlich von der Eröffnung an bis zum Endspiel vorteilhafter. Ist es gerecht, daß er wegen eines einzigen Fehlers, den er im 28. Zuge begangen hatte, mit der Punkteteilung bestraft wird, obwohl Schwarz immer noch einen Materialvorteil besitzt? Wenn Schwarz hier aber die „Strafe“ doch verdient, kann Weiß aufgrund seines Spiels, das er während der gesamten Partie gezeigt hat, dementsprechend einen „Lohn“ verdienen? Es wäre vielleicht doch angebracht, die von Dr. Emanuel Lasker und anderen empfohlenen Bewertungsverfahren hervorzuholen und ernsthaft in Betracht zu ziehen, und zwar gerade heute, da die Technik der Verteidigung so hoch entwickelt ist. Ein mit Prämierung kombiniertes Punktverfahren könnte auch das Angriffsspiel anspornen.

In seiner Zeitnot findet Weiß nicht die richtige Verteidigung. Nach dem folgenden verfehlten Königszug steht einem problemlosen schwarzen Sieg schon nichts mehr im Wege. Die verbleibenden schwarzen Bauern rücken systematisch, unaufhaltsam vor.

34. Ke4? a6! 35. Tdd7 T×g3 36. Ta7 Tg4+ 37. Ke3 Tg3+ 38. Ke4 Tg4+ 39. Ke3 Tfg6 40. Kf3 Ta4 41. Te7 Ta3+ 42. Kf4 Ta4+ 43. Kf3 Ta5! 44. Kf4 Tb5 45. Ted7 a5 46.

Te7 Tb4+ 47. Kf3 a4 48. Te5 Tb3+ 49. Kf4 Tb4+

Achtung! Nach 45. – a3?? 46. Th5+ Th6 47. T×h6+ K×h6 48. Kg4! könnte Schwarz nicht mehr gewinnen.

50. Kf3 Tf6+ 51. Kg3 Tc6! 52. Te2 Tc3+ 53. Kf2 a3 54. Te3 Tbb3

Weiß gab auf (0: 1).

Auf der XVII. Schacholympiade qualifizierte sich die ungarische Mannschaft (Portisch, Szabó, Bilek, Lengyel, Forintos, Bárczay) leicht für das Finale. Die gute Stimmung trug bedeutend zum Erfolg bei. Im Finale teilten wir wieder – wie auch in Hamburg – mit den Jugoslawen den 3. bis 4. Platz. Das tote Rennen wurde aufgrund der Berger-Sonneborn-Wertung zu unseren Gunsten entschieden. So wurde uns die Bronzemedaille verliehen.

Auf der Olympiade blieb ich ungeschlagen und erzielte 73% der möglichen Punkte. Lange nach der Olympiade beschäftigte mich noch meine Partie gegen den amerikanischen Großmeister Robert Byrne. Diese Partie wurde zweimal abgebrochen. Erst nach der zweiten Analyse wurde die Gewinnfortsetzung gefunden. Da war es aber schon zu spät, denn der Sieg war erst nach der dritten Zugwiederholung zu erreichen, wonach aber mein Gegner das Unentschieden beanspruchte.

Besonders der Abschnitt nach der Vertagung ist eines wiederholten Studiums wert (84. Partie). Die dazugehörigen Analysen sind sehr lehrreich.

84. PARTIE

Königsindische Verteidigung

Szabó–R. Byrne

XVII. Schacholympiade

Havanna 1966

1. d4 Sf6 2. c4 g6 3. Sc3 Lg7 4. e4 d6 5. Sge2 c6 6. Sg3 e5 7. d5 c×d5 8. c×d5 a6 9. Le2 Sbd7 10. Le3 b5? 11. 0–0 0–0 12. b4! Sb6 13. a4 Sc4 14. a×b5 S×e3 15. f×e3 Db6 16. Dd3 Lg4 17. T×a6 T×a6 18. b×a6 D×b4 19. L×g4 S×g4 20. h3 Sf6 21. Sb5 Ta8 22. a7 Sd7 23. Ta1 Dc5 24. Ta6 Sb6 25. Db3! Lf8 26. Sf1 Kg7 27. Kh2 Le7

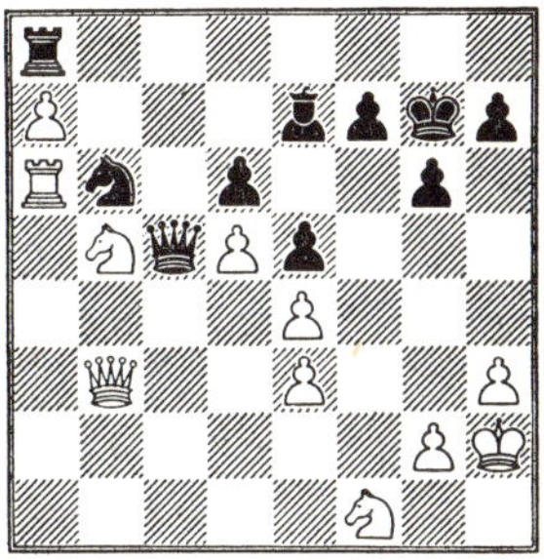

28. S×d6!? L×d6 29. D×b6 D×b6 30. T×b6 Lc5 31. Tb5 Lf8 32. Ta5 Lb4! 33. Ta6 Lc5 34. Kg3 T×a7 35. T×a7 L×a7 36. Kf3 h5 37. Sd2 f6 38. Ke2 Kf7 39. Kd3 Ke7 40. Sc4 Kd7 41. Kc3 Lc5

(Siehe folgendes Diagramm)

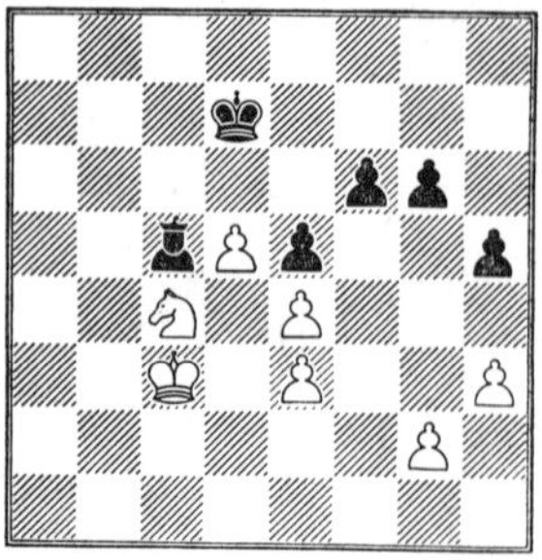

42. Kb3

Diesen Zug habe ich ins Kuvert abgegeben. Die Analysen deuteten darauf hin, daß Weiß recht behalten würde, als er sich in dieses Endspiel eingelassen hatte, weil es zwangsläufig einen Sieg für Weiß ergeben mußte. Es sei denn, eine verborgene Möglichkeit sei der Aufmerksamkeit des Anziehenden entgangen. Im allgemeinen war 42. – h4 zu erwarten, was den Hauptgegenstand der Analysen gebildet hatte. Ohne diesen Zug kann Weiß nämlich g4 ziehen, und nach weiterem g4–g5 würde der Bauer e5 verhängnisvoll geschwächt. Eine Winzigkeit hatte Weiß dennoch außer acht gelassen!

Aus den Analysen zu 42. – h4 ergaben sich sehr viele, schöne Varianten. Es ist klar, daß auf 42. – h4 das Manöver 43. Kc3 und dann Kd3 nebst Sc4–d2–f3 den Zug g6–g5 erzwingt und der weiße König über die weißen Felder eindringt und dadurch den Kampf entscheidet. Es fragt sich aber, was geschieht, falls Schwarz nach 42. – h4 43. Kc3 Kc7 44. Kd3 den Zug 44. – Lb4 ausführt und auf 45. Sd2 den Springer abtauscht. Kann Weiß das Bauernendspiel gewinnen? Nach 45. – L×d2 46. K×d2 Kd6! 47. Ke2 f5! 48. Kf3 Kc5! sicherlich nicht, und nach 49. e×f5 g×f5 50. e4? f×e4 51. K×e4 Kd6! muß Weiß zur Abwicklung 52. g4 h×g3 e. p. 53. Kf3 greifen.

42. – Kc7

Es war eine große Überraschung, daß Schwarz trotz der oben dargelegten Möglichkeiten den Zug 42. – h4 unterlassen hatte. Mein nächster Zug folgte ohne jede Denkarbeit.

43. g4 h×g4 44. h×g4 g5!

Das war die zweite große Überraschung nach der Vertagung. Bei der Analyse schenkten wir diesem Zug keine Beachtung, da die Fixierung der schwarzen Bauernstellung dem Nachziehenden freie Hand gibt. Die Probleme beginnen aber erst jetzt: Wie kann man den schwarzen König abdrängen?

45. Ka4 Lf8 46. Kb5 Le7 47. Sd2!

Die Gewinnidee hat Gestalt angenommen! Eine Tändelei am Damenflügel bliebe erfolglos. Der Springer muß auf der anderen Seite eindringen. Die Berechnung des Manövers kostete aber wichtige Minuten der Bedenkzeit.

47. – La3 48. Sf1 Ld6 49. Sg3 Le7 50. Sh5 Kd7

Erzwungen, denn auf 50. – Ld8 würde 51. Kc5 Le7+ 52. d6+! eine Gewinnstellung schaffen.

51. Kb6 Ld8+ 52. Kb7 Le7 53. Sg7! Lb4 54. Sf5 Lc5 55. Sh6! Lf8 56. Sf5?

Der letzte Zug vor der zweiten Zeitkontrolle. Weiß wollte dadurch nur Zeit gewinnen, um dann jene Kombination ruhig berechnen zu können, die er schon beim 47. Zug geplant hatte. Der Zeitgewinn aber mißlingt, wie man dreißig Züge später sehen wird.

56. – Lc5 57. Sh6 Lf8 58. Sg8! Lg7 59. Kb8 Kd8 60. Kb7 Kd7 61. Kb6 Kd6

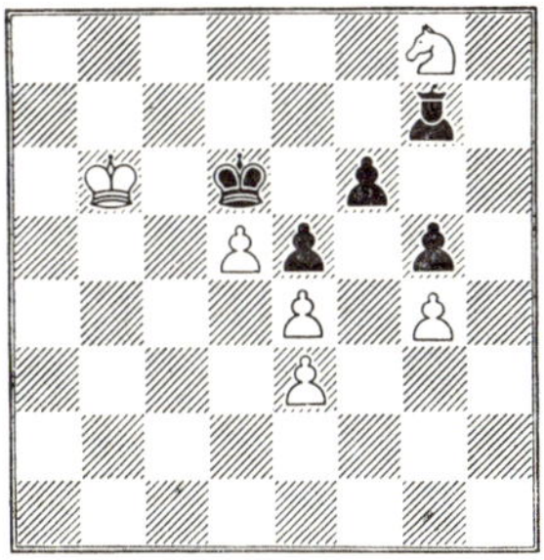

62. Se7?

Weiß hat es sehr schön (nur nicht genügend genau) ausgeklügelt, daß 63. Kc7 nebst d5–d6–d7–d8 tatsächlich zum Gewinn führt, falls Schwarz den Springer schlägt. Was geschieht aber, wenn Schwarz 62. – Lf8 zieht? Der Gegner greift aber fehl, und Weiß könnte jetzt – unabhängig von seinem ursprünglichen Plan – gewinnen.

62. – Kd7? 63. Sc6?

Dadurch verpatzt aber Weiß den ganzen Punkt. Er kann zwar die Gewinnstellung wieder zustande bringen, wegen des Zeitgewinns im 56. Zug wiederholt sich aber dreimal dieselbe Stellung! Wegen des jetzt begangenen Fehlers des Nachziehenden hätte sich Weiß jedes verwickelte Manöver ersparen können, falls er statt dieses Springerzuges 63. d6! gezogen hätte. Schwarz kann diesen Bauern nämlich nicht sofort schlagen, und auf 63. – Lf8 kann 64. Sd5! folgen.

63. – Lf8 64. Sa5 Lb4 65. Sc4 Lf8 66. Sd2 Le7 67. Sb3 Ld8+ 68. Kb5 Le7 69. Sc5+ Kc7 70. Se6+ Kd7 71. Kb6 Lb4 72. Sg7 Le7 73. Sf5

Mit diesem Abgabezug wurde die Partie jetzt zum zweiten Mal vertagt. Das Endspiel wäre aber noch immer zu gewinnen, könnte die dreimalige Zugwiederholung vermieden werden. Sie ist aber unvermeidlich.

73. – Lf8 74. Sg3 Le7 75. Sh5 Ld8+ 76. Kc5 Le7+ 77. Kb5 Kd6 78. Sg7 Kc7 79. Ka6 Kc8 80. Ka5 Kb7 81. Se8 Kc8 82. Ka6 Kd7 83. Sg7 Kc8 84. Sf5 Lf8 85. Kb6 Kd7 86. Kb7

In diesem Moment forderte Schwarz, daß festgestellt wird, daß dreimal die gleiche Stellung entsteht, wenn er 86. – Lc5 zieht. (Siehe die Stellung nach dem 54. und 56. Zug.) Also unentschieden (½ : ½).

Doch wie kann Weiß gewinnen? Mit zweimaligem Königsdreieckmanöver, dem sich ein Springeropfer anschließt. 86. – Lc5 87. Sh6 Lf8 88. Sg8 Lg7 89. Kb6 Kd6 (dieselbe Stellung wie nach dem 61. Zug!) 90. Kb5! und jetzt folgt auf 90. – Lh8 91. Sh6! nebst Sf5, wonach der Läufer h8 eingesperrt ist. Auf 90. – Kd7 folgt aber 91. Kc5! Lf8+ 92. Kb6! Lg7 93. Kb7!, wonach der Läufer genötigt wird, nach h8 zu ziehen. (Im Fall eines Königszuges dringt der weiße König über c6 oder c8 ein.) Dann kann das Springeropfer erfolgen, mit dem Weiß gewinnt, egal, ob Schwarz es annimmt oder ablehnt: 93. – Lh8 94. Se7! Lg7 95. Sc8 Lf8 96. Sb6+ Kd6 97. Kc8 mit leichtem Gewinn.

Im Jahre 1967 gewann ich wieder die ungarische Meisterschaft, wie aus der untenstehenden Tabelle ersichtlich ist:

XXIII. Ungarische Meisterschaft

BUDAPEST 1967	Punkte
1. Szabó, L.	13 ½
2. Barcza, G.	12
3. Haág, E.	11
4. Csom, I.	10
5. Lengyel, L.	10
6. Szilágyi, P.	10
7. Tompa, J.	10
8. Forintos, Gy.	9 ½
9. M. Kovács, L.	9 ½
10. Bárczay, L.	9
11. Bokor, L.	9
12. Dely, P.	9
13. Faragó, I.	9
14. Tóth, B.	8
15. Prelovszky, L.	7
16. Dr. Szily, J.	7
17. Meleghegyi, Cs.	6
18. Tipary, L.	6
19. Ribli, Z.	5 ½

Zwischen der Olympiade in Havanna und der obenerwähnten ungarischen Meisterschaft beteiligte ich mich an einigen Turnieren, von denen aber das Kremser Turnier für mich erfolgreich war. Obwohl ich den ersten Platz auch diesmal um einen halben Punkt – ein bekanntes Schicksal! – verpaßte, überflügelte ich doch Hort und Bronstein.

Das Schlußergebnis des Turniers lautete: Unzicker 9 ½, Szabó 9, Hort 8 ½, Bronstein 8, Čirić 7 ½ Holaszek und Dr. Dückstein je 6 ½, Andersen, Kinzel und Lambert je 6, Prameshuber 5 ½, U. Steiner und Dr. Winiwarter 5, Patzl 2 Punkte.

Das Winnipeger Turnier war deshalb interessant, weil es nicht vom Favoriten Spasski, sondern – zur großen Überraschung – von Darga und Larsen gewonnen wurde. Ich belegte den sechsten Platz.

Im Leningrader Jubiläumsturnier, das dem Kremser Turnier vorausgegangen war, startete ich verhältnismäßig gut. Wegen der Häufung meiner Hängepartien verlor ich gegen Cholmow, obwohl ich eine Qualität mehr besessen hatte. Das brachte mich aus der Fassung, und nach weiteren Niederlagen konnte ich nur die Rolle eines Statisten spielen. In solch einem lethargischen Seelenzustand kann man freilich kein gutes Turnierergebnis erreichen, höchstens irgend jemand einen „Streich“ spielen, der den Punkt eines höheren Ranges wegen gebraucht hätte. So ein Opfer von mir war in Leningrad der sowjetische Großmeister Suetin (85. Partie).

85. PARTIE

Sizilianische Verteidigung
Suetin–Szabó

Leningrad 1967

1. e4 c5 2. Sf3 g6 3. d4 Lg7 4. Sc3 c×d4 5. S×d4 Sc6 6. Le3 Sf6 7. Lc4 d6 8. f3 Ld7 9. Dd2 Tc8 10. Lb3 Se5 11. h4 Sc4 12. L×c4 T×c4 13. 0–0–0 h5 14. Kb1 0–0 15. Sde2? b5! 16. Lh6 Da5 17. Lg5? b4 18. Sd5 S×d5 19. D×d5 Tc5 20. Dd3 Le6 21. Sc1 Da4 22. L×e7 Tfc8 23. Td2

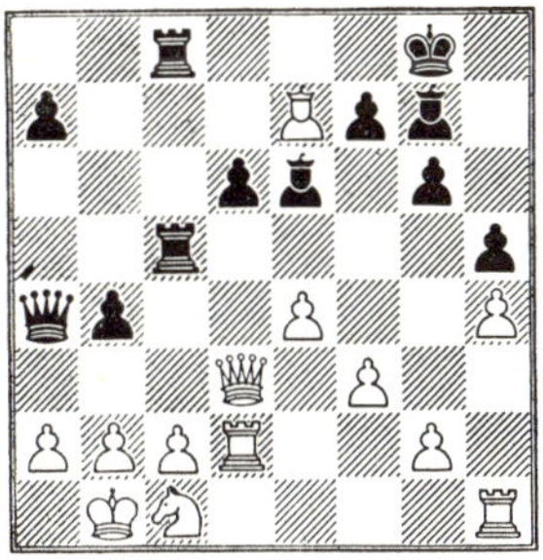

23. – Lc3!! 24. L×d6 L×a2+! 25. S×a2 Ta5 26. Kc1 D×a2 27. Kd1 D×b2 28. Lf4 L×d2 29. K×d2 Ta3. Weiß gab auf (0 : 1).

Das Jahr 1968 würde ich am liebsten aus diesem Buch auslassen. Ich erreichte den Tiefpunkt meiner Form, und keines meiner Turniere war erfolgreich. Für die Einzelturniere ist man hauptsächlich sich selber „verantwortlich". Unangenehmer war, daß das Spiel auch bei der Olympiade in Lugano 1968 schlecht lief. Das galt auch für Bilek, der am dritten Brett spielte. Wir beide sowie Csom blieben unter 50% der möglichen Punkte. Nur Portisch und Barcza befanden sich in guter Form. Auch Lengyels Leistung war mit nur 55% der möglichen Punkte nicht ausreichend. Schließlich landeten wir auf dem sechsten Platz.

Nach dem Erfolg von Havanna hätten wir eingehender prüfen müssen, worin der Grund für die große Formveränderung einzelner Mitglieder der Mannschaft bestanden hatte. Die Erklärung des Ungarischen Schachverbandes lautete aber wie folgt: „... besonders die internationalen Großmeister László Szabó und István Bilek vernachlässigten lange Zeit die entsprechende persönliche Vorbereitung und versagten im wesentlichen infolgedessen. Die ausgebliebenen Ergebnisse der internationalen Großmeister László Szabó und István Bilek die bei Auswahlspielern unentschuldbar sind, wirkten daran entscheidend mit..."

Zuweilen sinne ich darüber nach, wie sich denn die anderen Mitglieder der olympischen Mannschaft vorbereitet hatten, die wir in der XXIII. Ungarischen Meisterschaft, die der Olympiade vorausgegangen war, um zwei bis drei Punkte überflügelt hatten.

Das Schlußergebnis der XXIV. Ungarischen Meisterschaft lautete: Forintos 16 ½, Portisch 14 ½, Bilek, Dely und Szabó je 12 ½, Bárczay 12, Adorján, Barcza und Haág je 11, Csom, Honfi, Lengyel und Vadász je 10 ½, Kluger, Dr. Liptay, Polgár je 10, Dr. Pogáts 9, Faragó und Gy. Szilágyi je 8 ½, E. Nagy 7 ½, usw.

86. PARTIE

Damengambit
Szabó–I. Polgár

XXIV. Ungarische Meisterschaft
Budapest 1968

1. d4 d5 2. c4 e6 3. Sc3 Sf6 4. c×d5 e×d5 5. Lg5 Le7 6. e3 c6 7. Dc2 Sbd7 8. Ld3 0–0 9. Sge2 Te8 10. 0–0 Sf8 11. Tae1! g6? 12. f3 Se6 13. Lh4 c5 14. Lb5! Tf8 15. d×c5 a6 16. La4 S×c5 17. Td1 Le6 18. Sf4 Tc8 19. L×f6 L×f6 20. Sc×d5!

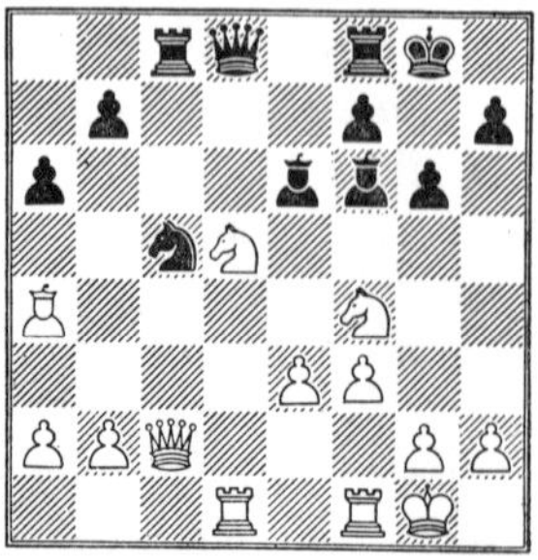

20. L×d5 21. S×d5 Le5 22. f4 Lb8

(Siehe folgendes Diagramm)

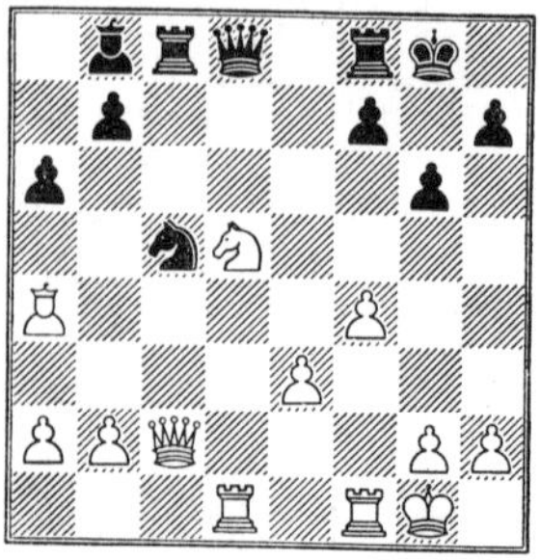

23. Ld7!! S×d7 24. D×c8 D×c8 25. Se7+ Kg7 26. S×c8 Sf6 27. Tc1 Schwarz gab auf (1 : 0).

Ich hatte mir eine große Last aufgebürdet, als ich, trotz meiner schwankenden Form, eine Einladung zu einem der stärksten traditionellen Turniere in Palma de Mallorca annahm. Daran beteiligten sich dreizehn internationale Großmeister, unter ihnen die ersten fünf der Weltrangliste. Bis zur zwölften Runde besaß ich noch Chancen auf einen höheren Rang. Dann vergaß ich einfach gegen Medina in einer glatt gewonnenen Stellung die Zeitkontrolle. Während ich über einem Damenfang nachgrübelte, merkte ich erst nach der Ermahnung durch den Turnierleiter, daß ich die Bedenkzeit überschritten hatte.

Für diese Erfolglosigkeit entschädigte mich das internationale Turnier, das im Februar 1970 in Budapest zum Gedenken an die Befreiung Ungarns veranstaltet wurde. Zu meinem Erfolg trug viel dazu bei, daß ich mit der Ruhe eines chancenlosen Spielers die ersten drei Partien gewann.

Ein Blick auf die Turniertabelle:

Gedenkturnier anläßlich der Befreiung Ungarns

BUDAPEST 1970	Punkte
1. Keres, P.	10
2. Szabó, L.	9
3. Ivkov, B.	8 ½
4. Suetin, A.	8 ½
5. Csom, I.	8
6. Lengyel, L.	8
7. Portisch, L.	8
8. Awerbach, J.	7 ½
9. Bárczay, L.	7 ½
10. Gheorghiu, F.	7 ½
11. Cholmow, R.	7 ½
12. Jansa, V.	7 ½
13. Adorján, A.	6 ½
14. Radulow, I.	6
15. Forintos, Gy.	5 ½
16. M. Kovács, L.	4 ½

87. PARTIE

Königsindische Verteidigung
Szabó–Suetin

Gedenkturnier anläßlich der Befreiung Ungarns Budapest 1970

1. g3
Das ist ein Spaß, sagte einer von meinen Bekannten, als er den ersten Zug gesehen hatte. Wie darf ein Spieler dieses Stils so eine geschlossene Behandlungsweise wählen! – Darf ich oder nicht? Die Entwicklung des Schachspiels erfordert, daß man manchmal nicht offene Eröffnungen wählt, sondern die Eröffnungszüge der Vorbereitung des Gegners und der eigenen anpaßt.
1. – g6 2. Lg2 Lg7 3. c4 Sf6 4. Sc3 0–0 5. d4 d6 6. Sf3 Sbd7 7. 0–0 e5 8. e4 c6
Ich muß gestehen, daß ich in eine ganz andere Eröffnung hätte einlenken wollen. Mein Gegner war offensichtlich zufrieden, da er schon mehrere Beispiele von mir gesehen hatte, bei denen ich in dieser Eröffnung unsicher gewesen war. Das hielt ich mir vor Augen. In diesem Augenblick entschloß ich mich, von den üblichen Fortsetzungen h3, Te1 Abstand zu nehmen.
9. Dc2!? Db6!?
Sonderbar, daß die Enzyklopädie (1978) den Textzug nicht angibt. Der Zug 9. Dc2 nimmt dem Nachziehenden am Damenflügel die üblichen Möglichkeiten, Schwarz kann aber – wie auch diese Partie zeigt – in Verbindung mit dem Druck auf den Punkt d4 eine Aktion einleiten.
10. Td1 Te8 11. h3 e×d4 12. S×d4 S×e4!?

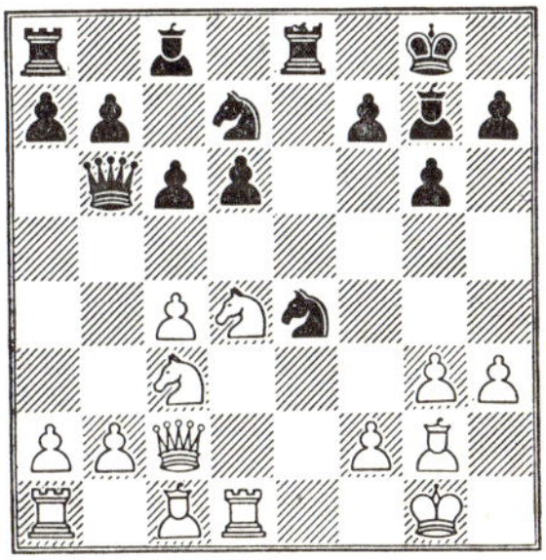

Zu solchem und ähnlichem Gegenspiel bietet sich in dieser Variante des öfteren Gelegenheit, hauptsächlich dann, wenn Weiß den Punkt d4 nicht ausreichend kontrolliert.

13. Sa4

13. S×e4 L×d4 14. S×d6 Te7! (falls 14. – Te6, so 15. S×c8 T×c8 16. c5!) wäre für Schwarz befriedigend.

13. – Da5 14. L×e4 L×d4

Schwarz gewinnt zwar die geopferte Figur zurück, der Ausfall des Läufers g7 macht sich aber bemerkbar.

15. T×d4 De1+ 16. Kh2 c5 17. T×d6 D×e4

17. – T×e4? 18. Le3! D×a1 19. D×e4 würde den Nachziehenden einem sehr starken Figurenangriff aussetzen.

18. D×e4 T×e4 19. Lh6 Te8!

19. – T×c4 würde der Anziehende mit 20. Te1! sofort bestrafen.

20. Tad1 Se5 21. S×c5 Lf5!

Schwarz muß den Punkt e4 wegen des drohenden Se4–f6+ kontrollieren. Dazu wäre 21. – S×c4 nicht geeignet wegen 22. Se4! S×d6 23. Sf6+ Kh8 24. S×e8 S×e8 25. Td8.

22. b3 b6 23. Sa6!?

Ein natürlicher Zug, aber viele erwarteten 23. Sa4. In dieser Hinsicht ist der Bericht von Großmeister Barcza sehr interessant: „Im Laufe der der Partie folgenden schnellen Analyse waren wir der Meinung, daß 23. Sa4 Sf3+ 24. Kg2 Le4 nicht gefährlich ist, denn nach 25. Sc3 kann der angegriffene Läufer nicht nach b7 ziehen. Darauf würde doch 26. Sd5 die Diagonale sperren. Noch weniger ist 25. – Sh4++ 26. Kh2 Sf5 zu befürchten, weil Weiß darauf mit 27. S×e4 T×e4 28. Td8+ seinen Material- und Stellungsvorteil behauptet. Später versuchte man, nach 23. Sa4 das Spiel von Schwarz mit der Einschaltung von 23. – Lc2 zu verbessern. In diesem Fall kann Weiß nach 24. Tc1 Sf3+ nicht wie oben fortsetzen, denn seine Türme sind nicht mehr verbunden. Weiß nutzt aber den Umstand aus, daß er seinen Bauern h3 nicht decken muß. Deshalb kann er mit 25. Kh1! Le4 26. Sc3 Lb7 27. Sd5 seinen Mehrbauern behalten. Es ist wahrscheinlich, daß 23. Sa4! – trotz der mit dem Textzug verbundenen Drohung – doch genauer gewesen wäre. In diesem Fall wären wir aber um ein äußerst interessantes Geplänkel ärmer gewesen, das die Drohungen mit Gegendrohungen pariert."

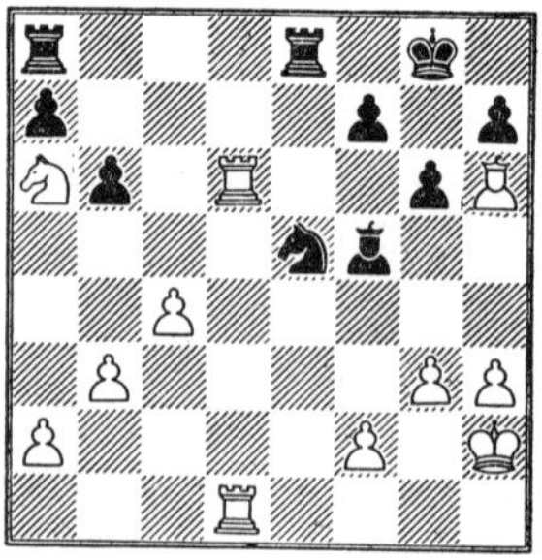

23. – Sf3+ 24. Kh1 Tac8 25. g4 Lc2!

Auf 25. – Le4 kann jetzt 26. Kg2 folgen, weil der Springer nicht gut wegziehen kann und der weiße König auf g3 ein sicheres Feld findet, selbst dann, wenn Schwarz inzwischen Lb7 zieht. Das Wesen des Textzuges besteht darin, daß der Turm c1 jetzt die d-Linie verlassen muß, und Schwarz somit die achte Reihe entlastet, ja eventuell sogar die d-Linie in seine Gewalt bekommt.

26. Tc1 Le4 27. Sb4

Auf 27. Kg2 wäre Ted8! sehr stark, weil 28. Tcd1 wegen Sd4+ nicht angängig ist, da der Springer die Verbindung zwischen den weißen Türmen unterbricht.

27. – Te6!

Ein ausgezeichneter Zug. Im Falle von 28. T×e6 f×e6 wird der Weg des schwarzen Königs freigelegt und außerdem dem weißen Springer das wichtige Feld weggenommen.

28. Sd5!

Wäre dies nicht möglich, befände sich Weiß in einer sehr unangenehmen Lage: Auf 28. Tdd1 gewinnt Schwarz mit g5 den Läufer h6, und im Falle von 28. Lf4 Se5+ bleibt der Turm d6 ungedeckt. In einigen Varianten gewinnt Schwarz mit a7–a5 nebst Wegzug des Springers f3 eine Figur.

28. – T×d6 29. Se7+ Kh8 30. S×c8 Td3 31. Le3 f5! 32. Kg2 Sg5+ 33. Kf1!

Nach 33. Kg3? würde mit Se6 der weiße König in eine katastrophale Lage gebracht werden.

33. – S×h3

Auf 33. – Se6 befreit 34. S×a7 den Läufer e3.

34. g×f5 g×f5 35. S×a7 f4 36. L×b6 Sg5!

Weiß drohte mit 37. Tc3!, was aber jetzt wegen 37. – Td1+ nebst Ta1 nicht durchführbar ist.

37. Sb5

Weiß besitzt umsonst drei verbundene Freibauern am Damenflügel, er kann sie vorläufig nicht verwerten. Z. B. würde 37. c5? mit Th3! beantwortet werden, und Weiß kann das Matt nicht parieren.

37. – Th3! 38. Tc3 Ld3+?

Schwarz hätte jetzt die Früchte seines Gegenspiels mit 38. – Th1+! 39. Ke2 Ta1! ernten und nach 40. Ld4+ Kg8 41. Tc2 mit Lf3+ 42. Kd3 Le4+ remis halten können. Die vielen Verwicklungen brachten ihn aber so in Zeitnot, bei der man kaum noch etwas erwägen, sondern höchstens hin und her greifen kann.

39. Kg1!

Auf 39. Kg2? könnte mit Le4+ die oben erwähnte Variante realisiert werden.

39. – Se4 40. Kg2 Sg5 41. Kg1(?)

Die Zeitnot ist vorüber. Es wurden sogar 41 Züge – also ein Zug mehr als die verbindlichen 40 Züge – ausgeführt. Jetzt ist die Abbruchstellung erreicht. Hätte ich im letzten Zug mit 41. T×d3! die Qualität geopfert, so hätte ich weniger Sorgen mit der häuslichen Analyse gehabt. Nach dem Textzug mußte ich mit verschiedenen möglichen Antwortzügen rechnen wie z. B. 41. – Se4, 41. – Sf3+, sogar eventuell mit 41. – Kg8, das dem Zug Ld4+ vorbeugt. Im letzteren Fall würde sich der schwarze König der anderen Brettseite nähern. Dort könnte er sich eventuell am Aufhalten der weißen Damenflügelbauern beteiligen.

41. – Sf3+

Danach hat Schwarz keine andere

Wahl mehr, als in die Position nach dem 40. Zug zurückzugehen. Im Fall von 41. – Se4 war die folgende interessante Variante möglich: 42. Kg2 S×c3 43. K×f3 S×a2 (43. – S×b5 44. c×b5 L×b5 45. Kg4, und der Gewinn des Anziehenden ist nur eine Frage der Zeit.) 44. Kg4 Lc2 45. Sd4 Ld1+ 46. K×f4 Sc1 47. c5! S×b3 48. c6! S×d4 49. Ld4+, und der c-Bauer ist nicht aufzuhalten. Auch daraus ist ersichtlich, daß die Plazierung des schwarzen Königs auf h8 das Verderben des Nachziehenden bedeuten wird.

42. Kg2 Sg5 43. T×d3! T×d3 44. c5 Sf3

Nach der Einschaltung von 44. – f3+ würde 45. Kh2! Td2 46. c6 Tc2 47. c7 Se6 48. a4 wiederum zeigen, daß die Lage anders wäre, wenn der schwarze König auf g8 stünde.

45. c6 Sh4+ 46. Kh2 Sf3+ 47. Kh1 Td1+ 48. Kg2 Sh4+ 49. Kh3 Sg6 50. c7 Se7 51. Lc5 Sc8 52. b4 Td3+ 53. Kg4 h5+ 54. K×h5 Td5+ 55. Kg6 Kg8 56. a4

Weiß ist auch bei der zweiten Zeitkontrolle davongekommen, und Schwarz kapitulierte (1 : 0).

Bei dem Großmeisterturnier im März in Lugano erwarb ich den Titel eines „Remiskönigs“, ohne eine einzige Partie gewinnen zu können. Vor der Europa-Mannschaftsmeisterschaft in Kapfenberg erholte ich mich von den Anstrengungen, um mit meinem dortigen Abschneiden keine Veranlassung zu einer Kritik zu geben.

OHNE OLYMPIADEN

(1970–1980)

An der guten Plazierung der ungarischen Mannschaft bei der Kapfenberger Europa-Mannschaftsmeisterschaft (2. Platz) wirkte sicherlich auch der wichtige Faktor mit, daß die Mitglieder hier gleichmäßiger belastet wurden als z. B. in Oberhausen.

Noch während der Europa-Mannschaftsmeisterschaft erhielt ich eine Einladung zum Großmeisterturnier in Buenos Aires. Natürlich nahm ich die Einladung zu diesem Turnier gern an, das vom 19. Juli bis 16. August geplant war. Außerdem wollte ich es als Trainingsturnier vor der am 4. September beginnenden Siegener Olympiade nutzen.

Das Turnier begann unter verworrenen Umständen, weil der „Star", Fischer, mit einer Verspätung von drei Tagen eintraf. Er hatte dadurch drei Partien nachzuholen, und deshalb mußte man auch die Auslosung für die einzelnen Runden verändern.

Mein Spiel in Buenos Aires war ebenso wechselhaft wie die gesamte Veranstaltung. (Es handelt sich dabei nicht um die Gastfreundschaft, denn diese war wahrhaftig einwandfrei.) Schließlich landete ich mit einer Leistung unter 50% der möglichen Punkte in der zweiten Hälfte der Turniertabelle.

Einige Tage nach Eröffnung des Turniers in Buenos Aires traf eine offizielle Delegation aus São Paulo in Buenos Aires ein. Sie überreichte Fischer, Reshevsky, Najdorf, Gheorghiu, O'Kelly, mir und natürlich auch Mecking eine Einladung, versehen mit dem Amtssiegel des Gouverneurs, zu einem kleinen Turnier mit zehn Teilnehmern, das unmittelbar nach dem laufenden Turnier geplant war. Die Eingeladenen sagten alle zu – sie waren ohne Ausnahme auch Mitglieder der olmypischen Mannschaft ihrer Länder –, während ich um eine Einwilligung meiner Sportleitung nachsuchte. „Wenn ich entbehrlich bin, ruhe ich mich mehr im Semifinale der Olympiade aus." – schrieb ich.

Das Turnier in São Paulo kam aber nicht zustande. So kam ich am 20. August wieder zu Hause an. Dies war auch der Zeitpunkt in einer Vereinbarung, die ich vorher abgeschlossen hatte. Hier in Budapest wurde mir – zu meiner größten Bestürzung – mitgeteilt, daß ich nicht in die Olympiamannschaft aufgenommen worden war. Und niemals mehr wurde ich als Mitglied der ungarischen Olympiamannschaft berufen!

Zusammenfassend folgen meine Ergebnisse aus der Teilnahme an den Olympiaden: Auf 12 Olympiaden (einschließlich der Münchner außerordentlichen Olympiade) spielte ich insgesamt 175 Partien, davon 76 Gewinn-, 27 Verlust- und 72 Remispartien. Meine Gesamtleistung beträgt also 64% der möglichen Punkte.

Es wird behauptet, die Zeit heile alle Wunden. Das kann möglich sein, aber nicht jede Wunde verheilt spurlos. Im Oktober spielte ich in Vinkovci noch mit „offenen Wunden".

Mein Ergebnis war trotzdem nicht schlecht, da ich mit Petrosjan und Taimanow in totem Rennen den 7. bis 9. Platz belegte. Hätte ich aber in den ersten fünf Runden nicht anderthalb Punkte verschenkt, so hätte ich die Turnierspitze erreichen können. „... Großmeister Szabó spielte mit großem Eifer, und wenn ihm schon nicht das Turnierglück hold war, so wäre es mindestens im Sinne der Schachgerechtigkeit gewesen, eine höhere Plazierung in der Tabelle zu erringen", schrieb Petrosjan damals in der sowjetischen Schachzeitschrift „64". Wenn das Wörtchen „wenn" nicht wäre... Es ersetzt keinen Punkt.

Der Schlußstand des Turniers war folgender: Larsen 10 1/2, Bronstein, Gligorić, Hort je 10, Velimirović 9 1/2, Minić, Petrosjan, Szabó, Taimanow je 9, Marić 8 1/2, Quinteros 7, Parma 6 1/2, Bertok 5, Ledić und Ozanić je 3 Punkte, Tomic 1 Punkt.

Es diente mir als bescheidene Genugtuung, daß ich als einziger Spieler gegen den Turniersieger Larsen gewann (88. Partie).

88. PARTIE

Sizilianische Verteidigung
Szabó–Larsen

Vinkovci 1970

1. Sf3 c5 2. c4 Sc6 3. d4 c×d4 4. S×d4 g6 5. e4 Lg7

In den Beispielsammlungen findet man mehrere Dutzend Partien mit dieser Eröffnung, welche aus den fünfziger Jahren stammen. Damals stand aber die Variante 5. – Sf6 6. Sc3 S×d4 im Mittelpunkt des Interesses. Einige Partien von der Kapfenberger Europa-Mannschaftsmeisterschaft (1970) und der Siegener Schacholympiade (1970) (Polugajewski–Matulović, Portisch–Gheorghiu usw.) dokumentierten den Vorteil von Weiß. Mein Gegner wich also mit Recht dieser Variante aus. Was konnte Larsen dazu veranlassen, diese ähnliche Variante der Sizilianischen Verteidigung anzuwenden? Ich spürte, daß er an die Partie dachte, die ich 1966 im IBM-Turnier gegen Botwinnik verloren hatte. Oder spielte er einfach deshalb so, weil er im allgemeinen seine Gegner zu überraschen pflegt?

6. Le3 d6 7. Sc3 Sh6?! 8. Le2 0–0? f5 10. e×f5 g×f5

10. – S×d4 11. L×d3 L×d4 12. D×d4 S×f5 13. Dd2 Ld7 14. Lf3 Lc6 15. Ld5+! führte in der Partie Tal–Kupreitschik, Sotschi 1970 zu einem Vorteil für Weiß. Beachtung verdiente aber 10. – L×d4!? 11. L×d4 S×f5.

11. f4 Ld7 12. Dd2

In der Partie Kavalek–Larsen, Sousse 1967, geschah der Sicherungszug 12. h3, worauf Larsen mit 12. – Db6 seinem Stil angemessene Verwicklungen heraufbeschwörte. Diese hier gespielte Partie weist nach, daß 12. h3 überflüssig und die Deckung des Läufers e3 wichtiger ist, wodurch Weiß den taktischen Verwicklungen ausweichen kann.

12. – Sg4

Die Folgen rechtfertigen diesen Zug nicht. Vorzuziehen war 12. – Kh8, was die Möglichkeit des Zuges Sg4 und der Umgruppierung Sh6–g8–f6 oder Tg8 aufrechterhält.

13. L×g4 f×g4 14. Sd5!

Scheinbar ein sinnloser Zug, weil Schwarz mit e6 den Springer d5 verjagen kann. In diesem Fall würden in der schwarzen Bauernstruktur neue Schwächen entstehen.

14. – Tf7 15. f5!

Fixiert den Bauern e7, öffnet die Diagonale des Läufers und nimmt dem Bauern g4 die Deckung. Der Textzug wurde dadurch ermöglicht, daß 15. – S×d4 16. L×d4 L×f5 17. L×g7 K×g7 18. Dg5+ folgt und Weiß kann auf verschiedene Weise mit Stellungsvorteil den geopferten Bauern zurückerobern.

15. – Kh8

Ermöglicht eine interessante Kombination, wonach Weiß auf der Diagonale a1–h8 seine Herrschaft errichtet.

16. Se6! Dg8

16. – L×e6 17. f×e6 T×f1+ 18. T×f1 Dg8 kommt natürlich noch weniger in Betracht wegen 19. Tf7.

17. S×g7 D×g7

18. S×e7!

Stört vorübergehend das materielle Gleichgewicht, damit nur die Läufer von entgegengesetzter Farbe verbleiben, was – wie wohlbekannt – nur dem Angreifer behilflich ist.

18. – S×e7 19. f6 Dg6 20. f×e7 T×e7 21. Ld4+ Kg8 22. Tf6 Dh5 23. Taf1 g3 24. h×g3 Le6 25. Df4 Tf7 26. g4

Schwarz gab auf (1 : 0).

Mit Vinkovci begann also mein Zeitalter ohne die Teilnahme an Olympiaden.

1971 war für mich ein stilles Jahr. In Luhačovice (Slowakei) konnte mich nur Hort überholen. In Göteborg wurde ich im Juli Viertplazierter hinter Andersson, Hort und Spasski. Zwischen diesen beiden Turnieren vergingen kaum zwei Monate, aber es spielten doch zwei verschiedene Szabós. In Luhačovice erreichte ich mit Weiß 80% der möglichen Punkte, während ich in Göteborg mit Schwarz aus sechs Partien 4 ½, mit Weiß aber aus fünf Partien nur zwei Punkte herausholte.

Der Endstand dieser beiden Turniere lautete:

Luhačovice: Hort 11 ½, Szabó 10 ½, Liberson und Smejkal je 10, Pribyl 9, Jansa 8 ½, Antoschin 8, Kolarow und Kostro je 7 ½, Hlousek 6, Honfi, Kupka und Mititelu je 5 ½, Plachetka 5, Liebert 4 ½ Punkte.

Göteborg: Andersson und Hort je 8 ½, Spasski 8, Szabó 6 ½, Romanischin 6, Pomar 5 ½, Gaprindaschwili 5, Bilek und Kinnmark je 4, Liljedahl und Czerniak je 3 ½, Jansson 3 Punkte.

Ende 1971 und Anfang 1972 entstanden Probleme mit der Reorganisation der Zeitschrift „Magyar Sakkélet“. Ich gab meine Stellung als Redakteuer auf und wurde Haupttrainer meines Sportklubs „Vörös Meteor“. Das förderte meine Turniertätigkeit, was auch meinen Erfolgen anzusehen war.

1972 nahm ich nur an zwei internationalen Turnieren teil, beide waren sehr erfolgreich. Selbst ich dachte nicht daran, daß ich nach den „Notjahren“ meinem Bericht die Überschrift „Mein Wettrennen mit Petrosjan“ geben konnte. In diesem Titel kam nicht zum Ausdruck, daß auch Keres und Hort hinter mir landeten, um nur die berühmtesten zu erwähnen.

Meine inhaltreichsten Partien spielte ich in der ersten Hälfte des Turniers. Abschließend ein Blick auf die Turniertabelle:

SARAJEVO 1972	Punkte
1. Szabó, L.	11
2. Petrosjan, T.	10 ½
3. Jansa, V.	9 ½
4. Keres, P.	9 ½
5. Hort, V.	9 ½
6. Vukić, M.	9
7. Matulović, M.	7 ½
8. Tatai, S.	7
9. Basagić, N.	7
10. Minić, D.	7
11. Košanski, S.	6 ½
12. Gašić, B.	6 ½
13. Bukal, V.	6
14. Ivanović, B.	5
15. Bogdanović, R.	4 ½
16. Rajković, V.	4

89. PARTIE

Grünfeld-Verteidigung

Szabó–Hort

Sarajevo 1972

1. d4 Sf6 2. c4 g6 3. Sc3 d5 4. c×d5 S×d5 5. e4

Die erste Überraschung für meinen Gegner. Die Abtauschvariante wandte ich in dieser Form schon sehr lange nicht mehr an. Ich bevorzugte eher 4. Sf3 Lg7 5. Db3. Wenn ich mich aber zum Abtausch entschloß, setzte ich mit 5. g3 fort. Mitte der siebziger Jahre wurde auch diese Behandlungsweise in den Hintergrund gedrängt, als Weiß nach 5. – Lg7 6. Lg2 Sb6 sein ursprüngliches Ziel, ein mobiles Zentrum zu schaffen, nicht erreichen konnte. So ein Beispiel ist die Partie Murray–Ribli, Zonenturnier, Reykjavik 1975, wo folgendes geschah: 7. Sf3 Sc6 8. e3 0–0 9. 0–0 e5 10. d5 Se7 11. e4 Lg4! 12. h3 L×f3 nebst c6.

5. – S×c3 6. b×c3 Lg7 7. Lc4 c5 8. Se2 Sc6 9. Le3 0–0 10. 0–0 Dc7 11. Tc1 Td8

Das war damals eine Modevariante. Mit den weißen Steinen schlug Spasski auch zweimal Fischer, und zwar in Santa Monica 1966 und in Siegen 1970. Spasski blieb dieser Variante auch in seiner Partie gegen Stein im Moskauer Großmeisterturnier 1971 treu.

12. f4?!

Dieser Zug dürfte eine noch größere psychologische Wirkung gehabt haben als 5. e4, was auch aus dem Umstand zu vermuten ist, daß Hort hier zwanzig Minuten nachdachte. Das ist auch verständlich, da er die entgegengesetzten Bewertungen in den verschiedenen theoretischen Büchern und Artikeln vergleichen und klären mußte. Diese Werke dürften auch auf Spasski eingewirkt haben. Darum spielte er 1966 12. De1, später aber auf der Olympiade in Siegen 1970 gegen Fischer und im Moskauer Turnier gegen Stein 12. h3. Warum? Das wird sich nach den folgenden Zügen herausstellen.

12. – Lg4!

Hort hatte – wie er es bei der Analyse unmittelbar nach der Partie erwähnte – der Variante 12. – Sa5 13. Ld3 f5 kein Vertrauen geschenkt, die von einem Teil der Bücher empfohlen worden war. Er spielte 12. – e6 deshalb nicht, weil Weiß sich in diesem Fall das von Spasski herrührende 12. h3 ersparen kann.

13. f5 Sa5?!

Die psychologische Wirkung der Eröffnungsbehandlung zeigt sich nun schon. Nach weiterem halbstündigen Nachdenken entscheidet sich Hort dafür, sich nicht in die Komplikationen der Fortsetzung 13. – g×f5 14. L×f7+?! einzulassen. In sehr vielen Büchern und Artikeln ist dieses Opfer falsch bewertet. In alten Artikeln finden wir z. B. eine solche Analyse, nach der Weiß nach 14. – K×f7 15. Db3+ e6 16. Sf4 Dd7 17. e×f5 Sa5 18. f×e6+ Kg8 19. e×d7 S×b3 20. a×b3 einen Bauern mehr besitzt. Der Aufmerksamkeit der Kommentatoren ist es aber entgangen, daß auf 18. f×e6+ Schwarz mit L×e6! 19. S×e6+ Kg8! sogar gewinnt! Es hat sich leider nicht klären lassen – solche Fachgeheimnisse werden von den Großmeistern im allgemeinen nicht verraten –, ob Hort von der obigen Buchvariante irregeführt worden war oder ihm die mögliche Abweichung von der Variante 18. D×e6+ D×e6 19. S×e6 nicht gefallen hatte.

14. Ld3 Dd7 15. d5! g×f5

Schaltet Schwarz 15. – c4 ein, so kann er auf f5 nicht mehr gut schlagen, denn 16. Lb1 g×f5 17. h3 L×e2 18. D×e2 f×e2 19. f×e4 L×e4 führte zu einem unwiderstehlichen Angriff.

16. c4!

Nach 16. h3? kann Schwarz zuerst auf e4 schlagen und gewinnt dadurch wichtige Tempi, um den Springer über c4 ins Spiel zu bringen.

16. – b5?!

Es ist riskant, die Bauernstellung in so großem Maße zu schwächen, aber das ist wahrscheinlich die einzige taktische Chance. Nach 16. – f×e4 17 L×e4 Lh5 18. De1 muß Schwarz den Springer mit b6 oder Da4 decken und kann sich nur auf eine passive Verteidigung einrichten.

17. h3!

Im richtigen Augenblick. Nimmt Schwarz auf c4 mit dem Bauern, so kann er auf e4 nicht mehr mit Tempogewinn schlagen. Versuchte er aber 17. – f×e4 18. L×e4 S×c4, so geriete der schwarze König nach 19. T×c4! L×e2 20. D×e2 b×c4 21. Dh5 auf einmal ins Kreuzfeuer von vier weißen Figuren.

17. – f×e4 18. L×e4 Lh5 19. c×b5 Tac8?

Stiftet nur noch mehr Unheil. 19. – D×b5 20. g4 Lg6 21. T×c5 Db6 22. Lg2 Sc4 ermöglichte zumindest die Überführung des schwarzen Springers auf die wichtigere Seite des Brettes.

20. De1 D×b5 21. Sf4 Lg6 22. S×g6 f×g6 23. Lg5 Lf6

Auf 23. – Tf8 entscheidet 24. T×f8+ L×f8 25. d6! e×d6 26. Ld5+ Kh8 27. Lf6+ Lg7 28. De7.

24. L×f6 e×f6

25. L×g6! Tf8

Nach h×g6 26. De6+ Kh7 27. Df7+ Kh6 28. Tf4 könnte Schwarz das Matt nur um den Preis eines Damenopfers parieren.

26. Dg3 Kh8 27. L×h7! Db2

Schlägt Schwarz den Läufer, dann folgt natürlich 28. Tf4.

28. Lf5 Dd4+ 29. Kh1 Tg8 30. Df3 Tce8 31. Dh5+ Kg7 32. Dh7+

Schwarz gab auf (1 : 0). Nach 32. – Kf8 33. Le6 würden beide schwarzen Türme verlorengehen.

Das IBM-Turnier wurde Ende Mai in Amsterdam veranstaltet. Die Großmeistergruppe war – wegen der hervorragenden beiden Weltspitzenspieler Polugajewski und Kortschnoi – noch stärker als beim Sarajevoer Turnier. Hier das Turnierergebnis:

IBM-TURNIER,
AMSTERDAM 1972

		Punkte
1.	Polugajewski, L.	12
2.	Kortschnoi, V.	11
3.	Uhlmann, W.	9 ½
4.	Szabó, L.	9
5.	Langeweg, K.	8 ½
6.	Ljubojević, L.	8 ½
7.	Donner, J. H.	8
8.	Ree, H.	8
9.	Timman, J.	8
10.	Ivkov, B.	7
11.	Malich, B.	7
12.	Robatsch, K.	6
13.	Browne, W.	5
14.	Padewski, N.	4 ½
15.	Enklaar, B.	4
16.	Hartoch, R.	4

90. PARTIE

Réti-Eröffnung
Szabó–Padewski

IBM-Turnier
Amsterdam 1972

1. Sf3 Sf6 2. c4 e6 3. b3 d5 4. Lb2 Le7 5. g3 0–0 6. Lg2 c5 7. 0–0 Sc6 8. e3 b6

Diese Entwicklungsart des Läufers ist nicht schlecht, in diesem Falle muß Schwarz aber auf die Möglichkeit d5–d4 verzichten.

9. De2 Lb7 10. Tfd1 Dc7 11. Sc3 Tfd8 12. c×d5 S×d5

Im Fall von 12. – e×d5 würde gerade jene Stellung zustande kommen, nach der Weiß trachtete: Nach 13. d4 könnte Weiß sein Spiel entweder auf den isolierten oder auf die hängenden Bauern richten.

13. S×d5 T×d5

Weicht also der Intention von Weiß aus, muß aber gewisse Nachteile ertragen, da der Turm auf d5 exponiert steht.

14. d4 Td7 15. d×c5 L×c5 16. Sg5!

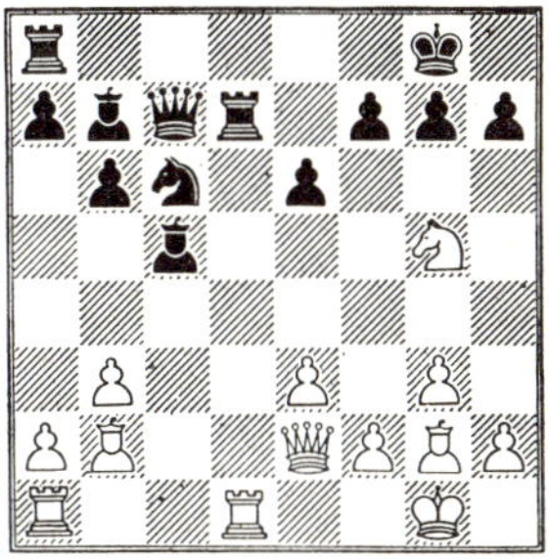

In meiner Partie gegen Bisguier, Buenos Aires 1970, fand der amerikanische Großmeister die chancenreichste Fortsetzung 16. – Tad8!. Mit seiner hartnäckigen Verteidigung verleitete er mich zur Gewaltanwendung, und das hatte meine Niederlage zur Folge. Ich wandte diese Eröffnung deshalb wieder an, weil ich im Verlauf der häuslichen Analyse für Weiß eine Verbesserung gefunden hatte. Auch konnte ich voraussetzen, daß diese in Südamerika gespielte Partie der Aufmerksamkeit Padewskis entgangen war.

16. – T×d1+?

Es hatte sich erwiesen, daß mein Gegner den von Bisguier gewählten Weg nicht kannte und auch die Variante 16. – Tad8! 17. T×d7 D×d7 18. Dc2 f5 19. Dc4 Te8 nicht fand.

17. T×d1 h6

Eine natürliche Verteidigung gegen 18. Dh5. Auf 18. – h6 oder 18. – De7 würde in beiden Fällen 19. D×f7+ usw. folgen. Das Tauschangebot 17. – Td8 diente dem Nachziehenden nur scheinbar als Erleichterung, denn 18. T×d8+! S×d8 19. L×b7 D×b7 führt nach 20. Dd3 zum Verlust des Springers. Auf 19. – S×b7 folgt 20. Dc2 g6 21. Dc3!, und die schwarze Stellung bricht zusammen.

18. Se4 Lf8?

Schwarz ist arglos! Es diene ihm aber als Trost, daß auch Larsen (Schwarz) gegen Botwinnik in Palma de Mallorca 1967 ahnungslos in einer annähernd identischen Stellung war. Es lohnt, diese beiden Stellungen nebeneinander zu verewigen. (Oben die Stellung aus Palma.)

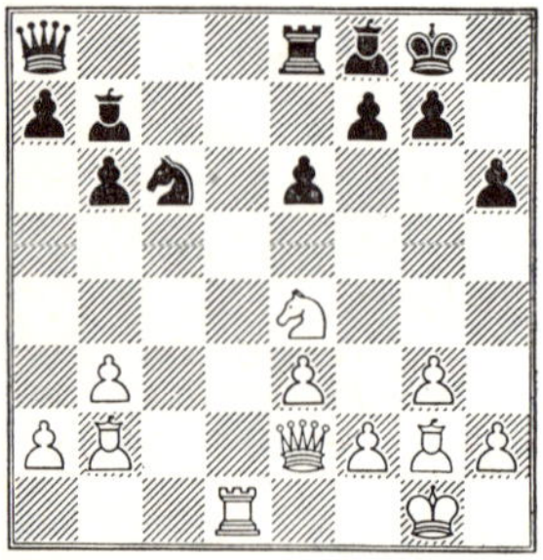

19. Sf6+!

Botwinnik wählte eine andere Fortsetzung (21. Td7) und gewann die Partie gleichfalls, obwohl Larsen bis zum 47. Zug hartnäckigen Widerstand geleistet hatte. Der Exweltmeister wies in seinem Buch nach, daß 21. Sf6+! schneller zum Ziel geführt hätte: 21. – g×f6 22. Dg4+ Kh7 23. Td7! Te7 24. Le4+ f5 25. L×f5+ e×f5 26. D×f5+ Kg8 27. Df6, und jetzt rettet Se5 nicht wegen 28. L×e5 T×e5 29. D×f7+. Eine gespenstisch anmutende Ähnlichkeit mit der Kombination in der Textpartie!

19. – g×f6 20. Dg4+ Kh7 21. Le4+ f5 22. L×f5+! e×f5 23. D×f5+ Kg8 24. Td7

Noch wirksamer wäre 24. Df6! Kh7 25. g4!, und Schwarz kann das Matt nur mit einem Damenopfer parieren.

24. – D×d7 25. D×d7 Tb8 26. Dg4+ Kh7 27. Df5+

Schwarz gab auf (1:0); auf 26. – Kg8 folgt 27. Df6 Kh7 28. g4 mit undeckbarem Matt.

1973 war ein an Ereignissen sehr reiches Jahr für mich, doch es begann sehr schlecht. Bei den Turnieren in Wijk aan Zee rechnete ich nicht mit einer Grippeepidemie. Bereits vor der dritten Runde warf mich die Krankheit aufs Bett, und meine Partie mit Tal mußte verschoben werden. Nach der siebenten Runde stand ich wieder an der Spitze, zusammen mit Balaschow, Hort, Tal und Wasjukow. Wegen der verschleppten Krankheit spielte ich gegen Ende des Turniers schon mit

hohem Fieber. Unter solchen Umständen kam ein Ergebnis von 7 ½ Punkten und 50% einer guten Plazierung gleich. Da ich die Virusgrippe nicht ausgeheilt hatte, trat das Übel auch später wieder im Budapester Turnier auf.
Am 13. Februar begann das anläßlich des 100. Jahrestages der Vereinigung von Buda, Pest und Óbuda veranstaltete Hundertjahrturnier, dessen Qualität durch die Teilnahme von Weltmeisterkandidat Karpow, ferner von Geller, Waganjan und dem Tschechoslowaken Hort verbürgt wurde.
In den ersten neun Runden schnitt ich gut ab. Mit aktivem Spiel bezwang ich Velimirović, später auch Hort und Hecht und befand mich in der Spitzengruppe. Dann meldete sich das „Gespenst aus Wijk aan Zee“, und ich wurde mit hohem Fieber bettlägerig. Da ich das Turnier nicht verderben wollte, dirigierte ich meine letzten Partien vom Bett aus, die remis gegeben wurden. Meine Hängepartie gegen Antoschin vermochte ich aber nicht mehr fortzusetzen.
Bereits vor dem Hundertjahrturnier erhielt ich eine Einladung zu den Turnieren U.S. Open und Lone Pine in Las Vegas, die im Schweizer System ausgetragen wurden. Am 8. März hätte ich aus Budapest abreisen müssen. Die Ärzte versprachen mir nicht viel Gutes. Sie knüpften meine Reise an die Bedingung, daß ich fünf Tage fieberfrei sein mußte. Hoffnungsvoll beobachtete ich den Stand des Fieberthermometers, und das Fieber war plötzlich - offensichtlich infolge der sehr starken Injektionen - vorüber.
Als ich am 11. März im großen Saal des Hotels Stardust in Las Vegas die erste Partie begann, dünkte es mir fast unglaublich, daß ich mich noch vor einigen Tagen auf der anderen Hälfte des Erdballs mit 40 Grad Fieber befand.
Da ich mich bisher noch nie an einem Turnier im Schweizer System beteiligt hatte, trachtete ich in jeder Partie ohne jegliches Herummanövrieren nach Gewinn. Das ist sonst in solchen Turnieren nicht immer am zweckmäßigsten. In der sechsten Runde gelang es mir, Kavalek zu schlagen. In der siebenten Runde bekam ich wieder einen sehr starken Gegner, nämlich Browne, vorgesetzt.
Schließlich ein Blick auf die Turniertablle:

BUDAPEST 1973		Punkte
1.	Geller, E.	10 ½
2.	Karpow, A.	9 ½
3.	Adorján, A	8 ½
4.	Hort, V.	8 ½
5.	Szabó, L.	8 ½
6.	Waganjan, R.	8 ½
7.	Antoschin, W.	8
8.	Bilek, I.	8
9.	Csom, I.	7 ½
10.	Ribli, Z.	7
11.	Ciocaltea, V.	6 ½
12.	Hecht, H. J.	6
13.	Sax, Gy.	6
14.	Velimirović, D.	6
15.	Forintos, Gy.	5 ½
16.	Lengyel, L.	5 ½

Als der amerikanische Großmeister mit Weiß spielend im 11. Zug Remis anbot, sah ich ihn verständnislos an. Nach der Annahme seines Vorschlags klärte er mich darüber auf. Hätte er gegen mich gewonnen, so wäre sein Gegner in der letzten Runde Kavalek mit den schwarzen Steinen gewesen. So aber konnte er auf einen viel schwächeren Partner von denen rechnen, die sechs Punkte besaßen. Das alles hatte Browne vorausberechnet, und er hatte auch recht behalten. In der letzten Runde wurde ich mit dem begabten Zukkerman gepaart, und nur mit der Bezwingung meines Gegners vermochte ich es, den 1. bis 3. Rang, geteilt mit Browne und Tarjan, zu erringen.

91. PARTIE

Königsindische Verteidigung
Szabó–Zuckerman

Las Vegas 1973

1. d4 Sf6 2. c4 g6 3. Sc3 Lg7 4. e4 d6 5. Le2 0–0 6. f4 c5 7. d5
Hier habe ich bange Minuten durchstehen müssen, denn es wäre mir nicht angenehm gewesen, wenn mein Gegner 7. – b5!? gespielt hätte.
7. – e6
Jetzt begann ich darüber nachzudenken, ob ich auf dem Weg der Partie Szabó–Ciocaltea, Budapest 1973, bleiben oder – der Verlockung nachgebend – 8. d×e6 spielen sollte. Schließlich gewann die Nüchternheit bei mir die Oberhand, und ich lenkte die Partie in die vorher durchdachte Variante ein.
8. Sf3 e×d5 9. c×d5 Te8 10. e5!? d×e5 11. f×e5 Sg4 12. 0–0 S×e5 13. Lf4 Sbd7 14. d6 S×f3+
Aus dem Abtausch konnte ich folgern, daß mein Gegner sich über die Feinheiten dieser Variante der Eröffnung nicht ganz im klaren ist. Früher spielten zwar viele so, aber aufgrund meiner Partie gegen Ciocaltea, Hundertjahrturnier, Budapest 1973, in der 14. – Tb8 15. Sd5? b5 16. S×e7+ T×ec7! mit gleichen Aussichten geschah, konnte man die Schlußfolgerung ziehen, daß Schwarz recht tut, wenn er die Figuren im Zentrum behält. In der Partie Meleghegyi–Széll, Budapest 1970, wähnte Schwarz nach 14. – Tb8 15. Dd5 dessen ungeachtet den Zug 15. – S×f3+ und auf 16. L×f3 die Antwort Tf8 als verbindlich, geriet aber in Nachteil.
15. L×f3 Se5 16. Sb5!
So kann man den Zug 14. – Tb8, den Ciocaltea und Széll gespielt hatten, besser verstehen, der der Drohung Sc7 vorbeugte.
16. – Lf5
In der Partie B. Balogh–Ribli, ungarische Meisterschaft 1972, zog Schwarz hier 16. – Tf8, nach 17. Sc7 Tb8 18. Te1 geriet er aber in eine verlorene Stellung.
17. Sc7 S×f3+
In Kenntnis der Folgen hätte Schwarz wahrscheinlich 17. – Sd3 gezogen, was noch verwickeltere

Probleme aufgeworfen hätte als der Textzug.

18. D×f3 L×b2

Es hat den Anschein, als erhalte Schwarz auch dann ausreichende materielle Kompensation, wenn er die Qualität opfern muß. Nach dem Wegzug des Turmes kann nämlich Ld4+ und dann Le4 folgen. Zum Glück hat Weiß aber auch eine andere Möglichkeit zur Verfügung.

19. S×e8! L×a1 20. Sc7! Ld4+ 21. Le3! Tc8

Nach 21. – D×d6 22. S×a8 Db8 23. L×d4 c×d4 24. Dg3! hätte Weiß einen Turm mehr, da – außer Sc7 – auch T×f5 droht.

22. L×d4 c×d4

Im Fall von 22. – D×d6 23. Sb5! Db6 24. La1! D×b5 25. Dc3 wäre die Lage des Nachziehenden wegen der Schwäche auf der großen Diagonale hoffnungslos.

23. Df4 Le6?

Angesichts der Drohung Sd5 wird Schwarz von Panik ergriffen. Statt des Textzuges war es hier am besten, den Bauern d4 vorzurücken und damit die Entlastung der f-Linie zu versuchen. Nach 23. – d3 24. g4 Le6 25. S×e6 f×e6 26. Df7+ Kh8 27.

d7 Ta8 28. D×e6 Db6+ 29. D×b6 a×b6 kann Weiß sofort 30. Te1 ziehen und braucht mit Tf7 kein Tempo zu verlieren wie in der Partie. Auf 24. g4 verfügt Schwarz aber über eine Riposte: 24. – d2!!, und falls jetzt 25. g×f5 geschieht, so folgt 25. – d1D! 26. T×d1 T×c7! 27. d×c7 D×d1+, und es ist nicht zu sehen, wie der weiße König den Schachgeboten ausweichen kann. Im Fall von 27. f6 Td7 wäre aber die Lage wegen der Schwäche des Bauern d6 und der achten Reihe sowie des auf g7 drohenden Matts nicht klar.

23. – d3!! muß der Anziehende freilich nicht mit 24. g4 beantworten, sondern kann über das frei gewordene Feld d5 den Springer nach e7 oder f8 hinziehen.

24. S×e6 f×e6 25. Df7+ Kh8 26. d7 Ta8 27. D×e6 Kg7

Schwarz gibt sich der Verzweiflung hin. Er sieht offenbar ein, daß 27. – d3 28. Tf7 Db6+ 29. D×b6 a×b6 30. Te7 d2 31. Te8+ Kg7 32. d8D d1D+ 33. D×d1 T×e8 34. Dd7+ für ihn vollkommen hoffnungslos wäre.

28. Tf7+ Kh6 29. Dh3+ Kg5 30. g3! h5 31. Dh4+ Kh6 32. Df4+

Schwarz gab auf (1 : 0).

In meinem folgenden Turnier, dem III. Statham-Turnier, Lone Pine, hatte sich der Lotterie-Charakter des Schweizer Systems wiederum herausgestellt. Erster wurde Bisguier mit 6 Punkten; hinter ihm landeten wir, Browne und ich, mit je 5 ½ Punkten. Kavalek und Miles, die aber zweifellos viel besser spielten als der Turniersieger, nahmen abgeschlagen im weiteren Feld Platz.

Anläßlich des 50jährigen Jubiläums der AVRO-Radiogesellschaft, des mit dem 100jährigen Bestehen des Holländischen Schachbundes zusammentraf, wurde ein zweirundiges Turnier veranstaltet. Als Muster dafür diente das AVRO-Turnier 1938, das unter den Schachspielern ein Begriff geworden ist.

Unter den Teilnehmern befand sich jetzt zwar kein Weltmeister, das Feld hatte aber immerhin einen Elo-Punktwert von 2540 im Durchschnitt. Das Teilnehmerfeld setzte sich eigentlich aus vier älteren und vier jüngeren Schachspielern zusammen. Nach dem Start stellte es sich heraus, daß der Favorit Nr. 1, nämlich Polugajewski, außer Form war, die anderen beiden „Alten" bestanden aber in Ehre. In der ersten Hälfte des Turniers gelangte ich mit meinen Siegen gegen Geller, Timman, Ivkov und Ljubojević an die Spitze, und nur Geller war mir auf der Spur. In der zweiten Hälfte gab mir Geller zwar Revanche, nach der zehnten Runde waren wir aber punktgleich bis ans Ende des Turniers, im allgemeinen mit 1 ½ Punkten Vorsprung vor den anderen Teilnehmern des Feldes.

Schließich die Turniertabelle:

HILVERSUM 1973	1. Hälfte	2. Hälfte	Gesamtpunktzahl
1. Geller, J.	5	4 ½	9 ½
2. Szabó, L.	5 ½	4	9 ½
3. Ljubojević, L.	3 ½	5	8 ½
4. Andersson, U.	3 ½	3	6 ½
5. Ivkov, B.	2 ½	3 ½	6
6. Polugajewski L.	2 ½	3 ½	6
7. Sax, Gy.	3 ½	2 ½	6
8. Timman, J.	2	2	4

92. PARTIE

Sizilianische Verteidigung
Szabó–Ivkov

Hilversum 1973

1. e4 c5 2. Sf3 d6 3. d4 c×d4 4. S×d4 Sf6 5. Sc3 e6

Mit dieser Zugfolge wollte Schwarz der scharfen Variante 6. Lg5 ausweichen, die der Zug 5. – a6 ermöglicht hätte. Zu diesem Zweck wäre aber 2. – e6 nebst Sc6 geeigneter gewesen. Freilich hätte Schwarz dabei mit anderen Möglichkeiten rechnen müssen wie z. B. (nach 2. – e6 3. d4 c×d4 4. S×d4 Sc6) mit 5. Sdb5, was damals zwar noch nicht in Mode war, ab Mitte der siebziger Jahre öfter angewendet wurde.

6. g4!?

Es ist kein Zufall, daß ich gegen Ivkov zu dieser sehr scharfen, von

Keres herrührenden Variante griff. Ich hielt es für gewiß, daß Ivkov das Spiel in die Scheveninger Variante einlenken wollte, und ich beabsichtigte, diesem Plan entgegenzutreten.

6. – Sc6

Wer könnte sagen, ob diese Methode oder 6. – h6 für die Abwehr des weißen Angriffs geeigneter ist?

7. g5 Sd7 8. Sdb5 Sb6 9. Lf4 Se5

9. – e5 wäre nicht ratsam, denn nach 10. Le3 würde der Punkt d5 sehr geschwächt – das war immer die herrschende Meinung. Es fragt sich aber, ob diese Möglichkeit im Licht der Lasker- (Sweschnikow-) Verteidigung doch zu revidieren wäre.

10. Dh5?! Ld7

Ivkov kannte die einen Monat früher in Luhačovice gespielte Partie Plachetka–Hort offensichtlich nicht, denn sonst hätte er mit 10. – g6 die jetzt folgenden Verwicklungen vermieden. Plachetka folgte übrigens dem Vorschlag des sowjetischen Meisters Nikitin (dessen Buch 1969 erschienen war), als der Dh5 spielte. Auch Hort antwortete Ld7. Laut Nikitin wäre a6 wegen 11. 0–0–0 nicht zu empfehlen.

11. L×e5 d×e5

12. g6!

Das war der Zweck des Damenausfalls Dh5. Jetzt hat Schwarz nur eine sinnvolle Antwort, denn auf 12. – f×g6 würde 13. D×e5 die schwarze Stellung völlig lahmlegen. Auf 12. – f6 wäre aber 13. D×h7!! mit Turmgewinn gefolgt.

12. – a6! 13. g×f7+

Das Damenopfer 13. D×h7 wäre schon nicht mehr gut, denn nach 13. – T×h7 könnte der Zwischenzug 14. Sc7+ die Erwiderung Dh4 zwar vereiteln, Schwarz würde aber mit 14. – D×c7 15. g×h7 0–0–0 16. h8D La3! das verlorene Material mit Zinseszinsen zurückerobern.

13. – Ke7 14. Sa3 Dc7 15. 0–0–0

Die andere Möglichkeit, 15. Tg1 g6 16. T×g6 h×g6 17. D×h8 K×f7 18. Dh7+ Lg7 19. Dh3, ist nicht sehr attraktiv, da Th8 nebst der Umgruppierung Sc8–e7–c6 mit gelegentlichem b7–b5 dem Nachziehenden gute Chancen einräumt.

15. – g6 16. Dh4+ K×f7 17. Sc4! S×c4

17. – Le7 18. S×b6 L×h4 19. T×d7+.

18. L×c4 Le7 19. Dg3 Tad8 20. Lb3 Lc8 21. h4 T×d1+

Bis zum 18. Zug verlief die Partie Plachetka–Hort ebenso. Dort geschah 19. Dg4, und so gewann Hort nach 19. – Tad8 20. Lb3 Lc8 21. h4 für den Zug h5 ein Tempo. Dennoch erwies sich das Bauerngefüge g6–h5 als ungünstig, denn der schwarze Turm mußte stets den schwachen g-Bauern decken, obwohl die h-Linie nicht geöffnet wurde. Ivkov möchte offensichtlich alle Türme abtauschen, aber ich wollte erst später tauschen, nachdem ich meinen Springer schon besser plaziert hatte.

22. S×d1 Td8 23. h5 g5 24. Se3 h6! 25. Dg4

Mit dem vorigen Zug stellte Schwarz eine raffinierte Falle. Naheliegend war hier nämlich 25. Sg4 mit gleichzeitigem Angriff auf die Bauern e5 und h6. Schwarz kann aber 25. Sg4 mit Kg7! beantworten und kommt nach 26. D×e5+ D×e5 27. S×e5 Tf8 zu ausgezeichnetem Gegenspiel. Auf 26. S×e5 kann aber Ld6 folgen. Nach dem Textzug droht 26. Df5+.

25. – Kf6 26. a3 Dd6? 27. Kb1?

Das war der letzte Augenblick, zu dem Weiß den Turmtausch noch hätte erzwingen können. Nach dem Textzug hätte Schwarz mit 27. – Tf8! darauf hinweisen können, daß die f-Linie für den schwarzen Turm nützlicher ist als die d-Linie für den weißen.

27. – Kg7? 28. Td1!

Nach einigen Fragezeichen endlich ein Ausrufezeichen! Weiß erkennt, daß er den Turmtausch unbedingt herbeiführen muß.

28. – Dc6 29. T×d8 L×d8 30. Df3 De8

Es drohte 31. Sg4 nebst S×h6! und Df7.

(Siehe folgendes Diagramm)

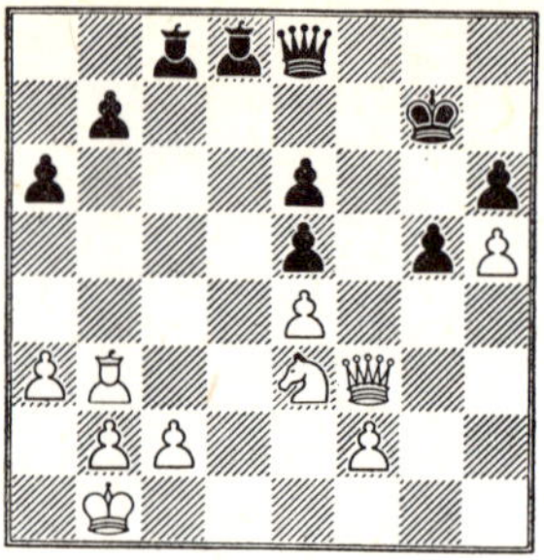

31. Sg4!

Jetzt, nachdem der Läufer c8 ungedeckt geblieben war, ergriff ich die Gelegenheit, unter Opfer des h-Bauern mit meiner Dame in die schwarze Stellung einzudringen. Die Läufer von entgegengesetzter Farbe steigern nur die Kraft der Aktion.

31. – D×h5 32. Dc3! D×g4 33. D×c8 Dd1+ 34. Ka2 Dd6 35. D×b7+ Kg6 36. Dc8 Kf6 37. c4 a5 38. c5 De7 39. Kb1!

Bereitet L×e6 vor.

39. – g4

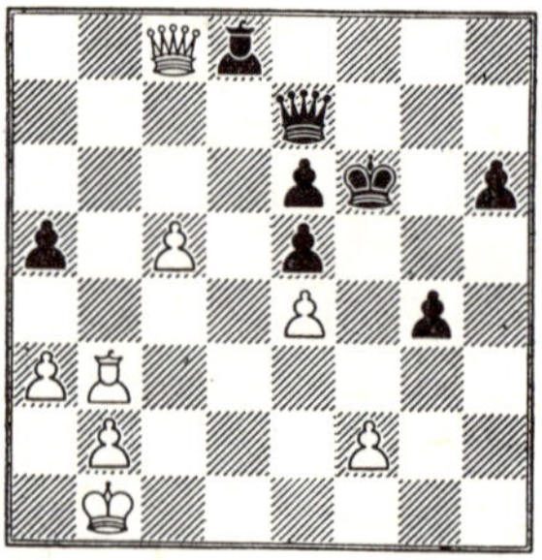

40. L×e6! h5 41. Ld5 Kg5 42. Df5+ Kh6! 43. c6 Dd6

Es drohte 44. Lf7.

44. Ka2 Lb6 45. Le6 Ld8 46. Ld7 De7 47. Le6 Dd6 48. Df7 Kg5!

Der Bauer ist freilich tabu wegen 49. Df8+, und auch der Läufer darf die

Diagonale d8–h4 nicht verlassen. Am besten ist es noch, die Flucht nach h4 zu versuchen.

49. Dg7+ Kh4 50. Lf7 Lb6 51. Dh7 L×f2 52. L×h5 Lb6 53. Df5 Dd1 54. D×e5 Dc2!

Um dem Dauerschach ausweichen zu können, ist Weiß genötigt, den Bauern c6 aufzugeben. Zum Glück besitzt er noch zwei Mehrbauern.

55. Lf7 D×c6 56. Dh2+ Kg5 57. Dh5+ Kf4 58. Df5+ Kg3 59. Le6 Ld4 60. D×g4+ Kf2 61. Dh4+ Ke3

Zieht der König auf ein weißes Feld, so wird er auch vom Läufer verfolgt. Auf dem Brett werden die geometrischen Zusammenhänge geltend gemacht.

62. De1+ Kf3 63. Dd1+ Ke3 64. Ld5 Dc5

Am besten. Auf 64. – Db5 gewinnt Dg1+ entweder den Läufer oder die Dame. Auf 64. – Db6 folgt 65. Dc1+ Kd3 66. Db1+ Ke3 67. e5!, wonach der e-Bauer die sechste Reihe erreicht und auch der Damentausch möglich wird.

65. De1+

Nachdem die Mattdrohung auf b2 abgewendet wurde, können die weißen Figuren eine aktivere Tätigkeit entfalten.

65. – Kf4

65. – Kf3 66. Dh1+ Kf4 führt zur Partiefortsetzung.

66. Dh4+ Ke5

Zieht der König nach e3 zurück, so gelangt Weiß nach 67. Dg3+ und Dg2+ zum Vorstoß e4–e5.

67. Dg5+ Kd6 68. Dd8+ Ke5 69. De8+

Die scheinbar überflüssigen Schachgebote bereiten e4–d5 vor.

69. – Kf4 70. Df7+ Ke3

Falls 70. – Ke5 geschieht, so folgt 71. Df5+ Kd6 72. De6+ Kc7 73. e5 Dc2 74. De7+ nebst Db7+ und nach der Deckung des b-Bauern e5–e6.

71. e5!

Endlich! Das Schlagen des Bauern ist erzwungen, der Läufer ist nicht mehr zu retten.

71. – L×e5 72. Df3+ Kd2 73. Dg2+ Kc1

Auf 73. – Kd1 folgt Dg4+ und der Läufer geht verloren.

74. Dg5+

Schwarz gab auf (1 : 0). Meine schwerste Partie im Hilversumer Turnier.

Aufgrund meiner in Hilversum gezeigten Form hegte ich Hoffnungen, daß ich in der einige Monate später beginnenden Europa-Mannschaftsmeisterschaft in Bath meine Erfolgserie fortsetzen könnte. Leider geschah es nicht so. Obwohl ich das bei weitem älteste Mitglied der ungarischen Auswahl war, mußte ich in allen sieben Runden spielen...

93. PARTIE

Englische Eröffnung
Szabó–Penrose

Europa-Mannschaftsmeisterschaft
Bath 1973

1. c4 c5 2. Sf3 Sc6 3. Sc3 Sf6 4. d4 c×d4 5. S×d4 e6

Will Schwarz dieses System anwenden, so ist es ratsamer, den Damenspringer zurückzuhalten.

6. Sdb5 Lb4

Einst wurde 6. – d5 für nicht ausreichend gehalten. Dann wurde es ein alltägliches Thema: 6. – d5 7. Lf4 e5 8. c×d5 e×f4 9. d×c6. Später brachte aber die Partie Suba–Portisch, Saloniki 1984, in der Bewertung eine radikale Veränderung. Nach 7. c×d5 S×d5 8. S×d5 e×d5 9. D×d5 Lb4+! 10. Ld2 trug Portisch mit der Neuerung 10. – De7! einen Blitzsieg davon.

7. Lf4 0–0

Am solidesten. Penrose dürfte in dieser Partie keine größeren Ansprüche stellen, sonst hätte er sich mit 7. – d5 in Verwicklungen eingelassen.

8. Ld6 L×d6 9. S×d6 Db6 10. Dd2 Sd4 11. Td1! D×d6 12. D×d4 D×d4

Nach dem Damentausch wird der weiße Positionsvorteil offensichtlich, aber auch 12. – Db4 versprach nichts Gutes wegen 13. Td2.

13. T×d4 d5

Dadurch tötet Schwarz alle dynamischen Kräfte in der Stellung ab und der verbleibende isolierte Bauer wird ihm nur Sorgen bereiten. Er hätte eher 13. – Td8 und die Hinführung des Königs nach dem Zentrum versuchen müssen.

14. c×d5 S×d5?

Warum nicht 14. – Td8?

15. S×d5 e×d5 16. e3!

Das wäre vielleicht die Antwort auf die Frage der vorigen Anmerkung gewesen. Schwarz rechnete offenbar darauf, daß er nach 16. T×d5 Le6 genügendes Gegenspiel erhält. Die Eroberung des Bauern d5 ist aber nicht zwingend bzw. auch nicht dringend.

16. – Le6 17. Kd2 Tfd8 18. Ld3!

Auch das Manöver Lf1–e2–f3 eilt nicht. Der Vorstoß des f-Bauern ist aber drohender, und der Läufer d3 verhindert einen eventuellen Einbruch auf dem Punkt c2.

18. – Tac8 19. f4 f6

Etwas besser war 19. – g6. Wer plaziert aber seine Bauern bei weißfeldrigen Läufern gern auf weißen Feldern?

20. Tc1!

Der passive Turm wird abgetauscht, der aktive bleibt aber übrig. Bei je einem Turm wird der weiße König mobiler und kann das wichtige Blokkadefeld d4 einnehmen.

20. – T×c1 21. K×c1 h6 22. Kd2 Kf7

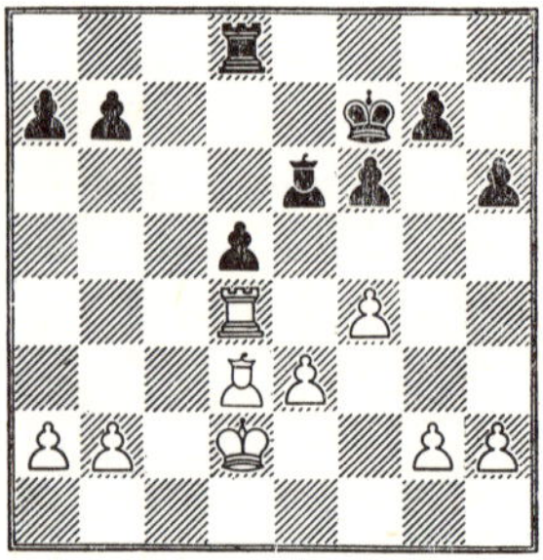

Der Plan von Weiß besteht im weiteren aus drei Teilen: Erstens den König nach d4 vorzurücken, zweitens den Läufer nach f3 zu überführen, von wo aus er den Bauern d5

aufs Korn nimmt, und schließlich den Turm in Bereitschaft zu setzen und dann auf dem Königsflügel Linien zu öffnen.

23. Ta4 a6 24. Tb4 Td7 25. Kc3 Ke7

Oder 25. – d4+ 26. T×d4 Tc7+ (26. – T×d4 27. K×d4 L×a2 28. Lc4+! L×c4 29. K×c4 Ke6 30. Kc5 Kd7 31. Kb6 Kc8 32. e4 mit gewonnenem Bauernendspiel) 27. Kb4 L×a2 28. b3 Tc1 29. Ka3 Lb1 30. Kb2, und Weiß gewinnt entweder die Qualität oder eine Figur.

26. Kd4 Kd8 27. Le2 Kc7 28. Lf3 b6 29. Tb3

Die ersten beiden Teile des Planes sind in Erfüllung gegangen, der dritte Teil wird jetzt vorbereitet.

29. – Td8 30. Tc3+ Kb7 31. g4! Td6 32. a3 a5 33. h4 Lf7 34. f5! Td8 35. Tc2

Früher war Tc6 wegen L×d5 nicht möglich, aber auch Weiß mußte eben vorsichtig verfahren. Zieht er Tc2, wenn der schwarze Turm noch auf d6 steht, so kann Schwarz seinen Turm auf c6 gegenüberstellen. Im Fall des Turmabtauschs kann Weiß aber nicht mehr gewinnen.

35. – Td7 36. g5! h×g5 37. h×g5 f×g5 38. Tg2 Td6

Schwarz ist in Zugzwang geraten. Zieht der Läufer nach e8, so fällt der d-Bauer, und im Fall von Lg8 folgt T×g5 und droht f6.

39. T×g5 g6 40. f×g6 T×g6

Ohne Erwartung der möglichen Antwort 41. Ld5+ gab Schwarz gleichzeitig auf (1 : 0). Nach dem Turmabtausch erreicht der weiße König das Feld f6 und kann den Vorstoß des e-Bauern unterstützen.

Nach Bath war ich beim IBM-Turnier in Amsterdam 1973 wiederum erfolgreich. Das Schlußergebnis lautete: Petrosjan und Planinc je 10, Kavalek 9 ½, Spasski 9, Szabó 8 ½, Marović 8, Andersson, Donner, Ribli, Smejkal und Timman je 7 ½, Ree und Radulow je 6, Enklaar und Quinteros je 5 ½, Langeweg 4 ½ Punkte.

Nach so vielem Turnieren wäre angebracht gewesen, eine längere Ruhepause einzulegen, ich mußte aber Ende August im Tschigorin-Gedenkturnier in Sotschi einspringen.

Danach kam ich endlich etwas zu Atem. Hatte ich am Anfang des Jahres nach Turnieren noch Verlangen, so hatte ich nun genug von der dauerhaften Anspannung. Die dreimonatige Pause zeitigte ihre günstige Auswirkung auf das Ergebnis in meinem nächsten Turnier. Ende Dezember war ich wieder in Hastings.

Meinen Triumph vor 35 Jahren hatte ich noch in frischer Erinnerung. Jetzt mußte ich aber meine Hoffnungen dämpfen. Um so größer war meine Freude, als ich wieder – nach dreieinhalb Jahrzehnten – an die Turnierspitze gelangte. Diesmal teilte ich den 1. bis 4. Platz mit einer vornehmen Gesellschaft. Was die Zahl der Hastingser Turniersiege betrifft, hatte Gligorić aus 16 Turnieren fünf Turniersiege, ich – wie auch Flohr – aus sechs Turnieren vier. So war ich in dieser Hinsicht der Zweitplazierte.

HASTINGS
1973/74

		Punkte
1.	Szabó, L.	10
2.	Tal, M.	10
3.	Timman, J.	10
4.	Kusmin, G.	10
5.	Gligorić, S.	9 ½
6.	Keene, R. D.	9
7.	Adorján, A.	8 ½
8.	Benkő, P.	7 ½
9.	Hartson, W.	7 ½
10.	Basman, M.	7
11.	Suttles, D.	6 ½
12.	Pytel, K.	6
13.	Miles, A.	5 ½
14.	Garcia, S.	5
15.	Stean, M.	5
16.	Rellstab, L.	3

94. PARTIE

Königsindische Verteidigung
(Moderne Verteidigung)
Szabó–Suttles

Hastings 1973/74

1. d4 d6 2. c4 g6 3. Sc3 Lg7 4. e4 Sc6 5. Le3 e5 6. Sge2 Sh6 7. d5 Se7 8. f3 f5 9. Dd2 Sf7 10. Sc1 0–0 11. Sd3 c6?! 12. Le2 c×d5 13. c×d5 Ld7 14. a4 Kh8 15. a5 Sg8 16. 0–0 f4 17. Lf2 g5 18. a6! b6 19. Sb4 h5 20. Sc6 Df6 21. Sb5 g4 22. Sb×a7 Lh6 23. L×b6 g3

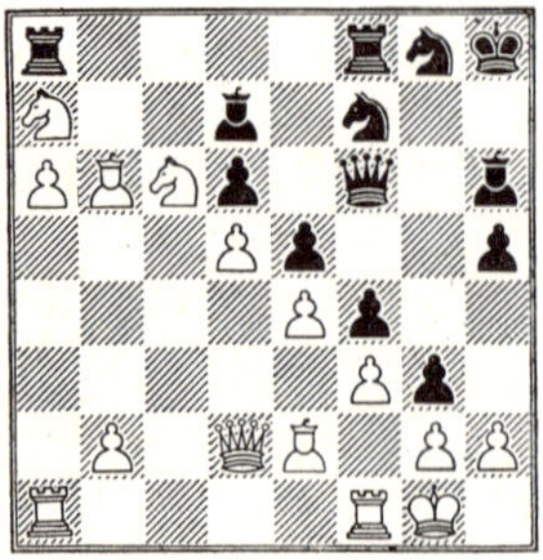

24. Kh1! Dh4 25. Lg1 Sg5 26. Ld3 Tf6 27. Sb5 Tg6 28. S×d6! T×d6 29. S×e5 Lg7 30. S×d7 T×d7 31. Lb5 Td6 32. Lc6 Ta7 33. e5! Tg6 34. d6 Sh3 35. g×h3! g2+ 36. D×g2 T×g2 37. K×g2 Tf7 38. Ld4 Sh6 39. a7 Sf5 40. a8D+ Tf8 41. Lf2 Dg5+ 42. Kh1 Sg3+ 43. h×g3 f×g3 44. Tg1 h4 45. d7 Df5 46. L×g3. Schwarz gab auf (1 : 0).

Noch in Hastings wurde mir eine Einladung zum Dortmunder Turnier überreicht. Das war der erste Versuch, jährlich einen Kongreß zu veranstalten. Die Hauptattraktion war hier die Teilnahme der Weltmeisterin Gaprindaschwili, mit der ich schon zweimal im selben Turnier gespielt hatte. Ich hatte Gelegenheit, ihr großes Selbstvertrauen und ihr kombinatorisches Können zu bewundern. Es war immerhin ein Ergebnis von 77% erforderlich, um sie zu überflügeln. Der Schlußstand des Turniers lautete: Ciocaltea und Szabó je 8 ½, Damjanović und Gaprindaschwili je 8, Pytel 6 ½, Borik 5 ½, Servaty 5, Hüttemann und Busch je 4, Bachmann und Dr. Paoli je 3, Krause 2 Punkte.

Im Solingener Turnier wurde ich infolge der ungünstigen Auslosung in den ersten fünf Runden mit fünf Großmeistern gepaart. Ich erinnerte mich an Göteborg und war mit den Unentschieden zufrieden. Nun wartete ich auf die Meister, gegen die ich vielleicht leichter den vollen Punkt erringen konnte. Es war aber viel schwerer! Mit den Großmeistern spielte ich nämlich „Großmeisterremis", während ich in anderen Partien kämpfen mußte. Doch umsonst, da das Ergebnis – eventuell auch nach zweimaliger Vertagung – immer nur unentschieden wurde. Ich kann nur mich selbst beschuldigen, weil ich mehrere technische Aufgaben schlecht gelöst hatte. Im Hinblick auf die Tabelle könnte man es kaum glauben, daß 13 (!) Unentschieden und ein Sieg bei meinem Namen richtig eingetragen sind.

Am bulgarischen Strand, in Slntschew Brag, im September hegte ich Hoffnungen, den zweiten Rang zu erringen. Warum wurde ich schließlich nur 4.–10.-Plazierter? Darauf antwortet mein damaliger Bericht sachlich:

„Die 14. Runde versprach, für jene wichtig zu werden, die Anwärter auf die Preise waren. Es gab ein großes Gerangel um den vierten Platz. Nach einer höheren Plazierung konnten nur noch Ermenkow, Taimanow und Szabó streben, während Hort als sicherer Erster galt. Ich bekam Spassow als Gegner. Mein Vorsatz war: Siege ich, so werde ich sicherer Dritter, eventuell auch Zweiter. Im Mittelspiel verschaffte ich mir einen

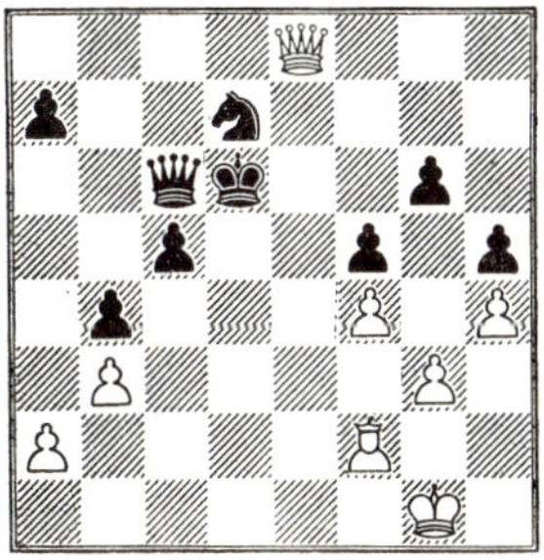

Bauern mehr und konnte auf ein technisch leicht gewonnenes Endspiel vereinfachen. Nach dem 39. Zug des Anziehenden kam eine einfache Stellung – ohne jede Zeitnot – zustande.

Bereits drei Züge früher hatte ich diese Stellung vor Augen. Ich meinte, daß ich mit 39. – Kc7 die Lage meines Königs sichere und dann beginne, meinen Vorteil bequem zu verwerten. (Siehe Diagramm).

Ich führte den „geplanten" Zug ruhig aus und wartete selbstsicher auf die Antwort meines Gegners. Nachdem er meinen „gedeckten" Bauern g6 geschlagen hatte, sah ich mit großer Bestürzung, daß ich nicht mit meinem König, sondern mit meiner Dame nach c7 gegangen war".

Meinen gegen Reshevsky in Zürich 1953 begangenen Fehler konnte ich noch rechtfertigen. Wie konnte aber der gegenwärtige Fehler passieren??! Dessen Geheimnis konnte ich auch seitdem nicht lösen, da ich diesmal erst nach einige Minuten langem Nachdenken zog.

Das Schlußergebnis des Turniers Slntschnew Brag lautete: Hort 11, Ermenkow 10, Taimanow 9 ½, Hernandez, Kirow, Knezević, Ostojić, Szabó, Spassow, Spiridonow je 8 ½, Grefe 8, Lein 7, Radulow 6 ½, Velikov 4, Slawow 2 ½, Bobozow 2 Punkte.

Meine nächste Kraftprobe erfolgte im März 1975 in Budapest. Das Tungsram-Turnier umfaßte ein vornehmes Teilnehmerfeld. In den ersten zehn Runden blieb ich mit Smejkal um den dritten Platz. Die letzten fünf Runden gestalteten sich für mich aber katastrophal: Ich unterlag dreimal. Eine besondere Ironie des Schicksals ist es, daß ich gerade dort meine wirksamste Partie deprimiert – oder befreit? – spielte (95. Partie). Das Schlußergebnis des Tungsram-Turniers lautete: Polugajewski und Ribli je 10 ½, Smejkal 9 ½, Kirow und Portisch je 8 ½, Poutiainen und Sax je 8, Adorján, Mariotti und Szabó je 7 ½, Espig, Hulak und Pintér je 6 ½, Faragó 6, Bilek 5, Holm 3 ½ Punkte.

95. PARTIE

Sizilianische Verteidigung
Poutiainen–Szabó

Tungsram-Turnier

Budapest 1975

1. e4 c5 2. Sf3 d6 3. d4 c×d4 4. S×d4 Sf6 5. Sc3 Sc6 6. Lc4 Db6 7. Sb3 e6 8. 0–0 Le7 9. Le3 Dc7 10. f4 a6 11. a4 b6 12. Ld3 Lb7 13. De2
Da Weiß in dieser Partie nicht nach e4–e5 trachtet, war 13. Df3 logischer. Von diesem Feld aus kann die weiße Dame nämlich in einem Zug nach g3 oder h3 ziehen. Sogar der in der Partie gewählte Zug Df2 kann ohne Zeitverlust durchgeführt werden.
13. – 0–0 14. Df2 Sd7 15. Dg3 Sb4
Beabsichtigt Schwarz, den Läufer nicht sofort zu schlagen, ist es doch ratsam, auf ihn achtzugeben, damit der Läufer auf h7 keine Überraschung bringt.
16. f5 Lf6 17. Dh3
Weiß möchte e6–e5 erzwingen, um dann einen Bauernsturm auf den feindlichen König einleiten zu können. Der Zug e6–e5 würde das schwarze Gegenspiel mit d6–d5 problematisch machen, und Schwarz verstellt sich natürlich nicht gern den so gut brauchbar erscheinenden Punkt e5. Eher greift er zu einem Bauernopfer.
17. – Se5!? 18. f×e6 f×e6 19. D×e6+ Kh8 20. Sd4 Tae8 21. T×f6
Im Fall des sofortigen Wegzugs der weißen Dame erhielte der Läufer f6 plötzlich eine Hauptrolle. Auf 21. Db3 wäre Sb×d3 22. c×d3 Sg4 23. Sc2 d5 dem Anziehenden äußerst unangenehm. Auf 21. Dh3 folgt aber Lc8 22. Dg3 Sg4 mit der gefährlichen Drohung Le5. Deshalb beseitigt Weiß den Läufer f6, aber mit einem zu hohen Preis. Weiß wird auch dadurch nicht ausreichend entschädigt, daß die schwarze Bauernstellung geschwächt wurde.
21. – g×f6 22. Db3
Deckt den Punkt c2, was in dieser Hinsicht den Springer d4 entlastet. Zöge der Springer d4 nämlich fort, so könnte ein eventuelles Se×d3 nebst Sc2 drohen, z. B. nach 22. Dh3 Lc8 23. Sf5. Nach dem Textzug wird aber die weiße Dame vom Königsflügel weit abgelenkt und läßt das Feld g4 ungedeckt. Das nützt Schwarz – in Verbindung mit weiteren Diagonalen- und Linienöffnungen – so aus, daß er die Neuorgani-

sierung der weißen Streitkräfte und die Nutzung der weißen Felder (d5 und f5) verhindert.

22. – Sb×d3 23. c×d3 d5! 24. Kh1 Weiß will sich gegen die auf der Diagonale a7–g1 eventuell drohende Fesselung und gegen Sg4 wehren und zieht – zu seinem Verderben – arglos in diese Ecke. Verhältnismäßig besser war 24. Sf3!.

24. – d×e4 25. d×e4 Sg4 26. Lg1 L×e4 27. h3 Der Tausch auf e4 wäre hinsichtlich der Qualität hoffnungslos. Die Befragung des schwarzen Springers scheint natürlich zu sein. Weiß stellt zugleich eine Falle. Zieht Schwarz darauf 27. – Dg3, so gewinnt 28. S×e4 eine Figur. Schwarz gibt jetzt gern eine Figur her, aber nicht so, wie es sich der Anziehende vorstellt!

27. – L×g2+! 28. K×g2 Tg8! Bietet im Zusammenhang mit dem vorigen Opfer noch eine Figur an. Im Fall der Annahme bereitet die folgende Kombination dem Anziehenden ein Ende: 29. – T×g4+ 30. Kf1 Dg3 31. Sce2 Dg2+ 32. Ke1 Dg1+ und D×a1. Deswegen flüchtet der weiße König in die Ecke zurück, worauf ein eklatantes Ende folgt.

29. Kh1 Dh2+!

Weiß gab auf. Falls 30. L×h2 geschieht, so folgte Sf2+ mit einem selten vorkommenden erstickten Matt (0 : 1).

Beim IBM-Turnier im Juli 1975 in Amsterdam befand ich mich bis zu Ende in der Gruppe der Führenden. Nach meinem Sieg gegen Ree in der letzten Runde sah es so aus, daß ich den geteilten ersten Platz erreichen würde. Ich war voller Zuversicht, daß Hübner gegen Ljubojević mindestens ein Unentschieden erkämpft. Zu meinem Unglück wies Hübner das Remisangebot seines Gegners zurück, dann griff er nach einigen Zügen fehl und gab die Partie mißvergnügt auf. Bei der Analyse stellte es sich heraus, daß Hübner auch dann noch ausgezeichnete Remischancen gehabt hätte. Es gelang mir, Timman (96. Partie) und Hübner, die beiden emporstrebenden, hochbegabten Vertreter der jungen Generation, zu besiegen.

Der Schlußstand des IBM-Turniers Amsterdam 1975 lautete: Ljubojević 9 ½, Szabó, Böhm, Makaritschew und Smejkal je 9, Kavalek und Rasuwajew je 8, Hübner 7 ½, Gheorghiu, Jansa, Sosonko, Timman und Uhlmann je 7, Rajčević 6 ½, Hamann 5, Ree 4 ½ Punkte.

96. PARTIE

Königsindische Verteidigung

Szabó–Timman

Amsterdam 1975

1. c4 g6 2. Sc3 Lg7 3. d4 d6 4. e4 Sf6 5. f4
Wie auch aus dieser Partiesammlung ersichtlich ist, blieb ich in jenen Jahren dem Vierbauernsystem treu. Der Grund dafür war u. a., daß ich über dieses System eine Monographie geschrieben hatte und es deshalb passend war, die theoretischen Auseinandersetzungen auch um praktische Erfahrungen zu ergänzen.
5. – c5
Die natürlichste Reaktion auf den Versuch, ein starkes weißes Zentrum aufzubauen. Diese Methode stellte jene Idee völlig in den Hintergrund, die Eduard Lasker mit Schwarz gegen Aljechin, einen der größten Anhänger des Vierbauernsystems, im Turnier New York 1924 erprobt hatte, nämlich 5. – 0–0 6. Sf3 e5!?.
6. d5
Früher wandte ich diesen Zug und die Zulassung von c×d4 (Szabó–Gligorić, Dallas 1957 – 66. Partie, Szabó–Sherwin, Portorož 1958) bzw. 6. d×c5 abwechselnd an.
6. – 0–0 7. Sf3 e6
Beachtung verdient hier 7. – b5!?, wie es Ree gegen mich in der letzten Runde des Turniers spielte. Ich meine, Timman ließ sich auf diese Variante ein, nachdem er die Partien Szabó–Ciocaltea, Budapest 1973, und Szabó–Zuckerman, Las Vegas 1973, studiert hatte.
8. Le2
Wer 7. – e6 zieht, der muß sich auch auf 8. d×e6!? vorbereiten. Spielt man mit den weißen Farben, so muß man zuvor auch die Möglichkeiten 8. – f×e6 und 8. – L×e6 untersuchen.
8. – e×d5 9. c×d5 Te8 10. e5
Eine neue Idee erprobte Schouten (Weiß) gegen Dieks in der holländischen Meisterschaft 1975: Er rochierte und opferte den Bauern e4. Im Fall der Annahme können ähnliche Varianten entstehen wie nach 9. e×d5, jedoch mit dem Unterschied, daß der c-Bauer vom Brett verschwunden ist und sich die weiße Aktion 10. 0–0 S×e4 11. S×e4 T×e4 12. Ld3 nebst f5 auf dem Königsflügel schneller entfaltet. Es ist bemerkenswert, daß diese Variante in der Turnierpraxis seitdem nicht mehr anzutreffen ist.
10. – d×e5 11. f×e5 Sg4 12. Lg5!
Dieser Zug verdient das Ausrufezeichen. Wenn sich mein Gegner aufgrund der früheren gegen mich gespielten Partien vorbereitet hatte, so war es angebracht, von der Fortsetzung 12. 0–0 abzuweichen.

12. – f6 13. e×f6 L×f6 14. Dd2 Lf5!
Viel besser als das im Turnier Wijk aan Zee 1974 von Ghitescu und Enklaar gegen Forintos gespielte 14. – L×g5 oder 14. – Se5, worauf Weiß lang rochieren kann.

15. 0–0 L×g5 16. D×g5 Sd7!
Auch das ist eine Verbesserung im Vergleich zu 16. – Se3, worauf Weiß in der Partie Peev–Janošević, Niš 1972, mit dem Qualitätsopfer 17. Dh6! ein vielversprechendes Spiel erhielt.

17. h3 Se3 18. Dh6!?
Das oben erwähnte Qualitätsopfer in einer etwas veränderten Form (dort zog der Springer ohne h3 nach e3, hier geschah aber schon Sbd7), unter für Schwarz günstigeren Umständen, aber mit mindestens ebenso großen Verwicklungen verbunden wie dort.

18. – S×f1 19. Sg5 De7 20. d6 De3+?!
Schwarz spielt auf Gewinn, aber Weiß müßte nach dem scheinbar schlechten Dg7 mit 21. Lc4+ remis halten.

21. K×f1 Sf8 22. Td1 Te5?
Ein vielversprechender Zug. Der Springer ist immerhin gefesselt, und nach dem Wegzug des Läufers f5 kann auch Tf5+ drohen. Mit dem Textzug stürzt sich Schwarz aber in sein Verderben. 22. – Tad8! hätte dem Anziehenden noch Schwierigkeiten bereiten können. Ein Beispiel von den verwickelten Möglichkeiten: 22. – Tad8! 23. Lc4+ Le6 24. Sd5 De5 25. Kg1! Dg7 (25. – T×d6 26. Sf6+) 26. Dh4 und droht S×e6 und Sf6+. Pariert Schwarz diese Drohung mit 26. – Kh8, so hat er nach 27. Sc7 L×c4 28. D×c4 kaum noch einen ausreichenden Verteidigungszug zur Verfügung.

23. d7!? Td8?
Bei der Analyse nach der Partie stellte es sich heraus, daß Timman zuerst gedachte, die Partie mit 23. – Le6 zu gewinnen. Erst beim Nachdenken, bei der Kontrolle der Möglichkeiten, wurde er dessen gewahr, daß Weiß nach diesem Läuferzug mit 24. d8D! Tf5+ 25. Sf3!! seinen König verteidigen kann und sogar gewinnt. Geschieht aber zuerst 24. – Td8, so folgt 25. T×d8 Tf5+, und der weiße König kann über e1 entfliehen.
Diese Varianten wurden damals im allgemeinen als richtig hingenommen. Beim Schreiben des Buches aber tauchte jetzt nicht mehr zum ersten Mal ein neuer Gesichtspunkt auf: Was wäre geschehen, wenn Schwarz den d-Bauern einfach schlüge? Ich sehe nämlich nicht, wie Weiß nach dem damals für entscheidend gehaltenen 23. – L×d7 24. T×d7 gewinnen kann, falls Schwarz mit Tf5+ 25. Lf3 S×d7 antwortet. Kann Weiß mehr erreichen, als um den Preis des Springeropfers g5 den Turm a8 zu erobern? Es dünkt mir, daß es sich hier nicht nur um eine beiderseitige Schachblindheit, sondern auch – mit kleiner Übertreibung gesagt – um eine Massenpsychose handelte.

24. Lc4+ Le6

25. S×e6!! Tf5+

Auf 25. – S×e6 gewinnt 26. D×e3 T×e3 27. Sd5 Te4 28. Sf6+ bzw. auf einen anderen Turmzug 28. Se7. Falls 25. – D×h6 geschieht, so folgt 26. S×d8+ Kg7 27. Se6 S×e6 28. L×e6, und der Bauer d7 wird zur Dame umgewandelt.

26. Sf4+! Kh8 27. Scd5 De4 28. Le2! Se6 29. Lf3 Dc4+ 30. Kg1 S×f4 31. Se3!

Das letzte Kettenglied der Kombination; das materielle Gleichgewicht ist wiederhergestellt, und Weiß gewinnt mit dem d-Bauern.

31. – De6 32. S×f5 D×f5 33. Te1! Se6

Schwarz kann den Figurenverlust auch sonst nicht vermeiden, denn auf 33. – Df7 folgt 34. Te8+, und der Springer bleibt doch ungedeckt.

34. Lg4

Schwarz gab auf (1 : 0).

Das von den Städten Montilla und Moriles zur Zeit der Weinlese veranstaltete „Torneo del Vino“ ist eines der freigiebigsten unter den kleinen Turnieren. Damals wurde sogar die Ehefrau eines jeden Teilnehmers bewirtet. Auch die Flugkarten wurden uns allen zur Verfügung gestellt. Trotz der übermäßigen Hitze (das dürfte der Grund dafür gewesen sein, warum kein Ungar dort erfolgreich war) beteiligen sich die Großmeister gern an den dortigen Turnieren.

Leider war ich am Anfang des Turniers wegen Zahnschmerzen indisponiert. Erst, als ich meine Chancen auf eine höhere Plazierung verpatzt hatte, gewann ich gegen Robert Byrne eine preisgekrönte Partie (97. Partie).

Der Schlußstand des Turniers von Montilla/Moriles 1975 lautete: Polugajewski und Radulow je 6, Kavalek und Pfleger je 5 ½, Csom und Bellon je 5, Szabó und Toran je 4, R. Byrne 3 Punkte, Medina 1 Punkt.

97. PARTIE

Französische Verteidigung

R. Byrne–Szabó

Montilla 1975

Erster Schönheitspreis

1. e4 e6 2. d4 d5 3. Sc3 Lb4 4. e5 c5 5. a3 L×c3+ 6. b×c3 Se7 7. a4 Da5 8. Ld2

Vom logischen Gesichtspunkt her wäre 8. Dd2 der richtige Zug, worauf aber Schwarz nach c×d4 und dem Damentausch auf der c-Linie Gegenspiel erhält.

8. – c4 9. Sh3?!

Robert Byrne war lange Zeit der Trainer von Robert Fischer. Ob er den sonderbaren Textzug selbst fand oder mit dem Exweltmeister zusammen ausgeklügelt hatte, konnte ich leider nicht erfahren. Die übliche Buchvariante wäre hier sonst 9. Dg4 Sf5 10. Se2 Sc6 11. Sg3 gewesen.

9. – Ld7 10. Dh5

Der Vorteil dieses Zuges besteht darin, daß er f7–f6 vorbeugt. Er hat aber den Nachteil, daß er den Läufer d2 ungedeckt läßt und dem Springer das Feld h5 nimmt.

10. – h6!

In ähnlichen Varianten der Französischen Verteidigung ist das ein natürlicher Zug. Er verhindert aber nicht 11. Sg5, darauf folgt 11. – 0–0, und nach 12. h4 läßt Schwarz den Springer auf g5 stehen.

11. Le2 Sbc6 12. g4

Es ist schwer, einen Plan zu finden. Z. B. könnte Dg4 mit Sf5 beantwortet werden, und Weiß verfügt nicht über das übliche Manöver Sg1–e2–g3. Nach 12. Dg4 Sf5 13. Sf4 wäre Sh5 schon keine Drohung mehr wegen 0–0–0.

12. – g6 13. Dh4 0–0–0 14. Df6 Th7 15. Df4 Tf8 16. 0–0 f6 17. e×f6 Sg8 18. Tfb1?

Völlige Verkennung der Lage. Tb5 ist auch sonst keine Drohung, weil die schwarze Dame nicht lange auf a5 müßig stehen will. Möglich wäre aber eine interessante Umgruppierung: 18. f3 T×f6 19. De3 nebst der Überführung des passiven Läufers d2 nach g3. Nach 18. f3 kann Schwarz aber auch mit dem Springer auf f6 schlagen und nach g6–g5 auf die Öffnung der h-Linie spielen. Die Deckung des f-Bauern mit 18. g5 führte nach h×g5 19. S×g5 T×f6 20. S×h7 T×f4 21. L×f4 D×h3 zu materiellen Vorteil des Nachziehenden. 18. Dd6 T×f6 19. Lf4 wäre aber ein Reinfall, weil Schwarz mit 19. – e5 eine Figur gewinnt.

18. – T×f6 19. De3 g5 20. f4

Schwächt den Punkt e4, es ist aber auch sonst nicht zweckmäßig, dort eine Linie zu öffnen, wo der eigene König plaziert ist. Allerdings ist es wahr, daß die oben erwähnte Umgruppierung (f3 nebst Ld2–e1–g3) jetzt schon verspätet ist, denn nach 20. f3 Te7 würde e5 drohen.

20. – Dc7 21. Dg3

Weiß möchte endlich auf g5 schlagen. Im Fall der Öffnung der h-Linie darf er aber den Bauern h2 nicht ungedeckt lassen. Die Folgen werden zeigen, daß der Plan nicht richtig war. Angebracht war es, mit dem Turm auf die f-Linie zurückzukehren und den Bauern vorläufig auf f4 zu halten.

21. – Tg6!

Bereitet dem Springer Platz, damit er nach e4 ziehen kann.

22. Tf1?

Hatte sich Weiß dazu entschlossen auf g5 zu schlagen, so war es besser, das sofort zu tun.

22. – Sf6 23. f×g5 D×g3+ 24. h×g3 Se4 25. Tf8+ Sd8 26. Le1

Das ist gleichbedeutend mit der Kapitulation. Hätte Weiß das folgende

Manöver des Nachziehenden gesehen, so hätte er gewiß mit 26. Le3 h×g5 27. Lf1 die Verteidigung organisiert.

26. – h×g5 27. Kg2 Lc6

Dient einem doppelten Zweck: Festigt einerseits den Springer e4 und bereitet andererseits die Aufhebung der Fesselung des Springers d8.

28. Sg1 Tgh6 29. Sf3

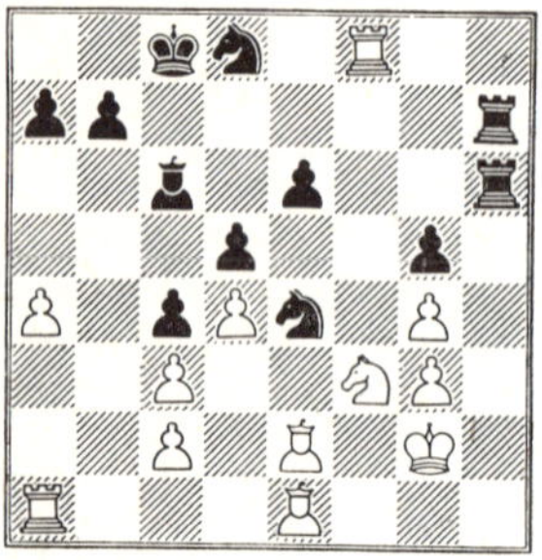

29. – Kd7!

Der schwarze König kümmert sich nicht um die Möglichkeit Se5+ und setzt sich in Bewegung, um den eingedrungenen Turm zu verjagen.

30. Se5+ Ke7 31. Tf1

Auf 31. Tg8 folgt Th2+ nebst Th1 mit einer unangenehmen Fesselung.

31. – Th2+ 32. Kf3 Sf7

Mit der Beseitigung der einzigen gut stehenden weißen Figur wird der Angriff auf den weißen König verstärkt. Zugleich wird Weiß zu einem Bauerngewinn verleitet, was dem Nachziehenden bei der Knüpfung eines Mattnetzes Hilfe leistet.

33. S×c6+

Statt nach einem Bauerngewinn zu streben, hätte Weiß mit 33. Ke3! zäheren Widerstand leisten können.

33. – b×c6 34. L×c4

Erreicht nur soviel, daß das Feld c4 dem Springer d6 frei gemacht wird.

34. – Sfd6 35. Ld3 Tf7+ 36. Ke3 Sf6! 37. Le2 S×g4+ 38. Kd3 T×f1 39. L×f1 Sc4!

Der weiße König ist „pattgesetzt“, ein einziges Schachgebot reicht aus, um ihm das letzte freie Feld zu nehmen.

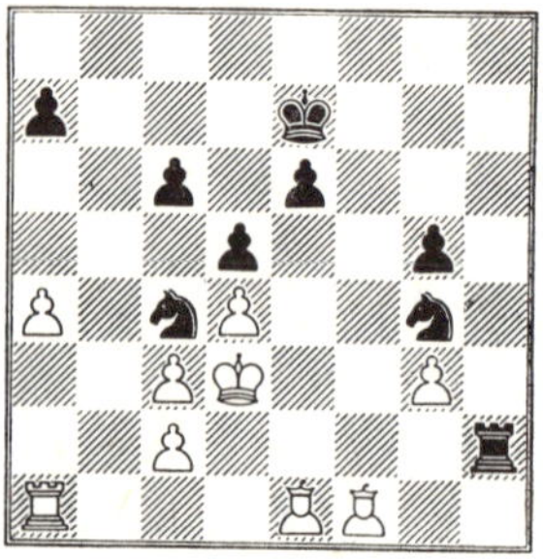

40. Tb1 e5 41. d×e5 c5

Weiß gab auf. Gegen das Matt Sc×e5 gibt es keine Parade mehr (0 : 1).

Dem Turnier in Montilla schloß sich das III. Costa-Brava-Turnier in San Feliu de Guixols an. Nach der Hitze in Montilla stärkte das feine Meeresklima wieder Körper und Geist. Mit meiner Partie gegen Benkő holte ich mir den ersten Schönheitspreis und zugleich auch den Turniersieg.

Der Endstand des III. Costa-Brava-Turniers lautete: Szabó, S. Garcia, Cirić und Waganjan je 7 ½, Soós und Sigurjonsson je 6 ½, Benkő 5 ½, Pomar 5, Lombard 4 ½, Chellstorp und Parés je 4, Payet 0 Punkt.

98. PARTIE

Alt-Indische Verteidigung

Szabó–Benkő

Costa Brava 1975
Erster Schönheitspreis

1. c4 e5 2. Sc3 Sf6 3. Sf3 d6 4. g3
Energischer ist 4. d4. Ohne diesen Zug hat Weiß stets mit e5–e4 zu rechnen. Auf 4. d4 kann Schwarz kaum gut e4 spielen, denn schon viele Partien haben gezeigt, daß 5. Sg5 Lf5 6. g4! für Weiß günstig ist.
4. – c6 5. Lg2 Sbd7 6. 0–0 Le7 7. d4 0–0
Nach den bisherigen Zügen waren 7. – e4 und die Befestigung des Vorpostens e4 mit d6–d5 logischer. Der Zug Sbd7 war dazu freilich nicht nötig.
8. e4 Te8 9. h3
Dieser Zug kann zwar im späteren Verlauf der Partie nützlich sein, könnte aber jetzt vernachlässigt werden. Statt dessen hätte Weiß mit 9. Dc2 dem Turm auf d1 Platz machen müssen.
9. – Lf8 10. Dc2 a6 11. Td1
Der Plan des Nachziehenden ist offensichtlich: Er will mit b5 am Damenflügel die Initiative ergreifen. Die Verhinderung dieses Planes wäre bei der gegenwärtigen Stellung nicht glücklich, denn nach 11. a4 e×d4 12. S×d4 a5 steht Weiß die Möglichkeit b2–b4 nicht mehr zu Gebote, einen auf c5 stehenden Springer zu vertreiben.

11. – b5 12. d×e5
Sehr verführerisch war 12. c5, um d×c5 mit 13. d×e5 beantworten zu können. Durch die Überprüfung der Variante wurde aber der Fehler dieser Fortsetzung aufgedeckt. Erst nach der Partie erfuhr ich, daß mein Gegner seine Hoffnung eben auf dieses Abspiel gesetzt hatte, als er diese Verteidigung gegen mich wählte. In der vorangegangenen Partie Csom–Quinteros, Lone Pine, spielte Weiß 12. c5, und nach 12. – e×d4! 13. S×d4 d×c5 14. S×c6 Db6 15. Sd5 D×c6 16. e5 S×e5! kapitulierte er bald. Großmeister Benkő kannte diese Partie.
12. – d×e5 13. Le3 Lb7?
Schwarz hätte die Dame von der d-Linie fortziehen müssen, um c4–c5 vorzubeugen. Nach dem Textzug wird der Raumnachteil von Schwarz bedeutend.
14. c5! Dc7 15. b4 a5 16. a3 a×b4 17. a×b4 T×a1 18. T×a1 Ta8?

Weiß drohte noch nicht, die a-Linie zu besetzen, und deshalb hätte Schwarz Zeit gehabt, den Sicherungszug h6 auszuführen. Wie wichtig dies gewesen wäre, wird später ersichtlich, wenn die Dame auf a2, die dort eine ideale Stellung einnimmt, von dem Springer f3 unterstützt werden wird.

19. T×a8 L×a8 20. Da2 Lb7 21. Sg5 Sb8 22. f4!

Daher war Sg5 nötig! Der Raumvorteil von Weiß wird jetzt auch am Königsflügel größer.

22. – h6 23. Sf3 Sbd7 24. f5!

Dadurch wurde der schwarze Damenläufer eingekreist. Der Unterschied zwischen der Beweglichkeit des Läufers g2 und des Läufers b7 beeinflußt entscheidend den weiteren Verlauf der Partie. Da auch der Bauer e5 schon fixiert wurde, kann Weiß den Nachziehenden ohne Schwierigkeit weiter abdrängen.

24. – Le7 25. g4 Dd8 26. Lf1 Sh7 27. Da7!

Der Damentausch ist für Weiß geradezu günstig, denn das verringert die Chancen von Schwarz auf Gegenspiel, und die Beweglichkeit der schwarzen Figuren wird dadurch nicht besser.

27. – Da8 28. D×a8+ L×a8 29. h4 Kf8 30. g5 h×g5 31. h×g5 Ke8 32. Se2

Der Zweck dieses Zuges besteht darin, zuerst diesen Springer, dann den Läufer f1 ideal zu plazieren, um dadurch einen Durchbruch, eventuell auch ein Opfer vorzubereiten.

32. – Shf8 33. Sc1 Ld8 34. Sd3 f6

Schwarz wird früher oder später dazu genötigt, diesen Zug auszuführen, dann werden aber seine Figuren völlig eingesperrt werden.

35. g6

Weiß besitzt einen riesenhaften

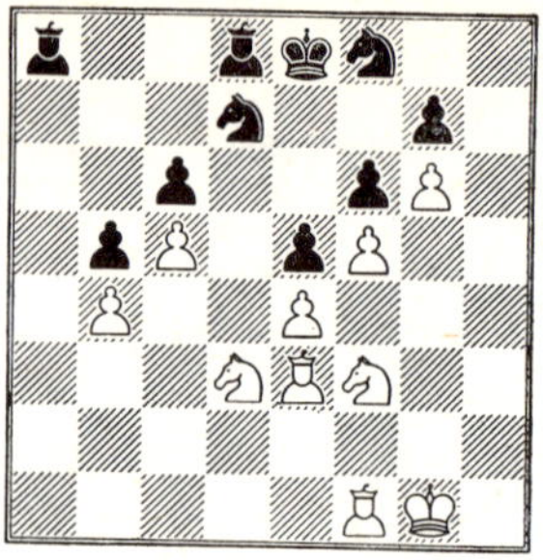

Raumvorteil. Die Frage besteht nun aber darin: Ist ein solcher Durchbruch möglich, der die Verwertung eines weißen Bauern ermöglicht? Der weitere Plan lautet: Überführung des Läufers f1 auf die Diagonale a2–g8, Deckung des Bauern b4 mit dem König, um die Figuren wieder umgruppieren zu können. Ein Opfer wird sinnvoll dort möglich, wo Schwarz am meisten eingeengt ist. Inzwischen muß man aber stets darauf achten, daß Schwarz durch ein Opfer auf b4 oder c5 keine Gegenchancen erhält und damit die Entfernung der weißen Figuren vom Damenflügel nicht ausnutzen kann.

35. – Sb8 36. Le2 Sfd7 37. Ld1 Le7 38. Lb3 Lf8 39. Lf7+ Kd8 40. Sd2

Bevor der König in Richtung Damenflügel aufbricht, muß Weiß Vorsichtsmaßnahmen treffen, damit Schwarz nicht die Befreiung seines Damenläufers durch ein Opfer versuchen kann.

40. – Lb7 41. Kf2 Sa6 42. Sb3! Sab8 43. Ke2 Sa6 44. Kd2 Sc7 45. Kc3 Sa6

Schwarz ist gezwungen, abzuwarten, da Weiß ihm jede Opfermöglichkeit nahm. Nachdem der weiße König bereits den Posten c3 eingenommen hat, kann eine neue Umgruppierung beginnen.

46. Sd2 Sab8 47. Sf1 Sa6 48. Sg3 Sc7 49. Sh5 Ke7 50. Sf2 Lc8 51. Sg4 Lb7 52. Lf2 La8

Jede andere Figur erfüllt eine Verteidigungsfunktion. Es ist also verständlich, daß Schwarz diesen Läufer bewegt.

53. Lh4 Sa6

Schwarz führt angesichts der unmittelbaren Drohungen ebenfalls Umgruppierungen durch, um den Springer d7, der die Bauern e5 und f6 deckt, zu sichern, falls er vom Läufer f7 geschlagen werden kann. Den Bauern f6 könnte Schwarz auch mit dem Zug Se8 decken, aber darauf folgte 54. L×e8 K×e8 55. Sg×f6+! g×f6 56. S×f6+ S×f6 57. L×f6, mit der Drohung g7.

54. Le6 Sab8

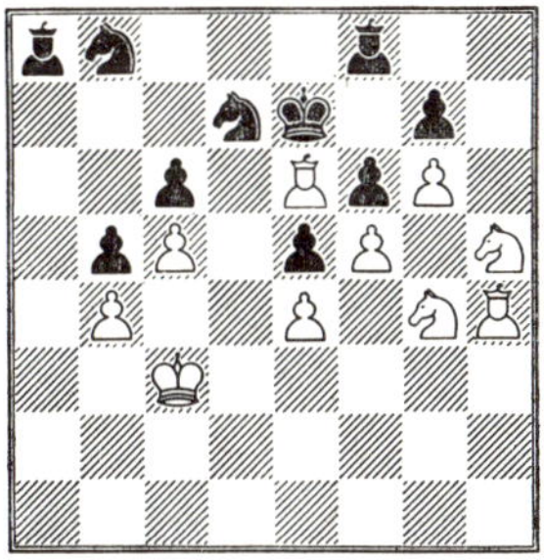

55. Sg3! Lb7 56. Sf1 Ke8 57. Sd2 Kd8 58. Sf3 Kc7 59. Lg3! Kd8

Der Schlußangriff ist jetzt schon in nächster Nähe! Eben darum wäre es angebracht gewesen, den Läufer b7 in die Verteidigung des Königsflügels einzubeziehen, obwohl Schwarz auch damit die Drohung nicht hätte parieren können. Nach 59. – Lc8 60. Sg×e5! f×e5 61. S×e5 S×e5 62. L×e5+ Kb7 63. Ld6! L×d6 (63. – L×e6 64. L×f8) 64. L×c8+ K×c8 65. c×d6 wäre der Springer gegenüber den vielen weißen Bauern machtlos.

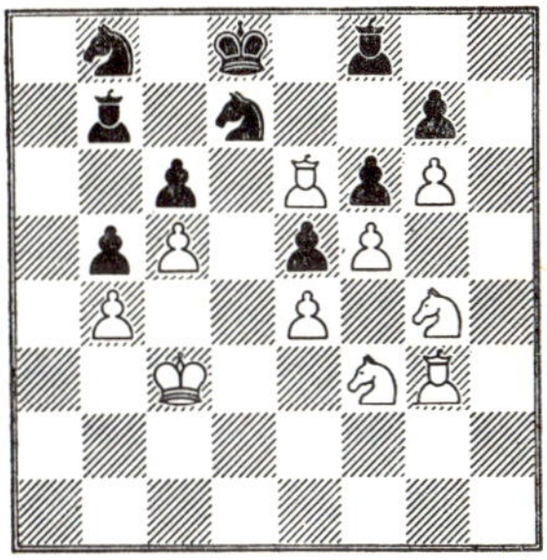

Hier wurde die Partie zum zweiten Mal abgebrochen. Weiß schloß den folgenden Zug ins Kuvert.

60. Sf×e5!

Der Gewinn ist von nun an eigentlich forciert, aber nach mehr als siebenstündigem Spiel (die Spielzeit dauerte von 16.00 bis 21.00 Uhr, dann von 23.00 bis 1 Uhr nachts, und die Fortsetzung folgte am nächsten Tag vormittags) ist es nicht leicht, 10 bis 12 Züge vorauszuberechnen. Offensichtlich war der geeignetste Moment gekommen, um zu opfern. Mit etwas Bange entschloß ich mich dann doch zum obigen Springeropfer.

60. – f×e5 61. S×e5 S×e5

Auf 61. – Sf6 hätte 62. Sf7+ natürlich eine Figur gewonnen, nach 61. – Lc8 62. Sf7+ Ke8 63. Sd6+ L×d6 64. L×d6 wäre Schwarz nicht imstande, die weißen Bauern aufzuhalten.

62. L×e5 Sd7 63. Ld6! L×d6 64. c×d6 Lc8 65. L×d7! L×d7

Auf 65. – K×d7 gewinnt einfach 66. e5 und nach dem Wegzug des schwarzen Königs 67. e6.

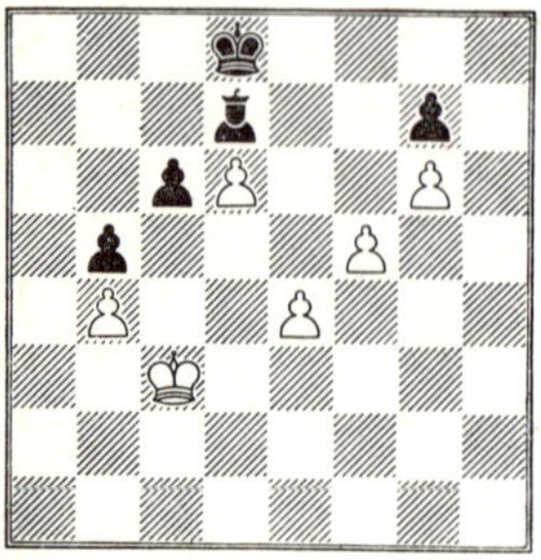

66. Kd3!

Noch eine kleine Feinheit. Der Zweck des Zuges besteht darin, daß, nachdem der weiße König nach b6 gelangt ist, der schwarze König genötigt sein wird, von c8 wegzuziehen.

66. – Ke8 67. Kd4 Kf8

Im Fall von 67. – Kd8 führt 68. Kc5 Kc8 69. Kb6 zur gewünschten Stellung. Auf 69. – Kb8 gewinnt 70. f6! g×f6 71. g7 Le6 72. d7, und falls 69. – Kd8 geschieht, so gestaltet sich das Spiel wie in der Partie.

68. Kc5

Einfacher war 68. Ke5, aber ich hatte die andere Gewinnfortsetzung bereits berechnet.

68. – Ke8 69. Kb6 Kd8 70. Kb7!

Schwarz befindet sich in einer Zwangslage. Auf 70. – Le8 gewinnt Weiß mit 71. e5, auf 70. – c5 aber mit 71. f6! g×f6 72. g7 Le6 73. b×c5 und c6–c7+ nebst g8D+ und c8D+.

70. – Lc8+ 71. K×c6 Ld7+ 72. Kd5 Ke8 73. Ke5 Lc6 74. Kf4 Kf8 75. e5 Ld5 76. e6 Lb3 77. Ke5

Schwarz gab auf (1:0).

Amsterdam, Juli 1976. Das war mein letztes Turnier mit 16 Teilnehmern. Danach nahm ich nur noch an Turnieren mit kleinerem Teilnehmerfeld teil. In Amsterdam stand ich nach der achten Runde ungeschlagen hinter den führenden Kortschnoi und Miles und gemeinsam mit Faragó an dritter Stelle. Dann erlitt ich drei Niederlagen, und zwar in allen drei Fällen mit den weißen Steinen und in besserer (!) Stellung. Zwar verdiente ich die Schlappen wegen meines gewaltsamen Spiels, meine Gegner verdienten den vollen Punkt aber weniger.

Der Endtstand des IBM-Turniers, Amsterdam 1976, lautete: Kortschnoi und Miles je 9 ½, Sax 9, Faragó und Velimirović je 8 ½, Szabó 8, Böhm, Gipslis, Kurajica und G. Sigurjonsson je 7 ½, Ivkov und Olafsson je 7, Ree 6 ½, Langeweg 6, Ligterink 5 ½, Donner 5 Punkte.

99. PARTIE

Französische Verteidigung
Velimirović–Szabó

IBM-Turnier
Amsterdam 1976

1. e4 e6 2. d4 d5 3. Sc3 Lb4 4. e5 Dd7

Eine seltenere Fortsetzung als 4. –

c5. Ihr Hauptziel besteht darin, mit b6 und La6 den jetzt noch eingeschlossenen Läufer c8 gegen den in der französischen Verteidigung viel gefährlicheren weißen Königsläufer abzutauschen.

5. a3

So wird der schwarze Königsläufer üblicherweise befragt. Auf 5. Dg4 deckt Schwarz im allgemeinen den Punkt g7 mit f5. In der Partie Tringow–Bronstein, Amsterdam 1964, stand Schwarz nach 6. Dg3 b6 7. Ld2 La6 8. L×a6 S×a6 9. Sge2 Lf8 10. h4 Sb4 11. 0–0–0 0–0–0 12. Dh3 c5 13. g4 f×g4 14. D×g4 Sc6! 15. d×c5 L×c5 16. Sf4 Sd4! 17. Le3 Sh6 18. Dh3 Shf5 günstiger. Eine interessante Idee ist 5. Sh3!?. So setzte Suetin gegen Bjelajać in Jugoslawien 1974 fort: 5. – b6 6. Sf4 La6 7. L×a6 S×a6 8. 0–0 0–0–0? 9. Sce2. Diese beiden Varianten illustrieren wohl ausreichend die Vorstellungen von dieser Eröffnungsvariante.

5. – L×c3+ 6. b×c3 b6 7. a4

Eine logische Fortsetzung. Der weiße Damenläufer kann auf der Diagonale a3–f8 gut zur Geltung kommen. 7. Dg4 erwies sich in der Partie Fischer–Bisguier, USA 1957, als erfolgreich, da Schwarz nach 7. – f5 8. Dg3 La6 9. L×a6 S×a6 10. Se2 0–0–0 11. a4 Kb7 12. 0–0 Df7? den Durchbruch c3–c4 zuließ. Diese Variante kann aber mit dem von Pachman vorgeschlagenen Zug 11. – Sb8 verbessert werden.

7. – La6 8. L×a6 S×a6 9. 4 f5Dg 10. Dh5+ g6?!

Manche meinen, Schwarz hätte eher 10. – Df7 ziehen müssen. So geschah es in der Partie Matulović–Taimanow, Belgrad–Leningrad 1964. Nach 11. De2 Sb8 12. c4 Se7 13. Sf3 d×c4 14. Sg5 Dg6 15. h4 f4! entstand ein lebhaftes Spiel mit beiderseitigen Chancen. Die mit dem Textzug verbundene Schwächung sei unbedeutend – sagen andere. Welche Seite hat nun recht behalten? Das ist schwer zu entscheiden. Aus dieser Partie geht jedenfalls hervor, daß die Meinung nicht zufällig geteilt ist.

11. De2 Sb8 12. h4! h6 13. Sh3!

Das ist die richtige Entwicklung! Der Springer greift von f4 aus die Bauern e6 und g6 an und unterstützt die Öffnung der Stellung mit c3–c4. In einer anderen Begegnung (Tringow–Planinc, Čačak 1970) folgte 13. Sf3, und die Fortsetzung 13. – Sc6 14. c4 d×c4 15. D×c4 Sge7 16. Lb2 erwies nicht, ob die Vorstellungen von Weiß richtig waren. Vielleicht wich der bulgarische Großmeister deshalb ein Jahr später in Athen von dieser Linie ab.

13. – Sc6 14. Sf4 Sge7 15. La3

Es gibt nichts Neues unter der Sonne! Bis zu diesem Zug verlief die Partie genau so wie eine Partie Spasski–Petrosjan, 1974 (hat sie Velimirović eventuell gekannt?), wo 15. g4 geschah. Diese Partie endete nach hartem Kampf unentschieden, obzwar Weiß nach 15. – Tg8 16. Tg1 0–0–0 17. a5! eine starke Initiative erhalten hatte. Schwächer setzte Schwarz in der Partie Timman–Planinc, Banja Luka 1974, mit 15. – 0–0–0?! fort, worauf 16. g×f5 g×f5 17. La3! dem Anziehenden einen ernst zu nehmenden Vorteil gab.

15. – Tg8 16. Lb4?!

Eine interessante Idee, aber ich bin dessen nicht gewiß, ob es sich lohnt, diesen starken Läufer zum Abtausch anzubieten. Meines Erachtens war hier 16. g4! für Schwarz sehr gefährlich. Falls darauf 0–0–0 folgt, wäre 17. Da6+ Kb8 18. a5! für den Nachziehenden überaus unangenehm. So kann Schwarz im Fall von 19. – S×a5 nach 20. L×e7 D×e7 21. T×a5 bereits aufgeben. Daher wäre 16. – Sa5 erzwungen gewesen.

16. – S×b4 17. c×b4 a5! 18. b5 Tc8 19. 0–0

Schwarz plant die Öffnung der c-Linie, deshalb bemüht sich Weiß, seinen König in Sicherheit zu bringen und seine Türme miteinander zu verbinden.

19. – c6

Hier erwartete man 19. – c5. Ich befürchtete aber die Fortsetzung 20. d×c5 T×c5 21. Sd3 nebst De3 mit gleichzeitigem Angriff auf die Bauern b6 und h6.

20. Tab1 Kf7 21. Tfc1!

Weiß muß nach c4 trachten, denn sonst wird seine Lage wegen der sich öffnenden c-Linie hoffnungslos.

21. – c×b5 22. T×b5 Tc5 23. c4! d×c4 24. T×c4 T×c4 25. D×c4 g5!

26. h×g5?

Eine verfehlte Entscheidung. In diesem Moment und in der Zeitnot war es aber nicht leicht zu beurteilen, ob Weiß seinem Gegner die g- oder die h-Linie öffnen soll.

26. – h×g5 27. S×e6!?

Ein riskantes Opfer. Es ist aber offensichtlich, daß der Wegzug des Springers mit der Überlassung des Punktes d5 nur dem Anziehenden zum Nachteil gereichen würde.

27. – D×e6 28. d5 Dc8!

Nach 28. – D×e5 29. d6+ De6 30. D×e6+ K×e6 31. d×e7 Te8 32. T×b6+ K×e7 33. Ta6 mit der Eroberung des Bauern a5 hätte Weiß ein günstigeres, wenn auch noch nicht gewonnenes Endspiel.

29. Df1

Die Grundreihe muß gesichert werden. Hier erweist es sich, daß die Öffnung der h-Linie für Weiß nachteilig ist. Ohnedies könnte Weiß jetzt Db3 ziehen, und der weiße König könnte nach h2 gehen.

29. – Dc3!

Damit die weiße Dame nach e6+ nicht die große Diagonale a1–h8 besetzen kann.

30. Dd1! Sg6 31. e6+ Kf6 32. d6! Sf4 33. e7

Die sich auf der sechsten und siebenten Reihe befindenden weißen Bauern bedrohen den schwarzen König unmittelbar, aber auch Schwarz verfügt über Mattdrohungen.

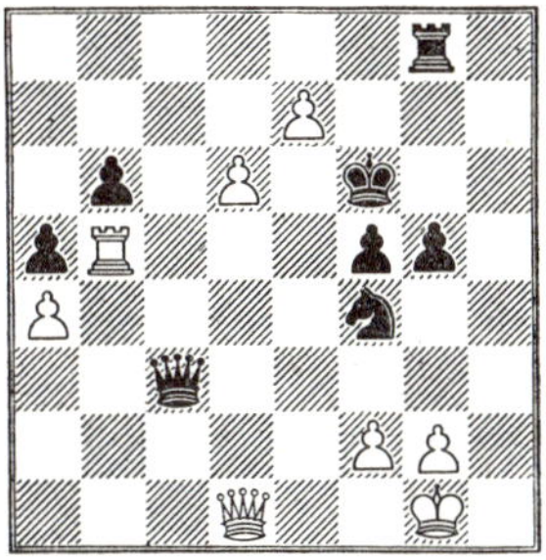

33. – Th8! 34. Tb3

Es drohte Se2+, was jetzt ein grober Fehler wäre, denn nach 34. – Se2+ 35. D×e2 Dc1+ 36. Df1 Th1+ 37. K×h1 D×f1 38. Kh2 De2 (38. – Kf7? verliert prompt wegen 39. Te3) 39. Te3 Dh5+ wird Schwarz dazu genötigt, remis zu halten.

Der Textzug ist dennoch schwächer als die anderen zu Gebote stehenden Fortsetzungen. Verwickelt wäre die Lage im Fall von 34. T×b6 gewesen: 34. – Kf7 35. d7 Se2+ 36. Kf1 (Auf 36. D×e2 würde Schwarz natürlich mit Dc1+ und dann Th1+ und schließlich mit K×e7 gewinnen.) 36. – Sg3+!! 37. f×g3 Th1+ 38. Kf2 Dc5+ 39. Kf3 (39. Ke2 D×e7+) g4+ 40. Kf4 Df2+ 41. Df3! (41. Kg5 De3+ 42. K×f5 Th5+ und Matt in zwei Zügen.) 41. – Dd2+ 42. K×f5 D×d7+, und die Dame geht verloren. Nach 34. T×b5 Kf7 wäre eine interessante Abweichung gegeben: 35. Tb3 Se2+ 36. D×e2 D×b3 oder 36. Kf1 Sg3+ 37. f×g3 Th1+ 38. Kf2 Dc5+, und Schwarz gewinnt. Einfacher wäre die Aufgabe von Schwarz im Fall von 34. T×b6 Kf7 35. Db3+, denn nach 35. – D×b3 36. T×b3 Se2+ 37. Kf1 Sd4 wird Weiß genötigt, wegen der Mattdrohung den Turm mit Th3 abzutauschen.

34. – Dc6! 35. Tf3 Ke6!

Der König als starke Figur!

36. g3 Sd5 37. Td3

Schade, daß Weiß nicht 37. Db1 zog, worauf ich 37. – S×e7! 38. Te3+ K×d6 39. Dd1+ Dd5 40. Td3 Th1+ matt geplant hatte.

37. – K×d6 38. Df3 g4 39. Df4+ Ke6 40. Dd4 Th1+ 41. K×h1 Se3+ !

Weiß gab auf (0: 1).

100. PARTIE

Grünfeld-Verteidigung
Donner–Szabó

IBM–Turnier
Amsterdam 1976

1. d4 Sf6 2. c4 g6 3. Sc3 d5 4. c×d5 S×d5 5. e4 S×c3 6. b×c3 Lg7 7. Lc4 0–0 8. Se2 b6

Vor der Rochade gilt dieser Zug als ein entscheidender Fehler, wie es in der 7. und 9. Partie des Zweikampfes Jussupow–Timman (1986) nachgewiesen wurde. 7. – b6? 8. Df3! 0–0 9. e5 bzw. 9. Sge2 Sc6 10. h4 brachte in beiden Fällen einen entscheidenden Vorteil für Weiß.

9. h4!

Obwohl die Theoriebücher diesen Textzug für den besten halten, setzte in einer früheren Runde des IBM-Turniers Amsterdam 1976 Kortschnoi gegen Sax mit 9. Le3 fort. Nach 9. – Lb7 10. Dc2 Sc6 11. Tb1 Sa5 12. Ld3 Tc8 13. c4 e5 14. Ld2 La8 15. L×a5, war aber das weiße Spiel – trotz der geschwächten schwarzen Bauernstellung – nicht so überzeugend wie in den aus der Turnierpraxis bekannten Partien mit 9. h4.

9. – Sc6!

Eine besondere Verquickung von zwei Ideen mit der Intention, entweder Lb7 bzw. La6 zu ziehen oder den Läufer c4 – statt ihn abzutauschen – nur zu vertreiben. Diese originelle Idee 9. – La6 – wurde von praktischen Partien und von der auf der Praxis beruhenden Theorie in Frage gestellt. Auf 9. – La6 kommt doch Weiß mit 10. L×a6 S×a6 11. h5 nebst Dd1–d3–h3 zu schnell, bevor Schwarz eine Aktion gegen das Zentrum entfalten kann. Da Schwarz die Idee mit La6 verwirft, fragt es sich, ob b6 in einem so frühen Stadium der Partie nötig ist und es statt dessen nicht zweckmäßiger wäre, mit 8. – Sc6!? zu beginnen. Diesbezüglich meint Botwinnik, einer der besten Kenner dieser Eröffnung, daß der Angriff mit dem h-Bauern kein ausreichendes Ergebnis bringt. Ich glaube aber, daß eine solche Verquickung der Varianten unbedingt die Überprüfung der bisher festgestellten „Wahrheiten“ erfordert.

10. Le3

Inkonsequent. Warum zog Weiß denn h4, wenn er es nicht fortsetzt, diesen Bauern weiter vorzurücken?

10. – Sa5 11. Ld3 e5!?

Schwarz will im Interesse eines schnellen Gegenspiels zuerst die e-Linie öffnen und trachtet erst später nach c5.

12. Dd2

Auch hier bot sich der ausgetretene Weg mit 12. h5 an. Donner aber kannte wahrscheinlich nicht die Partie Ree–Sax, Vraca 1975, wo Schwarz nach 12. h5 c6!? noch viele Probleme zu lösen hatte, um nicht zu verlieren. Die Schattenseite des Textzuges besteht darin, daß er den Turm a1 ungedeckt läßt. So kann Weiß nicht d5 spielen, wenn sich die Diagonale a1–h8 öffnet und der Bauer d4 mit c5 angegriffen wird. In der Partie Timman–Adorján, London 1975, geschah – statt Le3 – 10. h5 Sa5 11. Ld3 e5 12. h×g6 f×g6 13. Le3 e×d4 14. c×d4 c5 15. d5! mit chancenreichem Qualitätsopfer.

12. – e×d4 13. L×d4 De7!

Das Wesen des Verteidigungssystems von Schwarz entfaltet sich langsam vor unseren Augen. Bei seiner zerrütteten Bauernstellung hat Weiß auch weiterhin nur eine einzige Chance, die Öffnung der h-Linie.

Darauf bereitet sich Schwarz vor und sichert mit der Dame die siebente Reihe. (Er schlägt mit dem f-Bauern auf g6 zurück.) Auch der Turm f8 kann auf der sich öffnenden f-Linie in Aktion treten, während der andere Turm nach Belieben entweder auf der d- oder e-Linie, eventuell mit Verdoppelung auf der f-Linie, zur Geltung kommen kann.

14. L×g7 K×g7 15. h5 Lb7 16. De3

Das ist augenblicklich zwar nicht notwendig, denn durch die Drohung Dh6+ nebst D×h7 wird der Bauer e4 mittelbar gedeckt. Weiß fühlt schon, daß sein Angriff auf der h-Linie bald zum Stillstand kommen wird. Darum muß Weiß auch seinen König in Sicherheit bringen, wozu die kurze Rochade am geeignetsten ist. Weiß bereitet das mit 16. De3 vor, in der Hoffnung, daß er dann mit Sg3 auch zu f2–f4 kommt.

16. – Tae8 17. h×g6 f×g6 18. f3 Kg8 19. 0–0

Gibt es etwas Besseres? Die h-Linie würde nur dann zum Nutzen von Weiß gereichen, wenn Weiß lang rochieren könnte, aber darauf folgte Da3+ nebst Ld5.

19. – Tf5!

Der Turm spielt auf der fünften Reihe eine Verteidigungsrolle und blinzelt zugleich zur h-Linie hin.

20. Tfd1 Th5

Genauer war sofort Tc5, aber die Möglichkeit Dh4 war sehr verlokkend.

21. Dd4 Tc5 22. Tac1

Auf 22. Sc1 würde Schwarz mit Df7! 23. Sb3 Sc6 den Bauern c3 erobern.

22. – Dg5!

Nimmt die Löcher in der weißen Stellung ins Ziel.

23.Tc2 Tf8 24. Kf1?

Wehrt sich gegen 24. – T×f3. Weiß verhütet aber dadurch die Gefahr nur vorübergehend, denn Schwarz läßt nach der Sicherung der Diagonale a2–g8 seine Figuren zum Angriff aufmarschieren. Besser war 24. Df2 und dann eventuell Dg3.

24. – Lc8! 25. Sc1 Le6 26. Le2 Sc6

Nachdem Lc4+ nicht mehr droht, kann der Springer ins Zentrum zurückkehren, um die angreifenden schwarzen Figuren unterstützen zu können.

27. Dd2 Dh4 28. Sd3 Tg5

Der Angriff gleitet schon wie auf Schienen. Jeder Zug des Nachziehenden ist mit einer Drohung verbunden, worauf Weiß sofort reagieren muß.

29. De3 Tg3!

Sehr attraktiv war 29. – T×g2, aber es hätte nicht mehr als Dauerschach ergeben. Nach dem Textzug droht Dh2, und falls darauf Dg1 kommt, so folgt T×g2 nebst Lh3.

30. Df2 Dh2 31. Se1 Se5 32. Td4
Den Zug Sg4 könnte Weiß auch mit anderen Zügen nicht verhindern. Das Zusammenspiel der schwarzen Figuren unter dem Gesichtspunkt des Angriffs kann als ideal betrachtet werden. Weiß kann seine Hoffnungen höchstens noch auf einen taktischen Trick auf der d-Linie setzen.

32. – Sg4 33. Dg1 Dh6

Besser war es, gleich 33. – Dh4 zu ziehen, weil es auch den Punkt d8 deckt.

34. Tcd2 Dh4 35. La6

35. – Sh2+ 36. Ke2 S×f3! 37. S×f3 T8×f3 38. Kd1

Im Vermögen der weißen Türme stehen höchstens noch einige Schachgebote, und dann kommt Schwarz wieder an die Reihe.

38. – T×c3 39. Le2 Lg4

Weiß gab auf (0 : 1).

Darf ich mit sechzig Jahren noch so viel Energie auf das Turnierspiel verwenden? Wäre es nicht schon nötig, meinem Ehrgeiz Schranken zu setzen? Bei einem schwächeren Teilnehmerfeld, wo man nicht in jeder Runde mit derselben Anspannung spielen muß, taucht dieses Problem weniger auf. So gewann ich im September ohne besondere Schwierigkeiten das Kapfenberger internationale Turnier.

Das Endergebnis dieses Turniers lautete: Szabó 8 ½, Stean 8, Kotschijew 7 ½, Tatai und Karaklajić je 7, Lombard 6 ½, Pribyl 6, Dr. Wittmann und Watzka je 5 ½, Donner, Marić und Dr. Dückstein je 4 ½, Nunn 3 Punkte.

Mein nächstes Turnier führte mich wieder an die Costa Brava. Larsen war der bei weitem chancenreichste Aspirant auf den ersten Platz, ich rechnete aber mit Gewißheit auf den zweiten. Möglicherweise machte mich dies ungeduldig, und so unterlag ich wieder in einer Gewinnstellung gegen Zwaig. Meine schwankende Spielführung spiegelt sich auch in meiner Partie gegen Sanz (101. Partie) wider. Statt die Partie energisch zu beenden, patzte ich, so daß ich den Gewinn erst nach einer Vertagung und vielen Analysen auf eine problemartige Weise erringen konnte.

Der Endstand des Turniers lautete: Larsen 7 ½, Castro 6 ½, Szabó und Zwaig je 5 ½, Marović 4 ½, Pomar und Visier je 4, Garcia-Conesa 3 ½, Sanz 3 Punkte, Ortega 1 Punkt.

101. PARTIE

Benoni-Verteidigung

Szabó–Sanz

Costa Brava 1976

1. d4 Sf6 2. c4 e6 3. Sc3 c5 4. d5 e×d5 5. c×d5 g6 6. e4 d6 7. f4!? Lg7 8. Lb5+ Sfd7

Im allgemeinen verwerfen die Theoriewerke 8. – Ld7 wegen 9. e5.

Ein interessantes Beispiel, das seitdem gespielt wurde: 9. e5 d×e5 10. f×e5 De7 11. Sf3 0–0 12. 0–0 Sg4 13. Lf4 S×e5 14. L×e5! L×e5 15. Te1 f6 (15. – Lg4 16. T×e5 ist unklar, Lukács-Hazai, Ungarische Meisterschaft 1979) 16. Lc4 Kg7 17. d6 D×d6 18. S×e5 D×d1 19. Ta×d1 f×e5 20. T×e5 Tf4 21. T×c5 Lg4 22. Tc7+ mit Vorteil von Weiß (Lau–Perényi, Budapest 1981).

9. Ld3 0–0 10. Sf3 Te8

Zwei Jahre später traf Großmeister Robatsch – unter Berücksichtigung auch dieser Partie – die Entscheidung, sich in diese Variante einzulassen. Der von ihm gewählte Weg (102. Partie) verdient Beachtung, aber nur mit gewissen Verbesserungen. Wendet Schwarz aber – wie in dieser Partie – das Springermanöver an, so meine ich, daß zuerst Sa6 und Tb8, baldmöglichst in Verbindung mit der Drohung b5, genauer ist.

11. 0–0 Sa6 12. Kh1!? Sb4!! 13. Le2 Sf6?

Der Zug Sf6 ist nur spielbar, wenn der weiße Königsläufer auf d3 steht und e4–e5 nicht erfolgen kann.

14. a3 Sa6

15. e5!

Man vergleiche diese Stellung mit der Eröffnung der oben betrachteten Partie Szabó–Timman (96. Partie). Dort geschah e4–d5, als Weiß noch nicht rochiert hatte. Der Unterschied – Kh1 und a3 – ist unbedeutend, obwohl der schwarze Damenspringer hier schon auf a6 steht, was eher ein Nachteil als ein Vorteil ist.

15. – d×e5 16. f×e5 Sg4 17. Lg5! f6 18. e×f6 L×f6

Auch hier lohnt es sich denselben Vergleich anzustellen. Hier ist Dd2 nicht nötig.

19. L×f6 D×f6 20. d6! Lf5

Auf 20. – Se3 gewinnt natürlich 21. d7! sofort.

21. Dd5+! Df7 22. Lc4!

Nicht 22. d7 wegen T×e2.

22. – Le6 23. Sg5 L×d5

Nach 23. – D×f1+ 24. T×f1 L×d5 25. L×d5+ kann Weiß unter mehreren guten Fortsetzungen wählen.

24. L×d5 D×d5 25. S×d5 h6

Das einzige, da h3 drohte.

26. Se7+ T×e7 27. d×e7 Te8

Schwarz durfte den Springer wegen 28. Tad1 und Td8 nicht schlagen.

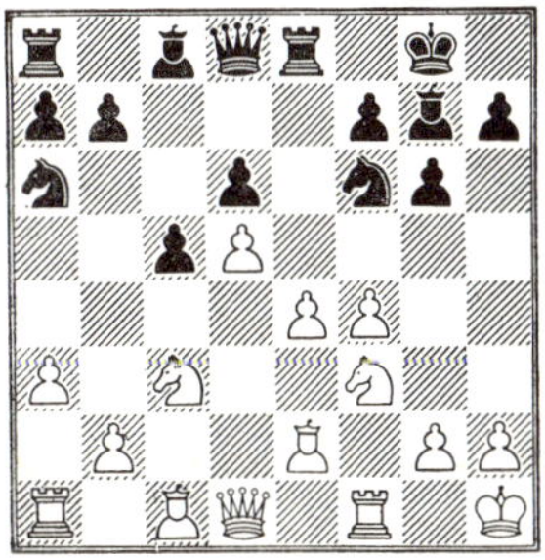

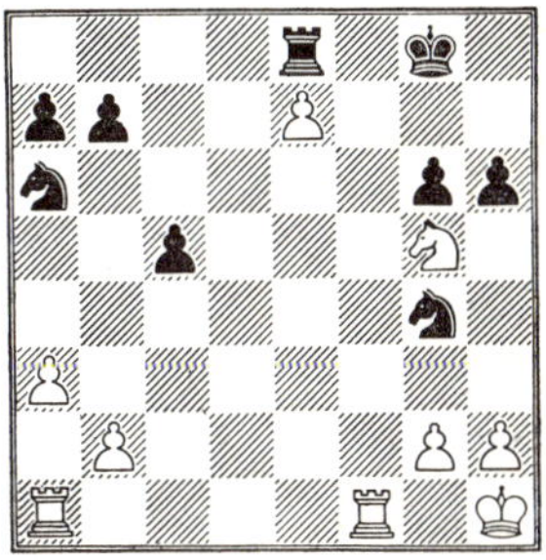

28. Tf8+?

Die weiße Stellung ist so sehr überlegen, daß die Kapitulation des Nachziehenden beinahe fällig ist. Eben das machte mich ungeduldig und leichtsinnig.

Hätte ich etwas mehr nachgedacht, so hätte ich – statt der von mir geplanten Variante 28. Se6! T×e7 29. Tf8+ Kh7 30. Taf1 – die einfache Gewinnfortsetzung 30. Tae1 gewiß gefunden. Danach muß Schwarz wegen des drohenden h3 den Zug h5 ausführen und kann nach 31. Sg5+ Kg7 32. T×e7+ K×f8 33. T×b7 aufgeben. Die von mir gewählte Fortsetzung muß freilich ebenfalls gewinnen. Ich war aber in der vierten und fünften Stunde der Spielzeit so müde, daß ich den kürzesten Weg nicht finden konnte.

28. – T×f8 29. e×f8D+ K×f8 30. Se6+ Ke7 31. Te1 Kd6 32. Sd8 Kc7 33. Sf7 Sf2+ 34. Kg1 Sd3 35. Te7+ Kb6 36. Sd6?

Der Sieg von Weiß schien so einfach zu sein, daß ich wieder in meinen alten Fehler verfiel. Ich übereilte mich während der Zeitnot des Gegners, obzwar ich über mehr als ausreichende Bedenkzeit verfügte. Im Ergebnis entstand eine bedauerliche Halluzination im 38. Zug. Hier hätte ich noch mit 36. Te6+ nebst T×g6 und T×h6 die Schwierigkeiten vermeiden können, und der Gegner hätte dann vielleicht auch den Widerstand eingestellt.

36. – Kc6!

Darüber bin ich hinweggegangen. Mit Sd6 deckte ich mittelbar den Bauern b2, jetzt aber ist der Springer gezwungen, den Bauern b7 zu schlagen.

37. S×b7 S×b2 38. Sa5+?

Einfacher und stärker war 38. Sd8+.

38. – Kb5 39. Tb7+ K×a5 40. T×b3 Sc7

Eine traurige Ernüchterung! Jetzt kann nur noch die Annäherung des weißen Königs helfen.

41. Kf2 Sb5 42. Ke3 c4!

Angesichts meines verzweifelten Mutes versuchte mein Gegner, mich mit seinem schnellen Spiel zu weiteren Zügen zu veranlassen, obwohl die Zeitnot nach den verbindlichen 40 Zügen bereits vorüber war.

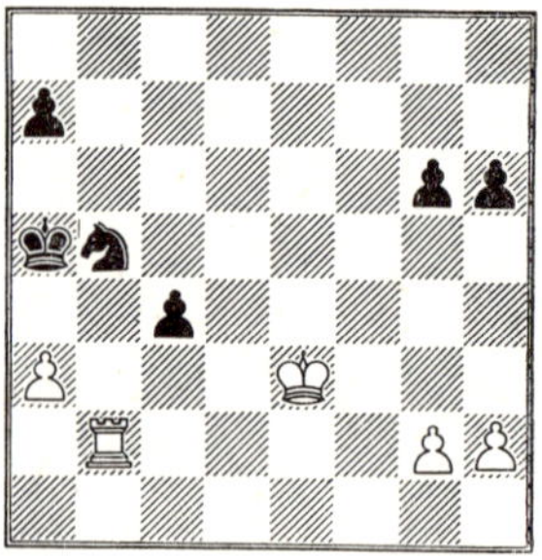

43. Tf2!

Hier wurde die Begegnung vertagt, die ich mit sorgfältigerer Spielführung schon längst hätte beenden können. In diesem Fall wären wir aber um ein interessantes und lehrreiches Endspiel ärmer gewesen.

43. – Ka4

Dieser Zug war zu erwarten, denn nach 43. – S×a3 könnte sich der weiße König dem gefährlichen

Bauern nähern, ihn sogar unschädlich machen. Jetzt hängt alles davon ab, ob Weiß sich auf dem Königsflügel einen Freibauern verschaffen und der Turm rechtzeitig zurückkehren kann, um den c- oder a-Bauern aufzuhalten.

44. Tf6 S×a3

Der Springer darf schon schlagen, weil 45. Kd4 mit Kb3 beantwortet werden kann Auf 44. – K×a3 plante ich 45. T×g6 Kb2 46. Tc6! in Verbindung mit c3 47. Kd3!. Dies beugt nicht nur dem Vorstoß des c-Bauern, sondern auch des a-Bauern vor und gewinnt Zeit zum Vorrücken des h-Bauern.

45. T×g6 Kb3 46. T×h6 c3 47. Tc6 Sc2+!

Nach 47. – Sc4+ 48. Kd4 c2 49. T×c4 Kb2 50. h4 a4 51. Kd3 c1D 52. T×c1 K×c1 53. h5 stellt ein Tempo den Sieg von Weiß sicher.

48. Ke4! Sb4

Nach 48. – a5! wäre der Gewinn für Weiß komplizierter: 49. h4 a4 50. h3 a3 51. Tb6+! und nun:

a) 51. – Sb4 52. Tf6! c2 53. Tf1 Kb2 54. h6 c1D 55. T×c1 K×c1 56. h7 a2 57. h8D Sc2 58. g4 und gewinnt.

b) 51. – Kc4 52. Ta6 Kb3 53. h6 a2 54. T×a2! K×a2 55. h7 und gewinnt. Falls hier 53. – Sb4 geschieht, so gewinnt 54. Tf6 nebst Tf1 und das Vorrücken des h-Bauern.

49. Tc5!

Ein neuer, wichtiger Tempogewinn, damit der a-Bauer vorläufig nicht vorrücken kann.

49. – c2 50. h4 Sa2

51. T×c2! K×c2 52. h5 Sc3+ 53. Ke5 Kd3 54. h6 Se4 55. Kf5!

Schwarz gab auf (1:0). Im Fall eines Schachgebots gewinnt 56. Kg6.

Im Januar 1977 in Belgrad blieb ich ungeschlagen. Wegen der zu vielen Unentschieden (aus 13 Partien 8), reichte das aber nur für den zweiten Rang aus. In der ersten Runde bezwang ich den Turniersieger Rajčević, und da glaubte ich, daß mein erster Platz bei vorsichtigem Spiel sicher sein dürfte. Leider irrte ich mich.

Das Schlußergebnis des Belgrader Turniers 1977 gestaltete sich folgendermaßen: Rajčević 9 ½, Szabó und Knežević je 9, Dr. Filip 8 ½, Lukács und Mesing je 8, Čirić 7, Minew und Baretić je 6 ½, Cvetković 5 ½, Dunaković 5, Cabarkapa 3 ½, Mirković und Suradiradja je 2 ½ Punkte.

In diesem Jahr hatte ich übrigens kein Glück im Spiel. So startete ich wieder im Turnier (Schweizer System) in Lone Pine, dem sich eine Simultantournee angeschlossen hätte. Diese Tournee mußte ich aber abbrechen, weil meine Frau beim Schilauf einen schweren Beinbruch erlitten hatte.

Ende des Jahres 1978 nahm ich am Turnier von Maribor teil. Nach schlechtem Start (ich verlor eine gewonnene Stellung gegen Musil) folgte eine Gewinnserie von vier Partien, und das veranlaßte mich, mit Gewalt den ersten Platz anzustreben. Das rächte sich aber auch diesmal, und ich mußte mich schließlich mit dem geteilten fünften Rang abfinden.

Der Endstand des Turniers von Maribor 1978 lautete: Rakić 9 ½, Tarjan 9, Lombardy 8 ½, Bukić, Radulow und Szabó je 7 ½, Jelen 7, Robatsch 6 ½, Barle und Musil je 6, Puc 4 ½, Supanić 4, Orel und Polujzer je 3 ½ Punkte.

Von meinen hier gewonnenen fünf Partien sind die gegen Robatsch (102. Partie) und gegen Barle (103. Partie) gespielten auch vom theoretischen Gesichtspunkt aus interessant.

102. PARTIE

Benoni-Verteidigung
Szabó–Robatsch

Maribor 1978

1. d4 Sf6 2. c4 e6 3. Sc3 c5 4. d5 e×d5 5. c×d5 d6 6. e4 g6

Robatsch zog bisher sehr schnell. Es war offensichtlich, daß er sich auf etwas vorbereitet hatte. Aber worauf? Das herauszufinden, ist Glückssache. Es beunruhigte mich, daß mein Gegner auch die weiteren Züge blitzschnell ausführte.

7. f4!? Lg7 8. Lb5+ Sfd7 9. Ld3 a6 10. a4 Dc7

Auf diese Weise kann Schwarz am Damenflügel seine Bauernmehrheit am besten mobilisieren und die Zentrumsüberlegenheit des Anziehenden ausgleichen.

11. Sf3 c4 12. Lc2 Sc5 13. Le3 Lg4 14. 0–0 0–0 15. Ld4!

In der Partie Furman–Dorfman, Sowjetunion 1976, setzte Weiß mit 15. h3? fort, und Schwarz geriet nach 15. – L×f3 16. T×f3 Sbd7 17. a5 Tfe8 18. Ld4 b5! 19. a×b6 D×b6 20. Ta2 Tab8 in Vorteil. Eine aus den Theoriebüchern bekannte Möglichkeit – Db6 – veranlaßte meinen Gegner, weitere schnelle Antworten zu geben.

15. – L×f3 16. T×f3 L×d4+ 17. D×d4 Db6?!

Mein Gegner spürte offenbar in diesem Augenblick, daß er die Partie in die Hand nehmen müsse. Er ließ aber außer acht, daß Weiß mit h3 kein Tempo verloren hatte. Er dachte nur daran, daß der Bauer b2 ungedeckt ist, und auch S×a4 droht.

18. a5! D×b2 19. Ta2 Db4 20. e5!

Hier erweist es sich ebenfalls, daß eine Zentrumsaktion das beste Gegenmittel einer Flügelaktion ist. Dadurch wird die Diagonale des Läufers c2 geöffnet, dem weißen Springer Platz gemacht, und die geschwächten schwarzen Punkte am Königsflügel werden unter Kontrolle genommen. Die Hauptdrohung besteht aber in der Einkreisung der schwarzen Dame, was Schwarz übersieht.

20. – Sbd7? 21. Tf1

Will Schwarz jetzt nicht die Dame verlieren, so ist er gezwungen, eine Figur zu opfern. Auf seinen 20. Zug hatte Schwarz noch nicht viel Zeit verwendet. Hier begann er aber, rot zu werden und dachte lange nach. Nach der Partie zeigte ich ihm, daß 20. – b6! seine einzige Chance gewesen wäre, um die Partie zu retten. Freilich waren die in Verbindung mit diesem Zug entstehenden Verwicklungen bei eingeschränkter Bedenkzeit kaum zu berechnen.

21. – b5

21. – Sb3 rettet die Figur nicht, denn 22. L×b3 D×b3 23. Tb1 kostet die Dame.

22. Tb1 Sb3 23. L×b3 Dc5 24. D×c5 S×c5 25. Lc2 Tfe8 26. S×b5!

Am einfachsten ist es, die Figur zurückzugeben und die Freibauern vorzurücken.

26. – a×b5 27. T×b5 Sb3?

27. – Sd3 hätte dem Anziehenden etwas mehr Schwierigkeiten bereitet, aber auch das hätte am Wesen nichts mehr ändern können: Das Endspiel von Schwarz ist nicht mehr zu retten.

28. L×b3 c×b3 29. T×b3 d×e5 30. a6! e×f4 31. a7 Kg7 32. Tb7 g5 33. d6 Ted8 34. d7 Kf6 35. Te2! g4 36. Kf2 h5 37. Te8

Schwarz gab auf (1 : 0).

103. PARTIE

Sizilianische Verteidigung

Barle–Szabó

Maribor 1978

1. e4 c5 2. Sf3 e6 3. d4 c×d4 4. S×d4 Sf6 5. Sc3 Sc6 6. Sdb5 d6 7. Lf4 e5

Vor dreißig Jahren war diese Verteidigungsmethode noch weniger gebräuchlich. Ihre ursprüngliche Form, die noch von Löwenthal empfohlen worden war, lautete: 1. e4 c5 2. Sf3 Sc6 3. d4 c×d4 4. S×d4 e5. Ich erinnere mich noch an eine im Jahre

1950 veröffentlichte Abhandlung, in der stand: „...diese altbekannte Variante ist nicht gut. Weiß kann sie auf zweierlei Weise widerlegen.“ Merkwürdigerweise stammt diese Bewertung aus der Zeit, als die Boleslawski-Verteidigung in voller Blüte stand!

8. Lg5 a6 9. Sa3

Die eine „Widerlegung“ wäre nach der erwähnten Abhandlung das von Dr. Tarrasch einst empfohlene 9. L×f6 g×f6 10. Sa3. Darauf empfiehlt der Theoretiker Pachman: 9. – f5 10. e×f5 L×f5 11. Sc4 Le7 12. Se3 Le6 13. Scd5 mit Vorteil für Weiß.

Wenn auch die theoretische Wertung aus diesem Artikel bereits überholt ist, soll hier ein kurzgefaßter Überblick über dieses System gegeben werden. Es kam zuerst in einer alten Partie Morphy–Löwenthal und dann 70 Jahre später in der Partie Lajos Steiner–Tschepurnow, Den Haag 1928, vor.

Warum wird es nach Lasker und neuerdings nach Sweschnikow benannt? Lasker wendete es nämlich in der 9. Matchpartie gegen Schlechter an, und der sowjetische Meister bereicherte es mit mehreren neuen Ideen.

Auch ungarische Schachspieler stehen zu diesem System in Beziehung: Unmittelbar nach dem Zweiten Weltkrieg war Meister Sebestyén ein Anhänger dieses Systems. In der Mannschaftsmeisterschaft wendete er es auch gegen mich an. Das führte nach 9. Sa3 f5 10. Dh5 d5!? 11. 0–0–0 L×a3 12. b×a3 Sd4 13. S×d5 zu einem sehr komplizierten Kampf. In den fünfziger Jahren experimentierten südamerikanische Schachspieler, in erster Linie Pilnik, mit einer etwas veränderten Form dieses Systems. Er setzte als Schwarzer gegen Geller im Interzonenturnier, Amsterdam 1956, auf 9. Sa3 mit d5!? fort.

9. – b5 10. L×f6 g×f6 11. Sd5 f5 12. Ld3

Viel gefährlicher für Schwarz wäre es, auf b5 zu opfern.

12. – Le6 13. c4!?

Ich erwartete 13. Dh5, was damals sehr in Mode war und später in Verbindung mit der Partie Matanović–Sax, XXIII. Olympiade, Buenos Aires 1978, zu einer regen theoretischen Debatte führte.

13. – Sd4?!

In früheren Partien ergab 13. – L×d5 nebst Da5+ dem Nachziehenden manchmal befriedigendes Spiel. Im Verlauf der Partie spekulierte ich darüber, wie ich mit Zugumstellung meinem Gegner Schwierigkeiten bereiten kann. Das gelang mir mit dem Textzug, denn mein Gegner dachte darauf fast eine Stunde nach und fand doch keine gute Fortsetzung.

14. Sc2?

Nach 14. e×f5 L×d5 15. c×d5 Dg5 entsteht eine zweischneidige, schwer zu beurteilende Stellung. Die Fortsetzung 14. e×f5 ist aber jedenfalls besser als die von Weiß gewählte.

14. – S×c2+ 15. L×c2

Auf 15. D×c2 wäre Tc8 sehr stark.

15. – f×e4 16. L×e4 Tc8 17. c×b5 Da5+ 18. Dd2?
Im Fall eines Damenschachgebots empfiehlt die Theorie – wie auch im 13. Zug –, hier mit dem König auszuweichen. Besonders jetzt wäre dies angebracht, denn nach dem Damentausch kommen die schwarzen Figuren beinahe wie von selbst ins Spiel.
18. – D×d2+ 19. K×d2 Lh6+ 20. Kd1 f5 21. Lf3 e4 22. Lh5+ Kd8 23. Sc3 a×b5 24. S×b5
Fast erzwungen, denn nach b5–b4 würde der weiße König – wenn das in dieser Partie überhaupt noch möglich ist – noch mehr eingeengt.
24. – Tc5! 25. Sc3 d5 26. Kc2
Etwas annehmbarer wäre 26. Ke2, denn jetzt wird der weiße König in die Ecke getrieben, wo die Einsperrung des öfteren mit einem Matt endet.
26. – d4 27. Tad1 d3+ 28. Kb1 Ke7 29. Ka1 Ta8
Es ist bemerkenswert, daß trotz des weißen Mehrbauern Schwarz doch vorteilhafter steht.
30. a3

30. – T×c3! 31. b×c3 T×a3+ 32. Kb1 Tb3+ 33. Ka1 T×c3 34. Tb1 Lg7! 35. Kb2 Tc2++ 36. Ka3 Lc3 37. Ka4 Lc4 38. Tb3
Dem Matt kann Weiß zwar noch entgehen, die schwarze Materialüberlegenheit – trotz der ungleichfarbigen Läufer – entscheidet aber im Endspiel.
38. – L×b3+ 39. K×b3 Ld4 40. Tf1 L×f2 41. Ld1 Td2 42. Kc3 e3 43. Lf3
Und jetzt darf sich Schwarz auch einen kleinen Scherz erlauben:
43. – e2 44. T×f2 Tc2+! 45. K×d3 e1S+!
Weiß gab auf (0 : 1). Nach 46. Ke3 f4+ hätte Schwarz einen Turm mehr.
Die ersten sieben Runden des Belgrader Turniers im Januar 1979 verliefen ähnlich wie in Maribor im vorangegangenen Jahr. Doch war ich in Belgrad schon vorsichtiger und sammelte dadurch einen Punkt mehr, was mir den alleinigen zweiten Platz sicherte. Mit so einer Einstellung hatte ich auf den ersten Platz freilich kaum Chancen. Der Turniersieg war aber auch sonst sehr schwer zu erreichen, denn der junge und sehr begabte jugoslawische Großmeister Marjanović erzielte mit acht Gewinnpartien ohne Niederlage einen sehr hohen Prozentsatz.
Der Endstand des Turniers von Belgrad 1979 lautete: Marjanović 10 ½, Szabó 8 ½, Matulović und Tringow je 8, Rajković 7 ½, Ciocaltea und Pribyl je 7, Adamsky und Rajčević je 6 ½, Todorčević 6, Cabarkapa 5, Baretić und Djukanović je 4 ½, Knežević 1 ½ Punkte.

Das Turnier in Helsinki im März war sehr spannungsvoll. Deshalb nannte ich es „Bananenschalen"-Turnier.

Ich war in guter Laune. Mein 62. Geburtstag begann aber doch nicht mit den besten Aussichten, denn ich gab gegen Raaste und Rantanen 1 ½ Punkte ab. Gegen den ersten remisierte ich in gewonnener Stellung, gegen den letzteren unterlag ich infolge eines schweren Versehens in der Eröffnung.

Am Vorabend meines Geburtstages gewann ich gegen Hurme in 3 ½ Stunden, eine Partie mit einem Damenopfer, und dann gelang es mir, am 19. März, mit den schwarzen Steinen und durch ein vorübergehendes Figurenopfer Westerinen zu bezwingen (104. Partie).

Diese beiden Siege und dann die weiteren gegen Ristoja und Ornstein räumten mir vortreffliche Chancen ein, um den ersten Platz zu erringen. In der achten Runde wählte ich gegen Sznapik eine scharfe Variante – statt mich mit dem Unentschieden zufrieden zu geben – und erlitt eine Niederlage. Da ich meine letzte Partie gegen Hort – wegen seiner Abreise – schon früher gespielt hatte, hing meine Endplazierung von den Ergebnissen der anderen Teilnehmer ab. Die Stimmung in der letzten Runde war derart überhitzt und nervös, daß alle meine Rivalen, die mich hätten einholen oder überholen können, nacheinander unterlagen. Dieses Endergebnis überraschte hauptsächlich Hort, der vor seiner Abreise nur mit dem vierten Platz gerechnet hatte.

Das Endergebnis des Turniers (Reihenfolge nach der Wertung Berger–Sonneborn) lautete: Szabó, Westerinen und Hort je 6, Rantanen 5 ½, Sznapik und Hurme je 5, Ornstein und Ristoja je 4, Raaste 3 ½, Kivipelto 0 Punkt.

104. PARTIE

Spanische Partie
Westerinen–Szabó

Helsinki 1979

1. e4 e5 2. Sf3 Sc6 3. Lb5 a6 4. La4 Sf6 5. 0–0 Le7 6. Te1 b5 7. Lb3 d6 8. c3 0–0 9. h3 Sa5 10. Lc2 c5 11. d4 Dc7 12. Sbd2 c×d4 13. c×d4 Td8

Genau diese Variante hatte ich im Sinn, als ich mich auf diese Partie vorbereitete. Das war in meiner Praxis ein Novum, denn ich setzte hier meistens mit 13. – Sc6 fort, wenn ich nicht den Marshall-Angriff oder die Offene Verteidigung gewählt hatte.

14. Sf1

In der Partie Kusmin–Balaschow, Leningrad 1977, riegelte Weiß mit 14. d5 das Zentrum ab, um den dortigen Verwicklungen vorzubeugen. Nach 14. – Ld7 15. Ld3 Sb7 16. b4 a5 17. La3 a×b4 18. L×b4 Sc5 hatte Schwarz aber eine feste Verteidigungsstellung.

14. – e×d4 15. Lg5

Ich setzte voraus, daß Westerinen

Laskers Variante vorschwebte, aber es fiel mir nicht im Traum ein, den Bauern zu behaupten. Der Textzug verschafft dem Nachziehenden Tempi, wodurch Schwarz den Springer a5 zentralisieren kann. Im selben Leningrader Turnier spielte Tal gegen Balaschow 15. S×d4, nach 15. – d5 16. e5 Se4 17. Sd2 Lb7 18. e6 Lc5 besaß Schwarz aber einen gewissen Vorteil.

15. – h6! 16. Lh4 Sc4 17. D×d4 Se5! 18. Ld1

Will Weiß seine Königsflügelbauernstellung nicht schwächen, so muß er seinen Königsläufer schlecht plazieren und die Verbindung seiner Türme unterbrechen. Das fördert die Entwicklung von Schwarz.

18. – Lb7 19. S1d2 Sg6 20. Lb3

Auf 20. Lg3 kann Schwarz entweder Dc5 oder Sh5 nebst Lf6 antworten.

20. – Tac8 21. Tad1

Darauf kann Schwarz den Bauern d6 loswerden und aus der ungünstigen Stellung der weißen Dame und des an den Rand geratenden Springers Nutzen ziehen.

21. – S×h4 22. S×h4 d5!

23. e×d5

Erzwungen, denn auf 23. e5 folgt Se4 mit der gefährlichen Drohung Lc5.

23. – L×d5! 24. L×d5 T×d5 25. De3

Verhältnismäßig am besten war 25. Dc3. So eine Schwächung der Bauernstellung nimmt aber nur ein Spieler in Kauf, der die Kombinationsmöglichkeiten des Gegners voraussieht.

25. – Lc5 26. Df3

Das Feld f3 hätte der Anziehende dem Springer h4 freihalten müssen, damit 26. – Tcd8 mit 27. Shf3 beantwortet werden kann.

26. – Tcd8 27. Sb3

Jetzt ist die schwarze Kombination herangereift.

27. – T×d1 28. T×d1

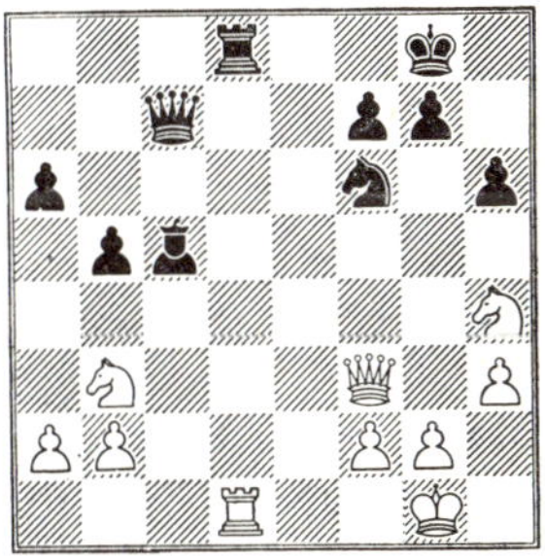

28. – L×f2+! 29. K×f2 Dc2+ 30. Ke1 T×d1+ 31. D×d1 De4+

Gewinnt zwar nur einen Bauern. Dazu kommt aber noch die exponierte Lage des weißen Königs, und deshalb hat Schwarz entscheidenden Vorteil.

32. Kf1 D×h4 33. Dd8+ Kh7 34. Dc7 De4!

Zentralisiert die schwarze Dame

und deckt indirekt auch den Bauern f7.

35. Sc1 Sd5!

Auch das ist eine mittelbare Deckung des Bauern f7, denn auf 36. D×f7 wäre Sf4 gefolgt.

36. Dg3 Df5+

Statt dessen war 36. – Sf4 offenbar einfacher.

37. Kg1 Sf4 38. De3

Zweifellos war 38. Kh2 besser, aber Westerinen befand sich hier in großer Zeitnot und war somit nicht imstande, bessere Züge zu finden.

38. – Dg5 39. De4+ f5 40. Dc6 S×h3+ 41. Kh2 Sf2

Weiß gab auf (0 : 1).

Die Sammlung meiner ausgewählten Partien schließe ich mit einer Partie aus der ungarischen Mannschaftsmeisterschaft ab.

105. PARTIE

Englische Eröffnung
Szabó–T. Horváth

Budapest 1979

1. Sf3 c5 2. c4 Sf6 3. Sc3 d5 4. c×d5 S×d5 5. e4

Diese aggressive Fortsetzung war vor 40 bis 50 Jahren gebräuchlich. Als aber nach 5. – Sb4 6. Lc4 die Antwort 6. – Le6!? entdeckt wurde, war der Zug 5. e4 auf einmal aus der Mode. Ein neuer Versuch war 6. Lb5+. Dann folgte das Interzonenturnier in Riga 1979, wo Tal als Schwarzer gegen Polugajewski nach 6. Lc4 Le6 7. L×e6 Sd3+ 8. Kf1 f×e6 9. Sg5 das überraschende Db6?! fand. Inzwischen gibt es sehr viele Beispiele für diese scharfe Eröffnungsvariante. In Montreal wich Portisch diesen Verwicklungen aus und setzte gegen Hübner mit 5. d4 fort. Dasselbe tat auch Karpow gegen Ljubojević. Beide Partien gestalteten sich zugunsten von Weiß.

5. – Sb4

Es ist interessant, daß die Möglichkeit 5. – S×c3 so lange vernachlässigt worden ist. V ielleicht wegen des einfachen 6. d×c3!, wonach Schwarz in der Partie Timman–Tal, 1979, mit ernsten Schwierigkeiten zu kämpfen hatte. Nach 6. b×c3 kann Schwarz mit g6 in die Grünfeld-Verteidigung übergehen, aber auch hier kam eine neuartige Behandlung vor. Z. B. in der Partie Smejkal–Jansa, Offene Meisterschaft der Tschechoslowakei 1979, wo Weiß, statt des üblichen Da4+, d4 oder La3, mit 7. Lb5+ experimentierte. Ebenfalls beim Turnier in Montreal behandelte Spasski gegen Timman die Eröffnung ähnlich.

6. Lb5+ S8c6

Auf 6. – Ld7 hielt Weiß in der Partie Forintos–Faragó, Dubna 1979, eine unangenehme Überraschung bereit. Nach 7. a3 L×b5 8. a×b4 Ld3 spielte er nämlich 9. Da4+ und erzielte nach 9. – Sc6 10. b5 Sb4 11. b6+ Dd7 12. D×d7+ K×d7 13. T×a7! entscheidenden Vorteil.

7. d4!? c×d4 8. a3! d×c3 9. D×d8+ K×d8 10. a×b4 c×b2

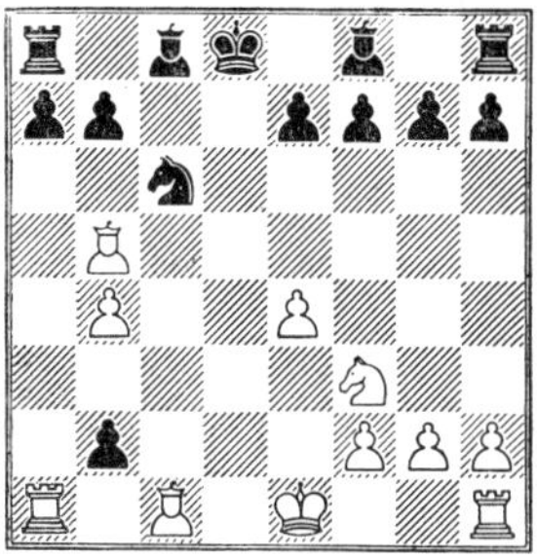

Für Schwarz gefährlich wäre 10. – S×b4 11. b×c3 Sc2+, denn nach 12. Ke2 S×a1 13. Td1+ stehen dem schwarzen König vier weiße Figuren gegenüber. In der Partie Végh–Bauer, Budapest 1979, gewann Weiß zwar nach 13. – Kc7 14. Lf4+ e5! 15. L×e5 Kb6, auf diesem Gebiet gibt es aber noch viele ungelöste Probleme. Auch das solidere 10. – Ld7 11. b×c3 g6 12. 0–0 Lg7 führte in der Partie Stean–Browne, Buenos Aires 1978, nicht zu völligem Ausgleich. Ebenso wenig in der vorangegangenen Begegnung Csom–Stean, Las Palmas 1978. Dieses Eröffnungssystem bedarf also noch eingehenderer Untersuchungen.

11. L×b2 e5

Auf 11. – f6 wäre 12. e5! sehr stark. Neueres Material zu diesem Thema bildet der Zug von Timman: 11. – Ld7, den er gegen Tal im Zweikampf 1985 in der ersten Partie anwandte und nach 12. 0–0 f6 13. Lc4 S×b4 14. e5 Tc8 ein Unentschieden erreichte.

12. L×c6!

Eine Verbesserung im Vergleich zur Partie Miles–Schmidt, Buenos Aires 1978, wo 12. 0–0–0+ Kc7 13. L×c6 b×c6 14. L×e5+ Kb7 nur ein Remis ergab. Der Textzug ist genauer als die lange Rochade, denn sowohl der nach b4 gelangende Läufer (von c6) als auch der Turm h8 (von f7) werden von dem sich auf d8 befindenden König einen Springerzug entfernt stehen.

12. – b×c6 13. S×e5 L×b4+ ?

Gerade darum handelt es sich! Jetzt wird Weiß mit S×c6+ und S×f7+ drohen. Das hätte Schwarz mit 13. – Kc7! vermeiden können. Und wenn Weiß darauf auf f7 schlägt, so kann Schwarz mit L×b4+ nebst Tf8 wenigstens für einen Augenblick die Initiative ergreifen.

14. Ke2 Kc7

Der Unterschied zwischen 13. – Kc7 und 14. – Kc7 ist zwar noch nicht augenfällig. Es ist aber doch wesentlich, daß jetzt der weiße Königsturm die c-Linie besetzen kann, während der andere Turm auf der a-Linie eine Rolle erhält, wie man es bald sehen wird.

15. Thc1 Lb7

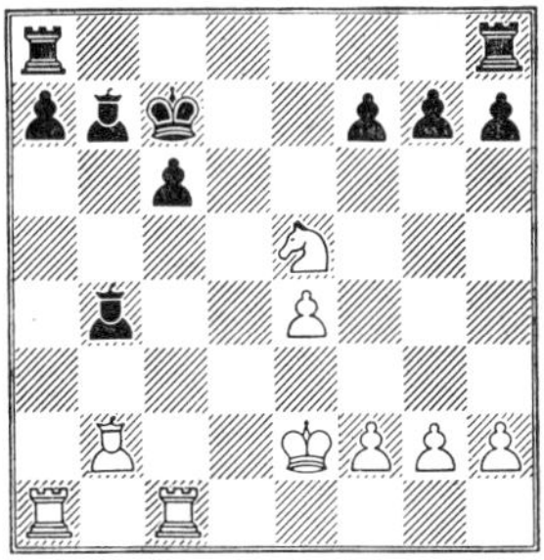

16. S×c6! L×c6 17. Ta6 Kb7 18. Ta×c6 La5

Nur so kann der Punkt c7 gedeckt

werden, denn das Läuferendspiel wäre nach dem Abtausch der Türme und nach der Eroberung des Bauern g7 für Weiß leicht gewonnen.

19. L×g7 Thg8 20. Lh6! Tae8
21. Kf3 Te7 22. Le3! Te6!

Hier bot sich die dritte Möglichkeit, mit Tg6! die Aufgabe des Anziehenden zu erschweren. Der Bauer e6 wird in der Stellung von Schwarz eine neue Schwäche bilden.

23. T×e6 f×e6 24. g3 Td8(?)

Nach dem Zug g2–g3 kann der schwarze Turm von der g-Linie ruhig fortziehen, doch hat er auch auf der d-Linie nicht viel zu suchen. Will er dennoch die d-Linie besetzen, so wäre zuerst Tf8+ nötig, damit der weiße König nach 25. Ke2 vom Bauern e4 abgedrängt wird. Weiß kann auf Tf8+ freilich auch 25. Kg4 antworten. Nach dem Läufertausch wäre der Gewinn im Turmendspiel auch hier nur eine – wenn auch nicht so leichte – technische Aufgabe.

25. Tb1+! Lb6

Erzwungen, denn auf 25. – Ka8 gewinnt Weiß mit 26. Ta1 den a-Bauern, und auf 25. – Ka6 wäre 26. Ta1 Td7 27. Kf4! gefolgt.

26. Kf4 Kc6 27. L×b6 a×b6 28. Ke5 Td2 29. f4

Schwarz gab auf (1 : 0).

Wenn man über sechzig ist, hat man zwar weniger Ambitionen, aber die Liebe zum Schach verleitet einen doch zum Spiel. Es ist schwer, den Kampf mit den Jüngeren aufzunehmen, denn das Erinnerungsvermögen spielt hier eine immer wichtigere Rolle, und die größere Erfahrung kann die Variantenmassen schwerlich ausgleichen. Die technische Fertigkeit hat sich durch Mittelspiellehrbücher in weiten Kreisen so sprunghaft entwickelt, daß die Beendigung einer Partie – selbst gegen Spieler von mittlerer Qualifikation – einen viel größeren Energieaufwand erfordert als vor einigen Jahrzehnten.

Die ungarische Ausgabe meines Buches endete mit folgendem Satz: „Zwei Wesen von mir ringen miteinander. Das eine sagt, es ist genug! Das andere wird von der Liebe zum Schachspiel und zum Reisen angestachelt."

Dieses „Ringen" dauert gegen Ende des siebenten Jahrzehntes immer noch an...

ANHANG

ZUSAMMENSTELLUNG DER TURNIERERGEBNISSE

Turnier	Partienzahl	+	=	–	Punkte
Kandidatenturniere	64	11	37	16	29 ½
Interzonenturniere und Zonenturniere	174	75	73	26	111 ½
Internationale Einzelturniere	1227	467	580	180	757
Ungarische Meisterschaften	297	161	108	28	215
Ungarische Einzelturniere	200	127	43	30	148 ½
Wettkämpfe	35	11	17	7	19 ½
Schacholympiaden und Europa-Mannschaftsmeisterschaften	217	90	90	37	135
Sonstige internationale Mannschaftsmeisterschaften	115	29	65	21	61 ½
Ungarische und Budapester Mannschaftsmeisterschaften	376	218	129	29	282 ½
	2705	1189	1142	374	1760

Kandidatenturniere

Jahr	Ort	Plazierung	Partienzahl	+	=	–	Punkte
1950	Budapest	8–10	18	3	8	7	7
1953	Neuhausen–Zürich	12	28	5	16	7	13
1956	Amsterdam–Leeuwarden	3–7	18	3	13	2	9 ½
			64	11	37	16	29 ½ (46,1%)

Interzonenturniere und Zonenturniere

Jahr	Ort	Plazierung	Partien-zahl	+	=	–	Punkte
1947	Hilversum (Z)	5–6	13	6	3	4	7 ½
1948	Saltsjöbaden (Izt)	2	19	8	9	2	12 ½
1951	Mariánské Lázně (Z)	2	16	9	6	1	12
1952	Stockholm–Saltsjöbaden (Izt)	5–8	20	7	11	2	12 ½
1954	Prag–Mariánské Lázně (Z)	2	19	12	5	2	14 ½
1955	Göteborg (Izt)	5–6	20	6	12	2	12
1957	Wageningen (Z)	1	17	10	7	0	13 ½
1958	Portorož (Izt)	7–11	20	7	9	4	11 ½
1961	Mariánské Lázně	8–9	15	4	6	5	7
1964	Kecskemét (Z)	5–6	15	6	5	4	8 ½
			174	75	73	26	111 ½ (64,1%)

Internationale Einzelturniere

Jahr	Ort (Typ)	Plazierung	Partien-zahl	+	=	–	Punkte
1. 1934	Sopron	5–7	13	4	6	3	7
2. 1938	Ljubjana	2	15	6	8	1	10
3. 1938/39	Hastings	1	9	6	3	0	7 ½
4. 1939	Kameri–Riga	2–3	15	11	0	4	11
5. 1939	Amsterdam–Hilversum	1–3	5	2	3	0	3 ½
6. 1939	Soes Baarn (1-Stunden-Partien)	3	3	1	1	1	1 ½
7. 1939	Amsterdam–Den Haag	5	5	1	2	2	2
8. 1940	Budapest, Maróczy-Jubiläumsturnier	4–5	5	0	3	2	1 ½
9. 1946	Zaandam	2–3	11	7	3	1	8 ½
10. 1946	Zaandam	1	5	4	1	0	4 ½
11. 1946	Groningen	4–5	19	9	5	5	11 ½
12. 1947	Wien, Schlechter-Gedenkturnier	1	15	11	1	3	11 ½
13. 1947	Hilversum	1	7	6	1	0	6 ½
14. 1947/48	Hastings	1	9	6	3	0	7 ½
15. 1948	Mar del Plata	6–7	17	7	5	5	9 ½
16. 1948	Budapest, Hundertjahr-turnier	1	15	9	6	0	12

Jahr	Ort (Typ)	Plazierung	Partienzahl	+	=	–	Punkte
17. 1949	Trenčiasnke Teplice, Réti-Gedenkturnier	2–3	19	10	7	2	13 ½
18. 1949	Venedig	1	15	9	5	1	11 ½
19. 1949/50	Hastings	1	9	7	2	0	8
20. 1950	Szczawno Zdrój, Przepiorka-Gedenkturnier	2–4	19	9	9	1	13 ½
21. 1952	Budapest, Maróczy-Gedenkturnier	6	17	8	5	4	10 ½
22. 1953	Bukarest	4–6	19	9	6	4	12
23. 1954/55	Hastings	3–5	9	4	3	2	5 ½
24. 1955	Mar del Plata	4–5	15	6	7	2	9 ½
25. 1955	Buenos Aires	4	17	8	7	2	11 ½
26. 1956	Moskau, Aljechin-Gedenkturnier	11	15	1	10	4	6
27. 1956/57	Hastings	5–6	9	1	7	1	4 ½
28. 1957	Szczawno Zdrój, Przepiorka-Gedenkturnier	3	15	8	4	3	10
29. 1957	Dallas	3–4	14	2	11	1	7 ½
30. 1958	Balatonfüred, Asztalos-Gedenkturnier	3–4	11	4	6	1	7
31. 1958	Haifa–Tel Aviv	2	13	7	6	0	10
32. 1959	Mariánské Lázně	2	15	9	4	2	11
33. 1959	Wien	2	9	6	3	0	7 ½
34. 1960	Buenos Aires	3	19	7	10	2	12
35. 1960	Santa Fé	1–2	7	4	3	0	5 ½
36. 1960	Asunción	1–2	12	8	4	0	10
37. 1960/61	Hastings	3–4	9	3	4	2	5
38. 1962	Torremolinos	1–3	11	4	7	0	7 ½
39. 1962	Mar del Plata	2–3	15	6	7	2	9 ½
40. 1962	Kecskemét, Asztalos-Gedenkturnier	2–3	15	8	5	2	10 ½
41. 1963	Sarajevo	6–7	11	2	8	1	6
42. 1963	Miskolc, Asztalos-Gedenkturnier	4–6	15	5	8	2	9
43. 1963	Moskau	8–9	15	5	6	4	8
44. 1964	Paris	1	9	8	1	0	8 ½
45. 1964	Zagreb	1	13	6	7	0	9 ½
46. 1964	Belgrad	15	17	5	3	9	6 ½
47. 1965	Budapest, Befreiungsgedenkturnier	1–3	15	7	8	0	11
48. 1965	Amsterdam	3	9	2	7	0	5 ½

Jahr	Ort (Typ)	Plazierung	Partienzahl	+	=	–	Punkte
49. 1965	Havanna	11–12	21	6	9	6	10 ½
50. 1966	Beverwijk	2	15	7	8	0	11
51. 1966	Kecskemét, L.-Tóth-Gedenkturnier	5	9	2	5	2	4 ½
52. 1966	Paris	1–2	9	6	3	0	7 ½
53. 1966	Amsterdam	5–8	9	3	2	4	4
54. 1967	Beverwijk	6–9	15	4	7	4	7 ½
55. 1967	Leningrad	13–15	16	2	7	7	5 ½
56. 1967	Salgótarján	7	15	2	13	0	8 ½
57. 1967	Krems	2	13	6	6	1	9
58. 1967	Winnipeg	6–7	9	1	7	1	4 ½
59. 1968	Bamberg	12–13	15	2	7	6	5 ½
60. 1968	Reykjavik	6–7	14	4	8	2	8
61. 1968	Solingen	3–6	15	5	8	2	9
62. 1969	Büsum	14	15	2	8	5	6
63. 1969	Ludwigsburg	5	6	1	2	3	2
64. 1969	Constanta	2–3	14	4	9	1	8 ½
65. 1969	Palma de Mallorca	11–12	17	2	12	3	8
66. 1970	Budapest, Befreiungsgedenkturnier	2	15	5	8	2	9
67. 1970	Lugano	6	14	0	12	2	6
68. 1970	Buenos Aires	12–13	17	5	5	7	7 ½
69. 1970	Vinkovci	6–9	15	5	8	2	9
70. 1970	Luhačovice	2	15	6	9	0	10 ½
71. 1971	Göteborg	4	11	3	7	1	6 ½
72. 1972	Sarajevo	1	15	8	6	1	11
73. 1972	Amsterdam	4	15	5	8	2	9
74. 1973	Wijk aan Zee	10–11	15	3	9	3	7 ½
75. 1973	Budapest	6	15	3	11	1	8 ½
76. 1973	Las Vegas (Schweizer System)	1–3	8	6	2	0	7
77. 1973	Lone Pine (Schweizer System)	2–3	7	4	3	0	5 ½
78. 1973	Hilversum	1–2	14	6	7	1	9 ½
79. 1973	Amsterdam	5	15	4	9	2	8 ½
80. 1973	Sotschi	11–13	15	1	11	3	6 ½
81. 1973/74	Hastings	1–4	15	5	10	0	10
82. 1974	Dortmund	1–2	11	6	5	0	8 ½
83. 1974	Solingen	5–8	14	1	13	0	7 ½
84. 1974	Slntschew Brag	4–10	15	4	9	2	8 ½
85. 1975	Budapest, Tungsram-Turnier	8–10	15	3	9	3	7 ½

Jahr	Ort (Typ)	Plazierung	Partienzahl	+	=	–	Punkte
86. 1975	Amsterdam	2–5	15	5	8	2	9
87. 1975	Montilla	7–8	9	2	4	3	4
88. 1975	Costa Brava	1–4	11	4	7	0	7 ½
89. 1976	Amsterdam	6	15	4	8	3	8
90. 1976	Kapfenberg	1	12	5	7	0	8 ½
91. 1976	Costa Brava	3–4	9	5	1	3	5 ½
92. 1977	Belgrad	2–3	13	5	8	0	9
93. 1977	Lone Pine (Schweizer System)	20–28	9	2	5	2	4 ½
94. 1978	Maribor	5–6	13	5	5	3	7 ½
95. 1979	Belgrad	2	9	5	2	2	6
96. 1979	Helsinki	1–3	9	5	2	2	6
			1227	467	580	180	757 (61,7%)

Ungarische Meisterschaften

Jahr	Ort	Plazierung	Partienzahl	+	=	–	Punkte
1935	Tatatóváros, Nationales Meisterturnier	1	17	10	6	1	13
1936	Budapest, Nationales Meisterturnier	5–7	15	4	8	3	8
1937	Budapest, Nationales Meisterturnier	1	14	7	5	2	9 ½
1946	Budapest, 2. Ungarische Meisterschaft	1	17	13	4	0	15
1947	Budapest, 3. Ungarische Meisterschaft	4–5	14	8	2	4	9
1950	Budapest, 6. Ungarische Meisterschaft	1	19	12	6	1	15
1951	Budapest, 7. Ungarische Meisterschaft	2	21	13	6	2	16
1952	Budapest, 8. Ungarische Meisterschaft	1	17	11	4	2	13
1954	Budapest, 10. Ungarische Meisterschaft	1	17	11	5	1	13 ½
1955	Budapest, 11. Ungarische Meisterschaft	2	19	9	8	2	13

Jahr	Ort	Plazierung	Partien-zahl	+	=	–	Punkte
1958	Budapest, 14. Ungarische Meisterschaft	1–3	17	9	7	1	12 ½
1959	Budapest, 15. Ungarische Meisterschaft	1–3	18	9	9	0	13 ½
1961	Budapest, 16. Ungarische Meisterschaft	1–2	17	11	5	1	13 ½
1962	Budapest, 17. Ungarische Meisterschaft	3	17	7	8	2	11
1964	Budapest, 19. Ungarische Meisterschaft	2	19	11	5	3	13 ½
1967	Budapest, 23. Ungarische Meisterschaft	1	18	9	9	0	13 ½
1968	Budapest, 24. Ungarische Meisterschaft	3–5	21	7	11	3	12 ½
			297	161	108	28	215 (72,4%)

Ungarische Einzelturniere

Jahr	Ort, Typ	Plazie-rung	Partien-zahl	+	=	–	Punkte
1932	Budapest, Amateur-meisterschaft	6–8	12	7	1	4	7 ½
1933	Budapest, Hauptturnier	3	15	9	2	4	10
1933	Budapest, BSE-Jubiläumsturnier	11	11	2	2	7	3
1934	Budapest, Hauptturnier, Semifinale	1–3	7	3	3	1	4 ½
1934	Budapest, Hauptturnier, Finale	1	11	7	4	0	9
1935	Nyíregyháza, Gemischtes Meisterturnier	1–2	9	7	2	0	8
1936	Budapest, Barász-Gedenkturnier	4	14	7	4	3	9
1937	Budapest, Merényi-Gedenkturnier	1	13	10	3	0	11 ½
1938	Budapest, Karinthy-Gedenkturnier	1–2	15	12	2	1	13

Jahr	Ort (Typ)	Plazierung	Partienzahl	+	=	–	Punkte
1939	Kassa, Meisterturnier des Schach-Klubs „Aljechin“	1–2	7	5	2	0	6
1939	Budapest, Makovetz-Gedenkturnier	1	11	11	0	0	11
1939	Budapest, Déri-Gedenkturnier	1–2	11	7	2	2	8
1945	Kecskemét, Berkovics-Gedenkturnier	2	10	6	3	1	7 ½
1946	Budapest, Meisterturnier des Schachklubs „KAOSZ“	1	11	8	1	2	8 ½
1946	Budapest, Havasi-Gedenkturnier	1	15	9	5	1	11 ½
1947	Budapest, Turnier der Handelsangestellen	2	15	10	3	2	11 ½
1963	Budapest, Meisterschaft Hauptstadt Budapest	2–3	13	7	4	2	9
			200	127	43	30	148 ½ (74,3%)

Wettkämpfe

Jahr	Ort, Gegner, Typ	Partienzahl	+	=	–	Punkte
1937	Budapest, gegen Kluger	6	4	2	0	5
1939	Amsterdam, gegen Landau	10	2	6	2	5
1959	Budapest, Entscheidung des Stichkampfs zur 14. Ungarischen Meisterschaft					
	gegen Portisch	4	1	2	1	2
	gegen Barcza	4	1	2	1	2
1960	Budapest, Entscheidung des Stichkampfs zur 15. Ungarischen Meisterschaft					
	gegen Portisch	4	2	1	1	2 ½
	gegen Barcza	4	1	3	0	2 ½
1961	Budapest, Entscheidung des Stichkampfs zur 16. Ungarischen Meisterschaft					
	gegen Portisch	3	0	1	2	½
		35	11	17	7	19 ½ (55,7%)

Schacholympiaden, Europa-Mannschaftsmeisterschaften

Jahr	Ort, Typ	Partienzahl	+	=	–	Punkte
1935	Warschau, VI. Olympiade	14	6	6	2	9
1936	München, inoffizielle Olympiade	19	14	5	0	16 ½
1937	Stockholm, VII. Olympiade	18	9	7	2	12 ½
1952	Helsinki, X. Olympiade	14	8	5	1	10 ½
1954	Amsterdam, XI. Olympiade	16	5	7	4	8 ½
1956	Moskau, XII. Olympiade	17	6	10	1	11
1958	München, XIII. Olympiade	12	6	3	3	7 ½
1959	Budapest, Ungarn–Bulgarien Semifinale zur Europa-Mannschaftsmeisterschaft	2	2	0	0	2
1960	Bukarest, Rumänien–Ungarn Semifinale zur Europa-Mannschaftsmeisterschaft	2	2	0	0	2
1961	Leipzig, XIV. Olympiade	14	6	3	5	7 ½
1961	Oberhausen, Europa-Mannschaftsmeisterschaft (Finale)	10	2	5	3	4 ½
1962	Warna, XV. Olympiade	14	3	9	2	7 ½
1964	Sinaia, Semifinale zur Europa-Mannschaftmeisterschaft	5	2	2	1	3
1964	Tel Aviv, XVI. Olmypiade	12	5	4	3	7
1965	Hamburg, Europa-Mannschaftsmeisterschaft (Finale)	10	2	6	2	5
1966	Havanna, XVII. Olympiade	15	7	8	0	11
1968	Lugano, XVIII. Olympiade	10	1	5	4	3 ½
1970	Kapfenberg, Europa-Mannschaftsmeisterschaft (Finale)	6	2	3	1	3 ½
1973	Bath, Europa-Mannschaftsmeisterschaft (Finale)	7	2	2	3	3
		217	90	90	37	135 (62,2%)

VERZEICHNIS DER ERRÖFFNUNGEN

(Die Ziffern entsprechen den Nummern der Partien.)

VERZEICHNIS DER GEGNER

(Die Zahlen beziehen sich auf die Partien.)

INHALTSVERZEICHNIS

Printed in Hungary 1990
Druckerei Franklin, Budapest